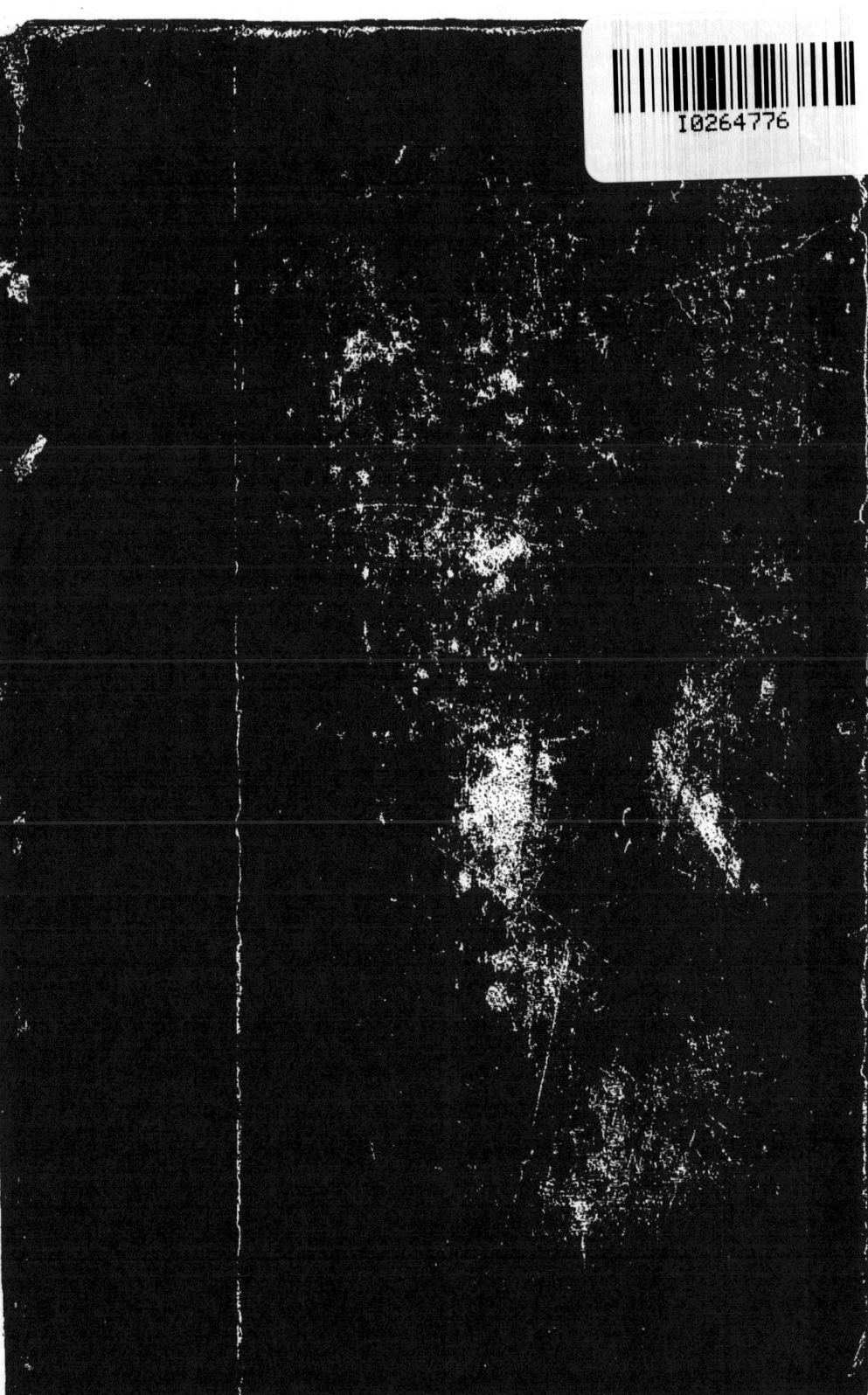

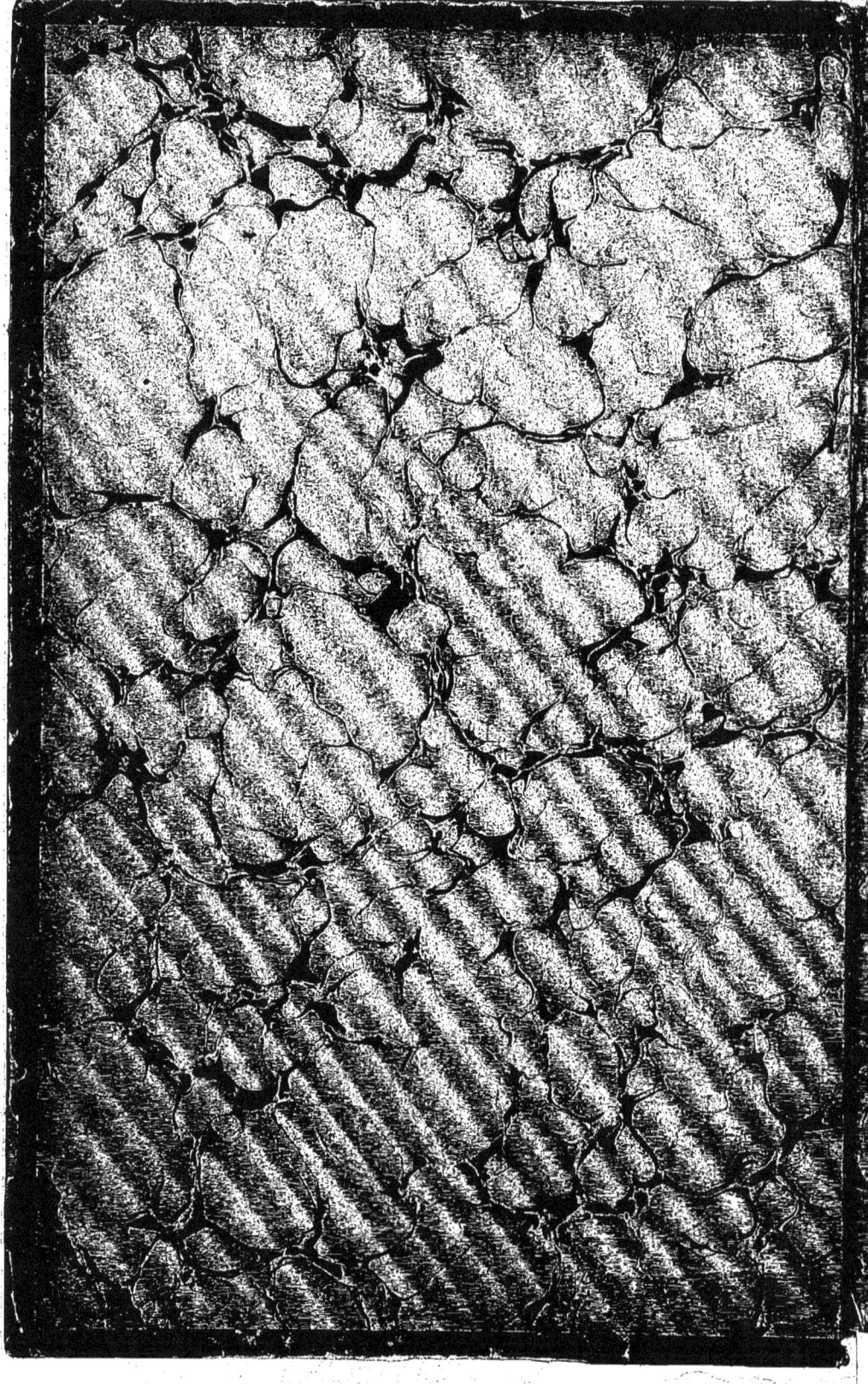

LES

MODIFICATIONS

PHONÉTIQUES

DU LANGAGE

ÉTUDIÉES DANS LE PATOIS D'UNE FAMILLE

DE CELLEFROUIN (Charente)

THÈSE PRÉSENTÉE A LA FACULTÉ DES LETTRES DE PARIS

PAR

L'abbé ROUSSELOT

Élève de l'École pratique des Hautes-Études,
Chargé du cours d'histoire de la langue française à l'École des Carmes.

PARIS
H. WELTER, ÉDITEUR
59, RUE BONAPARTE, 59
M.D.CCC.XCI

LES
MODIFICATIONS PHONÉTIQUES
DU LANGAGE

Extrait de la *Revue des Patois Gallo-Romans*.
Année 1891.

MACON, PROTAT FRÈRES, IMPRIMEURS.

LES
MODIFICATIONS
PHONÉTIQUES
DU LANGAGE
ÉTUDIÉES DANS LE PATOIS D'UNE FAMILLE
DE CELLEFROUIN (Charente)

THÈSE PRÉSENTÉE A LA FACULTÉ DES LETTRES DE PARIS

PAR

L'Abbé ROUSSELOT

Elève de l'Ecole pratique des Hautes-Études.
Chargé du cours d'histoire de la langue française à l'Ecole des Carmes.

PARIS
H. WELTER, ÉDITEUR
59, RUE BONAPARTE, 59

M.D.CCC.XCI

A MA MÈRE

A M*onsieur* G*aston* P*ARIS*

Hommage de bien affectueux respect et de vive reconnaissance.

SYSTÈME GRAPHIQUE

Le système graphique employé pour la transcription des sons est celui de la *Revue des patois gallo-romans* que j'ai exposé dans le premier fascicule de cette revue.

Le voici en abrégé :

Les lettres de l'alphabet français conservent la valeur qu'elles ont en français. Ce sont : a, b, d, e, f, i, j, k, l, m, n, o, p, r, t, u, v, z.

Nota. — œ = *eu* français, w = *w* anglais, y = *y* français dans *yeux*, h marque l'aspiration française.

Lettres nouvelles : u = *ou* français, c = *ch* français, g = *g* dur, s = *s* dure, $\ddot{w}$ = u dans *nuit*, ë = *e* muet français dans *me*.

Signes diacritiques. — *Consonnes :*

⌣ consonne mouillée : ļ = *l* mouillée, ᶇ = *n* mouillée, *gn* français.
^ fricative : ĉ=*ch* dur allemand, ĝ=*ch* doux allemand, r̂=*r* voisine du ĉ.
˙ gutturale : ṅ = *n* gutturale, ṙ = *r* grasseyée.
. consonne prononcée avec la langue entre les dents : ș = *th* dur anglais ; ʐ = *th* doux anglais ; ṃ, ṛ, ṭ.
⌣ cons. mouillée interdentale : ḷ = ḷ interdentale, ṉ = ṉ interdentale.
ˆ consonne dont le point d'articulation est reculé : ḍ, ṭ = *d, t* anglais.
‾ consonne forte : r̄ = *r* fortement roulée.

Voyelles : ⌣ brève (ă),   ˜ nasale (ã ā̃ ẵ ā̃ — ã = an fr.,
            ‾ longue (ā),   ẽ = in, õ = on, ø̃ = un).
            ʹ ouverte (á ắ ā́),   ˜ demi-nasale (ã̊),
            ʻ fermée (ȧ ă̇ ā̇),   . tonique (ạ).

Nota. — Une voyelle sans aucun signe diacritique est une voyelle indéterminée. Une voyelle sans le signe ʻ ou ʹ est une voyelle *moyenne*.

Sons intermédiaires : Deux lettres superposées représentent les deux sons voisins (ḁ, ḁ, ᵇ, ᶠ, ᵏ, etc.).

Sons incomplets : Caractères plus petits (ᵃ ᵇ ʷ ˢ, etc.).
Résonnances : ‾ nasales fortes (ī˜), ˜ nasales faibles (ĩ˜).

Explication des signes :

=, égal à......
>, plus grand, plus long, plus intense, etc., que......
<, plus petit, plus court, moins intense, etc., que......
⟶, devenant......, devenu......
⟵, issu de......

PRÉFACE

Pourquoi j'ai étudié mon patois et comment je l'ai étudié.

Les langues littéraires ont pour le phonétiste un avantage immense sur les autres parlers, celui de posséder une histoire et de fournir une série de textes d'âges différents où il est possible de découvrir une partie de leurs transformations.

C'est par elles que la science nouvelle des langues devait commencer. C'est à elles que devaient être demandées les premières bases du superbe édifice auquel n'ont cessé de travailler de beaux génies et d'infatigables ouvriers. Grâce à la perspicacité comme aux labeurs des premiers maîtres et de leurs disciples immédiats, nous savons maintenant quel lien étroit relie entre eux les idiomes qui sont parlés dans la portion occidentale de l'ancien empire romain ; nous savons que, depuis la conquête jusqu'à nos jours, c'est toujours la même langue qui, diversement modifiée, a servi à l'expression de la pensée de tous les peuples devenus romains par adoption. Nous pouvons même pénétrer en partie le mécanisme merveilleux de cette langue une à la fois et multiple, et suivre d'étape en étape presque tout le travail phonétique qui, au cours des siècles, s'est accompli dans son sein. Nous n'ignorons pas quelles conditions sont nécessaires à la naissance des principaux phénomènes, quelle influence les sons exercent les uns sur les autres, quelle entrave est apportée à leur évolution naturelle par des barrières qui les tiennent plus ou moins longtemps emprisonnés. Nous distinguons les lois qui ont leur raison d'être dans notre nature physique et celles qui prennent leur origine dans la faculté généralisatrice de notre esprit. Sans doute, toutes les questions qui ont été soulevées n'ont pas encore reçu une solution définitive ; mais il semble que l'édifice soit arrêté, non seulement dans ses lignes principales mais encore dans plusieurs des moins importantes.

Dès lors, l'obligation s'impose aux derniers venus, s'ils veulent travailler utilement à l'œuvre commencée, de tenter une voie nouvelle et d'exploiter de nouvelles carrières. C'est la pensée que m'inspirèrent, dès 1879, les mauvais livres de philologie romane qui me tombèrent sous la main.

Je fus choqué de les voir s'occuper des transformations de la lettre plutôt que du son dont la lettre n'est que le symbole, et, au lieu d'étudier une lettre morte, j'eus l'idée d'étudier le parler vivant. L'*Etude géographique sur la limite de la langue d'oc et de la langue d'oïl*, de MM. de Tourtoulon et Bringuier, venait de me révéler l'intérêt particulier de mon patois, qui est à cheval sur la limite des idiomes du Nord et de ceux du Midi. Sur la foi de M. de Tourtoulon, j'entrepris donc l'étude du sous-dialecte marchois, auquel se rattache le patois que je parle depuis mon enfance, et je me mis à parcourir la région qui lui a été assignée, allant de village en village, interrogeant, sous la direction de MM. les Curés, les personnes nées dans le pays et de parents indigènes, notant toutes les différences que je rencontrais, depuis Saint-Claud (Charente) jusqu'à Ids, au delà de Montluçon, marchant toujours à la recherche d'une limite qui fuyait sans cesse devant moi. J'atteignis, par les renseignements que je pus recueillir, les monts de la Madeleine, et je m'arrêtai.

Je rapportai, de cette première expédition, des idées qui n'étaient plus celles de M. de Tourtoulon et des notes que j'espère utiliser un jour, mais que le plan de mon travail m'oblige pour le moment à laisser de côté. J'en rapportai quelque chose de meilleur encore, l'habitude d'observer.

Au retour, je tombai malade, et je fus contraint de rester dans ma famille avant d'avoir exploré la partie du territoire linguistique située à l'ouest et au sud de Saint-Claud. Ma mère devint alors le sujet de mes études, et, pendant plus de trois mois, je n'eus pas d'autre préoccupation que de surprendre ses moindres paroles.

Jusque là, je ne l'avais pas observée, persuadé que mon parler, que je tiens presque uniquement d'elle, était identique au sien; mais je ne tardai pas à découvrir mon erreur, et j'acquis bien vite la conviction qu'à l'étude *géographique* il est nécessaire d'ajouter l'étude *généalogique* des patois.

Telle a été ma première initiation à la philologie romane. Depuis, des occupations nouvelles apportèrent un temps d'arrêt dans mon travail; mais elles me mirent à même d'entendre les parlers des environs de La Rochelle, d'Agen, d'Autun, de Lyon, de Chamonix, de Bourg, d'Annecy, etc., pendant qu'un ami éclairé de notre ancienne littérature, dont je n'oublierai pas les affectueux encouragements, M. Octave Falateuf, enrichissait ma bibliothèque de dictionnaires patois.

J'étais prêt à recevoir les leçons des maîtres, et, à partir de 1885, je pus suivre les cours de MM. G. Paris, P. Meyer, d'Arbois de Jubainville, L. Gautier, Longnon, A. Darmesteter, Gilliéron, Morel-Fatio, W. Meyer. Je dois à ces savants plus que je ne saurais dire. — Si jamais j'étais tenté de l'oublier, je n'aurais, pour me le rappeler, qu'à lire la première ébauche de ma thèse datée de février 1879.

Mais je ne serais pas juste, si, dans ma reconnaissance, je ne faisais une large part à l'Ecole des Carmes, où j'ai trouvé, avec tous les agréments de la vie de famille, des échantillons variés des divers patois de France qui sont mis journellement à ma disposition avec une bonne grâce charmante. C'est à ce concours inappréciable que je dois d'avoir pu habituer mon oreille à l'analyse des sons et dresser l'échelle phonétique des différents patois gallo-romans.

Armé de ces nouveaux moyens, je repris l'enquête interrompue dans la vallée du Son qui arrose Saint-Claud et les vallées voisines en 1886 et 1887. Je la complétai en 1889 et 1890.

Enfin, je dois mentionner la mission philologique que le Ministère de l'instruction publique m'a fait l'honneur de me confier en 1889 dans les Alpes du versant italien, et qui m'a permis de faire la lumière sur des points restés obscurs pour moi jusqu'à ce moment.

Au cours de mes explorations, j'ai contracté bien des dettes de reconnaissance, et le bon accueil que j'ai rencontré presque partout me fait un devoir d'oublier l'hostilité ou la défiance dont j'ai été parfois l'objet. Comment, du reste, pouvait-il en être autrement ? Une enquête sur le patois, c'est une chose si singulière, que je devais bien m'attendre à être traité en espion et à voir les bâtons levés sur ma tête, même dans mon propre canton et à l'instigation d'un homme de ma propre commune. Aussi ne veux-je songer qu'aux personnes qui ont bien voulu se prêter à mes recherches ou m'y aider par de gracieuses indications. Mais qu'il me soit permis de faire une place à part dans mon souvenir aux membres de ma famille et à leurs amis qui, dispersés dans diverses localités, ont toujours été au devant de mes désirs, et, avant tous, à ma mère, que j'ai torturée pendant des mois entiers, car, avec elle, je ne me bornais pas à attendre les phénomènes, mais souvent j'employais toute sorte de moyens pour les provoquer sans nuire à leur spontanéité.

Une grosse question pour moi, comme pour tous ceux qui débutent dans l'étude des patois, ç'a été la représentation des sons. En comparant les appréciations de diverses personnes, je vis bientôt que l'oreille n'est pas un instrument suffisant d'analyse. Il fallait donc trouver le moyen de suppléer à l'imperfection de l'oreille pour préciser les faits qui sont du domaine de la philologie. Un mot de M. Gaston Paris, une heureuse idée de mon jeune ami J. Pierrot-Deseilligny m'ont mis sur une voie nouvelle par l'application de la méthode graphique à l'étude des sons.

J'ai été aidé dans mes recherches par M. Branly, le professeur de physique à l'Institut catholique, qui m'a dirigé dans les commencements; par M. Verdin, l'habile constructeur formé à l'école de M. Marey, qui a mis à mon service son expérience et ses appareils; surtout par M. le docteur Rosapelly, dont les premiers essais ont fait date dans la science, et qui a bien voulu me prêter son inappréciable concours dans les expériences de 1889.

Enfin, je ne saurais oublier celui à qui, après Dieu, je dois tout ceci, M. le docteur Hermann de Hundertmark, dont les soins éclairés et affectueux ont rétabli et conservé ma santé.

Objet et division de ce travail.

Entrepris sur une vaste échelle, ce travail n'a cessé de se restreindre au fur et à mesure que les connaissances de l'auteur s'étendaient davantage. A l'origine, il devait embrasser tous les patois de la zone qui entoure au Nord le plateau central de la France, depuis la Charente jusqu'aux confins de l'Allier et de la Loire. Plus tard, il se réduisit au seul patois de Cellefrouin, mais il devait le comprendre tout entier, phonétique, morphologie, syntaxe et lexique. Enfin, il fut limité à la phonétique et à ma seule famille, non que ma famille ait un langage à part qui la distingue à première vue des autres familles de Cellefrouin, mais parce que les modifications phonétiques qui se sont produites dans son sein m'ont paru suffisantes pour une étude spéciale. Aujourd'hui, il ne me semble déjà plus mériter le titre que je lui ai donné en dernier lieu et que je lui conserve néanmoins; car, sur les trois parties dont il se compose, la seconde seule suppose une enquête générale sur le langage de ma famille; la première m'est toute personnelle, et la troisième est basée en grande partie sur le parler de ma mère.

Cette différence de méthode tient à la nature des points traités et aux différents genres d'observation qu'ils comportent. Dans la première partie, je cherche à déterminer la nature et les qualités des sons usités dans mon patois d'après les procédés de la méthode graphique; or, cette expérimentation délicate, je n'ai pu la faire jusqu'ici que sur moi-même. Dans la seconde, je tâche de rendre compte des transformations phonétiques qui se font jour dans les différents parlers des membres de ma famille établis à Cellefrouin, c'est-à-dire dans cinq groupes de générations successives qui embrassent une période d'environ cent ans; il m'a donc fallu, chose facile du reste, recueillir des documents non seulement sur le patois de Cellefrouin, mais encore sur celui de toute la région, et rechercher dans les chartes les traces du parler ancien. Dans la troisième, j'étudie le mode d'introduction de l'élément étranger dans mon patois et les modifications qu'il éprouve; trop imprégné moi-même de français pour me fier à mes propres impressions, j'ai dû demander à des relations intimes et prolongées avec un sujet illettré les observations qui servent de base à cette étude; or, ces conditions, je ne les ai trouvées pleinement qu'auprès de ma mère. J'ai pu ainsi étendre l'objet de mon étude et embrasser sous trois faces différentes la phonétique de mon patois. L'analyse scientifique des sons de mon propre parler, outre qu'elle permet de préciser ceux qui n'ont pas été le sujet d'une semblable expérimentation, nous met à même de saisir les transformations encore inconscientes qui s'opèrent dans le parler vivant. L'histoire des sons qui composent le fonds ancien de la langue nous montre en action et les lois purement physiologiques observées dans la première partie, et celles qui dépendent de notre nature spirituelle. Enfin, la recherche des troubles occasionnés dans le langage par l'introduction d'un élément étranger, et des modifications que ce fonds nouveau est obligé de subir pour se faire accepter, en dehors de l'intérêt spécial qu'elle présente, nous autorise à jeter un regard sur cette période encore obscure de la vie des langues qui coïncide avec la substitution d'un idiome heureux à un autre moins fortuné.

Ce que je propose au lecteur, c'est donc en réalité comme une promenade dans un laboratoire de phonétique, où nous rencontrerons d'abord des fourneaux en activité et des cornues toutes prêtes pour les manipulations qu'il nous plaira d'entreprendre; puis des fourneaux éteints, quelques-uns fumant encore, d'autres froids depuis longtemps, mais conservant tous des débris au moins des expériences antérieures, auxquelles des comparaisons, des rapprochements peuvent rendre la vie; enfin des cuves de mélanges qui nous révèlent la force de résistance ou d'affinité des éléments mis en présence.

Il ne nous restera plus, après cela, qu'à réunir dans une conclusion les idées générales qui se dégageront des faits observés.

PREMIÈRE PARTIE

ANALYSE PHYSIOLOGIQUE DES SONS DE MON PATOIS —
LEURS MODIFICATIONS INCONSCIENTES —
MESURE DU TRAVAIL QU'EN EXIGE LA PRODUCTION

L'observation attentive de la nature donne toujours au delà de nos espérances. C'est ainsi qu'une simple analyse physiologique des sons de mon patois nous révèlera les modifications inconscientes qui y prennent naissance, et nous fournira une évaluation approximative du travail qu'en exige la production. Je ne séparerai pas ces trois objets qui sont liés si intimement entre eux, et, comme les deux derniers découlent naturellement du premier, je m'attacherai uniquement à l'ordre que réclame l'analyse physiologique.

Laissant de côté, pour le moment, tout ce qui concerne l'analyse physique des sons, nous traiterons successivement des régions d'articulation, des variations qui surviennent dans la sonorité des éléments du langage, de la mesure du souffle employé pour la parole, de la durée et de la hauteur musicale des sons, et nous terminerons par une note sur les sons en voie de disparaître. Mais, auparavant, je dois faire connaître la méthode que j'ai suivie pour l'étude de ces divers phénomènes.

Cette partie, je l'ai déjà dit, est presque uniquement composée d'après des observations personnelles, n'ayant pas eu le loisir de renouveler les expériences sur mes compatriotes; mais, dans la plupart des cas, j'ai le contrôle de M. le docteur Rosapelly, et cela suffit pour en vérifier la valeur.

CHAPITRE I

MÉTHODE GRAPHIQUE APPLIQUÉE A LA PHONÉTIQUE

§ 1ᵉʳ. — Appareils.

La parole est un mouvement, c'est l'air qui sort de la bouche ou du nez en vibrant sous l'impulsion des organes phonateurs. Il y a donc deux moyens de la saisir : directement, en prenant le tracé des ondes sonores ; indirectement, en prenant celui des mouvements ou des vibrations des organes qui la produisent. Ces deux moyens se complètent l'un l'autre, et nous sont fournis par la méthode graphique. Cette méthode autorise plusieurs procédés. Dans certains cas, on demande à l'organe lui-même de laisser la trace de son mouvement sur un instrument placé à sa portée. Dans d'autres, un intermédiaire est nécessaire, l'organe transmettant son mouvement à un appareil qui est à la fois récepteur et inscripteur. Le plus souvent, on est obligé d'employer deux intermédiaires : l'un qui reçoit le mouvement et le transmet, l'autre qui l'écrit[1].

APPAREIL ENREGISTREUR. — Toutes les fois que mes inscriptions n'ont pas été faites par l'organe lui-même, je me suis servi, pour les recueillir, d'un cylindre enregistreur mu par un mouvement d'horlogerie avec régulateur Foucault. J'en emprunte la figure, ainsi que je le ferai pour les appareils anciens que j'ai utilisés, au catalogue de M. Ch. Verdin.

On colle sur le cylindre une feuille de papier glacé, puis on la noircit à la fumée d'un rat-de-cave. Les instruments inscripteurs sont disposés sur le pied qui est engrené dans l'axe du chariot. On peut, à volonté, faire entraîner le chariot par le mouvement du régulateur ou le laisser immobile. En général, l'appareil permet à l'explorateur de choisir, suivant la nature de ses expériences, un mouvement lent, un moyen et un rapide.

---

[1] Il existe plusieurs essais d'inscriptions de la parole. Je signalerai à l'occasion ceux qui m'ont été de quelque utilité.

Lorsque les tracés ont été pris, on détache la feuille de papier avec un canif, en la coupant à l'endroit même où elle a été collée, et on la trempe dans un vernis [1].

Fig. 1.

Lorsque l'inscription n'est pas faite par le récepteur lui-même, l'appareil écrivant est, ou bien le tambour à levier, ou bien un signal électrique, suivant que la transmission se fait par l'air ou par l'électricité.

TAMBOUR A LEVIER. — Le tambour à levier, dû au docteur Marey, se compose essentiellement d'une capsule de métal munie d'un tube permettant de la relier au tambour récepteur et fermée par une membrane de caoutchouc qui porte au centre un levier inscripteur. Divers organes permettent de fixer le tambour, d'allonger ou de raccourcir le levier, d'aug-

Fig. 2.

---

[1] Pour obtenir ce vernis, on fait dissoudre à saturation de la gomme-laque incolore dans de l'alcool à 36°, on ajoute un peu de térébenthine de Venise, et l'on filtre.

menter ou de diminuer son amplitude. Toutes les impulsions que reçoit la membrane du tambour récepteur sont reproduites par la membrane du tambour inscripteur et communiquées au levier qui les amplifie et les inscrit sur le noir de fumée du cylindre.

SIGNAL ÉLECTRIQUE. — Lorsque la transmission se fait par l'électricité, l'organe essentiel de l'appareil inscripteur est toujours un électro-aimant communiquant à un levier le mouvement dont il est animé. Je me suis servi du signal électrique de M. Marcel Deprez, construit par M. Verdin.

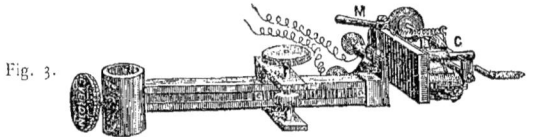

Fig. 3.

Le levier en fer doux, sollicité par l'électro-aimant, est ramené à sa place après le passage du courant par un ressort antagoniste, et, comme il est limité dans son cours, il peut indiquer un grand nombre d'interruptions. Une crémaillère permet de rapprocher ou d'écarter l'instrument du cylindre enregistreur.

Je n'ai pas essayé de recueillir tous les mouvements qui concourent à la formation de la parole : j'ai dû me limiter à ceux qui étaient nécessaires pour la solution des questions que j'avais à traiter. Je me suis occupé uniquement des mouvements des lèvres, de la langue et du thorax, des vibrations du larynx, de la langue, des dents et des fosses nasales.

PALAIS ARTIFICIEL. — Pour déterminer les mouvements de la langue, j'ai employé un palais artificiel exécuté à la galvanoplastie sur un moulage de mon propre palais. Je m'étais d'abord servi, à l'exemple de M. J. Oacley-Coles[1], d'un mélange de farine et d'eau gommée dont je barbouillais le plan supérieur de ma bouche ; mais les expériences de M. Rudolf Lenz (*Zür physiologie und geschichte der palatalen*) m'ont donné l'idée d'employer un palais artificiel.

M. le docteur Rosapelly, bien antérieurement, avait eu la même pensée (*Essai d'inscription des mouvements phonétiques* — dans les *Travaux du Laboratoire* de M. Marey, 1876), et M. Hagelin l'a réalisée avant moi. Le palais artificiel, noirci au vernis du Japon et recouvert d'une couche

---

[1] Cité par M. J. Gavarret (*Phénomènes physiques de la phonation et de l'audition*, p. 402).

de pastel blanc, garde la trace des mouvements de la langue. Après l'expérience, il n'y a qu'à le retirer et à le photographier, comme fait M. Hagelin, ou, comme je préfère, à reporter les points de contact sur un dessin du palais préparé d'avance. Les photographies ont plus de précision, mais manquent de netteté. Il ne faudrait pas croire, du reste, à une rigueur absolue dans les mouvements : ceux-ci varient d'une façon assez sensible, suivant qu'une même articulation est produite avec plus ou moins de force.

EXPLORATEUR INTERNE DE LA LANGUE. — On peut transformer le palais artificiel en tambour récepteur au moyen d'une membrane de caoutchouc, et s'en servir pour mesurer la pression de la langue sur le palais.

EXPLORATEUR EXTERNE DE LA LANGUE. — Une heureuse découverte de M. le docteur R. m'a permis de construire un bon appareil pour l'étude

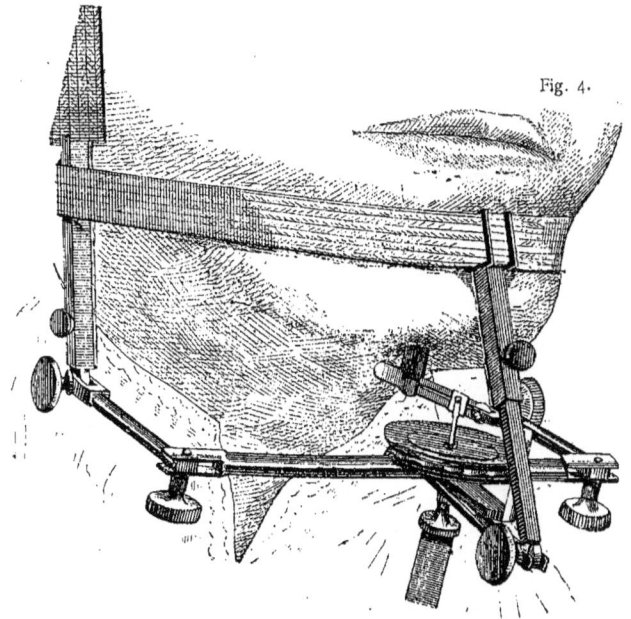

Fig. 4.

des mouvements de la langue. La langue n'est pas, comme on pourrait le croire, un muscle plat qui s'élève et s'abaisse. C'est un muscle qui se dilate dans tous les sens : en même temps qu'il s'élève sous le palais, il s'abaisse sous le menton. Dès lors, un tambour placé sous le menton nous donnera l'élévation ou l'abaissement de la langue. Ce tambour repose sur une charpente métallique qui est fixée à la mâchoire inférieure et qui en suit tous les mouvements. De cette façon, la membrane du tambour n'obéit qu'à l'impulsion de l'organe à observer. Des articulations permettent d'adapter l'appareil à toutes les tailles, et une disposition spéciale rend facile l'exploration de tous les points de la langue.

EXPLORATEUR DES LÈVRES. — Les mouvements des lèvres sont recueillis à l'aide de l'explorateur des lèvres du docteur Rosapelly, qui est décrit dans l'*Essai d'insc. des mouv. phonétiques*.

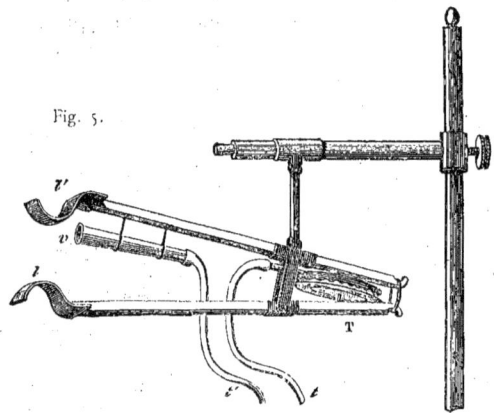

Fig. 5.

L'appareil se compose de deux leviers, dont l'un porte le tambour récepteur, et l'autre une tige fixée au centre du tambour. A un bout, les deux extrémités des leviers sont reliées par un caoutchouc ; à l'autre, elles portent deux palettes destinées à recevoir les lèvres. Les articulations dont est pourvu l'appareil neutralisent les mouvements de la tête. On obtient ainsi la résultante du mouvement des lèvres, c'est-à-dire leur ouverture et leur fermeture.

La nécessité de faciliter l'expérimentation en vue de mes recherches sur toute sorte de sujets, m'a conduit à construire un nouvel appareil qui a en outre l'avantage de donner à volonté les mouvements de chacune des lèvres et la résultante de ces mouvements.

Il se compose de deux tambours dont les cuvettes sont soudées l'une sur l'autre, et dont les membranes sont reliées, par des tiges rigides et articulées, à deux leviers en forme de tenailles. Les branches des leviers sont maintenues écartées par la tension des membranes et suivent tous les mouvements des lèvres. Relié à deux tambours inscripteurs, l'appareil

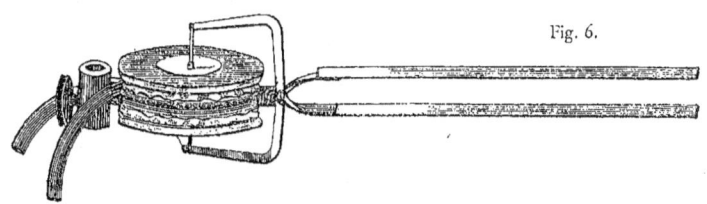

Fig. 6.

donne les mouvements de chaque lèvre; relié à un seul tambour par un tube en Y, il ne donne, comme celui de M. le docteur R., que la résultante de ces mouvements. L'instrument est fixé par une vis à un pied fixe. Si on craignait que les mouvements de la tête ne vinssent troubler l'expérimentation, on pourrait le suspendre à un fil.

EXPLORATEUR DE LA RESPIRATION. — J'ai inscrit les mouvements respiratoires à l'aide de l'explorateur de la respiration, du docteur Marey. L'appareil est fixé au moyen de cordons sur la partie à explorer figurée par la ligne pointée. Un levier articulé transmet les mouvements au centre

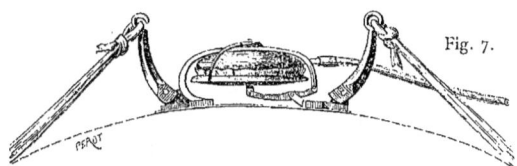

Fig. 7.

de la membrane. Je viens d'en construire un pour le travail de la révision, avec grande cuvette et double levier amplificateur.

J'aurais pu faire usage de l'explorateur de Paul Bert, qui a l'avantage d'être plus simple, moins cher et tout aussi sensible, m'a-t-on dit. On peut facilement le construire soi-même : deux membranes, portant à leur centre chacune un crochet pour maintenir le cordon qui doit entourer le corps, et attachées aux bouts d'un tube. La dilatation du corps fait tirer le cordon, et par conséquent diminuer dans le tube la pression de l'air, qui revient à son état normal quand le mouvement a cessé.

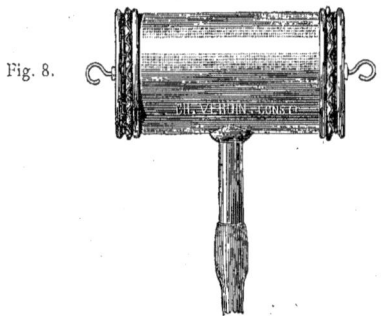

Fig. 8.

Tous ces mouvements sont d'une inscription relativement aisée. Il n'en est pas de même des vibrations. Celles-ci, en raison de leur fréquence et de leur peu d'amplitude, opposent à l'explorateur une grande difficulté.

EXPLORATEUR DU LARYNX AVEC TRANSMISSION ÉLECTRIQUE. — L'appareil qui nous a rendu le plus de services, c'est l'explorateur du larynx, du

Fig. 9.

docteur Rosapelly. La description complète en a été donnée par l'auteur dans son *Essai d'insc. ph.* Il se compose d'une petite masse inerte suspendue entre les deux bornes d'un circuit électrique. Le moindre choc, si la masse est tenue en équilibre, suffit pour la rejeter sur l'une des deux bornes, et, par conséquent, pour ouvrir ou fermer le courant. Un bouton sert au réglage de l'instrument. Une lame d'acier et un manche en facilitent l'usage. On pose sur les cartilages du larynx soit le carré d'ébonite, soit le bouton. Cet appareil peut encore servir à enregistrer les vibrations qui se produisent sur des surfaces rigides comme le nez, les dents, etc. Malheureusement, il est d'un maniement délicat qui exige une certaine expérience et qui rend nécessaires des tâtonnements ennuyeux et de fréquentes reprises.

EXPLORATEUR DU NEZ. — Un explorateur excellent pour les vibrations du nez est celui que le hasard a fait trouver à M. le docteur Rosapelly. Cet habile observateur cherchait le tracé de la pression de l'air dans les fosses nasales, et il essayait un simple tube de verre. Faute d'un bon tambour inscripteur, il en avait pris un vieux qui était au rebut. Il s'est trouvé que ce vieux tambour était dans les conditions voulues pour saisir non

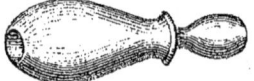

Fig. 10.

seulement la pression, mais encore les vibrations de l'air. Je m'en suis rendu compte quand j'ai dû en construire un semblable pour mon usage. Une membrane trop flexible est entraînée rapidement par les mouvements d'une grande amplitude causés par la pression de l'air, et les mouvements vibratoires sont effacés. Une membrane un peu rigide, résistant aux premiers, est sensible aux seconds. Nous avons remplacé le tuyau de verre par une petite poire en verre, en bois ou en ivoire, qui entre à frottement dans le nez.

EXPLORATEUR DU LARYNX AVEC TRANSMISSION AÉRIENNE. — J'ai cherché dans ce sens un nouvel explorateur du larynx avec transmission par air. Après avoir expérimenté sans succès diverses sortes de membranes, j'ai essayé d'une simple capsule appuyée sur la peau tendue, et le résultat a

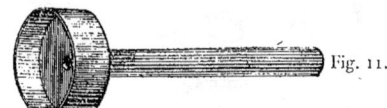

Fig. 11.

été satisfaisant. Je ne lui ai guère donné que 1 c. et 1/2 de diamètre afin de pouvoir l'introduire dans la courbure latérale du cartilage thyroïde, qui est le point le plus favorable pour l'exploration.

INSCRIPTEUR DE LA PAROLE. — Tous les appareils que je viens de mentionner sont des instruments d'analyse; ils appellent un instrument de synthèse qui saisisse la parole elle-même dans les vibrations de la colonne d'air parlante. C'est vers cet objet que j'ai dirigé mes premières recherches, portant, comme c'est assez l'ordinaire, dès le premier coup, mon ambition sur les points, les plus difficiles à atteindre, que je juge prudent de réserver aujourd'hui. Cependant, mes essais n'ont point été vains, et j'en présente les résultats dans un nouvel inscripteur de la parole. Je n'ai pas encore eu le temps d'en tirer tout ce qu'il promet; mais j'aurai plus d'une fois l'occasion d'invoquer son témoignage pour contrôler mes expériences antérieures et les compléter.

C'est l'appareil dont M. Pierrot-Deseilligny m'a fourni la première idée.

Après avoir étudié les principales tentatives faites dans le même but : le *phonautographe* de Scott (GAVERRET, *Phénomènes physiques de la phonation*, p. 353), le *logographe* de Barlow [1] (*The scient. proceed. of the Royal Dublin soc.* avril 1874, et *Journal de physique*, 1879, p. 79), l'appareil de M. Scheneebeli [2] (*Archives des sciences physiques et naturelles*, Genève, 1878, p. 79, — et n° du 15 février 1879), les flammes manométriques de M. Kœnig [3] (*Quelques expériences d'acoustique*, p. 50), le téléphone inscripteur du docteur Boudet de Pâris [4], et enfin le graphophone et le nouveau phonographe d'Edison [5]; après avoir essayé de l'inscription directe de la transmission par air, je me suis arrêté à la combinaison d'un microphone et d'un signal électrique.

Le microphone est celui de M. Verdin, composé de trois charbons

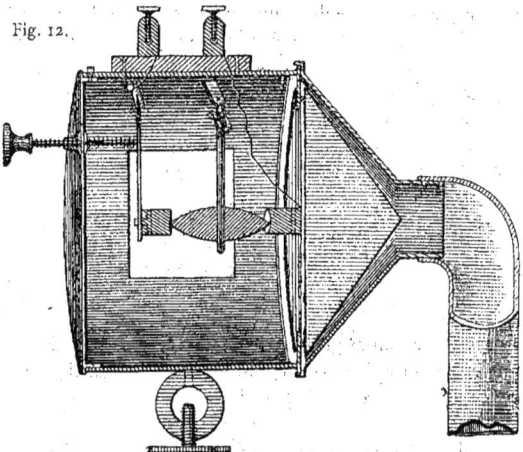

Fig. 12.

horizontaux. Seulement, à l'embouchure qui portait directement la voix

---

[1] Le phon. et le logog. sont insuffisants pour enregistrer le timbre des voyelles. || [2] Les résultats obtenus paraissent excellents. Les expériences sont à reprendre. || [3] Insuffisantes, tant qu'on ne les photographiera pas. || [4] Le levier inscripteur, mu directement par l'électro-aimant, a des mouvements propres. Je n'ai pas pu enregistrer le timbre des voyelles. || [5] J'ai essayé d'analyser les courbes du graphoph. au microscope ; impossible, car elles sont incomplètes.

sur la plaque vibrante, et qu'il était indispensable de toucher avec les lèvres, j'ai substitué la disposition suivante, imitée du graphophone : un cône de cuivre est placé devant la plaque, et l'embouchure est fixée au bout d'un tuyau de caoutchouc. Cette modification rend l'appareil d'une grande sensibilité et d'un usage facile. Il suffit, pour qu'il entre en mouvement, de parler devant l'embouchure sans que les lèvres y touchent. De la sorte, on est sûr que les seules vibrations de l'air sonore agissent sur la plaque microphonique.

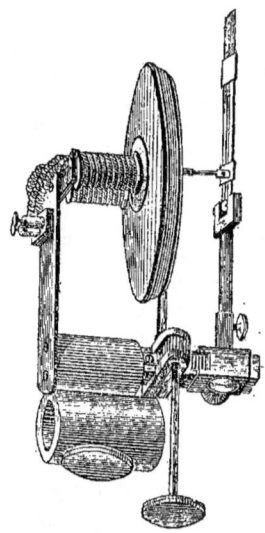

Fig. 13.

Le signal diffère essentiellement de ceux que je connais; il est construit pour donner non les interruptions, mais toutes les phases du courant, et de manière à atténuer autant que possible l'inertie du levier. Les électro-aimants sont forts; aussi faut-il une pile très énergique pour en vaincre la résistance. Dans le champ de leur influence est tendue une membrane de vessie portant, à son centre, d'un côté un fer doux, et de l'autre un levier articulé et amplificateur. Une couche de vernis la défend contre les variations hygrométriques de l'air. Des vis permettent de la rapprocher plus ou moins des électros-aimants, de régler la marche et le pouvoir amplificateur du levier. Les vibrations de la membrane, traduction fidèle des différentes phases d'aimantation de l'électro-aimant, qui elles-mêmes correspondent exactement aux vibrations de la plaque réceptrice du microphone, sont reproduites par le levier, et inscrites par lui agrandies sur le cylindre enregistreur. Pour avoir la preuve qu'il en est bien ainsi, on n'a qu'à faire toucher légèrement la pointe du levier à la membrane d'un stéthoscope, et l'on entend nettement les paroles prononcées devant le microphone.

On pourrait craindre que la voix ne fût altérée comme dans le téléphone. Une remarque me donne à penser que cela n'a pas lieu. La membrane peut servir de téléphone ; mais, au point où l'on entend le mieux, le levier, comme affolé, ne fait que des soubresauts. Son tracé, dans ce cas, ressemble assez à ceux du graphophone étudiés au microscope. La membrane touche alors à l'électro-aimant; c'est là la cause de sa marche irrégulière, et aussi, je suppose, de l'altération de la voix dans les téléphones. Un peu plus écartée des électros-aimants, la membrane a des vibrations plus régulières, moins fortes, et les tracés sont excellents.

Je signalerai, en terminant, trois appareils qui n'entrent pas dans la série de ceux que je viens d'énumérer, mais qui m'ont été utiles, soit pour contrôler, soit pour compléter mes tracés.

Spiromètre. — C'est un compteur à air sec. M. Verdin l'a employé pour mesurer la capacité pulmonaire. Le cadran peut être gradué de façon à laisser lire des centimètres cubes.

Fig. 14.

STÉTHOSCOPE BIAURICULAIRE. — Cet instrument permet d'entendre des bruits très légers. Les médecins s'en servent pour les auscultations délicates.

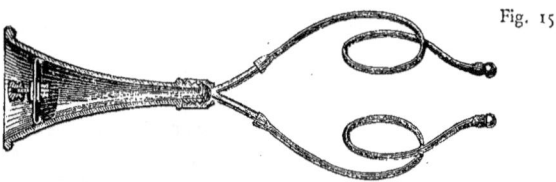

Fig. 15.

DIAPASON ACCORDÉ POUR LA VOYELLE *a* AVEC POIDS GLISSANTS. — Cet instrument a été construit par M. Kœnig en vue de mes études comparatives sur le son propre de l'*a* dans différents dialectes. On sait que, la bouche étant disposée pour la prononciation d'une voyelle, de l'*a* par exemple, si l'on remplace le son du larynx par celui d'un diapason rendant le son fondamental de cette voyelle, celle-ci se fait entendre clairement. L'opération est délicate, mais elle permet de fixer le premier degré de l'échelle phonétique. Je ne pouvais la négliger.

Grâce aux poids glissants, ce diapason peut donner de 1720 à 1856 vibrations simples à la seconde.

§ 2. — Lecture des Tracés.

Les tracés simples sont en général d'une lecture facile.

Les tracés des lèvres que j'ai utilisés indiquent seulement les différents degrés d'ouverture et de fermeture de la bouche. Les parties les plus hautes de la ligne correspondent à la fermeture, les plus basses à l'ouverture complète, et les points intermédiaires aux positions moyennes entre ces deux extrêmes.

La ligne du nez marque par ses ondulations la pression de l'air : elle s'élève ou s'abaisse à proportion que celle-ci augmente ou diminue. Les vibrations sont ordinairement très nettes, mais souvent elles ne sont visibles qu'à la loupe.

La ligne du larynx, tracée par l'explorateur électrique, est presque toujours bien imparfaite, mais elle marque nettement d'ordinaire le commencement et la fin de chaque groupe de vibrations.

Lorsque l'expérience comporte plusieurs tracés simultanés, il y a diverses précautions à prendre au moment de l'expérimentation, afin que la lecture puisse s'en faire sûrement. Ce qu'il importe de déterminer dans ce cas, avant tout, c'est le synchronisme des mouvements; autrement, la comparaison des tracés serait impossible.

Pour cela, on dispose sur le chariot les appareils inscripteurs de façon que la pointe des styles vienne toucher le cylindre noirci suivant une ligne droite horizontale. La facilité que l'on a d'allonger ou de raccourcir les appareils et les styles, permet cet arrangement. Pour s'assurer que l'on a bien réussi, on fait glisser le chariot à droite ou à gauche; la disposition est bonne quand tous les tracés se confondent en une seule ligne. Une concordance rigoureuse est difficile à obtenir, mais elle n'est pas nécessaire : une légère erreur se corrige aisément à la lecture. Or, à supposer que les styles soient bien réglés, tous les points placés sur des perpendiculaires élevées sur les lignes tracées à vide seront synchroniques. En effet, soit une rangée de styles a, b, c, d, si nous déplaçons le chariot, le cylindre enregistreur demeurant immobile, ces styles traceront la ligne horizontale AB; puis, si nous les ramenons à leur première place et que nous mettions le cylindre en mouvement, eux restant fixes, ils traceront des lignes verticales perpendiculaires à AB. Comme les points pris sur la ligne AB sont synchroniques, les points placés sur une parallèle le sont également. Or, une parallèle à AB est perpendiculaire à toutes les lignes engendrées par le mouvement du cylindre tournant devant les points fixes

Fig. 16.

a, b, c, d. A la lecture, on place horizontalement les lignes tracées par les styles; d'où il suit que les points de ces lignes, qui se correspondent verticalement, sont synchroniques. On peut les considérer comme tels tant que les tracés ne s'écartent pas trop des lignes suivant lesquelles ils ont été réglés. Mais, dès qu'ils prennent une certaine amplitude, des corrections deviennent nécessaires. En effet, les styles, décrivant des arcs de cercle autour de leur point d'appui, cessent de marcher d'accord dès qu'ils s'écartent inégalement des lignes de réglage. Il faut donc reporter sur ces lignes tous les points que l'on veut comparer. Voici comment on procède : quand tout est prêt pour l'expérimentation, et avant d'avoir mis le cylindre en mouvement, on fait agir tous les styles de façon à ce qu'ils décrivent des arcs de repère d'une certaine étendue. Cela fait, on procède à l'expérience. Au moment de la lecture on prend, sur les arcs de repère, trois points à l'aide desquels on trouve les centres correspondant aux axes des leviers, et, par ces points, on mène des parallèles aux lignes de réglage; on obtient ainsi les lignes des axes. Alors, avec des ouvertures de compas égales à la longueur des leviers, ou, ce qui revient au même, aux rayons des arcs de repère, et, en prenant les centres sur les lignes des axes, on reporte sur les lignes de réglage les points qui s'en écartent. Enfin, des perpendiculaires élevées en ces points sur les lignes de réglage établissent le synchronisme cherché.

Toutes ces opérations sont faites dans la figure suivante. Je suppose quatre tracés : ceux du nez, 1, du larynx, 2, de la langue, 3, et des lèvres, 4.

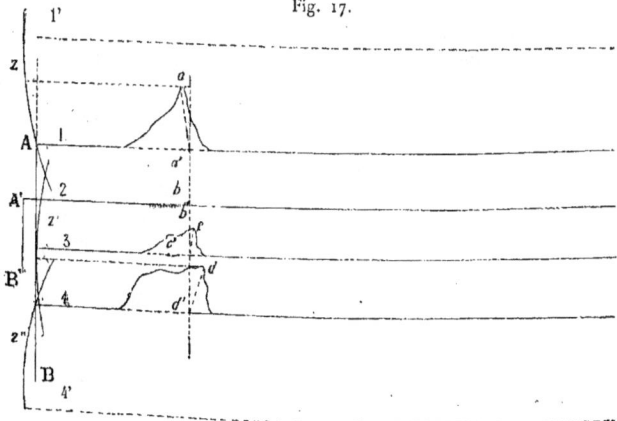

Fig. 17.

Les lignes pleines sont celles que l'on obtient à l'aide des appareils; les lignes pointées sont des lignes de construction. Les lignes AB et $A'B'$ ont été tracées par le déplacement du chariot lors de la vérification du réglage; la ligne du larynx se trouve en retard d'une quantité dont il faudra tenir compte. Dans toutes les parties où elles ont été tracées par les styles fixes, les lignes 1, 2, 3, 4 sont les lignes de réglage. Les arcs de repère z, z', z'' permettent d'établir les lignes des axes 1', 3 et 4'. J'ai reproduit à dessein les trois positions que peuvent avoir les styles par rapport au cylindre enregistreur : ou bien ils tombent perpendiculairement dessus, et, dans ce cas, la ligne de réglage et celle des axes se confondent (3); ou bien ils inclinent à droite (4) ou à gauche (1).

Le problème posé ici est de savoir dans quel rapport de temps se trouvent les points a, b, c, d. Au moyen d'arcs de cercles ayant leur centre sur les lignes des axes, et pour rayon la longueur des styles, nous abaissons ces points sur les lignes de réglage en a', c', d'. Nous corrigeons l'avance de la ligne du larynx en reculant b en b', puis nous menons une perpendiculaire par l'un de ces points. Or, il se trouve qu'elle les réunit tous; donc ils doivent être synchroniques.

Cette construction nous suggère un moyen de simplifier. La distance, entre a et la perpendiculaire élevée en a', est égale à celle qui sépare l'arc de repère et la verticale passant par le point de rencontre de l'arc et de la ligne de réglage. Même observation à faire pour la ligne 4. De là il suit que, pour corriger l'erreur occasionnée par la marche du levier, il suffit de mesurer l'écart qu'il y a entre l'arc de repère et la verticale, pris à une hauteur égale à celle du point qu'il s'agit de rectifier, et de porter cette distance soit à droite, soit à gauche de ce point, suivant que l'arc passe soit à gauche, soit à droite de la verticale.

J'ai supposé jusqu'ici que les inscriptions sont instantanées, ce qui n'est pas. Il reste donc une dernière correction à faire si l'on veut s'approcher aussi près que possible de la vérité, celle du retard éprouvé par les appareils inscripteurs. Ce retard a été calculé par M. Marcel Deprez pour son signal électrique, et par M. Marey pour les appareils à transmission par air. C'est environ $\frac{1}{5000}$ de seconde pour l'aimantation, $\frac{1}{500}$ pour la désaimantation, et $\frac{1}{280}$ pour la transmission par l'air faite au moyen d'un tube de 4^{mm} de diamètre et d'un mètre de longueur[1], comme ceux que j'emploie. Ces erreurs sont tout à fait négligeables pour l'objet que je me suis proposé, et je n'en ai pas tenu compte. Je me suis servi d'un tube d'un mètre pour l'exploration des lèvres, de 0,50^c pour celle du nez.

Enfin, je dois dire que, dans bien des cas, il est possible de suppléer à toutes ces corrections par des inscriptions comparatives. S'il s'agit, par exemple, de savoir ce qui appartient à l'r dans le tracé de *pra*, il suffit d'inscrire successivement *pra* et *pa*. La comparaison des deux tracés nous montre les corrections toutes faites. Ce qu'il y a dans *pra* de plus que dans *pa* doit être vraisemblablement attribué à r. De même, pour juger le y de *pya*, ou le w de *pwa*, on inscrit à côté *pi* et *pu*. Les tracés ainsi obtenus, sont les plus faciles à interpréter, et ce sont ceux que je cite de préférence.

Lorsque c'est nécessaire, j'indique dans les figures les corrections toutes faites au moyen de lignes pointées.

---

[1] MAREY, *Méth. graph.*, p. 477 et 479. — *Trav.*, 1875, p. 142.

CHAPITRE II

RÉGIONS D'ARTICULATIONS

La parole se compose d'une multitude de sons et de bruits dont les principaux seulement ont trouvé place dans nos alphabets. Nos lettres, en effet, représentent non des unités réelles, mais des unités d'impression, et encore pas toutes.

Je traiterai des consonnes, des voyelles et de quelques sons employés pour des intentions particulières en dehors du discours, que l'on a appelés interjectifs.

Les observations ont été faites à l'aide du miroir, du palais artificiel et des explorateurs de la langue.

Le palais artificiel est représenté dans sa position normale comme s'il était vu par un spectateur placé au fond de la gorge. De la sorte, la droite et la gauche du palais correspondent à la droite et à la gauche du lecteur. Il a été divisé en plusieurs régions pour aider au report des tracés et en faciliter l'interprétation. La figure suivante le représente avec ses accidents,

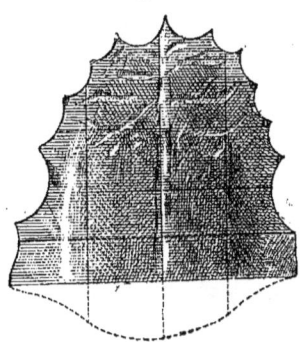

Fig. 18.

ses divisions et une coupe de l'arcade prise à la limite du palais dur. Les articulations de même ordre ont été réunies dans le même cliché, et les limites des régions propres à chacune se distinguent par un pointillé spécial. Toute la partie du palais comprise entre ces limites et les dents, ou (pour les gutturales) le fond du palais, ou bien encore (pour *l*, *r*) une seconde limite de même pointillé, a été touchée par la langue au moment de l'articulation.

§ 1ᵉʳ. — **Consonnes.**

Labiales : *v, f, m, b, p.*

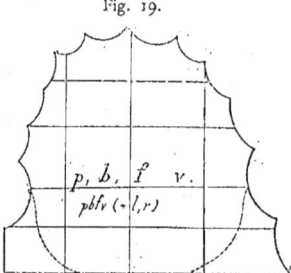

Fig. 19.

La langue est dans la position du repos : elle touche au palais par les coins à la hauteur des dernières dents. Pour *m* toutefois, il y a en outre un léger abaissement de la mâchoire supérieure. La différence d'articulation n'est pas là; elle se produit aux lèvres.

v diffère de *f* par une fermeture moins complète et une tension moins énergique des muscles.

b se distingue du *p* par une pression moins forte exercée sur les lèvres.

m a sur les lèvres la même position que *b*.

Dentales : *z, s, n, d, t.*

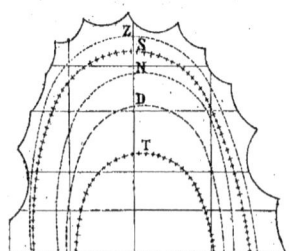

Fig. 20.

Pour z et s, la langue touche à peine le bord de l'arcade dentaire, moins pour z que pour s. Il ne peut pas en être autrement, puisqu'un passage doit être réservé à l'air qui s'écoule pendant l'émission de ces consonnes.

Pour n, d et t, la langue touche tout le tour des alvéoles et ne laisse de libre que le fond du palais. Il y a une différence notable entre ces articulations : le dos de la langue va en s'élevant depuis z jusqu'à t.

Palatales : y, j, ϵ, — $k\,(i)$, — $g\,(i)$, — $g\,(o)$, — w, — $\ddot{w}$, — $k\,(o)$.

Fig. 21.   Fig. 22.

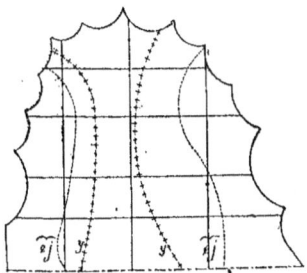 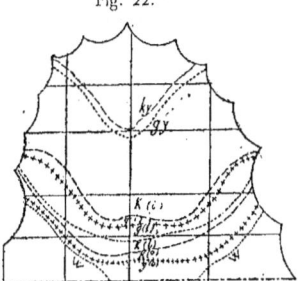

Le y est la palatale qui s'avance le plus vers les dents. La langue s'applique sur les bords du palais et ne laisse au milieu qu'un sillon étroit (cf. fig. 27).

Le j et le ϵ ne se distinguent pas d'une façon bien sensible ou du moins bien constante; c'est un y dont la gouttière centrale se serait bien élargie, un peu plus d'ordinaire pour le j que pour le ϵ.

Le g et le k diffèrent peu, et leurs positions peuvent varier d'une façon très appréciable. La figure représente celles qu'ils prennent le plus fréquemment.

A côté g se placent les deux labio-palatales w et $\ddot{w}$.

Le w répond à peu près au $g\,'(o)$, le $\ddot{w}$ à $g\,(i)$ (cf. fig. 28). Le premier a sur les lèvres la position du u, le second celle d'un u.

Linguales : l, r.

Fig. 23.   Fig. 24.

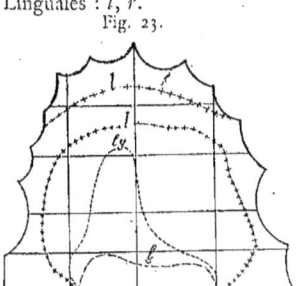 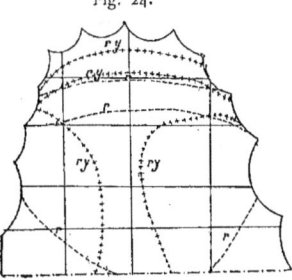

l et *r* touchent au palais à peu près au même endroit, *l* plus que *r*, mais d'une manière différente. Pour *l*, la langue s'appuie par la pointe sur le palais et vibre par les bords. Pour *r*, elle s'appuie par les bords et vibre par la pointe.

Consonnes groupées et consonnes mouillées. — Dans les traces laissées sur le palais par deux consonnes successives, il est facile de discerner ce qui est propre à chacune d'elles. Les figures précédentes contiennent certains groupements. En voici quelques autres :

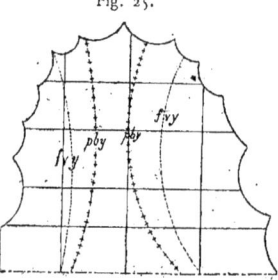
Fig. 25.

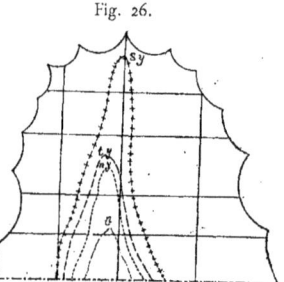
Fig. 26.

Il est permis de tirer de là les conclusions suivantes :

1° Dans un groupe, la première consonne a la tendance de s'accommoder à la seconde. Cela ne paraît pas pour *pl*, *pr*, *bl*, *br*, etc.; mais cela se montre pour *gl* et surtout pour *gy*, *ky*. Le *g* et le *k* sont très avancés vers les lèvres et fortement palatalisés : la trace de la langue sur le fond du palais ne peut être en effet attribuée qu'à ces consonnes, le *y* laissant à cet endroit une gouttière pour l'écoulement constant de l'air.

2° Les consonnes mouillées ne sont pas une simple combinaison d'une consonne et d'un *y*. Il existe en effet une différence considérable entre les tracés de *ṇ* et de *ny*, de *ḷ* et de *ly*. Les figures de *ny*, *ly* accusent nettement les mouvements successifs de *n*, *l* et de *y*. Il en est tout autrement de celles de *ṇ*, *ḷ*. Les premières sont des articulations complexes; ces dernières sont des articulations simples. Aussi *ny*, *ly* ne sauraient être maintenues, tandis que *ṇ*, *ḷ* peuvent être continuées indéfiniment. On ne peut donc pas dire, du moins pour mon patois, que *ḷ* et *ṇ* ne sont autre chose que *l* et *n* très intimement unis à des *y* suivants. Il est vrai que l'histoire de *ṇ* nous montre toujours un *y* agissant sur la production de cette consonne. Mais il n'en est pas de même de *ḷ* : une partie seulement des *ḷ* remonte dans mon patois à *ly* ou *yl*. D'autres *ḷ* (dans les groupes) se sont produits indépendamment du *y*.

Dans cette description, je ne ferai pas entrer le *h* et le *ĉ*, encore moins le *dỹ* et le *tỹ*, qui existent dans la région, par la raison qu'ils n'appartiennent pas à mon parler. Quoique je puisse les reproduire à la satisfaction de ceux qui les emploient, je ne saurais naturellement présenter comme absolument corrects les mouvements que j'exécute. Le *h* et le *ĉ* me semblent être, comme je l'ai dit dans la *Rev. des Patois g.-r.*, I, 315, les fricatives du *g* et du *k*. Ils sortent dans le pays d'un *j* et d'un *c*. J'ai pu comparer en même temps sur ce point la prononciation des Saintongeais, des Lorrains et des Pyrénéens : je n'ai pas remarqué de différence notable. Quant au *dỹ* et au *tỹ*, je les note comme je les entends, sans prendre parti dans la discussion dont ils sont l'objet. Est-ce une articulation simple ou double? Les indigènes la croient simple. C'est tout ce que je puis dire en l'absence d'une expérience décisive.

Ainsi, le système consonnantique de Cellefrouin ne diffère pas de celui du français commun. J'entends par là le français qui tend à s'établir dans la classe instruite en dehors des variétés locales. Ces variétés sont plus nombreuses qu'on ne pense, et ne sont pas toujours corrigées par une éducation soignée. En tenant compte de celle-ci, je dois faire les remarques suivantes :

Mon *r* n'est pas celle d'un Parisien (*ŕ*), ni celle d'un Lorrain (*r̃*), ni celle d'un Limousin (*ř*), ni celle d'un Blaisois (*ř*), ni celle de certaines régions du Midi (*ŕ*).

Mon *b* n'est pas le *ƀ* bi-labial de certains méridionaux.

Mon *d* et mon *t* ne sont pas le *ḍ* et le *ṭ*, avec la pointe de la langue reculée en arrière des alvéoles, qui se trouvent dans la Meuse, l'Yonne, le Gers, etc., ni le *ḍ* et le *ṭ* de l'Est et du Midi.

Mon *g* (+ *i*, *e*, *ẽ*) et mon *k* (+ *e*, *i*, *ẽ*) diffèrent également du *gy* et du *ky* du Centre et du Nord-Ouest, que l'on entend même à Paris dans le parler très populaire, et au Canada dans le langage cultivé, devant *a*.

Un Lorrain qui me lirait ne devrait pas considérer mes sonores comme les équivalentes des siennes.

Quant à mon *n* mouillée, je l'aurais crue d'un usage général, n'ayant remarqué *ny* pour *ŋ* que chez des personnes nées hors de France, si je n'avais vu que M. Crouslé conseille une prononciation assez voisine de *ni* « *aniô* » (*Gr. de la lang. fr.*, p. 22), et que M. Passy distingue pour cette articulation des différences considérables : — *ŋ*, *ŋy*, *ny* et même *y* nasalisé (*Les sons du fr.*, p. 23).

J'ajouterai, pour les Français du Nord, que l'*l* mouillée est un son dont ils n'arrivent qu'à grand'peine à se rendre compte.

Lorsqu'ils veulent prononcer *ḷ*, ils ne font entendre que *ly*, ancêtre de *ḷ*.

Aussi voyons-nous çà et là *ly* se substituer à *y*, le représentant actuel de l'*l* en français, sous l'influence de Littré qui n'aura gagné, par son insistance à recommander un son à jamais perdu, qu'à faire rebrousser la langue de 1800 ans en arrière. J'ai constaté le fait dans la Meuse, où l'introduction de *ly* est due à un professeur de petit séminaire qui s'est appliqué à inculquer à ses élèves la *vraie prononciation de l'l mouillée*, et chez des Normands qui avaient imité la prononciation d'un élève du professeur meusien, devenu à son tour professeur à Paris. M. P. Passy a, lui aussi, remarqué que quelques personnes prononcent les *l mouillées ly*.

§ 2. — Voyelles.

La distinction des voyelles est due aux formes variées que peut prendre, grâce surtout aux lèvres et à la langue, le résonnateur buccal, et à l'intervention, pour quelques-unes, du résonnateur nasal. De là les divisions des voyelles en buccales et nasales, en labiales et linguales. De plus, si l'on considère surtout l'action de la langue formant de la bouche, un double résonnateur, en se redressant par la pointe, ou un seul, soit en restant étendue dans sa position normale, soit en se reculant vers le voile du palais, on peut aussi diviser les voyelles en *antérieures*, *neutres* et *postérieures*.

Voyelles neutres et voyelles antérieures.

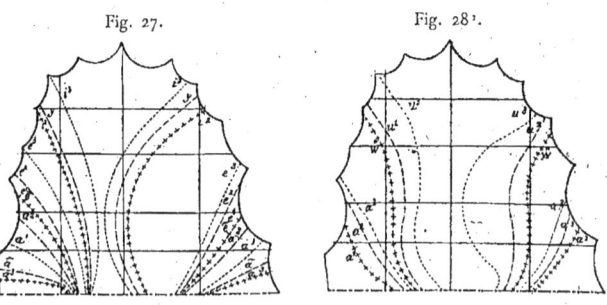

Fig. 27.   Fig. 28[1].

---

[1] Dans la fig. 28, corriger a^1, a^2, a^3 en $œ^1$, $œ^2$, $œ^3$.

Elévation de la langue prise sous le menton, en arrière[1] :
Fig. 29.

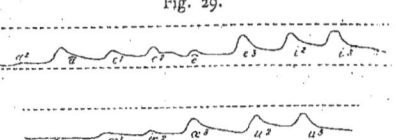

Elévation de la langue prise sous le palais :
Fig. 30.

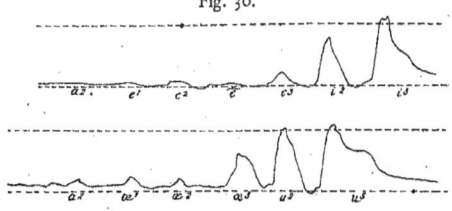

a — La voyelle neutre est pour moi a^2, l'*a* que je donne naturellement sans effort.

Autour de cet *a*, qui est comme le pivot de tout mon système vocalique, se forment deux autres *a* qui ouvrent l'un (a^1) la série des voyelles antérieures, l'autre (a^3) celle des voyelles postérieures.

a^1 est très voisin de a^2; il m'oblige à ouvrir un peu plus la bouche et à reculer les commissures.

a^3 exige que la langue se reporte en arrière, de façon que la pointe ne dépasse pas les premières grosses molaires, et se creuse autant que possible; de la sorte, la cavité résonnante devenant plus large, l'ouverture de la bouche étant à peu près la même que pour les autres *a*, le son produit est plus sourd.

C'est de cet *a* que MM. Donders, Helmholtz et Kœnig ont recherché le son propre. M. Donders lui a assigné le $si^b{}_2$; MM. Helmholtz et Kœnig le $si^b{}_3$, soit 1800 vibrations simples à la seconde. Mon *a* est un peu plus aigu; il donne 1816 vibrations. Il est égal à celui d'un Mâconnais, et se trouve à la fois plus aigu que les a^3 du nord et de l'est de la France (Normandie 1808, Lorraine 1806, Suisse romande 1808, Paris 1804) et plus grave que ceux du Midi (Aveyron 1824, Gers 1828).

e, i — Les voyelles qui continuent la série de l'a^1 (voyelles *labiales*

[1] Les lignes pointées dans cette figure et les suivantes permettent de comparer l'élévation de la langue pour les différentes voyelles.

antérieures) sont : e^1, e^2, e^3, i^2 et i^3. L'élévation progressive de la langue est trop visible dans les tracés pour qu'il soit utile de s'y arrêter.

œ, u — Ce sont les voyelles labiales qui correspondent aux précédentes pour la position de la langue :

$œ^1$ à a^1, $œ^2$ à a^2, $œ^3$ e^2, u^1 à e^3, u^3 à i^2.

Ce qui les différencie, c'est la fermeture des lèvres, qui grandit succes-

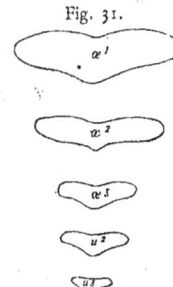

Fig. 31.

sivement depuis $œ^1$ jusqu'à u^3, et présente les ouvertures : 2^{cm} 9 sur 8^{mm} 2, 2^{cm} 3 sur 5^{mm}, 1^{cm} 4 sur 4^{mm}, 1^{cm} 2 sur 4^{mm}, 7^{mm} sur 2^{mm}.

Voyelles postérieures.

Fig. 32.

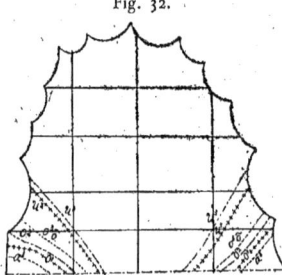

Elévation de la langue prise sous le menton, en arrière :

Fig. 33.

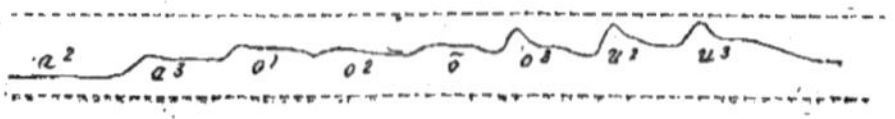

Elévation de la langue prise sous le palais :
Fig. 34.

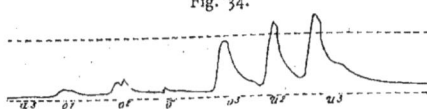

Ouverture des lèvres :
Fig. 35.

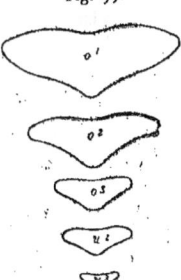

La première voyelle de la série est a^3, la seule qui ne soit pas labiale.

o — Il y a trois variétés. La langue est à peu près dans la même position que pour a^3; pourtant elle s'élève un peu progressivement. Les lèvres s'arrondissent et laissent une ouverture de 3^{cm} 2 sur 1^{cm} pour o^1, de 2^{cm} 4 sur 9^{mm} pour o^2, de 1^{cm} 4 sur 5^{mm} pour o^3.

u — Comme pour l'i, je n'ai que deux variétés : — u^2 lorsque la langue, en se collant sur la limite du palais dur, ne laisse qu'une ouverture en forme de losange (◇) d'environ 6^{mm} de longueur sur 4^{mm} de hauteur, et lorsque les lèvres s'écartent de 1^{cm} 3 sur 4^{mm}; — u^3, lorsque le passage livré à l'air n'est plus qu'un petit trou produit par la fente du palais et la gouttière médiale de la langue, et lorsque les lèvres ne sont plus écartées que de 7^{mm} sur 2.

Voyelles nasales.

Le patois de Cellefrouin ne possède que trois voyelles nasales, $\tilde{a}$, $\tilde{e}$, $\tilde{o}$, dont aucune ne répond bien exactement aux voyelles orales que je viens de décrire.

$\tilde{a}$ est un a^3 pour lequel le dos de la langue se relève un peu afin de rejoindre le voile du palais qui s'abaisse en même temps.

Les mâchoires sont aussi un peu moins écartées ; cela est sensible quand je prononce successivement a^3 $\tilde{a}$ ou $\tilde{a}$ a^3. Mais cette différence est accessoire, puisque je puis prononcer $ã$ avec l'ouverture de bouche requise pour a^3 sans en changer le son.

$ẽ$ — La langue est plus basse que pour e^1 de 2 à 3 ^{mm}. J'ai pu en juger à l'aide d'un miroir placé de façon que les dents du haut viennent se refléter sur le palais et que la partie inférieure de l'image rase la surface de la langue.

Dans cette situation, la moindre élévation de la langue devient sensible et facilement appréciable, car l'image des dents prend une coloration différente dès qu'elle est atteinte par la langue. J'ai à faire ici la même remarque que pour $ã$: la langue touche plus au palais que pour la voyelle buccale correspondante, et les mâchoires se rapprochent davantage.

$õ$ est très sensiblement o^1 pour la position de la langue et des lèvres.

Classification des voyelles.

D'après ce qui vient d'être dit, il est clair que, sauf pour a, l'ouverture et la fermeture de la bouche, produites par le dos antérieur de la langue pour les voyelles linguales, par les lèvres pour les voyelles labiales, nous fournissent un excellent moyen de caractériser les différents timbres des voyelles. Nous avons de la sorte des voyelles ouvertes et des voyelles fermées. Si, d'autre part, nous considérons la tension musculaire, nous obtenons un résultat concordant. Les voyelles ouvertes sont, si l'on veut, des voyelles molles, relâchées, tandis que les voyelles fermées sont des voyelles dures, tendues, appuyées. Cette expression même d'*appuyées* est la seule par laquelle je puis me faire comprendre des paysans.

Voilà ce qui m'a fait préférer, malgré quelques inconvénients, cette classification à une autre qui serait fondée sur l'acoustique.

Dans la série linguale, les classifications acoustique et physiologique marchent de pair : e grave $=e$ ouvert, e aigu $=e$ fermé, i grave $=i$ ouvert, i aigu $=i$ fermé.

Dans la série labiale, c'est le contraire qui a lieu : o grave $=o$ fermé, o aigu $=o$ ouvert, u grave $=u$ fermé, $u=u$ ouvert, $œ$ grave $=œ$ fermé, $œ=œ$ ouvert, u grave $=u$ fermé, $u=u$ ouvert.

a présente une difficulté spéciale : il est le point de départ des deux séries.

a^3 appartient aux voyelles postérieures (o, u). L'analogie de ces deux voyelles, dont la variété fermée est la plus sourde, a porté M. Gilliéron à marquer d'un accent aigu le son grave de l'a (comme $ó, ú$), ce qui a entraîné l'adoption d'un accent grave pour le son aigu de l'a (comme $ò, ù$).

Dès lors, a^1 est considéré comme a ouvert, et a^3 comme a fermé. Cette dénomination peut très bien se défendre au point de vue physiologique, puisque, en diminuant l'ouverture de la bouche disposée pour a^1, au moyen d'un carton troué, ou tout simplement avec la main pendant l'émission de la voyelle, on fait entendre un a^3. Mais, pour les personnes qui ouvrent plus la bouche pour a^3 que pour a^1 (et la chose est possible, pourvu qu'elles conservent entre l'ouverture et la capacité du résonnateur le rapport voulu), elle n'est point sans difficulté. Pour moi, elle est exacte, puisque l'a^1 est prononcé avec les lèvres réellement plus ouvertes que pour l'a^3.

De la sorte, par ouverture ou fermeture des voyelles, il faudra ici entendre l'agrandissement ou la diminution de l'orifice du résonnateur, à savoir : pour o, u, $œ$, u, l'écartement ou le rapprochement des lèvres ; pour e, i, les divers degrés de rétrécissement du canal laissé à l'air entre la langue et le palais ; enfin, pour a, la plus ou moins grande ouverture de la bouche par rapport à sa capacité.

Ainsi, dans la notation introduite par M. Gilliéron, et que j'ai adoptée, les voyelles distinguées jusqu'ici par de simples exposants deviennent :

a^1	$à$	a^2 a (moyen)		a^3	$á$
o^1	$ò$	o^2 o (moyen)		o^3	$ó$
		u^2 u (moyen)		u^3	$ú$
e^1	$è$	e^2 e (moyen)		e^3	$é$
		i^2 i (moyen)		i^3	$í$
$œ^1$	$œ̀$	$œ^2$ $œ$ et e		$œ^3$	$œ́$
		u^2 u (moyen)		u^3	$ú$

La voyelle moyenne $œ$ se trouve avoir dans la notation de la *Revue* deux signes, $œ$ et e. Ce n'est que tout récemment que je suis arrivé à me convaincre de l'équivalence de ces deux sons. Je devrais donc supprimer e, qui sort du système général ; mais comme, en pareille matière, il n'est pas bon de se hâter, je garde $œ$ pour les toniques, continuant à employer e pour les atones.

Les voyelles de Cellefrouin comparées à celles du français.

Je devrais maintenant, comme je l'ai fait pour les consonnes, comparer le patois de Cellefrouin au français commun. Mais ici le terme de comparaison me manque. Le français n'a pas encore réussi à imposer son système vocalique. En adoptant la langue de Paris, la province a pu remanier ses consonnes : elle avait, en général, peu à faire, et puis les différences étaient choquantes ; mais elle n'a guère touché à ses voyelles.

Le français, du reste, ne s'est pas montré exigeant sur ce point. Dans sa patrie même, il ne semble pas tenir à une homogénéité parfaite. Il permet pour les voyelles quelque chose de vague et de flottant : on trouverait dans une même famille, comme dans celle de M. Passy, une étonnante variété. La province non plus ne tient pas à reproduire les voyelles parisiennes, et, pour ne parler que de moi et de mes compatriotes, nous avons l'oreille blessée par certaines voyelles de Paris. Je ne dirais pas *cŏkŏlă*, *păyăs*, *mŏpărnăs*; je préfère mon français régional *cŏkŏlă*, *păyăs*, *mŏpărnăs*.

Mais ce n'est pas le français parlé qui se répand; c'est le français des livres; et celui-ci est plus accommodant encore. Chacun n'y lit que les voyelles de son propre parler. L'enseignement vient bien rectifier quelques points; mais ces points sont peu nombreux, tant est grande notre indulgence en cette matière ! Du reste, les maîtres ont souvent les défauts de la région où ils enseignent, s'ils n'en ont pas de pires. Au surplus, l'enseignement ne corrige pas toujours. Plus d'un son barbare peut invoquer sa paternité. A côté de l'influence des maîtres, il y a la tendance trop généralisatrice des élèves, qui est une nouvelle source d'erreurs. Je disais : *mé pér* « mes pères ». Corrigé pour *pér*, j'ai cru qu'il fallait de même changer *mé* en *mè*, et je dis « *mè pér* ». Enfin, certains mots échappent à l'analogie des autres et entrent dans le langage avec la forme sous laquelle ils ont été entendus : œ atone est toujours *ŏ* dans mon français, et pourtant je dis *năyĭ* « Neuilly ».

Il n'y a donc pas de règle précise pour fixer le timbre des voyelles. Cependant, au milieu de la variété qui règne sur ce point, on peut, dans le plus grand nombre des sujets, reconnaître une même gamme vocalique. Sans doute, chez les personnes peu cultivées, on surprend des voyelles intermédiaires, comme, pour donner quelques exemples, *â* pour *à* aux environs de Noirétable (Loire), et dans bien d'autres endroits encore sur la limite de l'*a* ⟶ *è*, *â* pour *à* en un grand nombre de lieux sporadiquement, à La Chaise (Charente), au Canada, etc., *é* et même presque *i* pour *é* en Auvergne, *ŭ* pour *ó* et *ŭ* pour *u* dans diverses régions du Midi, *ãn*, *ĕn*, *õn* et même *an*, *en*, *on* pour *ã*, *ẽ*, *õ* dans tout le Midi, *ä* pour *ã* dans le Nord-Est et même à Paris. Mais il est vrai de dire qu'en général (les voyelles nasales mises à part) l'incertitude porte, non sur le son en lui-même, mais sur l'usage qu'on en fait. La difficulté d'indiquer la valeur précise de telle ou telle syllabe reste donc tout entière. Néanmoins, en prenant en gros la prononciation que j'ai entendue à Paris, je puis dire que toutes les voyelles de mon patois sont françaises. Voici les rapprochements qu'il est permis d'établir :

à = p*a*rtir. — *a* = P*a*ris. — *â* = p*â*te, chocol*a*. — *è* = f*ê*te. — *e* = *é*glise. — *é* = m*ai*son, ch*a*nter. — *i* = R*i*voli. — *ĭ* = n*i*d, *i*ci. — *ò* = *o*r. — *o* = chocol*a* — *ó* = g*i*got, maill*ot*, *au*tre, chap*eau*, etc. — *u* = *u*tile. — *ŭ* = fend*u*, pend*u*, pl*u*s. — *u* = *ou*blier. — *ŭ* = R*ou*le, je ne sais *où*. —

à = heure. — œ = heureux. — ǽ = heureux, feu, peu. — ã = enfant. — ẽ = vin. — õ = on.

Je ne donne toutefois ces équivalences qu'avec réserves, parce qu'on me les a souvent demandées, et je prie le lecteur de n'en user qu'avec précaution (cf. *Revue des Patois g.-r.*, I, p. 11-13).

§ 3. — Sons interjectifs.

Il ne me reste plus, pour épuiser la liste des sons usités à Cellefrouin, qu'à indiquer ceux qui, à eux seuls, expriment un état de l'âme, un sentiment, un ordre ou une prière. Les uns sont formés par l'air expiré, les autres par l'air inspiré. Je commence par les premiers.

1° *p!* Les lèvres jointes sont séparées brusquement par la poussée d'une colonne d'air énergique. Il marque le dédain, et s'accompagne d'un haussement d'épaules. *ẽ tĕl ŏ dĭ dǽ mã d vŭ. — p! ĭ m ãbãrãs byẽ.* « Un tel a dit du mal de vous. — *p!* je m'embarrasse bien ! »

2° *prr!* Même position que pour « *p!* ». Il s'y joint une forte vibration des lèvres. On s'en sert pour chasser les cochons. — En Suède[1], on l'emploie pour arrêter les chevaux. L'*r* est une *r* labiale. Cette *r* est en usage, dit-on, chez les Hottentots. Elle existe aussi après une labiale dans quelques villages des Alpes italiennes.

prrũ ! avec une *r* labiale, est employé pour arrêter les chevaux et les ânes.

3° *ps!* La langue est disposée pour l'émission de l'*s*; les lèvres sont fermées. Le *p* éclate brusquement, et l'*s* se prolonge. C'est le signe du mécontentement et l'annonce d'une colère qui ne se contient plus. Il s'accompagne d'une grimace significative et d'un haussement d'épaules. *ps! ĭ m ãbãrãs byẽ dĕ s kĕ tŭ dĭ! « ps!* je m'embarrasse bien de ce que tu dis ! »

4° *ps! ps!* Le même son, très rapide, avec une expression caressante, invite les enfants à uriner. *ps! ps! fã bĕzĭ* « ps! ps! fais *bezi* ».

5° *ps! ps!* moins rapide et excitant, sert à *avâter* (lancer) les chiens.

6° *pst!* Le même son, mais avec une *s* plus dure et un léger mouvement de la langue contre le palais, d'où elle s'arrache brusquement, ce qui produit un *t* final. C'est le signe de la rapidité. *ã! pst! ãl ẽ lwẽ! tã! kŭr ãprĕ! « Ah! pst!* elle est loin ! tiens! cours après ! »

---

[1] Je l'ai entendu de la bouche d'un Suédois.

7° *ks! ks!* La langue a la pointe disposée pour faire entendre l'*s*, et le dos dans la position du *k*. On l'emploie pour exciter les chiens. *ks! ks! ălĕ! mor-lŭ! mor-lŭ!* « *ks! ks!* allez! mors-le! mors-le! »

8° *et!* avec les lèvres bien écartées est employé pour chasser un animal. *et! ă eă! ă pul! ă eăbr!* « *et!* à chat! à poule! à chèvre! »

9° ⁻! La bouche complètement fermée; tout l'air passe par le nez. Prolongé, c'est le gémissement. Bref, c'est le signe de l'étonnement. Prolongé et grondant, c'est une menace : ⁻! *sĭ tăpăŋ... tŭ zŭ păyră!* « ⁻! si je t'empoigne... tu le payeras! »

10° ⁻! aspiration suivie d'une résonnance nasale, marque la désapprobation : ⁻! *yŭ săvĭ bĕ, kĕ kŏrĭ ărĭvă kŏkĭ!* « ⁻! Je le savais bien, que ç'aurait arrivé ceci! » — ⁻! *n krĕ pă* « ⁻! Je ne crois pas ».

11° *m!* grondement nasal, qui s'accompagne du pincement des lèvres, et qui annonce une menace : *m! sĭ tătrăp!* « *m!* si je t'attrape! »

Les sons produits par le souffle aspiré sont appelés *inverses* par M. Havet[1], et transcrits par lui, d'après M. Ballu, avec les signes correspondants aux sons ordinaires renversés. J'en ferai autant. Nous avons :

1° *d!* que M. Ballu écrit *m* à tort, selon moi, car l' *m* est continu, et le son qu'il s'agit de représenter est explosif. Un gros « baiser de nourrice » ne peut pas se faire entendre sans qu'il y ait occlusion complète des lèvres. Ce son a plusieurs significations, suivant l'expression qu'on lui donne. Fort, c'est un avertissement donné à un animal que l'on va toucher; répété et insinuant, c'est un appel adressé aux animaux; enfin, très-bref et très doux, c'est une invitation à manger pour les petits oiseaux.

2° *f!* marque une douleur subite. *f! ĭ m sŭ brŭlă!* « *f!* je me suis brûlé! »

3° *ʇ!* La langue collée au palais, après avoir fait le vide, se détache avec plus ou moins de force. Energique, *ʇ* marque la désapprobation : *ʇ!* ⁻! *t ă tŏr!* « *ʇ!* ⁻! tu as tort! »; *ʇ! kŏ n ĕ pă bŏ!* « *ʇ!* ce n'est pas bon! »; répété, il invite les porcs à manger; très doux et très rapide, il sert à appeler les poules.

4° *ʞ*. La pointe de la langue est reculée jusqu'à la position du *k*, elle fait le vide, se détache avec force et produit un son sec. On s'en sert pour exciter les ânes.

---

[1] *Mém. de la Soc. de ling.*, II, 221.

CHAPITRE III

FONCTION DU LARYNX. — VARIATIONS DANS LA SONORITÉ DES VOYELLES NASALES ET DES CONSONNES

Les expériences utilisées dans ce paragraphe ont été faites avec l'oreille, l'explorateur électrique du larynx, ceux du nez, des lèvres, l'explorateur externe de la langue et le stéthoscope.

Les tracés sont reproduits par les procédés Dujardin au double de leur grandeur naturelle, ce qui permet de distinguer à l'œil nu les parties essentielles, qui, autrement, ne pourraient être vues qu'à la loupe.

La sonorité est due à des vibrations qui ont leur point de départ dans le larynx et qui se propagent dans d'autres parties de l'organe vocal. Ces vibrations jouent un rôle considérable dans la parole. Il ne suffit donc pas, pour analyser celle-ci, même au point de vue restreint de la physiologie, de rechercher quelles sont les régions d'articulation et de déterminer à quel point exact se forme l'obstacle qui, s'opposant au passage de l'air, produit le son.

Il faut encore savoir quelles sont, parmi les articulations, celles qu'accompagnent des vibrations laryngiennes, en d'autres termes, pour me servir de l'expression consacrée, quels sont les éléments sonores et les éléments sourds du langage.

Sont considérées comme sonores : toutes les voyelles, les semi-voyelles (y, w, $\ddot{w}$), les consonnes douces (b, d, g, v, z, j), les liquides (l, m, n, r). Sont regardées comme sourdes les consonnes fortes (p, t, k, f, s, c).

On a même cru que p et b, t et d, k et g, f et v, s et z, c et j ne sont respectivement qu'une même articulation différenciée seulement par l'absence ou la présence de vibrations laryngiennes. Deux groupes très voisins, c et j, s et z ont pu donner cette illusion.

On a dit aussi, et sans plus de motif, que les nasales (m, n) ne sont que des sonores (b et d) prononcées avec écoulement de l'air par le nez.

Ce sont des erreurs. Au fond de toutes les articulations se trouve un bruit caractéristique qui suffit à les distinguer. Les différences qui existent entre les diverses régions d'articulation en sont un indice certain. Au reste, une expérience très facile et à la portée de tous nous en fournit la preuve. Quelle que soit la théorie que l'on adopte sur le chuchotement, celui-ci n'est que la parole articulée, privée de vibrations laryngiennes proprement dites. Or, si l'on chuchote à des distances variables, l'auditeur distingue successivement tous les sons ou peu s'en faut, les sourdes en général plutôt que les sonores.

Voici les résultats d'une des expériences que j'ai faites à ce sujet. Les chiffres, on le conçoit, n'ont rien d'absolu ; mais il n'y a que les distances relatives qui aient ici de l'importance.

En chuchotant de façon qu'à 8^m aucun son ne soit saisi, et en me rapprochant peu à peu, je faisais entendre :

A moins de 8^m, *i* ;

A 7^m 20, *ké* ;

A 7^m, *gé* sonnant *ké*, mais moins fort ;

Après 6^m, *u* ;

A 6^m 60, *jé* et *cé*, qui n'étaient qu'un bourdonnement confus ;

A 6^m 55, *jé* et *cé*, sonnant tous les deux *cé* avec une force égale ;

A 6^m 10, *bé* et *pé*, qui n'étaient pas sentis à 6^m 15, et qui sonnaient avec une force égale *bé* ;

Après 5^m, *a* ;

A 5^m 62, *té* ;

A 5^m 46, *dé* sonnant *té*, mais moins fort ; — *bé* et *pé* sonnant *pé* ;

A 5^m 15, *sé* et *zé* sonnant *sé* avec une force égale ;

A 5^m, *jé*, distinct de *cé* ;

A 4^m 90, *fé* ;

A 4^m 68, *vé* sonnant *fé*, mais avec moins de force ;

Après 3^m, *é* sonnant tantôt *é*, tantôt *i* ;

A 2^m, *mé* sonnant tantôt *pé*, tantôt *bé* ; — *é*, distinct de *i* ; — *o*, *œ*, *né*, *lé*, *ré* ;

A 1^m, *mé* ; — *pé* toujours clair ;

A 0^m 50, *u* ; *vé* qui commençait à se faire sentir, mais aussi bien pour *fé* que pour *vé* ;

A 0^m 25, *bé* et *pé* presque complètement distincts ; — *fé* toujours clair ; — *vé* 14 fois sur 18 nettement perçu *vé*, — *dé* net ;

A 0^m 10, *gé* qui se détachait presque complètement de *ké* ; — *bé pé*, *fé vé*, *té dé*, très nets ;

A 0^m 05, *gé* parfaitement clair.

Il n'y a que *sé* et *zé* qui restent indistincts, même prononcés les lèvres sur l'oreille. Quelquefois, cependant, *zé* peut être saisi, mais il n'est jamais très certain.

Si l'on renouvelle l'expérience à voix modérée, on obtient, au point de vue de la distinction des articulations, des résultats analogues.

Dans une expérience où aucun son n'est clair à 9 ^{m} 60, on peut entendre :
A 9 ^{m}, *a, e, i, o, u*;
A 8 ^{m} 55, *pè, kè, tè*;
A 7 ^{m} 70, *bè, eè*; — quelquefois *sè*, plus rarement *fè*;
A 7 ^{m}, *sè* et *fè* très distinctement;
A 6 ^{m}, *dè, mè, nè*;
A 5 ^{m} 70, *jè, gè*;
A 5 ^{m} 50, *zè*;
A 5 ^{m}, *vè, u, œ*.

Les vibrations laryngiennes apportent donc aux sonores un surcroît de puissance, mais insuffisant pour qu'elles puissent égaler les sourdes.

Serait-il téméraire de conclure de là et des observations faites plus haut que toutes les articulations peuvent avoir une variété sonore et une variété sourde, qu'il existe, par exemple, un *v* sourd distinct de l'*f* et une *f* sonore autre que le *v* ?

Il ne semble pas, d'autant que nous rencontrerons deux cas au moins où cette supposition est une réalité. Aussi, sans cependant prétendre trancher la question, au lieu de substituer une sourde à une sonore, ou une sonore à une sourde quand la sonorité naturelle de la consonne est modifiée, je me contenterai, dans les transcriptions suivantes, de marquer d'une apostrophe la consonne qui n'a pas conservé sa qualité naturelle, et qui apparaît dans mes tracés autre que dans ma prononciation intentionnelle.

Nous venons de voir que l'oreille seule suffit à distinguer les sonores et les sourdes quand elles sont isolées. Aussi n'y a-t-il pas de discussions sur leur qualité parmi les phonétistes, et les variations qu'elles peuvent subir sont-elles peu importantes. Il en est presque de même des groupes où entrent des liquides. Mais, dès que les muettes et les spirantes sont associées dans un même groupe, l'éloignement joue alors dans les appréciations de l'oreille un rôle important, et les erreurs sont faciles. Toutes les consonnes isolées sont perceptibles à 5 ^{m}, tandis que tous les groupes de consonnes ne peuvent être sûrement décomposés qu'à 10 ou 15 centimètres. Les hésitations sont très marquées à 30 centimètres, et au fur et à mesure que la distance croît, les confusions augmentent.

A 30 ^{cm}, *apza, agsa, avpa* et *azpa* ont été entendus *abza, aksa, afpa* et *aspa*. Mais ce n'est guère qu'à 1 ^{m} que les changements se produisent d'une façon constante. A cette distance :

1° *z* et *j* + sourde paraissent toujours assourdis. Voici des combinaisons où *z* a toujours été entendu *s*, et *j*, *c* : *azpa, azta, ajpa, ajfa, ajta, ajsa*;

il y a eu hésitation pour $azfa = \begin{cases} azva \\ asfa \end{cases}$; $azea = \begin{cases} aeea \\ asea \end{cases}$; $ajka = \begin{cases} aeka \\ ajga \end{cases}$;

2° Toutes les sonores, placées devant les sourdes correspondantes, paraissent assourdies : *abpa, avfa, adta, azsa, ajea, agka* sont entendus : *appa, affa, atta, assa, aeea, akka*;

3° Ont été modifiés : *v* et *d* devant des articulations du même ordre, *v* + *p* (*avpa = afpa*), *d* + *s* (*adsa = atsa*); — *k* + sonore (*akba, akva, akda, akza, akja, akga* sonnent toujours comme s'ils avaient un *g*; — *t* + *g* (*atga = adga*); — *s* + *e* (*asea = aeea*).

Les autres combinaisons restent distinctes. Ainsi *apba, afva, atda, asza, aeja* sont parfaitement saisis.

A 2^m, il faut ajouter l'assimilation : de *p* + *b* (*apba = abba*); — de *t* + *d, b, z* (*atda = adda, atba = adba, atza = adza*).

Des confusions se produisent entre des consonnes de classes ou d'ordres différents : *akga = apga*, et *afva = apva*.

Au delà de 6^m, *b* et *v* + une sourde s'assourdissent (*abfa = apfa, abta = apta, absa = apsa, abea = apea, abka = apka*; de même *avta = afta*, etc. ; — le *t* et le *d* deviennent indistincts, mais gardent leur qualité respective de sourde et de sonore : le premier sonne *f*; le second, *v*; — — les liquides *l, m, n, r* sont toujours entendues telles.

Mais la distance n'est pas le seul facteur dont il faille tenir compte dans l'appréciation des renseignements que fournit l'oreille, il importe de ne pas oublier que cet organe est susceptible d'éducation, et que souvent il éprouve l'impression moins de ce qu'il entend que de ce qu'il a l'habitude d'entendre. Si je dis par exemple « *mō pŏv pyărĕ* », « mon pauvre Pierret », ma sœur, qui est très habituée à mon patois, entendra « *mō pŏv pyărĕ* » par un *v*. Mais que je dise *pŏpŏvpŏ*, elle entendra *pŏf* par une *f*. La raison de cette différence est tout entière dans des habitudes prises : *pŏv* existe isolément, et l'ensemble de la phrase a un sens qui lui conserve dans cette situation son individualité : il est entendu dans le groupe comme s'il était seul. Dans *pŏpŏvpŏ* qui n'a aucun sens, l'oreille n'entend que le son. C'est pour ce motif que, dans les expériences précédentes où j'ai employé l'oreille comme moyen d'analyse, je ne lui ai soumis que des groupes dénués de sens.

Ces constatations, outre qu'elles ont des conséquences, ont l'avantage de nous montrer qu'une expérimentation mécanique peut seule nous fixer sur les variations qu'éprouvent dans leur sonorité les éléments de la parole. Et cette expérimentation en vaut la peine.

Dans les transcriptions phonétiques que l'on donne aujourd'hui du français, on assimile tous les groupes dont les consonnes ont deux représentants dans l'alphabet, l'un pour la sourde, l'autre pour la sonore. Il ne semble pas y avoir de doutes parmi les phonétistes sur ce point. M. P. Passy écrit donc *metsẽ* (médecin), *zgō* (second), *avegjā* (avec Jean), *diddō* (dites donc), etc. (*Les sons du fr.*). M. Beyer : *opskür* (obscur), etc. (*Französische phonetik*).

Quant aux articulations qui n'ont qu'une seule représentation dans nos alphabets (*m, n, ɲ, l, ḷ, r, y, w, ẅ*), il y a encore quelque indécision. L'honneur d'en avoir discerné la variété sourde en français appartient à M. Ballu; celui d'avoir fait connaître cette découverte au monde savant, à M. Havet (*Mém. de la Soc. de ling.* « Observations phonétiques d'un professeur aveugle », t. II, p. 219). Les nasales sont exclues de cette catégorie par M. Havet, qui n'y voit que des sonores.

M. P. Passy écrit en conséquence avec des sourdes les mots comme peu*p*le, pou*tr*e, p*u*is, p*i*ed, po*u*ah, article, et même après une sonore : pou*dr*e, tab*l*e. Mais il va bien plus loin que M. Havet, et il reconnaît des nasales sourdes dans la prononciation de quelques personnes : ha*m*'çon, *m*'sieur, ha*n*'ton, t*n*'ailles, ensei*gn*'-tu. Enfin il admet *prism*' sans restriction (*Les sons du fr.*, p. 22-24). Il avait signalé dans sa première édition (p. 52) une *r* mi-partie sourde, mi-partie sonore dans *près*, et inversement dans *article*.

M. Franz Beyer marque du signe des sourdes : *ou* dans *échouer, u* dans *puis, i* dans *pion, l* dans *peuple, cible, r* dans *pâtre, sabre*; il incline fortement à admettre une partie sourde et une partie sonore dans *l* de *plaindre*, l'*l* mouillée de *scintille*, l'*n* de *knout*.

Ce sentiment paraît général. Aussi M. Morf me reproche-t-il de n'en avoir pas tenu compte dans mon « Introduction à l'étude des patois » (*Götting. gelehrte anz.*, 6 janvier 1889, p. 15).

Je ne pouvais donc me dispenser d'étudier la question pour mon patois. J'avoue que, si je m'en étais rapporté uniquement au témoignage de mon oreille et au sentiment que j'ai des sons que j'émets, je ne m'y serais pas arrêté. Je n'avais conscience d'aucun changement survenant dans la sonorité de mes consonnes. Mais la question n'en était que plus attrayante. Ne me trouvais-je pas en face d'un phénomène naissant et au début d'une évolution encore inconsciente ? La méthode graphique, du reste, me fournissait un moyen sûr et facile de trancher la question. Tout, en effet, se réduit à savoir si, pendant telle ou telle articulation, le larynx vibre ou non. Or, en plaçant le son à étudier entre des articulations dont la lecture est facile, comme des labiales par exemple, en comparant des mots renfermant ce son avec d'autres ne le contenant pas, on est certain d'atteindre la vérité.

J'ai à ma disposition, pour cette étude, non seulement les tracés pris en avril 1889 et renouvelés en juin de la même année pour savoir si je possédais réellement une variété sourde des liquides et des semi-voyelles, et beaucoup d'autres recueillis dans des intentions tout à fait différentes, mais encore les expériences systématiques que je viens de faire (1890) afin de pouvoir embrasser le phénomène dans toute sa généralité.

Je n'ai rien à dire sur les voyelles buccales : toutes celles que j'ai inscrites sont sonores. Nous n'avons à nous occuper que des voyelles nasales et des consonnes. Ces dernières, nous les considèrerons successivement dans les deux situations où elles se rencontrent : isolées et groupées.

Voyelles nasales.

La nasalité varie suivant la nature de l'articulation après laquelle les voyelles nasales sont placées. Complète à l'initiale et après s, c, et probablement toutes les continues, elle manque dans les premiers instants de la voyelle après p, b, t, k et sans doute d et g. Ce fait m'a apparu dans le tracé du groupe artificiel $\bar{o}p\bar{o}pt\bar{o}$.

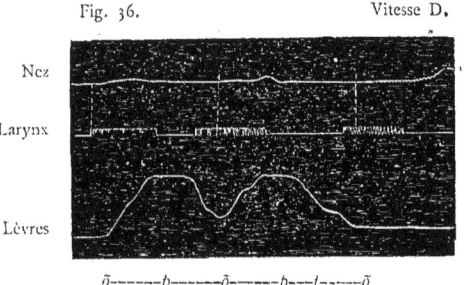

Fig. 36.   Vitesse D.

Le premier $\bar{o}$ commence au même point pour le nez et pour le larynx; tous finissent en même temps pour les deux organes. Le dernier semblerait faire exception; il n'en est rien cependant : l'arrêt anticipé du larynx est une erreur d'inscription qu'aident à corriger d'autres tracés (cf. fig. 51). Mais le second et le troisième $\bar{o}$ commencent plus tôt pour le larynx que pour le nez.

Il en est de même dans $\bar{a}p\bar{a}sb\bar{a}$, $\bar{o}k\bar{o}$ (groupes artificiels), $p\bar{a}s$ « pense », $p\bar{o}p\bar{o}$ « pompon », $p\bar{o}$ « pont », $\bar{a}t\bar{a}$ « antan », $t\bar{a}$ « tant », $k\bar{a}$ « qu'en », etc.

Dans *sõ* « sont », *sẽ* « sans », *fõrs ẽ ptĩpõ* « force un peu », *sãtrĩẽ* « chantriez », il y a accord complet entre le nez et le larynx.

Ce n'est pas là une particularité de mon patois : la prononciation de M. Jean Passy est sur ce point conforme à la mienne. On peut donc croire que ce phénomène tient à des conditions organiques générales.

Consonnes isolées.

Pour les consonnes isolées, il y a lieu de se demander si quelques-unes ne subissent pas des variations de sonorité par suite d'une évolution propre, ou en raison de leur position.

Dans le premier cas, entre un phénomène qui ne se produit dans mon parler que pour les spirantes sonores *j*, *z*, *v*. Ces consonnes, qui commencent sonores et finissent de même, sont souvent sourdes au milieu, en sorte qu'il serait juste de les appeler des *médio-sourdes*. Le cas est presque constant pour *j* et *z*; il est rare pour *v*. J'ai observé le fait, non seulement dans des expériences sur des groupements artificiels, *aja, aza, ĭpŭpjĭ, ăpăpjă, ĭpĭpjĭ*, mais encore dans des phrases complètes : *k ĭ puj…* « que je puisse… »; *k n ājā…* « que nous allions… »; *ẽ jur…* « un jour… »; *k vŭ vŭjẽ ănă…* « que vous vouliez aller… », etc. (V. les fig. 92 et 93.)

La concordance qui existe dans certains tracés entre les vibrations du nez avec celles du larynx, comme on peut le constater dans le tracé de

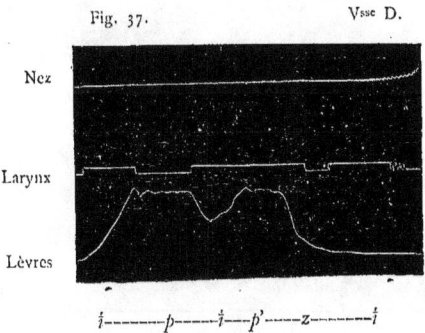

Fig. 37.   Vsse D.

Nez

Larynx

Lèvres

ĭ——p——ĭ——p'——z——ĭ

ĭpĭpzĭ, ne laisse aucun doute sur la réalité du fait.

Je n'ai que trois exemples pour *v* : *sĭ vẽ v fõrsăvẽ…* « si vous vous for-

Fig. 38. V^{sse} D.

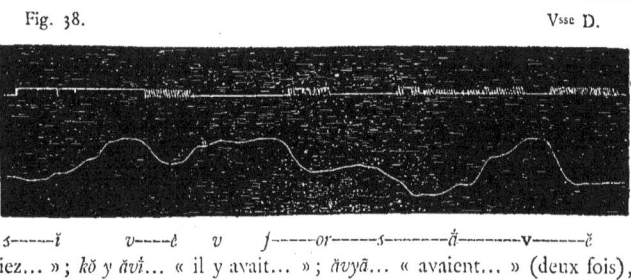

s-----*ĭ*   *v*----*ĕ*   *v*   *j*-----*or*-----*s*-------*ă*--------**v**-----*ĕ*

ciez... » ; *kŏ y ăvĭ*... « il y avait... » ; *ăvyā*... « avaient... » (deux fois), tous empruntés au discours suivi.

En dehors de ce cas, la place des consonnes est un facteur nécessaire pour la production des changements qui s'observent dans leur sonorité.

Les consonnes finales accusent une tendance à s'assourdir. Les exemples les plus caractéristiques nous sont fournis par *b* et par *m*. En voici un de *m* pris dans deux mots appartenant à la même phrase : dans le premier, elle est sonore ; dans le second, à moitié sourde. (Voir encore le tracé, fig. 47, inscrit dans le même moment.)

Fig. 39. V^{sse} D.

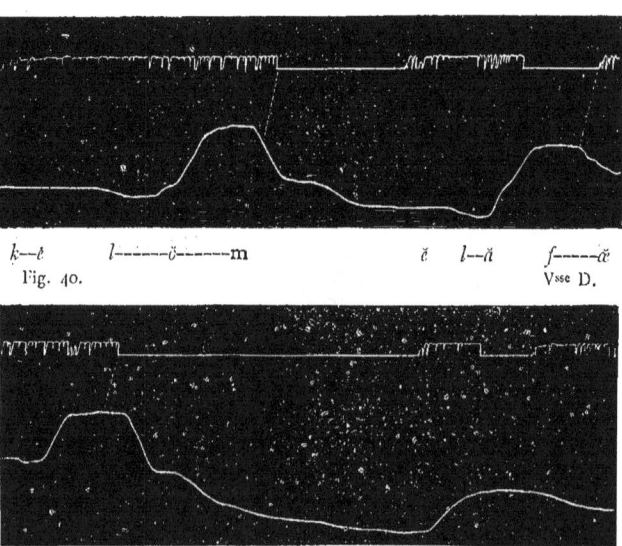

k--*ĕ*   *l*------*ŏ*-----**m**   *ĕ*   *l*--*ă*   *f*-----*ă̈*

Fig. 40. V^{sse} D.

ă̈--------**m**   *ĕ*-----------*l*------*y*--*ā*

La raison de cet assourdissement est dans le repos prolongé qui suit. Le même fait se manifeste dans le reste du morceau et dans le suivant, inscrit trois mois plus tard (les repos sont marqués par des virgules) : *ĕ jŭr kŏ y ăvĭ ŭn ŏm ĕ ŭn fæ̆m', kăvyā sĕt āfā — le pŭ jĕn k ătĭ grŏ kŭm rĕ... — y ătyā mălĕ̆rŭ, mălĕ̆rŭ kŭm lă pyĕ̆rĕ... — ĕ sĕr kĕ l'ŏm', ĕ lă fæ̆m', ătyā ă sĕ ĕ̆ŏfă... — kvŭ-tŭ mă pŏv' fæ̆m', kĕ dĭsĭ l ŏm'*,... « Un jour il y avait un homme et une femme qui avaient sept enfants. Le plus jeune qui était gros comme rien... Ils étaient malheureux, malheureux comme les pierres... Un soir que l'homme et la femme étaient à se chauffer... » Les trois *m* entièrement sonores se lient aux [mots suivants; les cinq assourdies sont suivies d'un repos.

Cependant le fait qui paraît ici général n'est pourtant pas constant. Nous sommes donc en présence d'une tendance plutôt que d'une loi.

Les consonnes sonores placées entre des voyelles nasales sont souvent sensibles à l'explorateur du nez, et on les voit marquées par des vibrations de cet appareil. Mais il ne faudrait pas conclure à leur nasalité, car elles ne sont jamais accompagnées d'un écoulement de l'air par le nez comme il arrive pour les nasales.

De sourdes intervocaliques devenues sonores, j'ai quatre exemples. L'un tout à fait accidentel est dû à l'influence d'une nasale précédente, ou, pour mieux dire, à une vraie erreur de prononciation. *dyăbļ tŭn ăpŭr !* « Diable

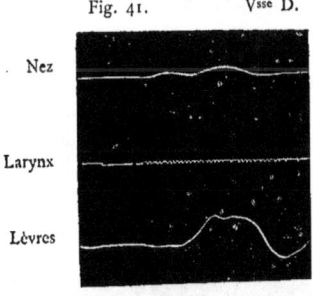

Fig. 41.   V^{sse} D.

t---ŭ---n ā---p'---ŭr

ton *happeur*[1] ! » est devenu *dyăbļ tŭn āmŭr !* Les trois autres nous sont

---

[1] Ouvrier qui raccommode avec des crampons de fer (happes) les vases de terre fêlés.

aussi fournis par des *p : tō p'ōpō* (p. 128), *lĕ p'û jĕn...* (p. 130), et *s ăp'è-lăv...* (p. 131).

Telles sont les seules variations que j'ai observées dans la sonorité des consonnes isolées. Les consonnes groupées en contiennent de bien plus importantes.

Consonnes groupées.

Considérées au point de vue de l'attraction qu'elles peuvent exercer les unes sur les autres et de la tendance qu'elles ont à s'assimiler, au moins quant à la sonorité, les consonnes se divisent en deux classes : l'une, qui est très assimilable, comprend les muettes (*p, b, t, d, k, g*) et les spirantes (*f, v, s, z, c, j*); l'autre, qui l'est beaucoup moins, se compose des liquides (*l, l, m, n, ɲ, r*) et des semi-voyelles (*y, w, ẅ*). Nous étudierons successivement ces deux classes.

MUETTES ET SPIRANTES

Les muettes et les spirantes peuvent être contiguës à des consonnes de la même classe ou à des liquides et des semi-voyelles. Nous commencerons par la première catégorie.

1° *Groupes formés uniquement de muettes et de spirantes.* — Les groupes ainsi constitués ne se trouvent qu'à l'initiale et entre voyelles.

A l'initiale, les sourdes restent telles et les sonores s'assourdissent. Le maintien des sourdes se déduit de la comparaison des tracés comme *k vu-tu* « que veux-tu ? », et *vu-tu* « veux-tu ? » dans lesquels on constate le même rapport entre l'instant où le larynx s'ébranle et celui où les lèvres se ferment pour le *v*.

Fig. 42. Vsse E.

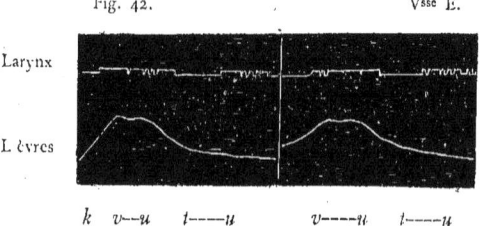

Larynx

Lèvres

k   v--u   t----u   v----u   t----u

L'assourdissement des sonores est clair dans :

Fig. 43.   V^{sse} E.

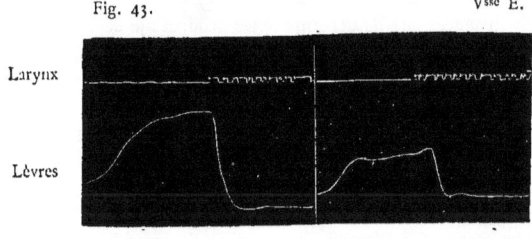

Larynx

Lèvres

       v'p------äyrĕ   d'------f------ŭrä « refuser »

Entre voyelles, il y a le plus souvent assimilation de la première consonne à la seconde, très rarement de la seconde à la première ; quelquefois les deux consonnes gardent leur valeur naturelle.

Pour les sourdes, une seule expérience suffit. J'ai choisi les groupes les plus simples, comme *abpa*, *apba*, etc., plaçant entre deux *a* chacune des consonnes sourdes, et les faisant suivre à tour de rôle par chacune des sonores. La ligne du larynx, contrôlée par celle des lèvres, indique nettement la qualité de la consonne qui, dans mon intention, était sourde. Pour juger des sonores, j'ai employé un double tracé. Par exemple, s'agissait-il de connaître le sort de *b* dans *abka*, j'ai inscrit d'abord *apka*, puis *abka*. Si les deux tracés sont identiques, on est en droit de conclure à l'assourdissement du *b*. Il n'est donc rien de plus facile que la constatation qu'il s'agit de faire ici. Ainsi les quatre tracés suivants montrent au premier

Fig. 44.   V^{sse} E.

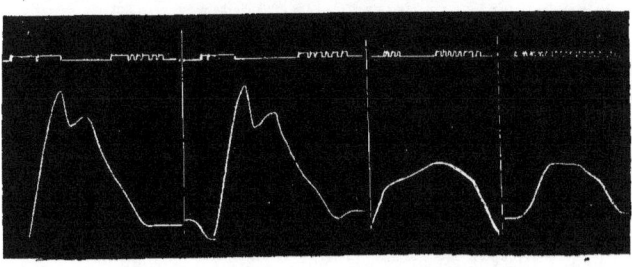

   a-p--k--a   a---b'--k--a   a--ϵ---χ--a   a--ϵ'---d--a

coup d'œil : les deux premiers, que le *b* de *abka* est devenu sourd, puisqu'il est identique, quant à la ligne du larynx, au premier *p* de *apka* ; les deux seconds, que ϵ, resté sourd dans *aϵχa*, est devenu sonore dans *aϵ'da*.

Il est inutile de dire que, dans ces expériences, j'ai procédé autrement que dans celles que j'ai rapportées plus haut. Dans les premières, je recherchais à quelle distance l'oreille décompose les groupes; je devais donc faire effort pour conserver à chaque consonne sa valeur propre. Dans celles-ci, au contraire, où je me proposais d'établir ma prononciation réelle et de savoir si elle différait de ma prononciation intentionnelle, je me suis étudié à faire abstraction de l'objet de mes recherches et à parler le plus naturellement possible.

Or, voici ce que j'ai pu constater. Sur 146 inscriptions de groupes formés d'une sourde et d'une sonore, 120 présentent l'assimilation de la sourde à la sonore, 26 seulement le maintien de la sourde, à savoir : k et $\epsilon + d$ 2 fois; k et $f + g$ 3 fois; t et $k + v$ 4 fois; $p, t, k, \epsilon + \chi$ 4 fois; t, k, f, s et $\epsilon + j$ 9 fois; f, s et $\epsilon + b$ incomplètement atteints 4 fois.

Dans les groupes formés d'une sonore et d'une sourde, l'influence des sourdes sur les sonores précédentes paraît encore plus puissante. Je ne rencontre dans mes tracés que trois cas où la sonore s'est conservée (*abta, aχpa, aχka*).

J'ai relevé quelques exemples d'un commencement d'influence de la première consonne sur la seconde, et ils appartiennent tous à des groupes artificiels : *adpa*, *ûpûgpû*, où la partie sourde afférente au *p* est diminuée

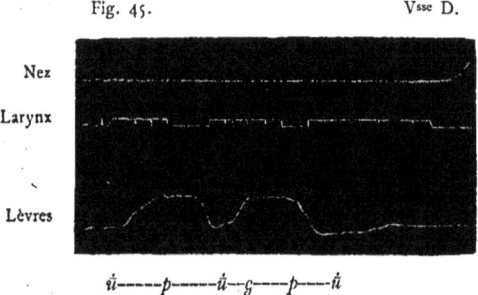

Fig. 45.   Vsse D.

û-----p------û--g----p----û

de moitié. On s'en rend compte en reportant sur la ligne des lèvres le point où finissent les vibrations laryngiennes de l'*û* initial et celles du *g*. La ligne du larynx est confirmée dans ce tracé par celle du nez.

Enfin j'ai rencontré un cas de l'action réciproque de deux consonnes l'une sur l'autre : *ko pùs byē* « ça pousse bien », qui est devenu presque *ko pùχ pyē*, et *ōpōtbō*, fig. 36, qui fournit un exemple d'assourdissement de la seconde muette et une transposition de lettres (j'ai cru dire ŏpōlbō et j'ai inscrit ŏpōptō).

Fig. 46.

V^{sse} D.

k—o   p——ŭ——s'   b'——y—ē   f——ŏ——r

Il ne semble pas que les muettes et les spirantes groupées se comportent dans la conversation autrement que dans les mots isolés. Les quelques différences qu'on peut relever tiennent à l'élasticité spéciale dont jouissent les groupements phraséologiques.

Le p m'y apparaît toujours sonore : pĭp'zĭ « pipes-y »; ăp' l jŭlŭ « heup! Julou (petit Jules) »; ăp', vā, kŏkĭ « happe, va, ceci »; sŭp', Bŭlŏ « soupe, Boulaud »; sŭp', Dŏsĭtē « soupe, Docité »; ăp' l gălăr « heup! gueulard », etc.

Le k est sonore dans ŭ pĭk' bĕ byē¹! « il pique be (bien) bien! » Il est sourd dans : k dōtre... « que d'autres... »; k v ŭ vŭjĕ... « que vous le vouliez... »; ĭ krĕ k v cătrĭĕ « je crois que vous chanteriez. »

L's est sonore dans : u s' bŭrrā plo « ils se bourront plo (plane); » kŏ pus' b'yē² « ça pousse bien ».

Le c est sonore dans pŭc' byē! « pouche (tousse) bien! »; — sourd dans : acba « achever »; ĕ cvā « un cheval »; tăc dā prădr « tâche d'en prendre ».

Le b est sourd dans ĕ b! k vŭ–tŭ? « eh bien! que veux-tu? »; — à moitié sourd dans : fō b prădr! « il faut be (bien) prendre! »; ŭ bă b fŏr! « il boit be (bien) fort! »; y ātā b cātā « j'entends be (bien) chanter ».

Le d est sourd dans pă d kĭt pā « pas de quitte pain, c.-à-d. pas même de pain ». Dans ...ē lĕ d pŭl «...un lait de poule » répété deux fois, il est, la première fois, sourd au tiers, la seconde aux trois quarts. Il est presque entièrement sonore dans părtĭ d pŭ mătĭ « partir de plus matin ».

Le g est à moitié sourd dans jŭg, petĭ « joue, petit »; — sonore dans ŭ n brĕg pă tā! « il ne bringue (fait des jeux de main) pas tant! ».

---

¹ Voir fig. 106. ‖ ² Voir fig. 46.

Le *v* est sourd dans : *mŏ pŏv' pyărĕ*[1] *!* « mon pauvre Pierret ! »; *mŏ pŏv' petĭ !* « mon pauvre petit ! »; *sĭ vĕ v fŏrsăvĕ*[2] « si vous vous forciez »; aux trois quarts dans : *mă pŏv' făm*[3] *!* « ma pauvre femme ! ».

Le *z* est sourd dans : *tĕz' pă tŏ bĕ !* « [tu ne] tais pas ton bec ! »; *kĕ'kĭ ne bŭz' pă sŏ sŏ* « celui-ci ne bouse pas son *sol* (aire à battre le blé) ».

Le *j* est sourd dans *kĕ bļă n ĕpĭj' pă* « ce blé n'épie pas »; *kŭ n pŭj' pă* « qu'il ne puisse pas »; *făj' pă* [« [ne] *feuge* (fouis en parlant du porc) pas »; *ne sĕj' pă* « [ne] scie pas », identique à *sĕc pă* « [ne] sèche pas » inscrit immédiatement après.

Il serait intéressant de rechercher si, dans les cas que nous venons de relever, il n'y a eu en réalité que des modifications portant uniquement sur la sonorité des consonnes. Cette étude me paraît trop compliquée pour l'aborder en ce moment. Cependant, il nous est facile de constater que le *v* assourdi est bien resté un *v* pour le travail des lèvres. Il suffit, en effet, de comparer les tracés où le *v* est suivi d'une *f*, pour voir que le *v*

Fig. 47.   V^{sse} D.

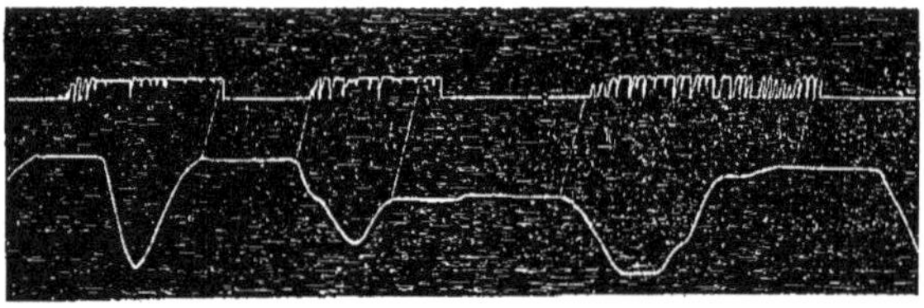

m----ă   p--------ŏ--v   f--------ă----m

perd dans ce cas les vibrations du larynx, mais qu'il reste différent de l'*f* par une moindre fermeture des lèvres. Dans une série d'inscriptions où l'*f* et le *v* ont été placés devant les mêmes sourdes, jamais la ligne des lèvres n'a atteint pour *v* la même hauteur que pour *f*. Dans un cas, pourtant, elle s'en est bien rapprochée, c'est dans *avfa*. D'autres inscriptions simultanées des vibrations du larynx et des traces de la langue sur le palais (l'expérience peut se faire si l'on entoure une palatale de labiales) montrent que le *t* dans *atba*, par exemple, est sonore, mais que, tout en se rapprochant de la région d'articulation du *d*, il ne l'atteint pas.

De plus, l'impression que j'éprouve en prononçant les consonnes modifiées pourrait aussi être prise en considération. Si je n'y sens aucun changement, ce doit être que les mouvements volontaires de la bouche et

---

[1] Voir fig. 66. || [2] Voir fig. 38. || [3] Voir fig. 47.

de la langue ne sont pas altérés, et que le larynx seul, dont l'action m'échappe, est contrarié par la contiguïté d'articulations disparates.

Plus tard, sans doute, les enfants entendront les sonores assourdies comme des sourdes et les sourdes sonorifiées comme des sonores, et, dans leur bouche, poussée plus avant par une erreur d'oreille, l'évolution, qui n'est encore qu'à son début, atteindra sa dernière étape.

2° *Groupes formés de muettes ou de spirantes et de liquides ou de semi-voyelles.*

D'abord il convient d'écarter les groupes dans lesquels entrent les semi-voyelles et ceux qui commencent par une liquide. Ils sont tous dans mes tracés tels que j'ai eu l'intention de les prononcer, et la muette sourde se maintient. Reste donc le cas où une sourde est suivie d'une liquide.

Dans cette situation, la sourde se trouve quelquefois modifiée (8 fois sur plus de 100 cas). Je n'ai pas d'exemples pour *t*, *f*, є. J'en ai un pour *sl*, *kl*, *kḷ* et *km*, deux pour *pl*, ce qui est intéressant.

Mais ce qui l'est bien plus, c'est que le *t* et le *p* suivis d'un *r* ont une tendance marquée à devenir sonores : *tr* dans un grand nombre de tracés

Fig. 48. V^{sse} D.

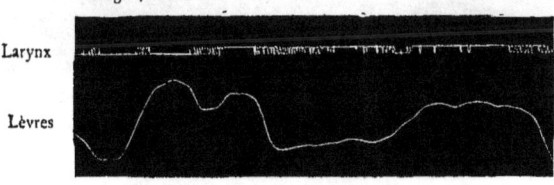

s--è   p--è--v--è--r   r--è--t--r--u--v--a

l'est aux deux tiers; *pr* l'est une fois entièrement.

Fig. 49. V^{sse} D.

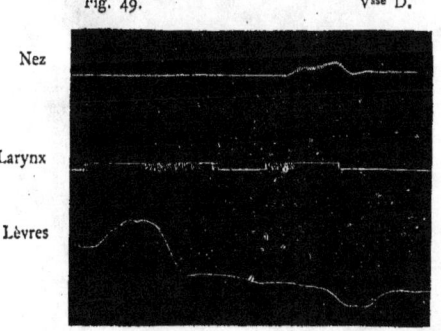

u   p'--r--è--l--è--n--ā « ils prétendent ».

LIQUIDES ET SEMI-VOYELLES

1° *Liquides initiales ou finales*. — Les liquides, initiales ou finales, s'assourdissent quelquefois, mais le plus souvent elles restent sonores ou deviennent à moitié sourdes. A la finale, la liquide peut devenir sourde, même après une sonore. Voici quelques exemples :

l̥ sourde et *l* sonore : *l fă tŭ ănŭ?* « le fais-tu aujourd'hui ? » répété deux fois.

Fig. 50. Vsse D.

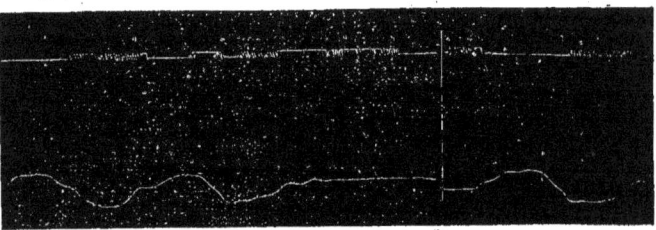

l' f---ă   t---ŭ   ă----n----ŭ   l   f------ă   t[u]

De même *r* a été sourde une fois dans *rfă̆ lĕ* « refais-le ». *m* sonore : *m părl tĕl byĕ̄* « me parle-t-elle bien ».

Fig. 51. Vsse D.

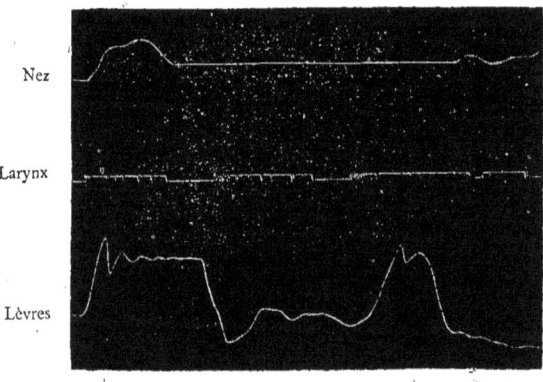

Nez

Larynx

Lèvres

m   p---ă--r--l   t---ĕ--l   b:---y---ĕ̄

m mi-sonore : *m fā lĕ sṻfrĭ* « me fait-il souffrir ».

Fig. 52.   V^{sse} D.

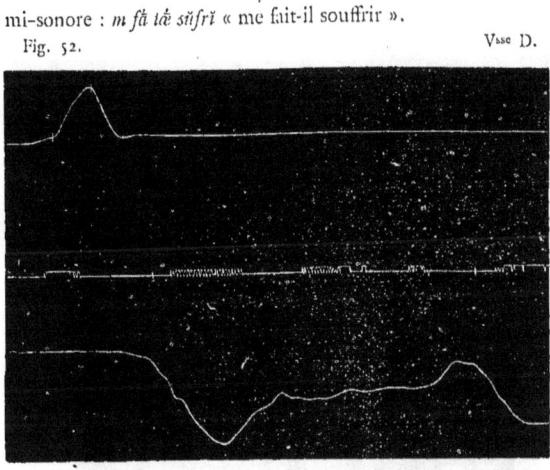

m   f--------ā   l----ĕ·   s-----ṻ----f----rĭ

Les vibrations nasales ont disparu dans le travail de la gravure par une distraction de l'ouvrier. Mais la place qu'elles occupent est indiquée par deux traits. Il y a, comme on voit, accord entre le nez et le larynx, et l'*m* sonore, comparée à celle de la figure précédente, se trouve fort abrégée.

n sonore : *n fŭḷ pā* « ne fouille pas ».

Fig. 53.   V^{sse} D.

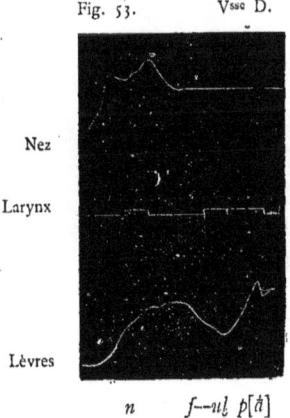

Nez

Larynx

Lèvres

n   f--uḷ p[ā]

l̥ sonore et *l̥* sourde : *pặpl̥* et *pặpl̥'* « peuple », *mœ̆bl̥* « meuble ».

Fig. 54.   V^sse D.

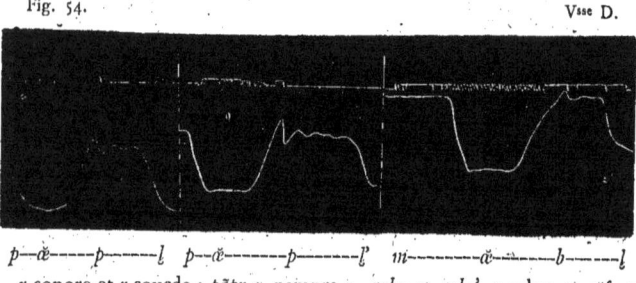

p—œ̆——p——l̥   p—œ̆——p——l̥'   m——œ̆——b——l̥

r sonore et *r* sourde : *păpr* « pampre », *arbr* et *arbr'* « arbre », *sŏfr* et *sŏfr'* « sauf ».

Fig. 55.   V^sse D.

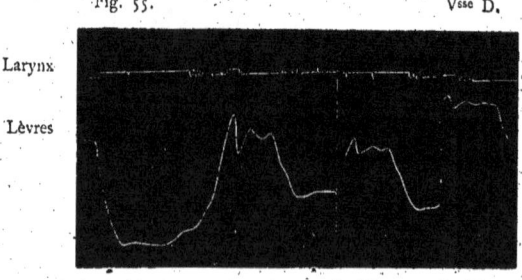

Larynx

Lèvres

p——ă——p——r   [ar]b——r   [ar]b-r,

Fig. 56.   V^sse D.

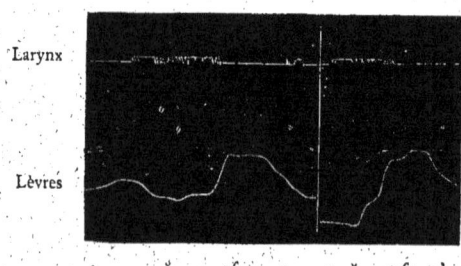

Larynx

Lèvres

s——ŏ——f——r   s—ŏ——f—r'

Tous ces tracés sont clairs ; mais il n'y a de vraiment démonstratifs que ceux qui sont positifs. En effet, l'absence de vibrations au commencement ou à la fin d'un groupe peut s'expliquer par l'inertie de l'appareil. Il ne

FONCTION DU LARYNX.

semble pourtant pas que ce soit le cas ici. Pour nous en assurer, nous avons eu recours à un autre moyen d'observation. M. le docteur Rosapelly a écouté les bruits qui se produisent dans mon larynx pour le cas qui nous occupe à l'aide d'un stéthoscope; la position de la consonne observée rend l'exploration plus facile. Or l'expérience a confirmé l'exactitude de nos tracés.

2° *Liquides ou semi-voyelles placées entre une voyelle et une sourde.* — Mais lorsque les liquides et les semi-voyelles contiguës à des sourdes sont en contact avec des voyelles, les résultats ne sont plus tout à fait les mêmes.

Je ne trouve aucun exemple de nasales assourdies. Or les tracés sont ici tout à fait significatifs. Tant que la pression de l'air se fait sentir dans le nez, la ligne nasale se couvre de vibrations, quel que soit le son voisin, sourde ou voyelle. La sonorité de la consonne est donc complète. Comparez *kŭm ŏ fŏ* « comme il faut » avec *ĭn krĕ pă* « je ne crois pas », *ĭn pŏ pă* « je ne puis pas », *kŭm kŏ* « comme ça ». Les vibrations sont plus apparentes dans le 1er cas; mais elles existent dans tous.

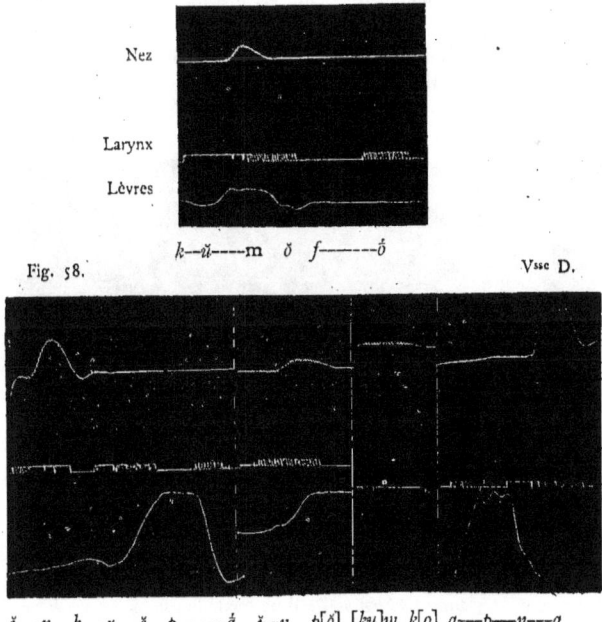

Il est vrai que, dans quelques tracés, les vibrations cessent au moment où la pression de l'air commence à décroître. Mais ce serait une erreur que d'y voir un signe d'assourdissement, car le même fait s'observe quand la nasale est suivie d'une voyelle. Cela arrive avec les fortes pressions de l'air : le levier inscripteur est alors emporté si rapidement, que les vibrations sont effacées.

Les liquides l, $\underset{\cdot}{l}$, r et la semi-voyelle y sont toujours sonores avant les sourdes. Le fait est aisé à constater dans les tracés suivants par la comparaison de la ligne du larynx avec celle des lèvres : il n'y a point d'espace sourd entre la voyelle et la consonne sourde (cf. fig. 116). La ligne de la langue observée sous le menton suffit, du reste, à déterminer la place de l'l et celle de l'r. L'a de *papa* nous montre la langue s'élevant graduellement puis s'abaissant de même jusqu'à sa première position. Par conséquent, toute la partie de la ligne linguale de *palpa* qui s'élève au-dessus du point initial de l'a appartient à l'l. D'autre part, pour l'$à$ de *kàp*, la langue se creuse régulièrement, ce qui est marqué par une élévation du tracé. Or dans *kàrp*, à l'élévation du tracé succède un abaissement qui correspond à une élévation de la langue. Tout ce mouvement, étranger à l'$à$, doit donc être attribué à l'r.

l et r sonores : *palpa* « palper », *papa*, *kàrp* « carpe », *kàp*.

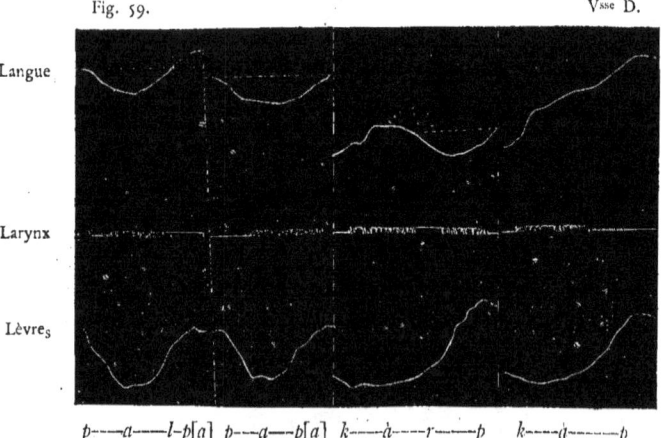

Fig. 59. V^{sse} D.

Langue

Larynx

Lèvre$_s$

p----a----l-p[a] p---a---p[a] k----$à$----r----p k----$à$-----p

$\underset{\cdot}{l}$ et y sonores : *ŭ n travăl̬ p[ă byē]* « il ne travaille pas bien » répété trois fois, la première fois avec la variante *travăy*, la seconde avec cette autre

FONCTION DU LARYNX.   57

trăvă. (Les vibrations du larynx, mal venues dans la photographie pour *vă pă*, ont été suppléées; le point final est certain; mais le discours suivi offre des exemples de l'*r* assourdie, fig. 38 et 64).

Fig. 60.   V^sse D.

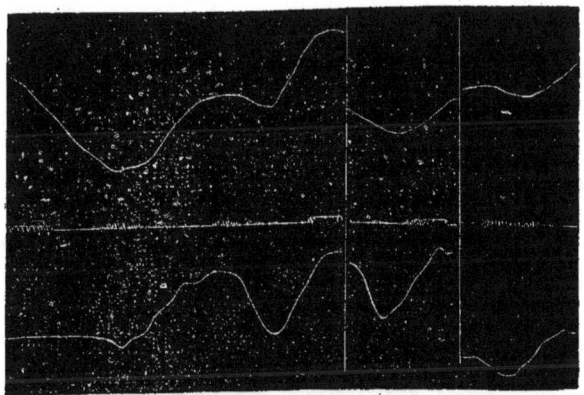

ŭn   t----r---ă----v----ă--l   p[ă]   v--ă--y   p[ă]   v—ă   p[ă]

3° *Liquides ou semi-voyelles placées entre une sourde et une voyelle.* — Après les sourdes, les liquides et les semi-voyelles sont presque entièrement sonores : *pra*, *pla*, *épla*, *épla* comparés à *pa*. Les tracés des nasales sont clairs par eux-mêmes comme plus haut, fig. 58, celui de *apna* dont la ligne nasale est couverte de vibrations. D'autre part, *pwa*, *pwe* comparés à *pu*, *pwa* comparé à *pu* montrent que le moment où le larynx est entré en vibration,

Fig. 61.   V^sse D.

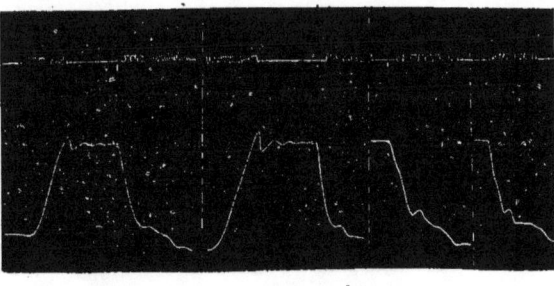

è----p----l--a   è----p----la   p--r--a   p--a

rapporté à celui où les lèvres se sont ouvertes, est le même dans tous les cas, c'est-à-dire que les consonnes interposées entre le p et la voyelle finale sont entièrement sonores. Cependant le y a une tendance marquée à s'as-

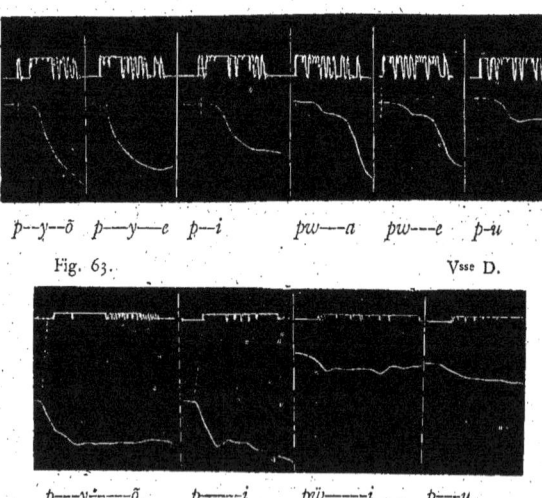

Fig. 62.   V^{sse} E.

p—y—$\bar{o}$ p—y—e p—i pw—a pw—e p—u

Fig. 63.   V^{sse} D.

p—y—$\bar{o}$ p—i $p\ddot{w}$—i p—u

sourdir. Dans $py\bar{o}$ (fig. 62 et 63) et dans $py\breve{e}$ surtout, comparés à pi, il n'est évidemment pas entièrement sonore.

Cette tendance s'accentue dans le discours suivi, et elle apparaît aussi, quoique à un degré moindre, pour r, l et $ḷ$.

Voici les cas que j'ai relevés :

r est sourde pendant un tiers de sa durée 1 fois sur 20 : ....$pr\ batr$

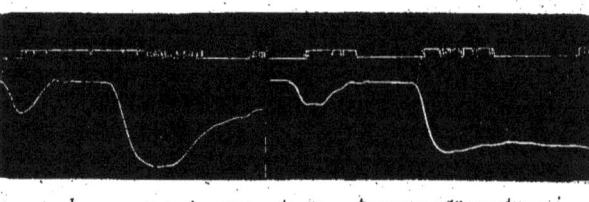

Fig. 64.   V^{sse} D.

p-r b———a—t—r p-r p————ar——t—i

« ....pour battre »; *l* est assourdi d'une façon notable dans ....*paplĕ*
« ....papelin »; *l* dans *plo*, *u s bŭrrā pl'o* « ils se bourreront bien »; enfin

Fig. 65.   ₁Vsse D.

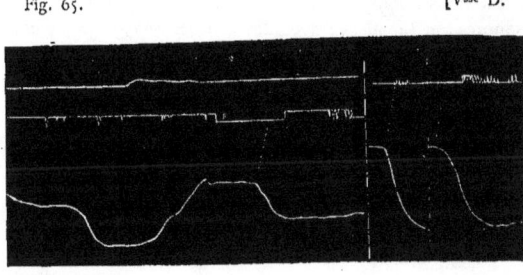

[*us' b*]*ŭrr--ā*   *p------l------ŏ*   *p---ā*   *p--l--ĕ*

y est en partie sourd dans ....*pyĕrĕ* « .....pierres », et dans .....*pyārĕ*
« .....Pierret ».

Fig. 66.   Vsse D.

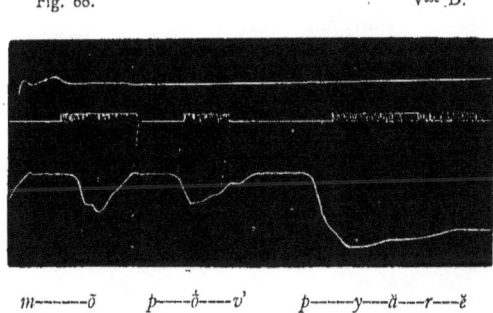

m------ō   *p---ŏ---v'*   *p------y---ā---r---ĕ*

Il est naturel, du reste, que l'assourdissement se produise dans le discours suivi et rapide plutôt que dans les mots isolés.

Il résulte de ce chapitre qu'il existe dans la sonorité de mes consonnes des variations dont je n'ai pas conscience, plus fréquentes dans certains cas que dans d'autres, et n'ayant à peu près dans aucune une fixité complète. Elles ont ce vague, cette indécision qui les rend impropres à être senties, et qui caractérise le point de départ d'une évolution phonétique.

Ce fait ne m'est pas personnel. La prononciation de M. le docteur Rosapelly, qui est bourguignon, n'est guère différente de la mienne en ce point. Elle nous a fourni avec des sourdes : *apb'a*, *af'pa*, *ad'pa*; avec des demi-sonores : *az'pa*, *ab'ka*; avec des sonores : *ap'ja*, *ap'za*, *at'ba*, *ab'ta*, *as'ba*; sans modification : *abpa*, *afba*, *agpa*, *apga*, *apda*, *aeba*, *abea*, *asba*, *absa*, *avpa*, *abka*; tantôt avec des sonores, tantôt avec des sourdes : *prisme, rythme, peuple, fable, cible, meuble, peuple, poutre, pâtre, sabre, article.*

CHAPITRE IV

SOUFFLE EMPLOYÉ POUR LA PAROLE — MESURE DE L'EFFORT —
ACCENT D'INTENSITÉ

La voix est le résultat de la lutte qui s'exerce à certains points déterminés entre les organes de la parole et la poussée de l'air chassé par les poumons. Il est donc naturel que nous observions maintenant la colonne d'air qui est employée pour chaque son et pour un même son dans les différentes places qu'il peut occuper dans les groupes vocaux.

N'aurait-elle d'autre intérêt que celui de mieux faire connaître le mécanisme de la parole et de préciser les faits de mon patois, cette étude mériterait notre attention. Mais elle a un intérêt qui dépasse les limites d'une simple description : elle nous fournit des données pour juger du travail relatif qu'exige la production des sons et nous permet de mieux comprendre quelques-unes de leurs transformations historiques. Pour obtenir ce résultat, j'ai dû étendre quelque peu le champ ordinaire de mes observations. J'ai recommencé avec un compatriote, mon cousin J. B., une partie des expériences faites sur moi-même, et j'ai eu recours à des sujets choisis pour apprécier certains échelons phonétiques que j'ai dépassés ou que je n'ai pas encore atteints.

On peut prendre une idée rapide de la variété qui existe dans le volume et la marche de la colonne d'air parlante au sortir de la bouche en la recevant sur la main. Mais une expérimentation rigoureuse ne peut se faire par ce moyen. Je l'ai observée de deux manières : indirectement avec l'*Explorateur de la respiration*, directement avec une embouchure ajustée sur les lèvres et la conduisant soit dans un *Spiromètre*, soit dans un tambour inscripteur.

Les mouvements de la cage thoracique ne fournissent, comme on s'y attend bien, que des tracés insuffisants pour chaque son. Mais si l'on répète une même syllabe plusieurs fois de suite et sans arrêt, la ligne d'expiration marque nettement la dépense d'air qui a été faite. Celle-ci est d'autant plus grande que le tracé modifié s'écarte davantage de celui de la respiration normale.

Le tracé suivant représente la prononciation de M. le docteur R....

Fig. 67.

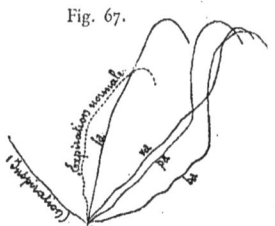

Le *Spiromètre* ne peut servir aussi que pour les sons isolés, l'air ne passant pas assez vite dans les soufflets pour que plusieurs syllabes consécutives restent distinctes.

Le tambour inscripteur est heureusement d'un usage plus étendu. Aussi vaut-il la peine que nous nous arrêtions à étudier la façon dont il traduit le volume et la marche d'une colonne d'air connue et soumise dans ses mouvements à notre volonté. L'expérience peut se faire de deux façons : à voie fermée, quand toute la masse d'air étudiée est conduite dans le tambour; à voie ouverte, quand une issue est ménagée sur le passage de l'air, en sorte qu'une partie seulement pénètre dans l'appareil inscripteur. J'ai fait mes expériences, dans le premier cas, avec un compte-goutte sur lequel j'exerçais des pressions à l'aide de pinces de diverses grandeurs; dans le second, avec une petite pompe. En remplaçant l'air par de l'eau, j'ai pu déterminer la quantité d'air que je mettais ainsi en mouvement; et, en variant la rapidité des pressions, je modifiais la vitesse de la colonne d'air. Enfin, en conduisant l'air tantôt par un tube étroit ($1/2^{mm}$ de diamètre), tantôt par un tube plus grand (5^{mm} de diamètre), tantôt à travers un vase d'un demi-litre de capacité, j'ai pu voir les changements que la forme même de la colonne d'air imprime aux tracés.

Voici les constatations qu'il me paraît utile de relever :

1° Lorsque l'expérience se fait à voie fermée, la hauteur du tracé correspond toujours au volume de la colonne d'air, quelles qu'en soient les dimensions et la vitesse. Cette donnée correspond à celle que fournit le spiromètre. Ainsi, dans les tracés suivants qui sont dus à des colonnes

Fig. 68.   V^{sse} F.

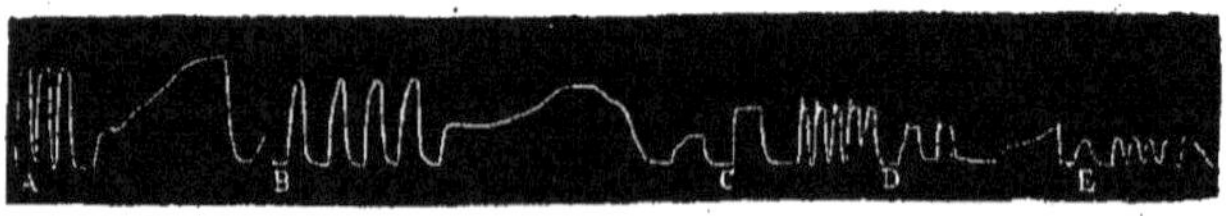

d'air, A) de $622^{mm\,q}$, B) de $502^{mm\,q}$, C) de $340^{mm\,q}$, D) de $250^{mm\,q}$, E) de

140^{mm} 9, nous avons les hauteurs, A) 9^{mm}, B) 8^{mm}, C) 5^{mm}, D) 3^{mm}, E) 2^{mm} 3 environ (il n'est pas nécessaire ici d'entrer dans les détails d'une mensuration rigoureuse). Or ces chiffres approximatifs suffisent à montrer que les hauteurs des tracés sont entre elles comme les masses d'air qui les ont produits, puisque le 1er tracé égale presque le double du 3e, et le triple du 4e, et que le 2e est le quadruple du 5e.

L'interposition d'un vase sur le trajet de l'air diminue la pression dans le tambour et la hauteur du tracé.

2° Quand l'expérience a été conduite à voie ouverte, le tracé fait connaître suivant les cas le volume de la colonne d'air ou sa vitesse. Si la vitesse de deux colonnes d'air est la même et que le volume soit différent, le tracé le plus haut correspond, comme c'est naturel, et comme le montrent D et E, à la colonne la plus considérable. Mais si le volume reste le même et que la vitesse soit changée, la hauteur du tracé est alors l'indice de la vitesse. Ainsi une même quantité d'air (30^{cm} 9) a donné les tracés : A, sous une pression lente; B, sous une pression rapide; C, avec un tube initial de 1/2^{mm} de diamètre; D, avec un tube de 6^{mm}. Ces différences

Fig. 69.   V^{sse} F.

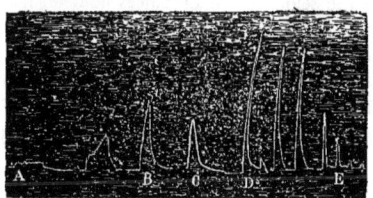

s'expliquent. Plus le temps de l'émission est long, ou, ce qui revient au même, plus le tube initial d'écoulement est étroit, plus la perte de l'air par l'issue qui se trouve libre est considérable.

La durée de l'émission permet de donner au tracé sa vraie signification.

3° La largeur du tracé indique la durée de l'émission, déduction faite de la partie qui correspond à la persistance de la pression dans le tambour.

4° La direction de la ligne inscrite marque le mouvement de la colonne d'air. Si la ligne monte, la colonne d'air avance; si elle descend, l'air se retire. Si la ligne approche de la verticale, le mouvement de l'air est rapide, si elle prend la forme d'une courbe plus ou moins allongée, l'air croît ou diminue graduellement.

Dans les recherches faites sur la parole, j'ai profité des deux genres d'expérimentation. La voie fermée avec tube court n'est possible que pour le chuchotement très faible, qui réclame peu de souffle. En outre, comme l'air s'amoncelle avec les syllabes, on peut craindre que la pression produite dans le tambour par les premiers sons d'un groupe ne modifie sensiblement le tracé des derniers. Un vase interposé rend possible l'étude du souffle émis pour la voix haute, et il atténue les effets de l'accumulation de l'air. La voie ouverte met en relief certaines particularités de l'émission, et en outre elle permet à l'air contenu dans le tambour de reprendre, après chaque nouvelle émission du souffle, sa pression normale.

Enfin nous avons encore à dire dans quelles conditions il est permis de comparer entre eux, soit les chiffres fournis par le spiromètre, soit les tracés du tambour inscripteur.

Rien n'est moins fixe que le volume d'air que nous employons dans la parole. Il varie suivant les personnes en raison de la capacité pulmonaire. Ainsi un sujet capable d'expirer 4 litres 1/2 d'air émet en moyenne pour l'articulation de *ka* à voix ordinaire jusqu'à 236 $^{cm\,q}$, alors que d'autres expirant de 2 à 3 litres émettent environ 90 $^{cm\,q}$ et souvent moins. Il varie aussi dans chaque individu suivant le degré de force qu'il donne à sa parole tant pour le chuchotement que pour la voix haute [1].

De plus, il varie selon des circonstances dont on n'a pas conscience : il n'est pas le même le matin quand on n'est pas sorti de sa chambre, et plus tard quand on revient de la promenade, quand on est assis et quand on est debout. Ainsi pour *ka* que je croyais toujours prononcer avec une égale force, j'ai dépensé dans des séances différentes : 1° 81 $^{cm\,q}$; — 2° (en rentrant de promenade), 143, 151, 145, 136, 121, 133, 158, 147, 143 $^{cm\,q}$; — 3° 80, 74; — 4° 50, 46, 50, 61; — 5° 90, 81.

Mais, comme le témoignent ces chiffres et les tracés, les quantités ne changent pas notablement dans le courant d'une même séance.

Il suit de là que sur chaque point à éclaircir il faut instituer des expériences particulières, et que les résultats d'expériences isolées ne sauraient être comparés entre eux. Des séries que je viens de citer, on ne pourrait rapprocher pour *ga* que les suivantes : 1° 81 $^{cm\,q}$; — 2° 121, 135, 106, 101, 135, 130, 123, 146, 123; — 3° 114, 108, etc., qui ont été obtenues dans des circonstances identiques.

---

[1] J'ai cherché quelles sont chez moi les limites extrêmes, et j'ai trouvé : pour le *ka* chuchoté de 1 jusqu'à 318 et même 519 $^{cm\,q}$; pour la même syllabe articulée à voix haute, de 16 à 280 $^{cm\,q}$. Avec un écart comme celui-ci, il est clair qu'il y a une large place pour la moyenne, c'est-à-dire pour la *voix ordinaire*.

Sons isolés.

CONSONNES

Les consonnes ont été ou chuchotées ou unies à la voyelle *a*. L'addition de cette voyelle, toujours la même, ne peut nuire à la justesse des comparaisons.

Je me bornerai aux remarques suivantes :

1° Les continues demandent plus d'air que les instantanées correspondantes. Il en est de même des consonnes issues de k et de g, qui deviennent de plus en plus spirantes, comparées successivement à celles dont elles sont sorties. Ce résultat, qui n'a rien d'imprévu, est absolument constant chez tous les sujets observés.

Nous avons donc : 1° $p < f$, $t < s$, $k < t\epsilon < \epsilon < \hat{c}$; — 2° $b < v$, $d < z$, $g < dj < j < h$.

Voici les moyennes de quelques expériences. (Les chiffres indiquent des centimètres cubes. Ceux que n'accompagne aucune désignation de personne sont de moi. C = chuchoté (les séries non précédées de ce signe se rapportent à des sons émis à voix haute); $B =$ J. B; $B\,a =$ J. B. assis; $B\,d =$ J. B. debout; M = Marchois; P = Pyrénéen; S = Saintongeais; T = Toulousain) :

SOURDES

p	f	t	s	k	$t\epsilon$	ϵ	$\hat{c}$
C. 99	155	100	160	C. 87	—	111 ⅓	—
89	162	61	125	80	—	123	—
56 ¾	138 ⅓	—	—	44	—	119 ⅛	—
Bd. 111	220 ½	Bd. 86	103	Bd. 98	—	150	—
Ba. 65 ½	102	Ba. 77	97	Ba. 62 ½	—	93	—
				S. 74	—	140	181
				T. 88	184	250	—
				M. 45	120	—	—

SONORES

b	v	d	z	g	dj	j	h
101	113	C. 85	120	C. 81⅓	—	134	—
34	107	73	84	81	—	121	—
B. 89	104	B. 58	133	57	—	94	—
				Bd. 80½	—	144	—
				Ba. 43½	—	71	—
				S. —	—	80	143
				P. 24	34	55	—
				M. 84	109	—	—

Tous les tracés concordent avec ces chiffres.

2° Les nasales demandent moins d'air que les instantanées correspondantes. Cette constatation exige une double expérience, puisque l'air s'écoule pour les nasales à la fois par le nez et par la bouche.

Par la bouche, j'ai obtenu : à côté de p 99 $^{cm\,q}$, m 31 ; à côté de t 82 1/2, n 66 1/2 et $ŋ$ 65 ; à côté de t 104 1/3, n 98 et $ŋ$ 40.

Par le nez : dans le chuchotement, m 6 $^{cm\,q}$, 7, 10, 7, etc.; n 5, 6, 5, 6, etc. ; dans la voix haute, m et n 1 $^{cm\,q}$ ou 2 en moyenne.

Les tracés donnent des résultats analogues.

3° Les continues sourdes réclament plus d'air que leurs sonores

f	v	s	z	ç	j
162	113	129	84	111	90
124	111				
138	107			119	95
Bd. 220	103	Bd. 148	138	Bd. 150	144
Ba. 102	51	Ba. 97	75	Ba. 93	71

La même différence n'existe pas dans mon parler entre les sourdes et les sonores instantanées. D'après des données fournies par le spiromètre, je trouve : sur 14 fois, $p > b$ 5 fois, $= b$ 3 fois, $< b$ 6 fois; sur 16, $t > d$ 6 fois, $= d$ 2 fois, $< d$ 8 fois. Dans une expérience postérieure faite en vue de trancher la question, les chiffres, si l'on écarte ceux qui s'éloignent trop de la moyenne et qui proviennent d'articulations non uniformes, sont sensiblement les mêmes pour *pa* (77) et *ba* (78 1/4), *ta* (88) et *da* (87 3/4), *ka* (93) et *ga* (94).

C'est ce qui résulte aussi des tracés du tambour inscripteur pris à voie fermée.

Fig. 70.   Vsse F.

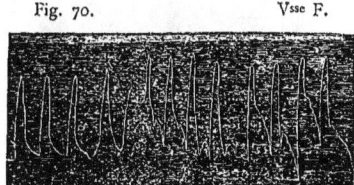

pa ba pa ba   ta da ta da ka ga ka ga

Mais le régime du souffle est différent pour les sourdes et pour les sonores, qu'elles soient instantanées ou continues. Les tracés pris à voie ouverte prouvent que le jet est plus rapide pour les premières que pour les secondes.

Fig. 71.   Vsse F.

pa ba   ta da   ka ga fa va sa za   ca ja

4° La dépense d'air est un peu plus grande pour *r* (56 cm ?) que pour *l* (50), — pour *y* (63) que pour l (41).

5° A la finale, les fricatives demandent plus d'air que les instantanées, les nasales moins que les consonnes de leur ordre, toutes les sourdes plus que les sonores, *l* plus que *r* et l à peu près autant que *y* :

af 151 1/3	*ar* 90 2/3	*aj* 81 1/2	*at* 75	*ab* 44		*ay* 56
as 109 1/3	*av* 86 2/3	*al* 66 2/3	*nk* 86	*ad* 40 1/3		*am* 24 2/3
ae 137 1/3	*az* 93 2/3	*ap* 66 2/3	*al* 59 1/3	*ag* 60		*an* 26

Les tracés concordent.

6° Les semi-voyelles se lient étroitement à la voyelle suivante et sont produites avec elles par une même colonne d'air plus considérable et de moindre durée que celle de la diphthongue correspondante. Le fait apparaît clairement dans les inscriptions prises dans le chuchotement à voie fermée.

Fig. 72.   V^{sse} F.

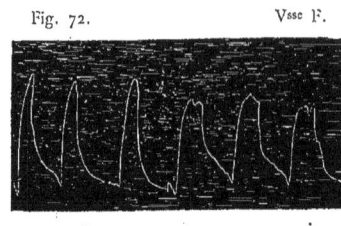

wa   wa   ya   ua   ua   ia

De ces constatations, il ressort que le développement historique des consonnes concorde avec une augmentation de la dépense d'air. C'est dire qu'il y a eu relâchement progressif dans la tension des muscles destinés à barrer le passage au souffle, et par conséquent diminution de travail.

VOYELLES

Les voyelles, dans le patois de Cellefrouin, ont eu un développement analogue à celui des consonnes. De tendues (ouvertes ou fermées), elles sont devenues relâchées (moyennes).

Nous devrions donc nous attendre à une dépense d'air plus considérable pour $a, e, i, o, u, u, œ$, que pour $á, é$ ou $é, í, ó, ú, ú, ǽ$. C'est effectivement ce que donnent certaines expériences. Ainsi j'ai obtenu :

a 60	$á$ 50	i 27	$í$ 17	u 50	$ú$ 40
e 68	$é$ 50	o 54	$ó$ 50	$œ$ 100	$ǽ$ 85

Dans une séance, M. B. a fourni les moyennes suivantes :

a 22 2/3	$á$ 20 2/3	o 33 1/3	$ó$ 28 2/3
e 54 1/3	$é$ 33 1/3	u 60 2/3	$ú$ 31 1/3

Mais ce qui devrait être, semble-t-il, la loi, n'est que l'exception. Dans la plupart des cas j'emploie pour les voyelles moyennes moins d'air que pour les voyelles fermées. Voici les chiffres d'une expérience qui représentent à peu près la moyenne de celles que j'ai faites avec J. B.

a 39 2/5	$á$ 41 2/5	u 47 2/3	$ú$ 83 2/3
e 27 1/3	$é$ 47 2/3	u 41 1/2	$ú$ 92 3/4
i 13 1/2	$í$ 27	$œ$ 4	$ǽ$ 95
o 25 3/4	$ó$ 47 1/2		

Les moyennes des expériences faites sur moi-même donnent les résultats suivants : $i < í$; $u < ú$; $o < ó$. Mais $a > á$ 1 fois sur 3; $é > e$ 5 fois sur 6; $ó > á$ 4 fois sur 6; $u > ó$ 4 fois sur 6; $u > ú$ 2 fois sur 4; $ǽ > ǽ$ 2 fois sur 4; $é > a$ 1 fois sur 7.

Voici les chiffres d'une de ces expériences prise au hasard :

à 42 é 69 é 55 e 26 í 35 i 18
á 34 ó 57 ô 59 o 25 ú 48 u 44
à: 36 œ́ 52 œ 26

Les faits seuls que je viens de signaler suffisent à expliquer la contradiction qu'ils renferment. Il y a eu en effet, pour les voyelles comme pour les consonnes, abaissement de la barrière opposée au passage de l'air et relâchement des organes.

Si cette loi était la seule qui régît la transformation des voyelles, la conséquence serait une augmentation constante dans le volume de l'air dépensé. Mais il y en a une autre : en même temps qu'elle se relâche, la voyelle tend à perdre de sa durée. Ainsi, malgré son accroissement initial, la colonne d'air, s'écoulant moins longtemps, perd de son volume total.

Ces déductions sont pleinement confirmées par les tracés du tambour inscripteur. En opérant à voie fermée, on obtient des résultats analogues à ceux du spiromètre. Mais les tracés obtenus à voie ouverte marquent nettement et l'accroissement de la colonne d'air et la diminution de sa durée.

Fig. 73.   Vsse F.

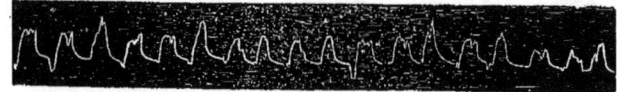

à á a è é e i í u ú ô ó o ú u œ́ œ́ œ

Les voyelles nasales demandent moins d'air que les voyelles buccales correspondantes : $\tilde{a}$ et $\tilde{o}$ donnent de 1 à 2 $^{cm\,q}$ d'air par le nez, le plus souvent 1; dans le chuchotement, $\tilde{a}$ est allé jusqu'à 4. Je n'ai jamais pu, même en faisant des efforts, amener une variation de l'aiguille pour $\tilde{e}$. Par la bouche, l'air qui s'écoule est en moyenne de 24 3/5 pour $\tilde{a}$, 23 3/5 pour $\tilde{o}$, 30 3/4 pour $\tilde{e}$.

Ces observations sont confirmées par les tracés qui ont en outre l'avan-

Fig. 74.   Vsse F.

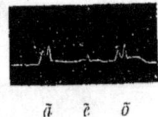

$\tilde{a}$ $\tilde{e}$ $\tilde{o}$

tage de nous fournir le moyen d'apprécier la quantité d'air qui s'écoule par le nez pendant l'émission de $\tilde{e}$.

Ces faits prouvent que le passage de ĕ à ă rentre dans la loi du développement normal des sons à Cellefrouin.

Sons groupés.

Les sinuosités des tracés de la colonne d'air parlante suffiraient presque à eux seuls pour décomposer tous les sons qui entrent dans un groupe. Images fidèles de la marche du souffle, elles en traduisent tous les mouvements, les accroissements, les arrêts soutenus, les diminutions momentanées et les interruptions complètes. Elles nous permettent de constater : la continuité de l'émission entre une consonne et une voyelle ou entre une instantanée sourde et une liquide; le léger repos qui sépare les consonnes sonores et les voyelles ou les liquides, ainsi que les syllabes où n'entrent que des continues ou des voyelles; enfin les repos prolongés qui séparent les syllabes où se trouvent des instantanées ou bien des nasales.

Fig. 75.   Vsse F.

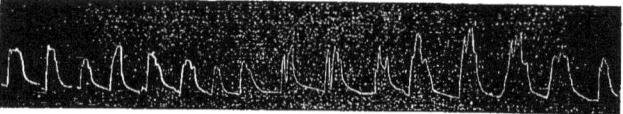

pla pla bla bla kla gla pra bra papa tata pafa tasa fafa eaea zaza pya

Mais le plus grand intérêt que présente l'étude du souffle émis pour les groupes de sons réside dans la recherche de l'accent d'intensité. Les tracés, en effet, nous permettent de le découvrir. Si nous émettons des groupes composés d'une même syllabe répétée, et que nous frappions d'une intensité voulue l'une d'elles, les tracés montrent, comme dans la figure suivante, que c'est cette syllabe qui est produite par la colonne d'air la plus considérable et la plus rapide. Les deux premiers groupes ont été chuchotés et inscrits à voie fermée, les deux derniers ont été parlés et inscrits à voie ouverte.

Fig. 76.   Vsse F.

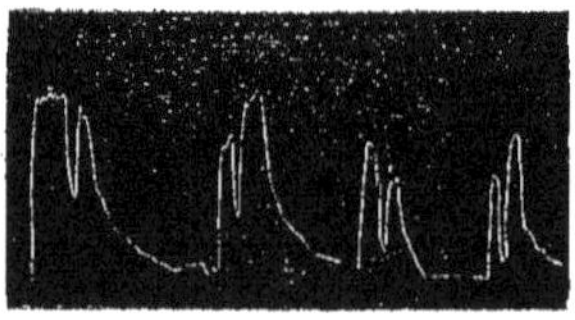

papa   papa   papa   papa

Cette constatation faite, il ne reste plus qu'à comparer entre elles les syllabes de groupes formés de la même façon et prononcés à l'ordinaire, d'abord isolément, ensuite dans des phrases ayant un sens.

De l'enquête ainsi conduite, il résulte que l'accent d'intensité n'a pas dans mon parler une place absolument fixe; mais que, dans la majorité des cas, il frappe la dernière syllabe du groupe.

Examinons d'abord les groupes artificiels. Ce sont ceux qui présentent la combinaison la plus simple, et où, pour différencier des syllabes intentionnellement égales, agissent seules les lois de notre organisme.

J'ai inscrit *papa*, *baba*, *tata*, *dada*, *kaka*, *papapa*, *papatpa*, *papatpapa*, *apaɛpapa*, *papapapapapapa*... J'en cite 6 chuchotés (voie fermée) et 2 parlés (voie ouverte).

Fig. 77. Vsse F.

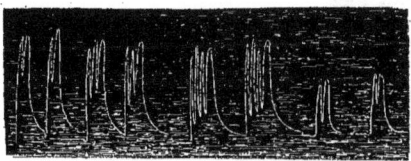

papa id. papapa id. papatpapa id. papa id.

Or nous avons : 1° dans les groupes de deux syllabes, sur 155 cas : ⊤ ⊤ 125 fois, ⊤ ⁻ 30 fois. Mais il faut noter que cette dernière forme n'est fréquente qu'à certains jours : 5 fois sur 7 à la fin d'une séance (juillet 1889), 7 fois sur 20 et 6 fois sur 30 (décembre 1890). Elle concorde avec un moment de fatigue.

2° Dans les groupes de trois syllabes :

a) Toutes les syllabes libres, sur 42 cas : ⊤ ⁻ ⊤ 37 fois, ⊤ ⊤ ⁻ 2 fois, ⁻ ⊤ ⁻ 1 fois, ⊤ ⁻ ⁻ 1 fois, ⁻ ⊤ ⊤ 1 fois. L'intensité la plus grande porte sur la première syllabe : dans la forme ⊤ ⁻ ⊤ 14 fois, dans ⊤ ⊤ ⁻ 2 fois.

b) La seconde syllabe entravée, sur 15 cas : ⊤ ⁻ ⊤ 14 fois dont 10 avec la plus grande intensité sur l'initiale, ⁻ ⊤ ⁻ 1 fois, la dernière syllabe étant moins intense que la première.

3° Dans les groupes de quatre syllabes :

La pénultième ou l'antépénultième entravée, sur 18 cas : ⁻ ⁻ ⁻ ⊤ 16 fois bien certaines et 2 fois douteuses.

4° Dans les groupes de plus de quatre syllabes, sur 15 cas : ⊤ ⁻ ⁻ ⁻ ⊤ 14 fois, les atones étant sensiblement égales 11 fois, la pénultième plus faible 4 fois, l'initiale ayant été la plus intense 6 fois; ⊤ ⁻ ⊤ ⁻ ⊤ 1 fois; sur 8 cas : ⊤ ⁻ ⊤ ⁻ ⊤ 3 fois, ⁻ ⊤ ⁻ ⁻ ⊤ avec la pénultième la plus faible

4 fois, ‾ ‾ T ‾ T avec l'initiale la plus faible 1 fois. J'ai encore relevé : T ‾ T ‾ ‾ T ‾ T ‾ ‾ T ‾ T ‾ T ‾ T avec l'intensité croissant jusqu'à la 3ᵉ syllabe, T ‾ T ‾ ‾ T ‾ T la 5ᵉ syllabe étant plus faible que la 4ᵉ, T ‾ T ‾ T T ‾ T ‾ T ‾ T, les 5ᵉ et 6ᵉ syllabes étant égales.

Dans une série d'émissions que l'on croit égales, le souffle obéit donc à une loi rythmique suivant laquelle à un effort succède en général un relâche, de façon que le plus grand effort se fasse sur la première ou le plus souvent sur la dernière syllabe du groupe, et que la pénultième, si elle n'est en même temps l'initiale, soit en règle la plus faible.

Dans les phrases, nous avons à tenir compte d'un élément étranger à l'organisme, la pensée.

J'ai inscrit, en commençant par les phrases les plus simples :

1° *wĭ papą* « oui, papa », 3 fois.
wĭ papa, 2 fois.
2° *nō papa* « non, papa », 5 fois.
3° *nō pă papą* « non pas, papa », 6 fois.
4° *tōtǫ ĕ kĭ* « tonton est ici », 5 fois.
tōtō ĕ kĭ, 2 fois.
5° *tō tōtǫ ĕ kĭ*, 1 fois.
tǫ tōtō ĕ kĭ, 1 fois.
6° *mō tōtǫ vă vnĭ* « mon tonton va venir » (lent), 1 fois.
7° *mō tōtǫ fă fĕr dœ fĕr* « mon tonton fait faire du fer » (lent), 1 fois.
8° D. *vŭ tŭ ănă eă tō tōtǫ?* « veux-tu aller chez ton tonton ? » 1 fois. —
Le même avec l'accent sur la première syllabe (*tōtǫ*), 1 fois.
— R. *mō tōtǫ n ĕ pă kĭ*, 1 fois.
9° D. *vŭ tŭ ănă eă tă tătą?* « veux-tu aller chez ta tata ? », 2 fois.
— R. *mă tătą n ĕ pă kĭ*, 1 fois.
— *ĭ vă eă mă tătą*, 1 fois.

Je termine par deux dialogues où j'ai essayé de reproduire les principales inflexions de la conversation, et je donne de chacun trois tracés : le premier et le second, recueillis à voie ouverte, représentent, l'un la prononciation très lente avec chaque syllabe détachée, l'autre la prononciation ordinaire; le troisième a été pris à voie fermée sur la prononciation chuchotée. Chaque groupe porte dans la figure le même numéro que dans le texte, il sera donc facile de le décomposer. De plus, pour aider la lecture, les syllabes à étudier sont marquées d'une croix en dessous.

I. — 1. *drôl, vă eă tō tōtō*.   1. Drôle, va chez ton tonton.
— 2. *kĕ fĕr eă mō tōtō?*   — 2. Que faire chez mon tonton ?
— 3. *ĭl dĭ dănă eă tō tōtō*.   — 3. Je te dis d'aller chez ton tonton.
— 4. *ĭn lĕm pă, mō tōtō*.   — 4. Je ne l'aime pas, mon tonton.
— 5. *vă tu d mêm eă tō tōtō*.   — 5. Va tout de même chez ton tonton.
— ....   — ....

— 6. và-tŭ eă tŏ tŏtŏ! — 6. Vas-tu chez ton tonton!
— 7. in lĕm på, mŏ tŏtŏ¹. — 7. Je ne l'aime pas, mon tonton.

Fig. 78.   V^sse F.

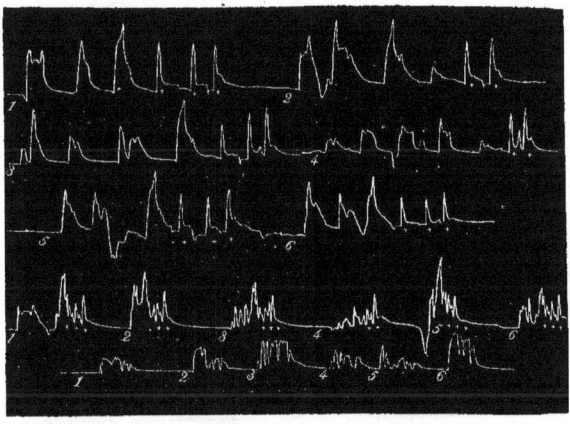

II. — 1. tä vèsi ĕ pŏpŏ. 1. Tiens, voici un pompon.
— 2. kă pŏpŏ? — 2. Quel pompon?
— 3. le pŏpŏ ke tävi dmədä. — 3. Le pompon que tu avais demandé.
— 4. kĕ pŏpŏ nĕ på jŏlĭ. — 4. Ce pompon n'est pas joli.
— 5. ĕb vŭ tŭ ŭn ŏt pŏpŏ? — 5. Eh bien! veux-tu un autre pompon?

Fig. 79.   V^sse F.

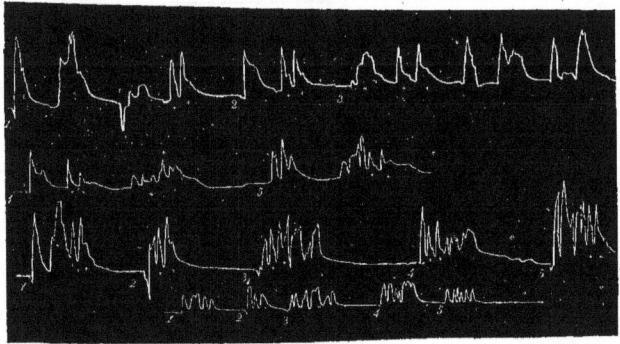

¹ Cette phrase manque dans la figure.

Le lecteur peut constater lui-même la place de l'accent d'intensité dans ces deux morceaux. Mais, comme je les ai répétés plusieurs fois, je réunis dans un tableau les autres variantes que j'ai relevées.

DIALOGUE	GROUPES	NOMBRE DE FOIS	
		tōtǭ	*tǭtō*
I	1	4	2
	2	4	2
	3	4	1
	4	4	0
	5	2	3
	6	2	1
	7	3	0
DIALOGUE	GROUPES	*pōpǭ*	*pǭpō*
II	1	8	1
	2	10	2
	3	13	1
	4	6	3
	5	4	3

L'accent est douteux une fois : 1er dialogue, nos 1 et 3, 2e dialogue, nos 1 et 3.

Ainsi dans tous les cas l'accent d'intensité peut occuper la dernière syllabe du groupe, et il ne quitte guère cette place dans une prononciation énergique. Il tend à se porter sur la pénultième dans des phrases qui sont dites sur un ton doux et caressant, ou qui forment une conclusion.

CHAPITRE V

DURÉE DES SONS — ACCENT TEMPOREL

D'une difficulté extrême, sinon d'une réelle impossibilité si l'on ne consulte que l'oreille, la détermination de la durée des sons émis dans la parole devient un jeu avec la méthode graphique. Le son lui-même, ou le mouvement des organes qui le produisent s'inscrivant sur un cylindre d'une circonférence connue et d'une vitesse régulière donnée, la durée se trouve transformée en quantité linéaire et se mesure comme toutes les longueurs de ce genre.

Voici les échelles correspondantes aux cylindres et aux vitesses que j'ai employés :

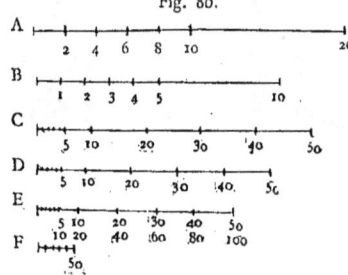

Fig. 80.

ÉCHELLES	CIRCONFÉRENCE DU CYLINDRE	DURÉE DE LA RÉVOLUTION DU CYLINDRE
	cm. mm.	secondes. dixièmes de sec.
A	41,8	1,5
B	41,4	1,94
C	41,8	8,57
D	41,8	10
E	41,4	12
F	41,4	75

76   LES MODIFICATIONS PHONÉTIQUES DU LANGAGE.

Comme les tracés recueillis avec les vitesses B, C, D, E ont été gravés au double de leur grandeur, les échelles sont agrandies dans la même proportion.

Les divisions marquent des centièmes de seconde.

Mes premières remarques sur la durée des sons datent du mois d'octobre 1888. Désireux d'utiliser des expériences faites en 1886 dans un tout autre but avec le microphone de M. Verdin et le signal de M. Deprez, je comparai différents tracés, et je fus frappé du désaccord complet qui existe entre la durée réelle des sons et l'idée que je m'en faisais. Des voyelles que je croyais toujours longues sont souvent brèves; d'autres, où je ne voyais que des brèves, dépassent souvent en durée celles que je considérais comme longues. Quelle surprise par exemple pour moi de trouver un ā = ă, < ĕ, ĭ, ŏ, œ̆! J'en eus bien d'autres. Un fait particulièrement me

Fig. 81.   V^{sse} A.

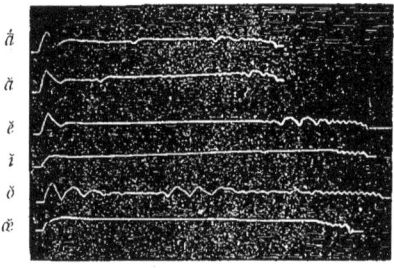

surprit beaucoup. Au moment où je prenais mes inscriptions, j'avais remarqué qu'il était possible d'émettre trois fois la même syllabe pendant une révolution du cylindre; et j'avais profité de cette circonstance pour me procurer de chaque son trois tracés que je m'attendais à trouver semblables et susceptibles de se remplacer. Quelques-uns effectivement diffèrent peu quant à la durée (la seule qualité que l'imperfection des appareils employés me permette de considérer); mais d'autres présentent des différences considérables, comme é par exemple:

Fig. 82.   V^{sse} A.

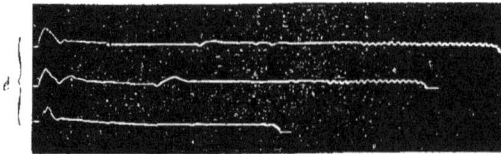

Je fus ainsi amené à deux conclusions bien inattendues pour moi, à savoir que je possède un ā̆ et un ĕ̄. Des considérations analogues me firent découvrir un ŏ et m'amenèrent à identifier ă et ĕ. C'est tout ce qui me reste des comparaisons minutieuses que je fis alors. Quant aux hypothèses que je formai sur la *quantité* proprement dite, il n'en reste rien. Je voyais bien que les données sur lesquelles je travaillais étaient incomplètes. Mais je n'osais combler les lacunes, croyant la matière trop délicate pour se prêter à des expériences organisées en vue d'une conclusion cherchée. C'était une erreur. Tous mes doutes se sont évanouis devant une étude méthodique des faits.

Mes recherches nouvelles ont été faites en 1889 avec les explorateurs du larynx, du nez et des lèvres, et l'inscripteur de la parole.

Les deux explorateurs du larynx peuvent suffire à isoler tous les sons. Ils distinguent : sur le larynx, les sourdes; sur le nez, les nasales; sur les lèvres, v et b; sur les dents, l, r, j, z, v :

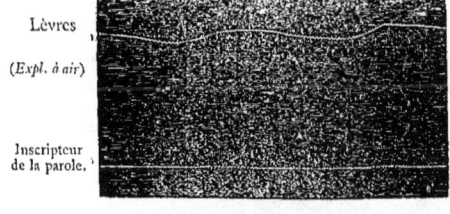

Fig. 83.   V^{sse} D.

Nez (Expl. élect.)

1er tracé : **m** de *ama*.
2e tracé : **mm** de *amma*.

Fig. 84.   V^{sse} C.

Lèvres (Expl. à air)

Inscripteur de la parole.

v———a———v———a

Fig. 85.   V^{sse} D.

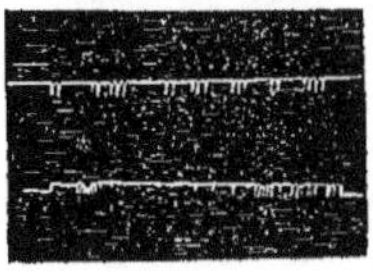

Dents (Expl. élect.)

1er tracé : **rr** de *arra*.
2e tracé : **ll** de *alla*.

Fig. 86. V^sse D.

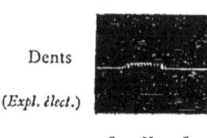

Dents

(*Expl. élect.*)

a---v---a

Il n'y a pas jusqu'aux imperfections mêmes de l'explorateur électrique qui ne puissent servir. On a pu remarquer dans les tracés reproduits précédemment (par ex. fig. 48) que la pointe du signal électrique est comme fixée, pendant toute la durée de certaines consonnes sonores, à la limite supérieure de sa course et qu'elle ne retombe qu'avec la voyelle suivante. Ce fait est très net dans le tracé de ...*kŭně pŭ* « connaît plus », où l'*n*, qui a donné de superbes vibrations nasales, a produit pour le larynx des interruptions si peu sensibles qu'on pourrait croire que la ligne est dépourvue de vibrations.

Fig. 87. V^sse D.

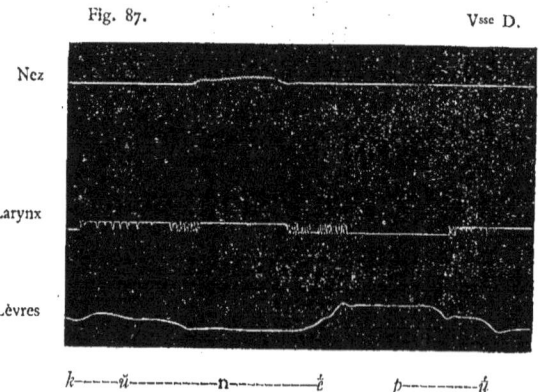

Nez

Larynx

Lèvres

k-----ŭ--------n-----ě   p--------ŭ

L'inscripteur de la parole fournit des renseignements encore plus complets et d'une inscription plus facile, car il nous donne, non seulement la succession, mais encore la forme même des vibrations, comme on en peut juger par les spécimens suivants :

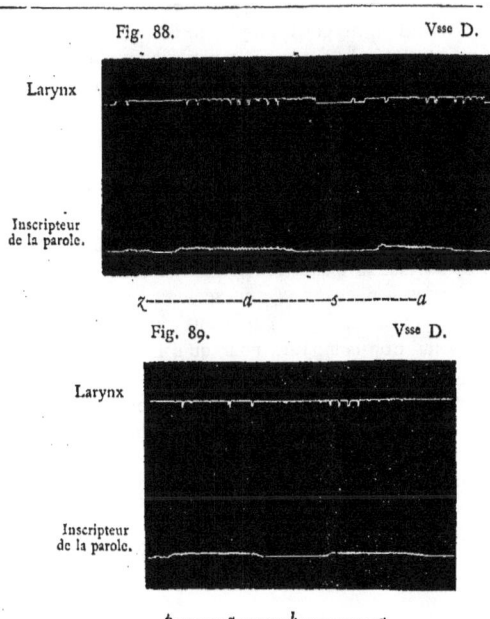

Fig. 88. Vsse D.

Fig. 89. Vsse D.

On peut même, par un réglage approprié, en écartant plus ou moins les électro-aimants, faire disparaître telle ou telle consonne dont la place est

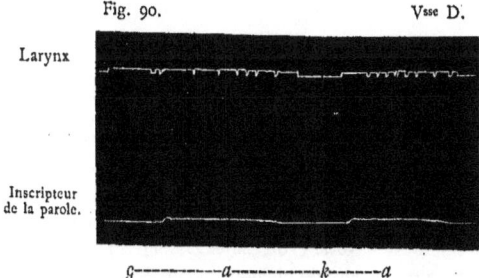

Fig. 90. Vsse D.

alors marquée par un silence. Voyez aussi, plus haut, la fig. 84, et ci-dessous la fig. 112. On s'aide, pour cela, du stéthoscope, qui rend sensibles à l'oreille les sons reçus par la membrane inscriptrice.

Toutefois, je dois le dire, ces divers moyens ne donnent pas des résultats absolument identiques. Ainsi nous avons constaté que, pour les nasales, les vibrations du nez commencent dans certains cas après celles du larynx (page 42 et fig. 36). D'autre part, les tracés de l'inscripteur de la parole s'arrêtent, alors que le larynx vibre encore. Il serait facile, je crois, de tout concilier. Mais, sans entrer dans cette difficulté nouvelle, comme le larynx est la source du son, je m'en tiens, en cas de conflit, à ses indications, ou je signale les divergences.

Un mot encore pour une question de méthode. On pourrait être tenté de croire que l'étude sur la quantité doit se faire uniquement sur des discours suivis, car c'est le discours suivi qui seul est, à proprement parler, le langage. Ce n'est pourtant pas par là qu'il faut commencer. Le discours contient des éléments trop complexes pour qu'il nous soit possible d'y démêler de prime abord les lois de la quantité. Celles-ci, nous n'avons le moyen de les saisir que dans des groupes formés de façon à éliminer successivement toutes les causes de variabilité sauf une, celle en vue de laquelle chaque expérience est organisée. C'est seulement lorsque la matière a été ainsi observée sur ses principales faces que l'on peut considérer le discours suivi où l'on constatera, si l'étude préliminaire a été bien conduite, l'application des lois découvertes dans le détail.

Je conserverai dans l'exposition l'ordre même que j'ai suivi dans l'étude des faits.

§ 1er. — Durée des sons dans les mots isolés.

CONSONNES

Dans les continues, la durée de l'émission se confond avec le temps nécessaire pour les produire. Dans les instantanées, au contraire, il faut distinguer deux instants, celui de l'occlusion et celui de l'émission, c'est-à-dire un moment de silence et un moment où éclate le son. Le silence toutefois n'est complet que pour les sourdes et les sonores initiales; il n'existe pas pour les sonores médiales, car le larynx continue à vibrer malgré l'occlusion du tube vocal (voir par ex. les fig. 39, 48, 54, 106).

Si l'on veut se faire une idée du phénomène, on n'a qu'à comparer entre elles les labiales qui sont d'une étude plus facile. On verra que le larynx entre en vibration pour *va* dès le moment où les lèvres se rapprochent (voir fig. 42), pour *pa*, quand elles s'écartent (voir fig. 43), pour *ba* ou *ma*, un peu auparavant (voir fig. 66). Le temps où le larynx vibre avant l'ouverture des lèvres appartient au b ou à l'm; c'est, dans un tracé que j'ai sous les yeux, $\frac{8}{100}$ de seconde pour une occlusion de $\frac{16}{100}$ de seconde. La fig. 89 nous fournit un p dont le bruit a donné aussi $\frac{8}{100}$ de seconde.

Mais je n'entrerai pas plus avant dans cette question, la durée d'une consonne étant, à proprement parler, le temps qu'elle a exigé.

Nous nous occuperons d'abord des consonnes simples, puis des consonnes redoublées, enfin des consonnes groupées.

Consonnes simples.

Je me bornerai aux constatations suivantes qui sont les plus intéressantes et qui se rapportent le plus directement à mon sujet :

1° Les instantanées sont légèrement plus courtes que les continues.
2° Les sonores sont souvent plus courtes que les sourdes.
3° La longueur des consonnes diminue en raison de la longueur des mots.
4° Il existe un accent temporel, ou de durée, qui allonge les consonnes qui en sont frappées.

Ces quatre conclusions, qui n'ont rien que de très naturel, ressortent clairement des tableaux suivants. Les chiffres entiers représentent des $\frac{4}{100}$ de seconde.

SOURDES : *a p a*   *a p a p a*   *a p a p a p a*
           13,5   9,7 11   12,2 10,8 11,7
           14   8   9

          a f a   *a f a f a*   *a f a f a f a*
           16   12   15   11,5 14   14
           16   12   15   12   12,8 16
           18   14   14,8 18

          a t a   *a t a t a*   *a t a t a t a*
           15   9   13   8,6   9   12,5
                            10   13,8   9,5 8   16

          a s a   *a s a s a*   *a s a s a s a*
           17   14,5 14,5   13,5 12,5 14
           19   11   12   14,5
                                             18   9   15

          a k a   *a k a k a*   *a k a k a k a*
           15   11   13,4   11   10   12
           16   11   13   11,8 10   11,4
           18

ROUSSELOT.

a ɛ a	a ɛ a ɛ a	a ɛ a ɛ a ɛ a
19	15 16	11,8 13 16
19	15 16,8	14,5 14,5 14,8

SONORES. — Une expérience faite en vue d'étudier les voyelles nasales nous fournit le moyen, non cherché, de comparer les sonores et les sourdes. L'explorateur du larynx placé sur le nez, j'intercalais entre deux õ successivement toutes les consonnes. Naturellement les sourdes sont toujours distinctes. Les sonores sont souvent, il est vrai, envahies plus ou moins par les vibrations nasales; mais chaque ligne nous en fournit de parfaitement claires (fig. 107). Or la sonore, en raison sans doute d'une différence dans la durée de l'occlusion (cf. p. 67), est presque constamment plus courte que la sourde.

Le *p* et le *b* sont douteux.

õ f õ	õ v õ	õ t õ	õ d õ	õ s õ	õ z õ
17	16	14	15	17,5	14
19	14	13	12	18	15
17	15	13	12	18	18
19	14	14		18	

õ k õ	õ g õ	õ ɛ õ	õ j õ	õ y õ	õ r õ	õ l õ
15	12	18	15	13	16	16
13	13	16	13	16	15	17
	11	18 (trois fois)				

Les variations de durée résultant de la position de la consonne dans le groupe vocal nous apparaissent les mêmes que pour les sourdes dans les tracés de l'*Inscripteur de la parole* contrôlés par ceux de l'*Explorateur du nez* pour les nasales.

b. — *b a b a b a*
      11 12
      b a b a b a b a b a b a b a
      13 14 13 14 14 15

v. — *v a v a v a*
      14 12 13

d. — *d a d a d a*
      11 11 11

j. — *j a j a j a*
      13 12 13

n. — *n a n a n a*
      10 12
      10 13
      n a n a n a n a n a
      12 12 10 14

ɲ. — *ɲ a ɲ a ɲ a ɲ a ɲ a ɲ a*
      12 15 14 15 13 14

m. — m a m a m a m a   m a m a m a m a m a m a m a m a
      15 14 18   14 17 12 15 13 15 13 17
g. — g a g a g a g a   g a g a g a g a
      12 9 11   10 7 13

Ces chiffres sont confirmés par d'autres expériences faites avec l'inscripteur de la parole et la capsule exploratrice du larynx placée sur les lèvres pour *b*, *m*, *v*, sur le nez pour *m*, *ŋ*, sur les dents pour *g*, *d*.

b. — b a   b a b a b a
      12   16 18 18 19
v. — v a   v a v a   v a v a v a
      15   14 16   14 13 16
m. — a m a m a m a
      15 12 15
ŋ. — ŋ a   ŋ a ŋ a
      13   12 15
d. — d a d a d a d a d a d a d a
      8 10 9 12 8 10 12
g. — g a g a g a g a
      13 11 15

Une autre expérience faite avec l'explorateur électrique du larynx sur les dents a donné :

v a v a v a
7,5 8 12
10   8 14
12   5 15

Je ne m'occuperai ni des initiales ni des finales, dont l'étude est compliquée, et dont j'attendrais peu de chose. Les initiales que j'ai enregistrées ne me révèlent rien de particulier.

v--a   b a   v a   ʒ a   g a
13,5   12   14   12   10
                       16

La comparaison de *faf* avec *vav*, de *tat* avec *dad*, de *sas* avec *zaz*, de *ɛaɛ* avec *jaj* autorise à regarder les finales comme égales, sinon supérieures en durée aux initiales.

j a j   d a d   ʒ a ʒ   v a v
10,5 11   15 15   13 16   13 16

Fig. 91.   V^{sse} D.

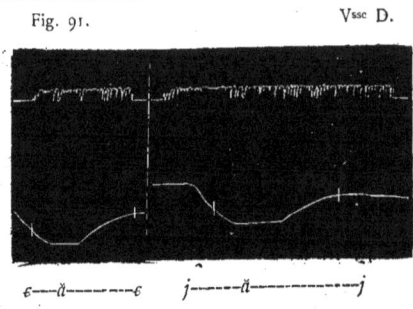

ɛ—ă----ɛ   j----ă----j

Consonnes redoublées.

Comme les consonnes redoublées ont été l'objet de quelques discussions, je donne ici le tracé de quelques-unes à côté de celui des consonnes simples :

Fig. 92.   V^{sse} D.

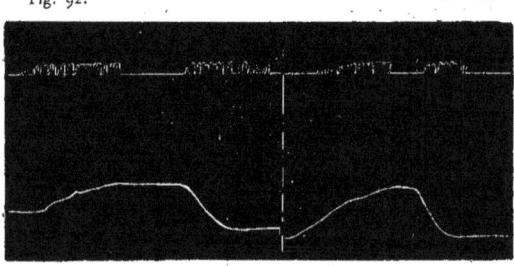

a----jj----a   a----j----a

Fig. 93.   V^{sse} D.

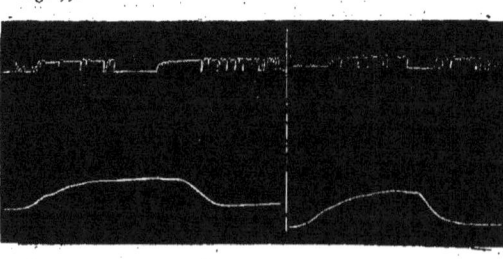

a----χχ----a   a----χ----a

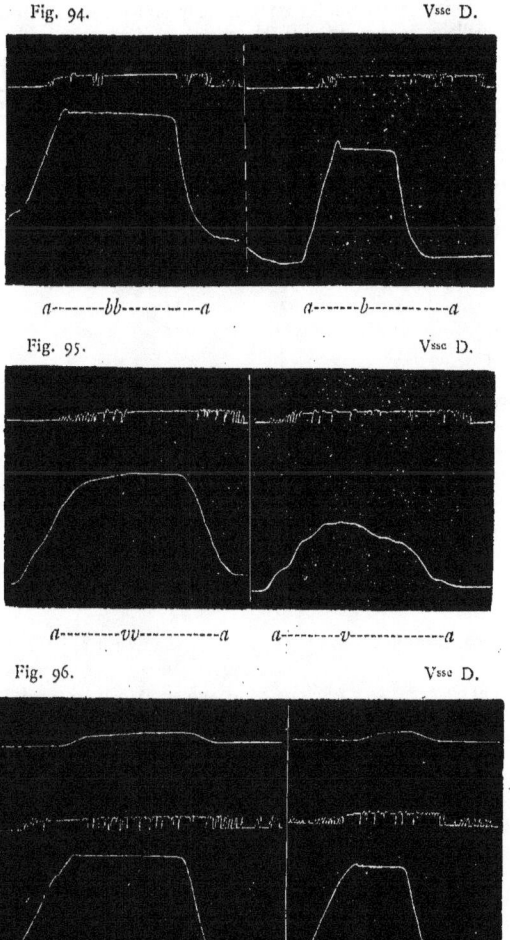

Fig. 94.   Vssc D.
a-------bb---------a   *a------b---------a*

Fig. 95.   Vssc D.
a---------vv----------a   *a---------v------------a*

Fig. 96.   Vssc D.
a-------------mm-------------a   *a---------m-----------a*

En comparant ces tracés, on voit du premier coup d'œil que ce que l'on appelle « consonnes redoublées » n'est ni un groupe de deux consonnes juxtaposées, ni une articulation unique simplement prolongée, mais en réalité une consonne unique, forte et longue. L'unité est évidente dans les tracés de *jj*, *zz*, où la partie sourde est placée comme dans *j* et *z*, c'est-à-dire au centre. La force de l'articulation est marquée particulièrement par la pression des lèvres plus grande pour *bb vv mm* que pour *b v m*. Mais ce qui nous intéresse ici, c'est la durée. La longueur de l'articulation forte atteint le double de la consonne ordinaire.

Nous avons en effet, pour nous en tenir à la mesure des sourdes et des nasales qui ne présentent aucune chance d'erreur :

	apa	*appa*	*ata*	*atta*	
	11	22	11	22	
asa	*assa*	*aea*	*aeea*	*aka*	*akka*
14	28	14	28	13	25

L'expérience où les nasales ont été étudiées avec l'explorateur électrique du larynx appuyé sur le nez, donne des chiffres peu différents (v. fig. 83) :

	ma	*mma*	*na*	*nna*		
	15	28	18	33		
			17	30		
			20	29		
ama	*amma*	*ana*	*anna*	*aŋa*	*aŋŋa*
19,5	36	20	37	13	32
		16	32	15	33
		20	35	16	30
			15	35	

On trouvera plus loin (§ 2) : *eātt ǣ* « chante-t-il », *påkk vě* « Pâques
                                    34   22
qui vient », *kôkkö kè* « quelque coup que », *ppě* « pépé », *ppǎ* « papa »,
             12 17 10   29   33
mmǎ « maman. »
24

Au lieu de dire consonnes redoublées, je dirais donc consonnes *doubles*, doubles pour la longueur et doubles pour la force.

Consonnes groupées.

Quelques expériences semblent indiquer que les consonnes contiguës conservent leur durée propre :

u m fǎ u fǎ i m fǎ i fǎ a m fǎ a fǎ m p arl tě (fig. 51).
14 15 15 13 16 14 17 16 16 18 10

« il me fait. il fait. je me fais. je fais. elle me fait. elle fait. me parle-t-il.., »

Toutefois, la tendance qu'ont deux consonnes groupées à s'abréger n'est pas douteuse. Ainsi nous avons :

tu m f ā̇	tu f ā̇	i m f---ā̇	i f ā̇		
15 12	15	15 13,5	15		
a m f ā̇	a f ā̇	u m f ā̇	u f ā̇	p a l p a¹	pa p a
14 12	16	14 10	15	8 15	17

apaɛpapa	papatpa
9 15 9	9 18
10 16 10	8 17,5
9 18 9,5	7 15
10 16 10	7,5 14,5
9 17 8,5	
8 18 9,7	

On verra plus loin des groupes comme k tu, sēɛ pā « sèche pas », sej͡' pa
                                                        25   24   19
« scie pas », ktānād « cette année », aɛta « acheter », d'fisil « difficile », pāski
              16   12   15   14
« parce que », pov'pti, qui sont évidemment abrégés. (Durée dans le discours
                                13
suivi.)

L'abréviation porte surtout sur la 1ʳᵉ syllabe : a ɛ   b a « achever »,
                                                                             10 12
fœj p ā̇ « feuge, pas », prē t m ĕ « prête moi », kĭ t mma « quitte (eccuista)
7 13   5 15   8 24
mère », k v ɛ ātriĕ « que vous chanteriez ».
        6 5 15

VOYELLES

Nous traiterons des voyelles d'abord dans les monosyllabes, puis dans les groupes de deux, de trois, de quatre syllabes.

Les tracés ont été recueillis, sauf indication contraire, avec l'explorateur électrique du larynx. On trouvera dans les tableaux suivants quelques voyelles dont la durée manque ou bien est accompagnée d'un point d'interrogation. Il m'a paru meilleur de laisser ces lacunes sans importance et faciles à combler, que d'introduire des chiffres empruntés à d'autres expériences, qui rompraient l'unité du tableau.

Monosyllabes.

Dans les monosyllabes, la voyelle se présente dans quatre situations. Elle peut être : isolée, initiale-entravée, finale-libre, finale-entravée.

---

[1] Voir fig. 59.

Moyennes des inscriptions relevées :

VOYELLES ISOLÉES (Insc. de la parole).		INITIALES ENTRAV.		FINALES LIBRES		FINALES ENTRAVÉES	
à		àp		pà		pàp	35
á	30	áp	26	pá	24	páp	25
a	20	ap	18	pa	14	pap	16
è	30	èp	27	pè	25	pèp	24
é	30	ép	31	pé	30	pép	26
e	23	ep	15	pe	15	pep	19
í	29	íp	28	pí	28	píp	27
i	18	ip	21	pi	18	pip	16
ò	30	òp	25	pò	24	pòp	23
ó	29	óp	32	pó	28	póp	27
o	19	op	20	po	19	pop	17
ǘ	30	ǘp	30	pǘ	30	pǘp	28
u	18	up	21	pu	18	pup	17
æ̀	29	æ̀p	27	pæ̀	27	pæ̀p	25
ǽ	30	ǽp	32	pǽ	30	pǽp	26
œ	20	œp	16	pœ	20	pœp	19
ú	32	úp	28	pú	28	púp	26
u	19	up	19	pu	18	pup	16
ã		ãp	29	pã	24	pãp	29
ẽ		ẽp	27	pẽ	24	pẽp	29
õ		õp	29	põ	25	põp	26

Les diverses situations de la voyelle dans les monosyllabes influent peu sur sa durée, car les variations signalées sont de celles qui peuvent affecter un même son, et, du reste, elles ne présentent pas la constance suffisante pour qu'il soit possible d'établir une règle. Tout au plus pourrait-on y reconnaître la progression suivante, plutôt encore à l'état de tendance que de loi fixe :

Voy. isolée > init. entravée > finale libre > finale entravée.

L'importance du tableau est tout entière dans le rapport du timbre et de la quantité.

Troublé après mes premières expériences par l'anarchie qui, à première vue, règne dans la quantité de mes voyelles, j'ai cru un instant que je devais bannir cette notion de mon étude et attribuer uniquement le sentiment que j'en ai à une erreur d'éducation. En effet, les premières leçons de grammaire que j'ai reçues m'ont appris à confondre la quantité avec le timbre, et cette confusion persévère dans mon appréciation actuelle des voyelles de mon patois. Je sens comme *longues* toutes les voyelles ouvertes ou fermées, comme *brèves* toutes les voyelles moyennes.

Ce que cette appréciation contient d'exagéré nous sera révélé par les tableaux suivants. Mais elle est exacte pour les voyelles isolées, attendu que la voyelle moyenne n'atteint que la moitié ou le tiers de la voyelle ouverte ou fermée correspondante.

Cependant, je dois le dire, cette différence seule, quoiqu'elle soit bien sensible, ne suffirait pas à me donner une sensation aussi nette que celle que j'éprouve en comparant ces divers sons. En effet, une différence analogue existe entre $\ddot{a}$ et $\tilde{a}$, $\check{e}$ et $\tilde{e}$, δ et $\tilde{o}$: *lĕ pā* « le pain » 15, *lŭ pā* « les pains » 28, *lĕ pē̆* « le pin » 17, *lŭ pē̆* « les pins » 25, *lĕ pō* « le pont » 16, *lŭ pō* « les ponts » 32. Mais je ne l'ai reconnue que fort tard, et encore plutôt guidé par l'analogie qu'averti par mon oreille.

Groupes de deux syllabes.

Moyennes des inscriptions relevées :

	1ʳᵉ EXPÉRIENCE		2ᵉ EXPÉRIENCE			1ʳᵉ EXPÉRIENCE		2ᵉ EXPÉRIENCE	
	atone	tonique	atone	tonique		atone	tonique	atone	tonique
àpá	15	23	9	17	*ípıi*	22	27	16	22
ápá	17	22	14	20	*upu*	16	20	14	16
apa	10	16	8	12	*àpà*	16	27	15	22
èpé	20	23	14	20	*ápé*	23	29	17	21
épé	20	26	14	19	*apœ*	18	23	11	15
epe	16	20	11	15	*ípú*	24	27		
ípí	21	27	17	21	*upu*	18	24		
ipi	16	20	11	14	*āpā*	23	29		
òpò	23	26	12	15	*èpè*	24	26		
ópó	25	30	15	20	*ôpô*	23	28		
opo	18	23	7	14					

Autre expérience : *a p a*   *a f a*   *a t a*   *a s a*   *a k a*   *a e a*
                    8 15   5,5 12   10 15   12,5 18   11 15   8 13,5
                    8 15   7 10   11 15   12 13,5 13 15,5 8,5 15
                                         5,5   9

Deux points sont à remarquer dans ce tableau :

1° L'influence du rythme que nous avons déjà eu l'occasion de constater est évidente.

La dernière voyelle du groupe est presque toujours la plus longue.

Exactement : sur 112 cas mesurés, elle s'est trouvée plus courte, 2 fois (òpò, 23,7 — 22; àpà, 17,6 — 17, et encore l'ò et l'à ne me sont pas naturels dans cette situation), égale, 2 fois (àpà, 15; ĕpĕ, 23,5), plus longue, 108 fois.

La dernière syllabe du groupe porte donc l'accent temporel. Mais on peut prévoir une légère tendance au déplacement.

2° L'écart entre les longues et les brèves diminue : la longue s'abrège et la brève s'allonge. De la sorte, la voyelle atone ouverte ou fermée se confond pour la durée avec la tonique moyenne, c'est-à-dire que *l'atone longue pour mon oreille devient égale à la brève tonique.*

Groupes de trois syllabes.

Les groupes cités représentent la moyenne (23 juillet).

TOUTES LES VOY. LIBRES			UNE VOYELLE ENTRAVÉE					
				2ᵉ EXPÉRIENCE			1ʳᵉ EXPÉRIENCE	
1ʳᵉ syl.	2ᵉ syl.	3ᵉ syl.		1ʳᵉ syl.	2ᵉ syl.	3ᵉ syl.	1ʳᵉ syl.	2ᵉ syl.	3ᵉ syl.
pàpàpà	12	11	15	pàpàtpà	13	11	17	15	14,5	20
pápápá	14	15	18	pápátpá	16,5	14	16,5	20	19	21
papapa	11	11	14	papatpa	14,5	13	13	12	11	15
pêpêpê	15	14	18	pêpêtpê	16	14	18	23	21	25
pépépé	14	13	20	pépétpé	14,5	13	19	20	17	22
pepepe	14	11	16	pepetpe	12	10,5	14	14	13	19
pípípí	15	15,5	20	pípítpí	15	11,5	20	16	16	23
pipipi	12,5	13,5	16	pipitpi	10	11	17	15,5	13,5	19
pòpòpò	15	16	19	pòpòtpò	15	14,5	18	20	19	23
pópópó	17	19	20	pópótpó	16	16,5	20	21	23	24
popopo	14	13,5	15	popotpo	12	11	15	12,5	15	20
pùpùpù	15	16	20	pùpùtpù	16,5	15	20	15	17,5	22
pupupu	13	15	19	puputpu	14	13	14	14	14	17,5
pœ̀pœ̀pœ̀	16	19	19	pœ̀pœ̀tpœ̀	16	15	15	25	24	27
pœ́pœ́pœ́	18	18	23	pœ́pœ́tpœ́	17	15	20	21	21	28
pœpœpœ	13	13	16	pœpœtpœ	15	12	12	19	18,5	23
púpúpú	15	16	25	púpútpú	17	15	17	14	16,5	24
pupupu	15	14,5	20	puputpu	17	15	15	17	15	20
pāpāpā	16	16	17	pāpātpā	17	15	14	18	21	23
pēpēpē	16	16	17	pēpētpē	17	14	17	23,5	22,5	25
pōpōpō	16	18	17	pōpōtpō		13	18	23	20	25

Autres expériences : *a p a   p   a*   *a f a f a*   *a t a t   a*   *a s a s a*
(8 août)   7   8,5   10,5   7   8 12,5   11 11,8 11,8(?)   7 10 12
                7 10(?) 9,5   4 10   11   7   10   14   7   8   9
              a k a k a   *a ɛ a ɛ   a*
              11 11,5 15   8,6 8,6(?) 13
              12 12,3 13,5   6   10   12,5
                                             7,5   8   9

Je n'étudierai, pour le moment, dans ce tableau, que l'influence de l'*entrave* sur la durée des voyelles.

Si nous comparons l'intertonique libre et l'intertonique entravée à l'initiale, nous trouvons :

Intertonique libre : = init., 5 fois ; >, 10 fois ; <, 6 fois.
Intert. entrav. { 2ᵉ exp. : = init., 0 fois ; >, 2 fois ; <, 19 fois.
                { 1ʳᵉ exp. : = init., 3 fois ; >, 5 fois ; <, 13 fois.

Les cas d'égalité pourraient probablement se résoudre en l'un des deux suivants. Mais la différence n'excédant pas 1/2 centième de seconde, me paraît négligeable.

Si, au lieu de m'en tenir au tableau précédent, je faisais entrer en ligne de compte tous les tracés que j'ai mesurés, la proportion serait peu modifiée. Nous aurions :

Sur 40 cas, intert. lib. = init., 15 fois ; >, 15 fois ; <, 11 fois.
Sur 93 cas, int. entrav. = init., 8 fois ; >, 21 fois ; <, 64 fois.

L'entrave tend donc à abréger la voyelle précédente. Cette conclusion est confirmée par d'autres tracés, par exemple :

    k a rp   *k a p*   *p a lpa*   *p a pa* (fig. 59)
     14   20   14   17
    u m f å   *u f å*   *i m f å*   *i f å*
     7   15   12 15   7   10 15
     4   17   13 17   5   17   12 18

Groupes de quatre syllabes.

Toutes les syllabes libres.

a p a p a p a   *a f a f a f a*   *a t a t a t a*
6,8 10,8 10,5 11,2   8   9   7 12,5   10 11 14,5 13
5,5 10,8 8,5 9(?)   7 8,8 9,3 11   9 11 8,5 12
3(?) 10   9   8(?)   7   8   7   9

```
a s a s a s a        a k a k a k a        a ε a ε a ε a
7   8   9  11       10 9,8 11,5 13,5      6,3 8,5 7,8  12
7   9  10  12        9  12  12,5 13,5     7,5 9,8 9,5  13
5  5,5 10  12                              6   7   6   12
```
                    La 2ᵉ syllabe entravée.

Les groupes cités répondent à la moyenne (23 juillet).

	1ʳᵉ syll.	2ᵉ syll.	3ᵉ syll.	4ᵉ syll.		1ʳᵉ syll.	2ᵉ syll.	3ᵉ syll.	4ᵉ syll.
àpàεpàpà	7 / 9	10 / 12,5	13 / 12	17 / 14,5	úpúεpúpú	17 / 17,4	13,4 / 15,5	18 / 17	22 / 22
ápáεpápá	(?)				upuεpupu	14,8 / 15	12,5 / 12,5	13 / 14	18,8 / 17
apapaεpa	16 / 15,5	19 / 15	15,5 / 14	20 / 17,5	àpàεpàpà	22(?) / 16,6(?)	15	21	28
épéεpépé	19,5 / 19,8	20 / 21,5	18,5 / 20,8	23 / 25	ápáεpápá	18,8 / 18.4	16 / 13,8	16,2 / 16	23,4 / 20
épéεpépé	18,5 / 14,8	16,8 / 15,5	19,3 / 16,8	25 / 27	œpœεpœpœ	12	14,5	12,5	18
epeεpepe	11 / 12,2	12,3 / 11,2	12,8 / 13,5	19 / 19,5	úpúεpúpú	17,4 / 16	11,4 / 13	12,6 / 13.5	18 / 19
ípíεpípí	15,8 / 16,2	16,2 / 16	16,8 / 15	20,5 / 23,5	upuεpupu	13	10,5	11,2	14
ipiεpipi	12,8 / 12,8	13,5 / 14	14,5 / 12,5	19,5 / 20	úpïεp.ipï	19	17,5	18,5	20
òpòεpòpò	14,8 / 19	15(?) / 14(?)	16 / 18	22 / 21,5	épèεpépé	18	17	19,8	21
ópóεpópó	17,5 / 17	14,5 / 14,3	17.8 / 16,9	20,2 / 20	ōpōεpōpō	17,2	15,2	17,8	18,2
opoεpopo	13,5 / 11,2	17 / 12,5	17,5 / 15	20,2 / 22					

Ces deux tableaux confirment ce que je viens de dire sur l'influence de l'entrave. Si nous comparons la 2ᵉ syllabe avec la 1ʳᵉ, ou avec la 3ᵉ, nous trouvons les proportions suivantes :

2ᵉ voyelle libre. { > 1ʳᵉ voyelle, 15 fois; < 1 fois.
{ > 3ᵉ voyelle, 7 fois; < 7 fois.

2ᵉ voyelle entravée. { > 1ʳᵉ voyelle, 17 fois; < 13 fois.
{ > 3ᵉ voyelle, 10 fois; < 22 fois.

Mais revenons à la question du rythme temporel que nous pouvons maintenant étudier dans son ensemble.

Voici, en écartant les cas d'égalité et les cas douteux, les formes que j'ai recueillies :

1° Groupes de deux syllabes :

◡	‑	143
‑	◡	2

2° Groupes de quatre syllabes : (⌣ est plus bref que ◡, = plus long que ‑).

				Toutes les syll. libres.	2ᵉ syll. entravée.
⌣	◡	‑	=	5	11
⌣	‑	◡	=	3	6
◡	‑	⌣	=	2	4
◡	‑	◡	=	2	0
◡	⌣	‑	‑	1	7
‑	⌣	◡	=	0	10
‑	◡	⌣	=	0	5
⌣	◡	‑	‑	1	0

3° Groupes de trois syllabes :

			Syllabes libres.		2ᵉ syll. entravée.	
			8 août.	23 juillet.	(2ᵉ exp.)	(1ʳᵉ exp.)
◡	‑	=	11	11	2	20
‑	◡	=		12	21	36
◡	‑	‑		1	1	0
‑	‑	‑		1	0	0
‑	‑	◡		0	1	0

Les cas exceptionnels où la dernière voyelle est moins longue que la précédente sont précieux à noter comme de nouveaux indices de la tendance, faible encore, mais certaine, de l'accent temporel à se déplacer.

Ces quelques faits mis de côté, il nous reste :

1° Pour les groupes pairs :

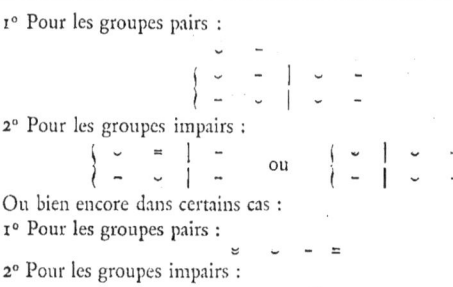

2° Pour les groupes impairs :

Ou bien encore dans certains cas :
1° Pour les groupes pairs :

2° Pour les groupes impairs :

La fin du groupe se compose donc en tout cas d'un iambe. Le commencement seul varie. Il renferme tantôt un iambe, tantôt un trochée. Le trochée est fréquent lorsque la seconde syllabe est entravée ou appartient à l'iambe final, et encore lorsque le sujet parlant éprouve un peu de fatigue. Ce dernier point est mis hors de doute par les remarques suivantes : le 8 août je n'ai fait que quelques expériences; le 23 juillet j'en ai fait beaucoup, et celles qui sont rapportées ici sont de la fin de la séance. Or les expériences du 8 août ne nous offrent pas un seul trochée initial. Celles, au contraire, du 23 juillet en présentent 12 contre 12 iambes dans les groupes formés de syllabes libres, de 36 contre 20 (1re expérience) et 21 contre 3 (2e exp.) dans les groupes de trois syllabes contenant une entrave. Enfin, si l'on compare la fin de l'expérience du 23 juillet sur les groupes de quatre syllabes avec le commencement, on voit que la forme iambique, dominante au début, est presque toujours remplacée par la forme trochaïque à la fin. Ces remarques concordent, du reste, avec les observations analogues qui ont été faites sur l'émission du souffle.

Donc, en résumé, deux formes rythmiques principales semblent s'imposer à tous les groupes, suivant que les voyelles sont libres ou entravées, suivant que le sujet est lui-même reposé ou fatigué : *la forme iambique et la forme trochaïco-iambique.*

Cependant tous les groupes ne sont point nécessairement enfermés dans ce cadre. Plusieurs, en effet, semblent procéder par sections de plus de deux syllabes et pourraient bien obéir à un rythme *croissant* qui imposerait aux voyelles une durée d'autant plus longue que celles-ci seraient plus voisines de la tonique.

Au milieu de ces causes de variations, que devient pour les atones la distinction des longues et des brèves? C'est ce que nous devrons maintenant examiner, moins en comparant les diverses expériences les unes avec les autres qu'en rapprochant les voyelles d'une même expérience.

DURÉE DES SONS. — ACCENT TEMPOREL.

Voyelles atones.

	GROUPES DE 2 SYLLABES	GROUPES DE 3 SYLLABES				GROUPES DE 4 SYLLABES					
		Rythme iambique		Ryth. troch.-iamb.		Rythme iambique			Ryth. trochaïco-iamb.		
		1	2	1	2	1	2	3	1	2	3
à	15	10	11	12	11(?)	15	16	18			
á	17	15	16	20	18	19	21	20			
a	10	11	11	15	14	16	19	15,5			
è	20	15	15	16	14	19,5	20	18,5			
é	20			14,5	13	14,8	15,5	16,8	18,5	16,8	19,3
e	16			13	11	11	12,3	12,8	12,2	11,2	13,5
ì	21	15	15,5	14,5	14	15	17	15,5			
i	16	12,5	13,5	13	10	12,8	13,5	14,5	14	13	11
ò	23	15	19	20	19				20	18	22
ó	25	17	19	16	15				17,5	14,5	17,8
o	18	13	14	14	13,5	13,5	17	17,5			
ú	21	14,5	16	16,5	15				17	13	18
u	16	13	15	13	12				14,8	12,5	13
æ̀	23,5	16	19	16,5	16				16	12	22
ǽ	23,5	17,3	17	17	15				18,4	13,8	16
æ	18	14	14	13	12,3	12	14,5	12,5			
ù	23,5	15	16	18	17				17	14	12,6
u	17,5	14	14,5	15	14,5				13	10,5	11,2
ã	23	16	16	17	15				19	17,5	18,5
ẽ	24	16	16	17	14				18	17	19,8
õ	23	16	18						17,2	15,2	17,8

Donc, dans les groupes de deux syllabes, là où il n'y a qu'une seule atone, celle-ci suit la loi des toniques : *ouverte ou fermée, elle est nettement longue; moyenne, elle est nettement brève.*

La différence toutefois entre la longue et la brève est moindre entre les atones qu'entre les toniques. De près de moitié entre *á* et *a*, elle est de 1/3 entre *í* et *i*, de 1/4 environ entre *ó* et *o*, *ú* et *u*, *ä́* et *ä*, *ǘ* et *ü*, de 1/5 entre *é*, *ê* et *e*.

Cette différence décroît encore à mesure que le groupe augmente, et quelquefois s'efface complètement. Ainsi elle n'est, par exemple, entre *ó* et *o*, dans la 3ᵉ syllabe des groupes de 4 syllabes, que de $\frac{1}{550}$ de seconde. Dans la 2ᵉ syllabe d'un autre groupe de 4 syllabes, *ä* est plus long que *ä́*. La différence serait encore moins sensible si l'on comparait des atones de rangs différents, quoique, en général, elle se maintienne.

Mais, si nous comparons les atones aux toniques, c'est alors que nous voyons des voyelles senties comme brèves dépasser souvent en longueur d'autres voyelles senties comme longues.

Ce fait est mis en lumière par le tableau suivant, où, dans les groupes de plus de deux syllabes, la voyelle moyenne tonique est comparée aux voyelles ouvertes ou fermées atones les plus courtes.

GROUPES DE 2 SYLLABES			GROUPES DE 3 SYLLABES			GROUPES DE 4 SYLLABES		
tonique	rapport	atone	tonique	rapport	atone	tonique	rapport	atone
a	<	*à*	*a*	>	*à*	*a*	>	*à, á*
	>	*á*		=	*á*		=	*é*
e	=	*è, é*	*e*	>	*è, é*	*e*	>	*é*
i	<	*í*	*i*	>	*í*	*i*	>	*í*
o	=	*ò*	*o*	=	*ò*	*o*	>	*ò, ó*
	<	*ó*		>	*ó*	*u*	>	*ú*
u	=	*u*	*u*	<	*ú*	*œ*	>	*à̀, á̀*
œ	>	*æ̀*	*œ*	=	*æ̀*	*u*	>	*u*
	=	*á̀*		<	*á̀*			
u	=	*ú*	*u*	>	*ú*			

Ainsi s'explique l'inégalité des trois voyelles que j'émettais rapidement dans mes expériences de 1886, croyant leur donner une égale valeur. Je formais à mon insu un groupe de trois syllabes soumis comme tous les groupes à la loi naturelle du rythme. Si j'avais fait une pause entre chaque émission, cette inégalité n'aurait pas existé.

Enfin je termine par un tableau comparatif des toniques libres suivant qu'elles se trouvent dans des monosyllabes et des groupes de deux, trois et quatre syllabes :

Voyelle tonique libre.

	MONOSYLLABES	GROUPES DE 2 SYLLABES	GROUPES DE 3 SYLLABES	GROUPES DE 4 SYLLABES
à	23	23	20	18
á	24	22	20	20
a	14	16	15	17,5
è	25	23	25	24
é	30	26	22	26
e	15	20	20	19
í	28	27	22	21
i	18	20	20	20
ò	24	26	23	22
ó	28	30	24	20
o	19	23	21	21
ú	30	27	21	22
u	18	20	17	18
æ̀	27	27	26	28
ǽ	30	29	27	22,5
æ	20	23	22	18
ú	28	27	24	18,5
u	18	24	22	14
ã	24	29	21	20
ẽ	24	26	24	21
õ	25	28	25	18,2

Ainsi la distinction des longues et des brèves diminue à mesure que les groupes deviennent plus étendus, et elle arrive dans certains jusqu'à s'effacer presque complètement, comme cela se fait pour les *i* et les *o*.

Les groupes qui ont été étudiés jusqu'ici se composent tous de la même voyelle répétée. Mais ils nous permettent d'aller plus avant et de prévoir ce

98   LES MODIFICATIONS PHONÉTIQUES DU LANGAGE.

qui doit arriver pour des combinaisons formées de voyelles différentes. Du reste, nous n'en sommes pas réduits à cette seule ressource, et diverses expériences nous conduisent aux constatations suivantes :

1° Les voyelles naturellement brèves sont fort diminuées devant des longues : *f ŏ s ā̆* « fossés », *k ĭ t ū̄* « un *quitte* (seul) œuf », *p ĭ k ŏ̄*
       7 17   8,5 15   5 10
       8 26

« Picaud », *k--ŭ--t--ē* « couteau ».
       11,5 19

2° Dans les groupes composés soit de brèves, soit de longues, la tonique demeure la plus longue : *m ă̄ t ĭ* « matin », *k ŏ̄ k ĭ* « ceci », *ă̄ t ŭ̄* « aussi »,
                                       7 13   7 13   6 14
                                                       9 10   8 10
                                                       7 10

k ĭ p ŭ̄ j « que je puisse », *k ŏ̄ k ŭ̄* « quelque œuf », *c ă̄ t ĕ* « château »,
       7 13   8 24   14 19

ŏ t ŭ̄ r « autour ».
 6 14

3° Enfin les longues elles-mêmes atones peuvent être plus courtes que les brèves toniques :

ĕ k ŭ̄ t « écoute », *k ŏ̄ k k ŏ̄* « quelque coup », *ă̄ - t ŭ* « as-tu », *d ĭ s ĭ*
 9 10   10 17   6 12   8 14

« dit », *k ĭ t ă̄* « quitter », *c ŏ̄ f ă̄*,
       14 19   13 14

à côté de *k ă̄ p ŏ̄* « quel pot? », *c ŏ̄ s - t ĕ* « chausse-toi », *c ŏ̄ s a*
               21 18   14 13   16 14

« chausse », *k--ĕ--k--ĭ* « celui-ci ».
       23 16,5

(Tous ces exemples sont empruntés au discours suivi, p. 102 et suiv.).

Avant de quitter les voyelles, il y a deux questions auxquelles il serait intéressant de toucher, à savoir : 1° Si les consonnes contiguës ont une influence sur la durée des voyelles ? — 2° Quelle place revient à mes voyelles dans l'échelle générale de la quantité ?

Je n'y puis répondre qu'en partie, et presque uniquement avec des observations faites sur mes expériences de 1886. Mais les résultats, quoique incomplets, auxquels je suis arrivé, méritent, je crois, d'être signalés.

I. — Influence des consonnes sur la durée des voyelles.

1° L'*a* se comporte autrement que les autres voyelles.

2° Les voyelles, excepté *a*, sont *plus longues* :
a) après les continues *f, v, s, m* qu'après les instantanées *b, p*, et après *j* qu'après *g* (je n'ai pas d'exemples concluants pour *c* et *k*);
b) après les continues sonores (*v, z, j*) qu'après leurs sourdes (*f, s, c*);
c) inversement après les instantanées sourdes (*p, k*) qu'après leurs sonores (*b, g*);
d) après les gutturales (*k, g*) qu'après les labiales (*p, b*);
e) après la palatale *y* qu'après *n*.

3° La voyelle *a*, au contraire, est *plus courte* :
a) après *m* qu'après *p* et *b*;
b) après la continue sonore *v* qu'après la continue sourde *f*;
c) après l'instantanée sourde *p* qu'après l'instantanée sonore *b*;
d) après les gutturales *g, k* qu'après les labiales *b, p*.

La différence de longueur de la voyelle suivant ces diverses positions est variable, mais constante; elle est, du reste, comme on s'y attend bien, peu considérable. J'en donne ici quelques exemples :

$p + à$	$<$	$b + à$	de 1,3	$f + à$	$>$	$v + à$	de 3,9
—	$á$	$<$ —	$á$	2,2	—	$á$	$>$ —	$á$	1,9
—	$é$	$>$ —	$é$	0,4	—	$é$	$<$ —	$é$	2,3
—	e	$>$ —	e	1,5	—	e	$<$ —	e	1,1
—	i	$>$ —	i	0,2	—	i	$<$ —	i	5,3
—	o	$>$ —	o	2	—	o	$<$ —	o	3,3
—	u	$>$ —	u	2	—	u	$<$ —	u	11,4

La nature de la consonne suivante n'est pas non plus sans influence sur la longueur de la voyelle précédente. Je n'ai d'exemples que pour *a*. Or cette voyelle varie dans les proportions suivantes :

a + sonores $>$ a + sourdes.

a + continues (*f, v*), $>$ a + instantanées (*p, b*).

a + gutturales $>$ a + dentales $>$ a + labiales,

et avec des chiffres :

$a + b$	$>$	$a + p$	de 2,7	$a + v$	$>$	$a + f$	de 4,9
—	d	$>$ —	t	2,1	—	z	$>$ —	s	1,2
—	g	$>$ —	k	3,9	—	j	$>$ —	c	7,4

$a + f > a + p$ de 1,6 | $a + v > a + b$ de 3,8 (Exp. de 1886).

$a + k > a + t$, *s* de 3, $> a + b, f$ de 2 (exp. de 1889), *a* ayant successivement 13, 10, 8 centièmes de secondes. Cf. *a* de *jaj* $> a$ de *eac*, fig. 91.

Les variantes que je viens de relever ne sont point de celles, j'en conviens, qui ne peuvent se produire pour chaque voyelle placée dans les mêmes conditions. Mais la régularité avec laquelle elles entrent dans un système rationnel a quelque chose d'attrayant et me porte à croire, jusqu'à des études plus complètes, à une influence réelle exercée par la consonne sur la voyelle.

II. — Pour comparer, au point de vue de la durée, mes voyelles avec celles des autres pays, j'ai quelques tracés pris à l'aide du téléphone inscripteur du Dr Boudet de Pâris, instrument mauvais, mais suffisant pour ce qui nous occupe, et recueillis sur le petit enregistreur de M. Verdin avec une vitesse que je ne puis préciser. Fruit de mes premiers tâtonnements, ces tracés suffisent, malgré leurs imperfections, pour montrer que mes voyelles ont une durée moyenne entre les voyelles rapides du Midi et les voyelles lentes du Nord et de l'Est, qui sont elles-mêmes bien rapides si on les compare à celles du breton et de l'arabe de Syrie.

DIPHTHONGUES

wa	17,1	22,5	26		a	12,4	13,5	15,2
we	22	22,8	27,1		e	12	15,2	17
wi	19,8	24	26,4		i	13,8	17,2	17,3
wó	26,9	30	34,7		ó	23,2	23,9	25,7
wà	25	30,5	37,4		o	12,5	16,5	18,2
					aé	20	26,8	28,5
ẅi	22,5	25,8	30,3		u	15	18	19,5
ẅo	22,2	27,1	34,9		u	15,3	15,3	17,1
ay	15,9	19,1	21,7					
ey	17,8	24,4	35,1					
oy	15,6	25,1	59,9					

Ces chiffres, empruntés à mes expériences de 1886, montrent jusqu'à l'évidence que *les diphthongues sont plus courtes que les deux voyelles composantes réunies*, et *plus longues que l'une des deux isolée*.

Les trois tracés successifs que j'utilise ici ont été pris dans l'intervalle de 1 seconde et $\frac{1}{5}$, pendant une seule révolution du cylindre. Les sons, émis ainsi rapidement, ne formaient donc, à proprement parler, qu'un seul groupe. Par conséquent, les chiffres les plus élevés représentent soit l'initiale, soit la tonique.

Or, en additionnant la durée qu'ont les deux voyelles composantes lorsqu'elles sont atones, on obtient un total qui égale à peu près la durée de la diphthongue tonique.
La diphthongue tonique égale donc en durée les deux voyelles composantes atones.

Mais, des deux voyelles contiguës, la première est celle qui s'est le plus abrégée, qu'elle ait gardé ou non son caractère vocalique : k--ĭ--ă--t--ĭ « que
                       8 10 20

j'étais », *avy--ā* « avaient », *w--ĕ* « il est », *w---ŏ* « il a ». Ces faits ont été
   6 7,5   8 12   13 15
observés dans le discours suivi, p. 107 et 102.

SYLLABES

La durée des syllabes, quand celles-ci ne sont pas formées d'une seule voyelle, s'obtient en additionnant les diverses durées des éléments qui les composent : *consonne+voyelle*, pour les syllabes ouvertes ; *consonne+voyelle +consonne*, pour les syllabes fermées.

Je n'ai que deux observations à ajouter à ce qui a été dit :

1° Comme les variations que nous avons observées dans la durée des consonnes et celle des voyelles sont identiques, il s'en suit que ces variations s'additionnent dans la syllabe, et que le rôle du rythme nous y apparaît mieux encore que dans les consonnes et les voyelles considérées isolément.

2° Quoique l'entrave abrège les parties composantes de la syllabe, elle n'arrive pas à réduire celle-ci à la durée d'une simple syllabe ouverte (cf. p. 87 et 91).

Aussi une syllabe fermée est plus longue qu'une syllabe ouverte.

§ 2. — Durée des sons dans le discours.

Dans les morceaux suivants, j'ai multiplié à dessein les consonnes sourdes, afin de rendre plus facile la mesure des voyelles. La double notation que je donne de la quantité, l'une avec les signes convenus, l'autre avec des chiffres, permettra de comparer mon appréciation instinctive avec la durée réelle.

Les tracés sur lesquels sont établies ces mesures ont été pris à l'aide des explorateurs du larynx, du nez et des lèvres. Les vibrations du nez m'ont permis d'isoler des consonnes autres que les nasales et les voyelles tendues *ŭ*, *ĭ*, *ú*. Je distingue les feuilles d'inscriptions par des chiffres romains, et les lignes par des chiffres arabes. Comme le mouvement d'horlogerie était arrêté après chaque tour du cylindre, il est arrivé qu'au commencement de certaines lignes il n'avait pas repris sa vitesse régulière. Ce défaut est facile à reconnaître par la rapidité inusitée que semble prendre la prononciation. L'erreur, du reste, ne peut porter que sur les premiers mots; quand il y a doute, je les ai mis entre parenthèse.

Le signe ╪ marque un silence.

I. 1. *ă--t-ă--t---ŭ* ╪ *ɛ--ă--t-ă k-ắ k̑-ŭ-k--ŭ*?   Entends-tu chanter
   13 6 9 10,5 10 14   14 6 15 6 18 6 9 8 10   ce *coucu* (coucou)?
t-ắ! ɛ̆-k-ŭ-t! ɛ ă-t-t-ắ   s----ŏ   s--ŭ!   Ta! écoute! chante-
 .8 9 6 10. .15 16 15 14 14,5 16 15   t-il son saoul?
w--ĕ̇ k---ŏ----t---ă, t--ă̇! — 2. *w--ŏ p-l̑'--lŏ̆*   Il est content, ta! il
 8 12 10 14,3 15,5 18 9 10   13 15 16 3 16   a *plo* (plane)
s ŭ s ă kŏ--k ŭ̆. k-w---ĕ̇   ɛ--ĕ̇--t-ĭ   sucé quelque œuf.
 .... .8 7,3 24 .9,5 19,5 18 18 8 5   C'est *chétif* (mauvais)
ɛ--ĕ̇--t-ĭ k-ŭ--m t--ŭ̆ ĕ   chétif comme tout et
 19 13 7 11 6 10 16 12 11 15
t--ŭ-t--ă--f--ĕ̆ ╪ (?)*f-ĕ̆*. — 2. *k-ŏ p--ă-s*   tout-à-fait fin. Ça
 10 15 5 10 14 7   22 13(?)   .11 15 17 9   passe
d---ĕ---s--ŭ̆ t-ĕ̆   s-ē kt-ŭ̆ p--ŭ--j   dessus toi sans que
 9,5 10,5 14 16 7 5(?) .29 25 14 14 19 24   tu puisses
                       (10 15)   (?)
ă--t--ă--dr. t-ă--ɛ d--ă p-r-ă--dr ĕ̆. —   entendre. Tâche d'en
 17 15 14 24 .21 14 4 20 8 6 17 16 9,5   prendre un.

II. 1. *ĭ p-ŏ ă-s--ă̆yă̆ k--ŏ--k k-ŏ.*   Je puis essayer quel-
    15 13 22 10 29 12 10 17 17   que coup.
       (15 7?) (8 10 11?) (7 10)
m-ĕ̇ ĭ n p--ŏ p--ắ t-ŭ k-ŏ--t--ă. —   Mais je ne puis pas *tout-*
 15 (?) 17 11 16 11 16 6 9 6 16 5 18   *complant* (tout de suite)
 (50)
(*tŏ eắpĕ̆*). — 2. *s--ĕ̇ ă--k-rŏ-ɛ--ă̆ ă̆ ŭ-n*   ...s'est accroché à une
                  22,5 9,5 5 18 13 15 25 10
p--ŭ̆ s---ŭ̆ lă̆ p---ăt dĕ k lĕ̆   *pue* (pointe) sur la
 14 19 6,5 7,5 18 12,8 37   pente de ces

fŏ-s--ă prĕdă̆ ɛ--ă-t--ĕ. —
 7 16 17 34   8 14 8 19
 (5 5 5 19?)
 3. k-ŏn   f---ă   p-ă̆ bŏ p-ă-s--ă
     13 12,5 14 14 50 8 6 19 13
     (6,5 6,5)   (.... 11)
 s-ă̆ k--lĕ̆ f--ŏ--s--ă̆.
 .19 7 22 14 6 12 26
 k-ă̆ t--ŭ f--ĕ dĕ t--ă̆   pt---i--t--ĕ̆
 .11 10 10 18 27 8 14,5 11,5 5,5 9 10
 ɛ--ă̆--t--ĕ̆? —
 12 10 10 11
	fossés, près du châ-
	 teau.
	
	 Ça ne fait pas bon passer
	
	 sur ces fossés.
	
	 Qu'as-tu fait de tes petites
	 chattes ?

III. 1. ň-n s--ĕ̆-t-ŭ--f--ĭ; lŏ-t-r   s--ĕ̆   Une s'étouffa; l'autre
         14 7 10 14 4 12 12 14 28 2 10 9,5 12   s'est
k--ŏ--p--ă̆ t--rĕ̆ p-ă̆tĕ sň k-ă̆ k--ŭ--t--ĕ̆. —   coupé trois pattes sur
5 16 12 14 5 21 10... 35 7 16 7 11,5 6 19   ce couteau.
k-ă̆ ŏră-t--ŭ ă--ɛ--b--ă̆?   Quand auras-tu ache-
.17 ...15 19 6,5 10 12 13   vé ?
2. pă ă̆--k-ĕr. kŏ-n f--ă p-ă ă-s--ĕ̆   Pas encore. Ça ne fait
    7 24 6 20 .8 7 13 19 8 19 13 7   pas assez
ɛ--ă̆ p-r k-ŏ. kŏ n   s---ĕ̆-ɛ p-ă̆ :   chaud pour ça : ça ne
13 19 6 12 7 17 .8 8 15,5 10 24 11   sèche pas.
                                  (12 12)
prĕ̆-t-m-ĕ̆ t--ă̆ s--ĕj. — 3. lă   Prête-me ta scie. La
.18 5 15 5 6 10 15 32   16
m-ĭ n s--ĕ̆-j p-ă̆ dă̆--t--ŭ. —   mienne ne scie pas
10 21 13 9 19 37,5 5 15   du tout.
4. l ă̆ k--ĭ ĕ̆ jŏlĭ p-ŏ---p---ŏ. ā--t lă̆   Tu as ici un joli pom-
   .26 10 17 13 .18,5 11 17,3 14 7 15   pon. Où l'as-
t--ŭ p-rĕ̆ t--ō p--ŏ--p--ō? —   tu pris, ton pompon ?
11 13 7 15 5 12 16 10 13 11
5. k-ă̆ p-ŏ--p--ŏ, ĭ lĕ̆ ă--ɛt-ă̆ ă t-ō   Ce pompon, je l'ai
   .17 9 17 11 19 47   18 12 8 5 10   acheté à ton
t---ō---t--ō   tonton.
10 13,5 13 13
ă p--r---p--ŏ, ă-t--ŭ f-ĕ̆ă̆-p-ă̆ t--ō p-ŏ? —   A propos, as-tu fait
6 10 13,5 13 18 12 8 10 12 25 9 11 16 18 9 15   *happer* ton pot ?

k-ằ p--ŏ? —   Quel pot?
.21 11 18

6. *k-ằ k t-ằ k-ằ-s--ằ c--ằ t--ĕ t-ă-t-ŏ.* —   Celui que tu as cassé
.21 $\overline{17}$ 24 6 21 15 11 13 18 15 16 8 21 5 20   chez toi tantôt.

d y ằ-bļ t-ŭn ăp'-ŭr[1]*!* — 7. *ĭ voudrĭ*   Diable ton *happeur!*
$\overline{37}$ 17 6 $\overline{32}$ $\overline{50}$ Je voudrais
(10 13 14)

k ŭ f--ĭ--s ĕ--t--rĭ--p--ă. ă--p-ă ĕ p--ŏ,   qu'il fût étripé. Hap-
7 13 13 13 6 9,5 5 $\overline{15}$ 10 5 17 13 7 14 16 20   per un pot,

kŏ n-ĕ p--ă d'f-ĭ--s--ĭl, ĕb ŭ n ŏ rĕ   ça n'est pas difficile,
.9 9 18 12 13 $\overline{15}$ 8 11 $\overline{18}$ $\overline{23}$ 19 23 17 $\overline{22}$ eh bien! il n'a rien
                        (13 10)

f---ĕ. —   fait.
12 6,5

8. *kŏ--t--ằ f--ĕ, t---ō pp--ĕ?* —   Qu'a-t-il fait ton pépé
.9 10 20 14 13 8,5 18 $\overline{29}$ 15   (grand-père)?

ŭ t--ĕ--t-ĕ kŭ-m ĕ b--ĭ--k-ĕ t-ul t--ằ.   Il tète comme un bi-
13 16 16 17 1 .15 15 18 10 5,5 8 14 .$\overline{18}$ 13 16   quet, tout le temps.

IV. 1. *lŭ bĭ-k---ĕ nè tt--ằ p--ằ tằ*   Les biquets ne tètent
     $\overline{55}$ 9,3 17,8 $\overline{18}$ $\overline{18}$ 24 11 22 .25   pas tant
       (40 9 6)

autre tracé : . . . . . . *t-ĕ--t--ằ*
                     5 4 10 20 7 29 19

k k-ŏ : ŭ s--ŭ--s t--ŭ s-ŭ--s---ằ. —   que ça : il suce tout
$\overline{22}$ 14 14 14 13 $\overline{29}$ 11 6 10 11 10   sucé.
23 17 14,5 14 14 16,5 11 7 10 13 10,5

. . . . *c-ŏ-s t-ĕ.*   Chausse-toi.
        .14 $\overline{21}$ 13

ĭ vôb m ε--ŏ--s--ằ; m--ĕ — 2. *m-ằ ε--ŏ--s*   Je veux bien me chausser;
$\overline{51}$ 11 16 12 14 18 17   15 9 13 20 17   mais ma *chausse* (bas)

ĕ t--rŏ ĕ--p--ε-s; ằ n ằ--t-rè p-ằ. —   est trop épaisse; elle
11 10 $\overline{31}$ 10 13. 11 16 11 3 $\overline{14}$ 8 19   n'entre pas.

k--ŏ f--ŏ $\dotplus$ t--ŭ k--ĭ--t--ằ, mŏ p---ŏ   .Ça faut tout quitter,
.13,5 17 25 20   13 7 14 10 19 21,5 15,5 19   mon pau-

-v p-t-ĭ.   vre petit.
$\overline{13}$ 20

---

[1] Voir fig. 41.

DURÉE DES SONS. — ACCENT TEMPOREL.

V. 1. <u>mõ p--ȯ-v' p-y'-yărĕ</u>[1], v' p-ăyrĕ   Mon pauvre Pierret,
  l. <u>16,7 10 10 20,3 2 31</u> .. 39   vous paierez,
   nez 18

<u>k vŭ vŭjĕ ȯ n--ȯ</u>.   que vous le vouliez
  77   16   11   13   ou non.

<u>fṏ b p-rādr</u> ĕ̇ ɛ-vẵ. — 2. p-r'---r[2]   Faut bien prendre un
<u>11,7 16 52 17 13</u>..   .2 3 11,5   cheval pour
   (17 17 18)

p---ăr---r't---ĭ dė p-ŭ m-ă-t--ĭ.   partir de plus matin.
14 <u>15,8 18,3</u> 10 20 13 8 13 7 13 13

.... k-ȧ̇-k---ĭ n-ė b-ŭ̇-ʒ' p-ă̇ s--ȫ s-ȫ   ...Celui-ci ne bouse
  .23 13 16,5 17 9 13 14 12 10 20 13 15 16 16   pas son *sol* (aire)

pr' rbă--t--r. —   pour battre.
.7 39,5 11 1(?)

... 3. kȧ̇̇ b-lă̇ n ė--p-ĭ-j' p--ă̇ dė   ...Ce blé n'épie pas
  .20 11.. 13 11 17 7 24 18 19   de
       (11 13)

k t--ẵ k-ŭ̇-m k--ȫ f-ẵ--ʒ--ĭ ẵ--t--ẵ.   ce temps comme ça
24 20 .17 18 11 10 13 9 15 13 15 10 14   faisait antan.

... ŭ̇-n b-rēg p--ă̇ t-ẵ — 4. k d ȯ-t-r--ė   Il ne *bringue* (joue)
  6 6 15... 13 13 8 15   . 7 12 2 10 10   pas tant que d'autres
f--ė.   fois.
11 14

5. ... s-ȫ pp<u>ă̇</u> ĕ s-ẵ k--ĭ-t mmẵ s-ȫ k--ĭ. —   Son père et sa *quitte*
  .19 33.. 22 13 15 10 8 24. .20 10 13   mère sont ici.

6. ... for--s ē̃ pt--ĭ p-r ẵ--s--ŭ̇. —   ...Force un *petit* (peu)
  .15 15 18 20 14 .12 13 15 16   par en *sus* (haut).
    (11 9)

VI. 1. ŭ̇ ɛ-ėr-ɛ--ė p-r--t--u s---ẵ pĕvĕr..   Il cherche partout
   4 13 <u>7</u> 14 5 8 8 12 12 11,5 14 8....   sans pouvoir...

... ă̇p, vă̇, k-ȯ-k--ĭ.   ...Happe, va, ceci.
... .18 8 9 11 10

2. lă̇ bȯ̈lŭ̇sȯ̈d p---ȯ̈-t-riy.   La Balusaude *pautrigne*
  (?) 11,5 11 7 29   (tourne malproprement dans
           ses mains.)

3. tė-ʒ' p-ă̇ t--ȫ b--ė.   (Tu) ne tais pas ton
.5 7 4 6 6 14 9 10   bec.

---

[1] Voir fig. 66. ‖ [2] Fig. 64.

p--$\check{\imath}$--p'--z--$\check{\imath}$.   Pipe-s-y.
17 15 14 12 16
4. j--u--g--g' p--$\check{e}$--t--$\check{\imath}$. —   Joue, petit.
   11 6 3,5 4 15 5 10 13
5. f-$\dot{\alpha}$ j'' p--$\dot{a}$. —   (Ne) *fenge* (fouis) pas
   .13 7 13 13   (en parlant à un porc)

VII. 1. y $\bar{a}$--t--$\bar{a}$ b $e\bar{a}t\breve{a}$. —   J'entends bien chan-
        18 10 9 15. ....   ter.
2. ... $t\check{u}$ s--$\check{e}$ b s $\tilde{e}$--f--$\check{\imath}$--l--$\check{a}$ s-$\dot{u}$ t--$\check{e}$..   Tu sens bien s'enfiler
   .8 15 16 6(?) 10 14 12 11 11 10 7 15 11 15   sous toi...
                    (d'après la ligne du nez)
u p-$\check{\imath}k'$ $b\check{e}$ by-$\tilde{e}$[1]. —   Il pique *be* (bien) bien
10 17,5 18,5
3. ... $\check{\imath}$-n p--$\breve{o}$ p--$\dot{a}$ e--$\bar{a}$-t-$\breve{a}$ $k\breve{u}$-m $\breve{o}$ Je ne puis pas chan-
       9 13 14 11 15 16 11 16 9 10 . . 10 .   ter comme il
f-----$\dot{o}$[2] p--$\breve{a}$-s k $\check{\imath}$ s--$\check{u}$ t-$\check{u}$ $r\breve{o}$-e-$\check{u}$. —   faut, parce que je suis
14,5 10,5 14 12 14 12 14 14 .12 23 13 9   tout enroué.
4. $k\bar{a}$ p-$\bar{a}$-s-t-$\check{u}$?   Qu'en penses-tu?
   .6 4 7 5 5 8
$\check{\imath}$ k-r-$\check{e}$ k v e--$\bar{a}$-t--$r\check{\imath}\check{e}$ Je crois que vous
5 7 4 8 6 5 15 14 7 37   chanteriez
                    (8 19 10)
s-$\check{\imath}$ v--$\dot{e}$ v' f-$\breve{o}$--$r'$$s$-$\dot{a}v$--$\check{e}$[3] $\tilde{e}$ p-t-$\check{\imath}$--y--$\breve{o}$. —   si vous vous forciez
.27,5 11 20 8,5 14 33 14 15 8 4 3 11,5 4   un petit.
$\check{\imath}$ n k-r-$\check{e}$ p-$\dot{a}$ — 5. $k\check{\imath}$ p--$\breve{u}$--j.   Je ne crois pas que
4 9 5 5 9 7 7   .7 6 13 17   je puisse.
$\check{\imath}$ f--$\check{e}$-r--$\check{e}$ e--$\breve{o}$--f-$\check{a}$ $\check{u}n$ $e\hat{o}s$ $k\check{\imath}$ $\check{a}t\check{a}er\check{e}$ Je ferai chauffer une
12 10 12 9 13 13 13 8 14 . . . .   chausse que j'attacherai
                    (d'après le nez)
$\breve{o}$-t--$\dot{u}$--r d--$\bar{\alpha}$ k-$\breve{o}$. $\check{u}p'r\check{e}$-t-$\check{e}$-n--$\bar{a}$[4]   autour du cou. Ils
6 12 14 23 24 13 8 13 29 10 6 15 15   prétendent
        (nez)   (nez et larynx)   (nez)
6. $k\check{e}$ $kw\check{e}$ $b\breve{o}$ $\neq$ p-r f--$\check{e}r$ p--$\breve{a}$--s--$\check{a}$ k-$\breve{o}$-k--$\check{\imath}$ que c'est bon pour
   .8 9 40   54 8 13 20 10 8 11 7 9 9 9 10   faire passer ceci.
Autre tracé : ...   5 10 20 12 5 12 7 7 7 7 10

---

[1] Voir fig. 106. ‖ [2] Fig. 57. ‖ [3] Fig. 38. ‖ [4] Fig. 49.

ĭ prādrĭ b ⫞ ē̆ le d'p-ū-l ⫞ ă--t--ŭ   Je prendrais bien un
8 8 64   34 46 23 23 12 6 11 14   lait de poule aussi;
8 9 48   15 26 18 22   13 11
8. ⫞ mĕ ⫞ ĭ nĕ̆ p-ă̄ ē̆ k---ĭ---t ū̆.   mais je n'ai pas un *quit*
   41 30 10 27 9 18 8,5 8 8,5 15   œuf (un seul œuf).
     (16 14)   (9 9 9)   (6 12)
ā-n ă-t-ŭ̄, t--ă̆ ?   En as-tu, toi ?
9 9 6 7 12 6 10

VIII. 1. n k-rĕ̆ p--ā̆. kĕ̆l ɛ---ĕ̆--t--ĭ ɛ---ăt   Ne crois pas. Cette
         4 5 11 6 10 . 9 11 10 7 10 13 13.   chétive chatte
lzŏ t--ŭ̄ k--ă--s--ă ⫞ k-lĕ̆ — 2. (km-ă̄)   les a tous cassés, ceux
19 8 11 6 10 7 14 11 11   . 5 8   que mes
k-ŏ-k-ŏ-t--ĕ̆ ⫞ ă---v--y--ā p-ŏ--ĝu. — ē̆ s-er,   cocottes avaient pon-
6 4 6 7 6 10 8 3 8,5 6 7,5 8 11 15   10 13..   dus. — Un soir,
k--ĭ ă--t---ĭ ɛ--ā l--ŭ̄ p-i-k--ŏ, n--ā̆   que j'étais chez les
10 8 10 10 20 10 11 8 11 9 5 9 13 10 12   Picaud, on
d-ĭ-s---ĕ̆ k lā̆ fĕ̆l d r-ō-dr ⫞ ă--t--y--ā bŭ--n   dit que les feuilles de
8 8 14 13 7 23 13... 20 5 13 5 10 5 10 ..10   ronces étaient bonnes
ă-t-u ⫞ ă--v---ĕ--k d---ā̆̆   m--ē̆. —
8 10 65 8 8,5 16 10 20 14,5 14 15   aussi avec du miel. —
3. (tā̆ʒ äbĕ̆lĕ̆) ā--n ă t--ĕ̆---l---ĕ̆ ⫞ aɡu kt   T'es abeilles en ont-
   ... ...   11 12 12 11 15 17,5 3 22 23 16   elles eu
ā-n-ăd ?   cette année ?
9 8 26
— w-a ⫞ b; m--ē̆ ⫞ lŭ̄ brɡā̆ ⫞   — Oui; mais les *bre-*
   10. 56 15 15 19 62   50   53   *gaux* (frelons)
ā tu dvora. —   ont tout dévoré.
13 8 33
4. t-ō p-ĕr, ⫞ ɛ--ā--tt--ā̆ ⫞ pr   Ton père chante-t-il
  .15 9 25   42 23 34 18   42 6   pour
p--a-k k v--ĕ ⫞ ă lĕ̆glĭʒ ?   Pâques qui vient à
14 24 22 8 14 47   47   l'église ?
ŭ̄ ĕsp--ĕr k-ĕ wā.   Il espère que oui.
17 23 14 10 .

Une simple lecture suffit pour montrer que les inscriptions du discours suivi confirment de tout point les principes établis plus haut. Aussi ne m'y arrêterais-je pas, si je n'avais à noter quelques faits nouveaux relatifs aux atones finales que l'on n'étudierait pas sûrement dans des mots isolés, ou dus à l'influence de l'accent oratoire.

Les atones finales n'existent guère chez moi que dans les noms pluriels et les secondes personnes des verbes; je n'ai inscrit que deux fois un *ĕ* final et dans des conditions exceptionnelles.

Je relève dans les tracés précédents :

kå-tñ fĕ dè tå pt-ĭ--t--ĕ ?   c-ŏ-t-ĕ ?   ... sĭ vĕv fŏrsåv-ĕ   ĕ   ptĭyo.
         5,5   10   10   11   14 15   3 4
... k d-ǫ-tr-ĕ f-ĕ.   ānā-t-ĕ--l--ĕ ∓ āgŭ... ?
    12 10 14   15 3
... kmå kŏkǫt-ĕ ∓ åvyā pŏgu.   ŭ c è r e è « il cherche ».
     4 7   10   7 5

On voit par là que, si le mouvement de la phrase s'y prête, ces atones étymologiques sont traitées au point de vue de la quantité comme des toniques. Ce fait, du reste, comme nous le verrons plus tard, concorde parfaitement avec le développement phonétique de la langue.

Dans *dôtrĕ fĕ*, *ĕ* peut fort bien être considéré comme long. Toutefois, dans *ānā tĕlĕ āgŭ*, l'*ĕ* est vraiment traité comme atone, ce qu'il est en effet dans ma prononciation sentie.

Nous avons remarqué que dans quelques groupes isolés la finale était plus courte que la pénultième. Ce fait devient assez fréquent dans le discours suivi, grâce à l'accent oratoire, pour les groupes qui précèdent immédiatement un repos.

Cela a lieu : 1° dans le simple récit ou une demande non impérieuse :

ĭ l'ĕ āctā ā tŏ t--ō--t--ŏ. — u n-o r-ĕ f--ĕ. — tåe då-p-r-å-dr ĕ.
  10 13,5 13   17 22 6,5   20   17   9,5

et même dans l'interrogation et l'exclamation, quand le groupe se termine par un petit mot qui peut s'en détacher et sur lequel retombe la voix :

ān å t u, l ĕ ? — w--ĕ b k---ō---t---ā, t--å !
 6 12 10   8 12   14,3   18   10

2° Dans les groupes où la pénultième est intentionnellement frappée :

k-å p-ö ? — kwĕ c-ĕ-t-ĭ, c-ĕ-t-ĭ kŭm tĭ.
 21 18   18   5   13   11

Les deux dernières syllabes mêmes peuvent être abrégées quand le dernier mot est peu significatif, et l'accent temporel frappe l'antépénultième :

... sĭ vĕv fŏrsåv--ĕ   ĕ   ptĭnŏ.
      14 15   3   4

CHAPITRE VI

HAUTEUR MUSICALE DES SONS. — ACCENT D'ACUITÉ

La hauteur musicale d'un son dépend, comme on le sait, de la durée de la vibration, ou, ce qui revient au même, du nombre des vibrations exécutées par le corps sonore dans l'unité de temps, c'est-à-dire pendant une seconde.

Les corps qui rendent des sons simples produisent des vibrations *pendulaires* qui, recueillies sur un cylindre inscripteur, sont représentées par une *sinusoïde* régulière. Par exemple, les vibrations d'un diapason de 500 v. s. à la seconde inscrites à l'aide du signal électrique de M. Deprez :

Fig. 97.

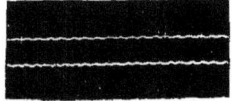

soit, en l'agrandissant, la courbe suivante :

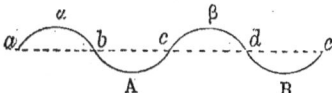

Lorsque la branche du diapason commence à vibrer, elle s'écarte de sa position normale a jusqu'en α; de là, elle revient sur elle-même, repasse par sa position normale en b et s'en écarte de nouveau jusqu'en A, d'où elle repart dans la direction de β. Lorsqu'elle a atteint c, elle a accompli une vibration complète, qu'on appelle vibration double. Je compte mes vibrations de A en B pour plus de facilité, et j'en double le nombre pour me conformer à l'usage français qui compte par vibrations simples.

Le nombre des vibrations correspondant à chacune des notes de la gamme n'a pas encore été déterminé d'une manière uniforme par les physiciens. Le diapason officiel, fixé par M. Lissajous, donne 870 vibrations simples ; c'est le *la* de la gamme d'*ut* 3. Pour Helmholtz, ce *la* est de 440 vibrations doubles, soit plus aigu, de 10 vibrations simples; pour M. Kœnig, il est de 853,3 vibrations simples, soit plus grave de 18,7 vibrations simples. Comme j'aurai sans doute, pour les recherches que j'ai en vue, à faire usage des diapasons de M. Kœnig, j'adopte sa manière de compter et je considère comme étalon son diapason normal *ut* 3 = 512 v. s. à 20° c.

NOTES	OCTAVES							
	ut⁻¹	ut¹	ut²	ut³	ut⁴	ut⁵	ut⁶	ut⁷
ut...	64	128	256	512	1024	2048	4096	8192
ré...	72	144	288	576	1152	2304	4608	
mi...	80	160	320	640	1280	2560	5120	
fa...	85,3	170,6	341,3	682,6	1365,3	2730,6	5461,13	
sol...	96	192	384	768	1563	3072	6144	
la...	106,65	213,3	426,6	853,3	1706,6	3413,3	6826,6	
si...	120	240	480	960	1920	3840	7680	

En multipliant par la fraction $\frac{16}{15}$ chacune de ces notes, nous les hausserons d'un demi-ton. Ce qui donne :

ut dièze	68,26	136,53	273,06	546,13	1092,26	2184,52	4369,04	8738,08
ré dièze	76,8	153,6	307,2	614,4	1228,8	2457,6	4915,2	
fa dièze	91,01	182,02	364,05	728,1	1456,2	2912,4	5824,8	
sol dièze	102,40	204,81	409,63	819,26	1638,52	3277,04	6554,08	
la dièze	112,7	225,04	450,09	900,18	1800,36	3600,72	7201,44	

Les corps qui produisent des sons complexes régulièrement périodiques ou musicaux exécutent diverses vibrations qui forment une sonorité dont la courbe peut être décomposée en autant de sinusoïdes qu'il y a de sons simples fusionnés. La vibration la plus lente donne la durée de la période.

Voici, comme exemple, deux tracés que j'emprunte à M. Kœnig (*Quelques expériences d'acoustique*, p. 13 et 26). Le premier représente, d'après la méthode inscriptrice de Desains[1], la composition des mouvements vibratoires parallèles de deux diapasons, dont l'un est à l'octave de

---

[1] Cette méthode consiste à fixer une plaque sur l'un des deux corps vibrants, et, pendant qu'elle en partage tous les mouvements, à tracer sur elle les vibrations du second corps sonore.

l'autre. Le second, les vibrations du phonautographe sous l'influence de deux tuyaux d'orgue séparés par une octave.

Fig. 98.

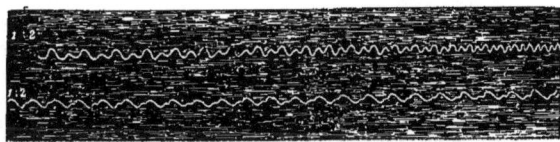

M. Melde a rendu ces mouvements sensibles au moyen d'un cordonnet de soie attaché à deux diapasons. Si ces diapasons sont à l'octave et qu'ils soient excités en même temps, le cordonnet se partage en deux segments égaux vibrant à l'unisson pendant qu'il effectue un mouvement vibratoire de totalité.

Dans ce cas l'impression auditive est *unique*, et la sensation musicale est de *même hauteur* que le plus grave des sons composants.

Il résulte de là que la détermination de la hauteur musicale des sons par la méthode graphique ne présente pas de grandes difficultés. Il s'agit en somme de compter les vibrations inscrites dans l'espace d'une seconde. L'opération se réduit à une simple addition qui se fait à l'aide de la loupe et d'une échelle graduée d'après la vitesse du cylindre inscripteur.

Malheureusement, ce travail, qui n'est pas toujours facile avec les tracés originaux, devient souvent impossible avec les reproductions héléographiques. Dans ces dernières, les détails les plus délicats ont disparu, au point d'altérer la forme caractéristique de certaines vibrations et d'en rendre le compte très incertain. Je dois signaler comme particulièrement défectueuses les figures 103, 104, 105, 108, 111, 112. Peut-être devrais-je les supprimer, puisqu'elles ne répondent plus à leur objet. Je les conserve néanmoins, parce que, toutes grossières qu'elles sont, elles donnent à l'œil une certaine impression de la réalité. Mais qu'on ne soit pas étonné si on n'y retrouve pas tout ce que j'ai vu dans les originaux. Une autre remarque qu'il est nécessaire de faire, c'est que, les vibrations n'ayant pas toujours une durée constante pendant une même émission de voix, le nombre en peut changer avec la partie du tracé qui est mesurée. Dès lors, des variantes, dans des mesures successives qui ne partiraient pas exactement du même point, sont inévitables. On pourra donc dans certains cas trouver d'autres chiffres que les miens; mais je ne crois pas que le rapport cherché entre les sons consécutifs en soit sensiblement modifié.

§ 1ᵉʳ. — Moyens employés pour déterminer la hauteur du son.

Je possède, pour la recherche de la hauteur musicale des sons dans mon patois, diverses sortes de tracés : les vibrations de la colonne d'air parlante reçue par l'inscripteur de la parole devant la bouche, celles du larynx, de la langue, du nez et même des lèvres. Aucune expérience spéciale n'a été organisée dans le but précis de déterminer l'objet qui nous occupe. Mais ce que j'ai suffit, je crois, pour une solution satisfaisante.

Mes expériences de 1886, faites avec l'inscripteur de la parole, sur le timbre des voyelles, peuvent nous servir de point de départ.

J'inscrivais, comme moyen de contrôle, soit les vibrations d'un diapason de 500 v. s. à la seconde, soit les vibrations de l'air excité par une lame d'harmonium si^2, et je faisais chanter par des amis ayant des voix très justes les voyelles sur un ton donné.

Or, en prenant comme échelle les vibrations du diapason de 500 v. s. monté électriquement, soit 25 pour $\frac{1}{2}$ dixième de seconde, on trouve :

Fig. 99.

ó ut⁴ 1,040 v. s., ó mi⁴ 2,400, ó mi³ (fin du tracé) 329 ; — et, à une échelle un peu moindre (23 v. s. de la fig. 99), ó ut⁴, é ut⁴, á ut⁴ 1,040.

Fig. 100.

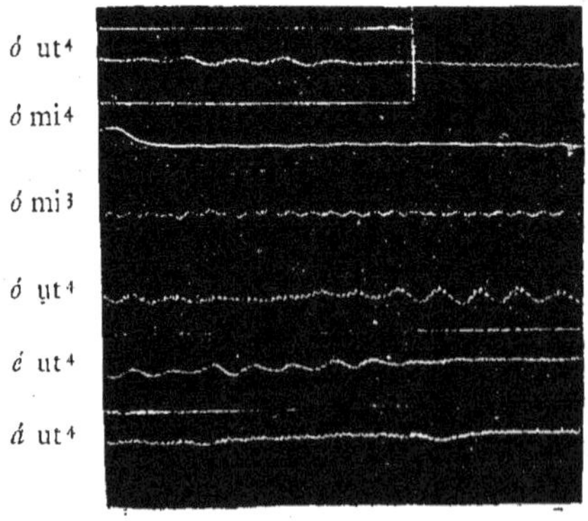

ó ut⁴
ó mi⁴
ó mi³
ó ut⁴
é ut⁴
á ut⁴

Le diapason normal français sur lequel se réglaient les chanteurs donnant : ut^4 1,044 v. s., mi^4 1,305 v. s., mi^3 652,5 v. s., on peut considérer les chiffres obtenus comme exacts, avec cette restriction toutefois que l'*ó* mi^4 répond à l'octave aiguë, et l'*ó* mi^3 à l'octave grave des sons émis.

Avec une vitesse plus grande, le si^2 d'une lame d'harmonium m'a fourni l'échelle suivante (comptez 25 v. s., une de plus que dans la gravure) :

Fig. 101.

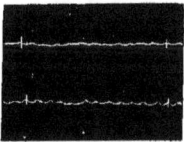

D'après cette mesure, *á* si^2, *é* si^2, *u* si^2, et *u* si^2 (échelle fig. 97, 2e tracé), donnent 480 v. s. (nombre exact).

[Fig. 102.

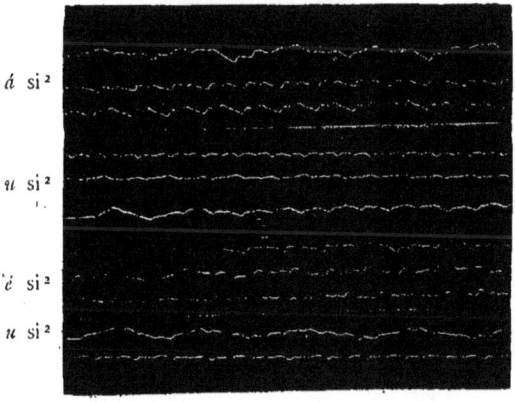

Le nombre des vibrations recueillies par l'inscripteur de la parole répond donc, en général, à la hauteur du son. Les deux exceptions signalées ne tirent pas à conséquence. De plus, comme un seul coup d'œil sur les tracés suffit à le montrer, les octaves graves sont fréquemment indiquées, ainsi que les octaves aiguës, mais sans nuire à la netteté de la vibration qui donne l'impression de la hauteur musicale.

Du reste, on est aidé dans le choix de l'octave par la hauteur de la voix du sujet observé.

La voyelle suivante é a, en un demi-dixième de seconde, 13 vibrations principales se divisant nettement en deux, c'est-à-dire 520 et 1,040 à la seconde.

Fig. 103.

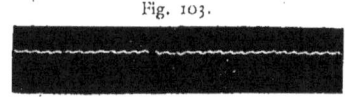

Il y a donc hésitation entre ut³ et ut⁴ qui, étant donnée la hauteur de ma voix, sont possibles tous les deux. Mais, si l'expérience n'était pas si éloignée, il serait facile de savoir laquelle des deux notes est la vraie.

Les expériences de 1889 me donnent des résultats concordants et tout à fait vraisemblables. Pour des voyelles isolées :

Fig. 104. Vsse D.

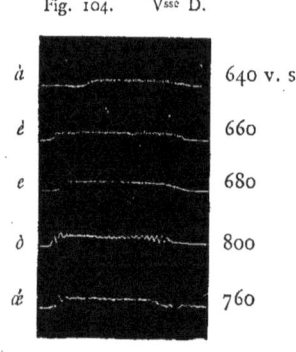

à	640 v. s.
é	660
e	680
ô	800
œ	760

Pour des mots isolés :

```
f---a--va        p--a---b--a        v----a---v--a
 { 320            320 { 300          { 320  { 340
 { 640                { 600          { 640  { 680
```

Fig. 105.   Vsse D.

f------a-----------v-----------a

On peut voir par ces tracés que l'octave grave est presque toujours marquée, et, si elle l'est seule comme dans la 1ʳᵉ syllabe de *paba*, c'est que le tracé est empâté.

La colonne d'air recueillie dans le nez donne le même nombre de vibrations. En voici un exemple intéressant :

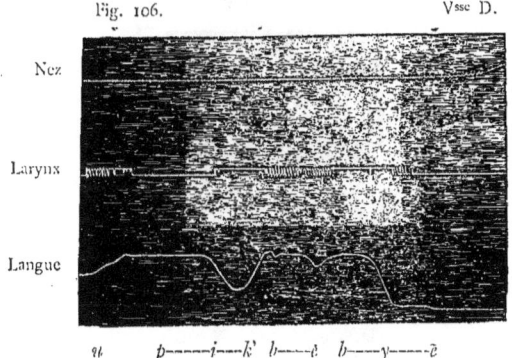

Fig. 106.   V^{sse} D.

Nez

Larynx

Langue

u p----i---k' b----$\check{e}$ b----y----$\tilde{e}$

Toutes les voyelles sont bien marquées par la ligne du nez ; la dernière, qui est une nasale, a une courbe spéciale. L'octave grave seule est indiquée jusqu'au y ; elle commande le groupe dans les premiers instants de l'$\tilde{e}$, puis elle cède au son fondamental qui prend le dessus et s'efface pour reparaître bientôt et régner seule au moment où le son s'éteint.

Des tracés de ce genre, fréquents dans quelques expériences, sont rares dans les autres. Je n'ai d'ordinaire que des vibrations correspondantes à l'octave grave. Il nous sera possible d'en découvrir la raison quand nous aurons comparé entre eux les tracés obtenus pour les vibrations des divers organes.

Les vibrations du nez recueillies avec l'explorateur électrique du larynx me donnent de très beaux tracés. Elles répondent à l'octave grave du son émis. Il en est de même de celles de la langue prises sous le menton ou sous le palais et de celles des lèvres que l'explorateur des lèvres ne m'a données qu'une fois, et que j'ai recueillies avec la capsule exploratrice.

Nez :

Fig. 107.   V^{sse} D.

$\hat{o}f\tilde{o}$
$\tilde{o}v\tilde{o}$
$\hat{o}t\tilde{o}$

Entre 300, et 360 v. s.

Dents (voir fig. 86). Les vibrations répondent au *v*. — 300 v. s.
Langue :

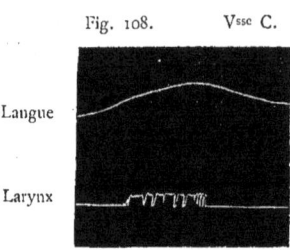

u 400 v. s.

Lèvres : *vava* (fig. 84) — 260 et 280.

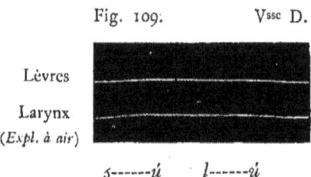

Les vibrations du larynx méritent une étude spéciale en raison de leur importance et des questions qu'elles soulèvent.

Recueillies au moyen de la capsule exploratrice, elles sont toujours d'une très grande pureté, et aucun doute ne peut exister quant à leur nombre.

J'ai pour des mots isolés de 360 à 460 v. s.

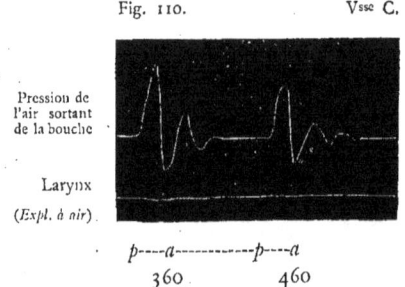

HAUTEUR MUSICALE DES SONS. 117

Dans un récit, de 280 à 520 v. s.

ẽ	j--ŭ--r	k--o	y ă--vĭ	y ă-ty-ă
440	520	400	360	340 320

m--ă--l--ĕ--r--ŭ, etc.
280 320 340

Le nombre des vibrations indique pour les mots isolés fa [2 dièze] et la [2 dièze], c'est évidemment l'octave grave du son émis. Pour le récit, le chiffre le plus élevé, 520, donne ut[3] qui n'est pas possible dans ce cas; le son émis pouvait fort bien être ut[4].

Une fois, les vibrations ainsi recueillies sont complexes et marquent l'octave aiguë, c'est-à-dire le ton naturel de ma voix. Ces vibrations complexes, qui se soupçonnent à peine dans la figure, sont très nettes dans l'original. Elles ressemblent à celles de la fig. 98, 2ᵉ ligne.

Fig. 111.   Vᵛˢˢᵉ C.

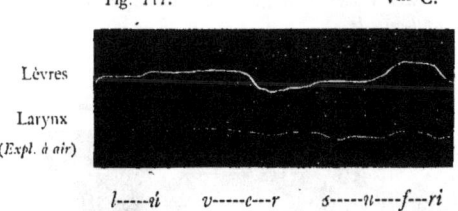

Lèvres

Larynx
(Expl. à air)

l-----ŭ   v----c---r   s-----u----f---ri

Quand les vibrations sont prises à l'aide de l'explorateur électrique, le compte en est moins facile, parce que la difficulté du réglage en fait perdre un bon nombre.

Dans des inscriptions bien réussies, je trouve pour le larynx le même nombre de vibrations que pour la langue et pour le nez, par exemple :

	ŭ	é	é		à	œ	à	ă
Langue								
Larynx	360	320	320 (Dʳ R.)....		280	240	260	260

	mõ	nõ	aya	amma	amfa	à·p	pôtriŋ
Nez.........							
Larynx	480	320	360	360	320	400	260

	in	krĕ	u pre--te--nã	tu sẽ	ĭ prã---drĭ	ĕ	lĕ	d pul	alu
Nez....									
Larynx .	400	600	380	440	370 540	480	440	440	440 360

Mais, comme l'explorateur à air, l'appareil de M. le docteur R. montre quelquefois des notes plus aiguës. En voici un exemple remarquable :

Fig. 112.   V^ssc D.

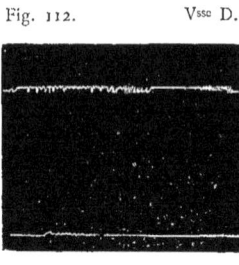

m-----a--------n----------a

520 et 480 v. s., c'est-à-dire l'*ut* de la gamme naturelle et le *si* d'en bas, c'est bien, à n'en pas douter, le son émis par la voix de baryton de M. le docteur R.

J'ai quelques autres tracés analogues, par exemple dans le conte du Petit Poucet : *s'ăpél-ăv   le*
                                   560 480
et ailleurs je trouve :

Fig. 113.   V^ssc B.

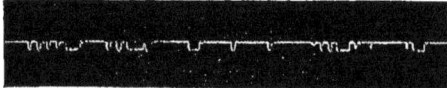

2 1/2 et 3 v. d. par $\frac{4}{100}$ de seconde, soit 500 et 600 v. s. à la seconde.

Il y a plus. Non seulement le ton perçu par l'oreille se montre ainsi dans les inscriptions ; mais encore nous pouvons y reconnaître un ou plusieurs des sons partiels. Dans le tracé reproduit plus haut, on voit à la loupe des sinuosités régulières qui doivent être attribuées aux harmoniques. J'en ai compté 6, 6 1/2, 7 par centième de seconde, soit en vibrations simples 1,200, 1,300, 1,400 par seconde. Dans bien des cas, chacune de ces sinuosités paraît partagée en 3, ce qui donne 3,600, 3,900, 4,200 v. s. par seconde. Ce fait n'est pas très exceptionnel. On peut l'observer encore dans les tracés pris avec la vitesse moyenne du régulateur. La difficulté de les compter à une échelle si petite a fait que je les ai négligées, sauf une fois (p. 124).

D'autres fois, le larynx inscrit moins de vibrations que le nez ou la langue.

Ainsi, dans une expérience, les vibrations inscrites sont juste la moitié de celles du nez (cf. fig. 41).

	pŏ---pŏ	dyabl̥	tïn	ă---păr	
Nez.......	560		480	440	480
Larynx.....	280 240	240	240	220	240

Dans une autre, à laquelle appartiennent les tracés reproduits fig. 39, 40 et 47, j'ai une seule vibration du larynx inscrite pour 3 du nez, même pour 4 ou 5.

	in po pa	n ājā
Nez........	520	480
Larynx.....	160	...

L'ā de *ājā* a 12 vibrations nasales pour 1/2 dixième de seconde; or le larynx n'en a que 3, soit une pour 4, et, à côté, 2 grandes valant 5 vibrations nasales et une petite en valant 2. La syllabe qui suit est de 7 vibrations, ce qui doit correspondre à 14 vibrations nasales. Cette irrégularité, on le voit, se fait toujours suivant des nombres entiers, ce qui permet, en dehors même du contrôle du nez, d'établir le nombre exact des vibrations laryngiennes.

S'il y a dans les faits que je viens de relever autre chose (comme il semble bien) que des erreurs imputables à l'imperfection des appareils, et si les vibrations des cordons laryngiens sont bien les mêmes que celles que nous recueillons sur le cartilage, il faudrait croire que le larynx ne vibre pas à la façon des anches, mais bien comme le cordon de M. Melde. Un mouvement vibratoire de totalité répondrait à la note la plus grave, et divers mouvements partiels donneraient en même temps les notes aiguës. L'explorateur inscrirait les uns ou les autres suivant son degré de sensibilité, et aussi peut-être suivant la région explorée et l'importance relative des mouvements observés. Le mouvement vibratoire le plus facile à inscrire serait l'octave grave du ton perçu par l'oreille. En outre, le son le plus grave ne donnerait pas la hauteur du son complexe : au-dessous du son fondamental, il y aurait des sons partiels qui ne feraient que le renforcer, comme il arrive pour les notes les plus graves du piano, qu'on n'emploie en musique qu'associées à leurs octaves supérieures, « auxquelles elles ajoutent le caractère de leur gravité en laissant encore appréciable la hauteur du son. » (Helmholtz, *Théorie phys. de la musique*, p. 24.)

Je ne puis pas entrer ici dans la discussion de cette théorie. J'aurai l'occasion d'y revenir quand j'aborderai l'étude physique des sons employés dans la parole. Ce qu'il me suffit de constater pour le moment, c'est que les mouvements vibratoires des organes de la parole nous fournissent le moyen de déterminer, sinon la hauteur absolue d'un son, du moins l'intervalle qui sépare deux sons successifs.

En effet, si la hauteur absolue peut faire quelque doute, si une erreur de gamme est possible, il n'y a pas d'hésitation sur les intervalles, car on a toujours le moyen de reconnaître si le passage d'une gamme à une autre est réel ou apparent. J'ai du reste sur ce sujet des faits positifs.

Dans une expérience, M. le docteur R. prononçait *amma*, le second *a* étant à l'octave aiguë du premier. Or j'ai compté pour le premier

Fig. 114.   V^{sse} C.

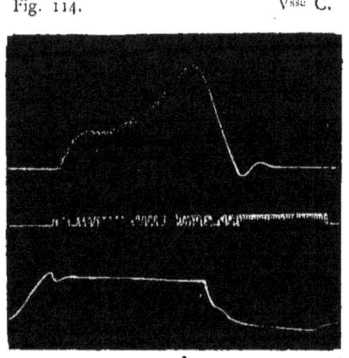

a-----------*mm*-----------*a* (Dr R.)

18 vibrations simples pour la durée d'*un dixième* de seconde, pour le deuxième, 36. L'octave est juste. Après cela, M. le docteur R. a exécuté sur les mêmes syllabes un accord parfait. Nous avons eu pour un dixième de seconde : 1° 20, 2° 25, 3° 30, 4° 40 v. s., ce qui concorde exactement avec les données scientifiques : la note grave étant 1, la tierce majeure est 5/4, la quinte 3/2 et l'octave aiguë 2.

Ces chiffres sont assurés par l'accord du nez et du larynx. Ils répondent à peu près à sol[1 dièze] (204,81), ut[2] (256), ré[2 dièze] (307,2), sol[2 dièze] (409,63). On voit que le larynx de M. le docteur R., comme le mien, n'enregistre d'ordinaire que la moitié des vibrations nécessaires pour le son entendu, c'est-à-dire qu'il donne l'octave grave de ce son.

Après ces préliminaires, je vais donner le total par seconde des vibrations simples que j'ai comptées dans diverses expériences, écartant tous les chiffres douteux, ce qui m'obligera à laisser de côté un grand nombre de documents utilisés jusqu'ici.

Les chiffres relatifs à un même tracé et réunis par des accolades indiquent les vibrations simples qui entrent clairement dans les vibrations complexes, comme fig. 96 et 106. Les chiffres imprimés en caractères gras marquent les octaves aiguës par rapport aux notes voisines sans que l'octave grave apparaisse dans le tracé.

§ 2. — Mesure de la hauteur des sons.

Je commence par citer quelques mots de M. le docteur R. recueillis à l'aide de l'inscripteur de la parole (A) et de l'explorateur électrique du larynx (L). Les tracés de l'inscripteur de la parole sont empâtés et ne laissent voir souvent que l'octave grave. Mais ceux du larynx sont remarquablement beaux. J'en reproduis un :

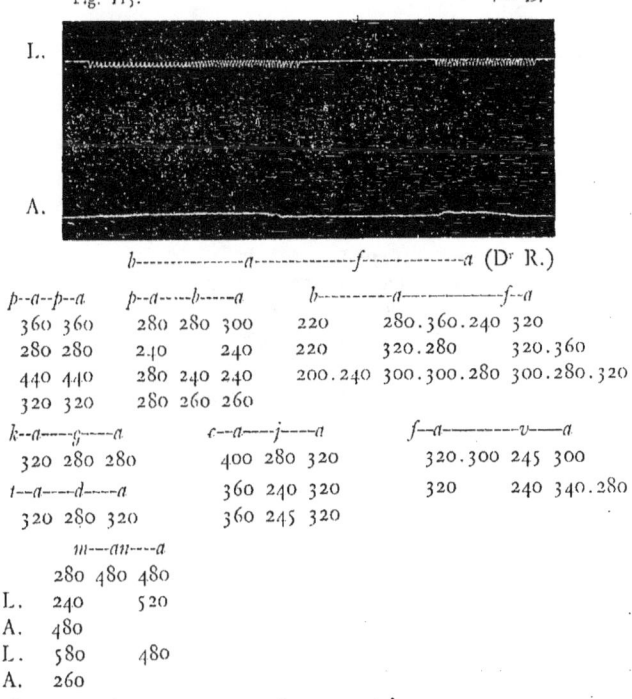

Fig. 115.   Vsse D.

b----------------a----------------f---------------a (Dr R.)

p--a--p--a	p--a----b----a	b---------a-----------f--a
360 360	280 280 300	220 280.360.240 320
280 280	240 240	220 320.280
440 440	280 240 240	200.240 300.300.280 300.280.320
320 320	280 260 260	

k--a----g----a	c--a----j----a	f--a----------v----a
320 280 280	400 280 320	320.300 245 300
t--a----d----a	360 240 320	320 240 340.280
320 280 320	360 245 320	

m---an---a
280 480 480
{ L.   240   520
{ A.   480
{ L.   580   480
{ A.   260

Je passe maintenant aux sons de mon patois.

VOYELLES ISOLÉES

Vibrations du larynx (expl. électr.). Les voyelles *á, é, i, ó, u, u, ǽ* prononcées à la suite les unes des autres ont donné constamment dans une série d'expériences 280 v. s. à la seconde.

GROUPES DE DEUX SYLLABES

Vibrations du larynx (expl. à air) :

p--a--p--a, avec un accent intentionnel sur la finale.
  360 640

p--a--p--a, prononcé à l'ordinaire[1].
  360 460

Vibrations du larynx (expl. électr.) :

á--p--á	*a-p--a*	*im f-â*	*de lâ kǟɛ---ɛ̧----tě*
300 360	260 400	300 320	480 400
			560 480
			600 520

Vibrations du nez recueillies avec l'explorateur électrique appuyé sur une narine :

õ--b--õ	*õ--f--õ*	*õ--v--õ*	*õ--t--õ*[2]
300 340	320 360	320 360	320 360
õ--ɛ--õ	*õ--k--õ*	*õ--j--õ*	*õ--r--õ*
320 360	320 360	340 420	340 400
	360 400		

Vibrations des lèvres recueillies avec la capsule exploratrice. — Vibrations de l'air :

	v----a----v----a	*v----a----v----a*	*v----a----v----a*
Lèv.	260 280	260 280	240 280 260 320
Air.	{ 320 { 640 { 340 { 680 { 320 { 640	{ 280 { 560 { 320 { 640	

Vibrations du larynx et du nez (expl. électr. et explorateur du nez) :

	af----ba	*a---mm---a*	*a----m----a*	*a----n----fa*	*ap----v----a*
N.		300	320	280	320
L.	280 320	280 300 320	320 320 340	280 280 320	280 320 320

---

[1] Voir fig. 110. ǁ [2] Fig. 107.

Vibrations du larynx (expl. électr.) — Vibrations de l'air (inscript. de la parole). — Les vibrations de l'air sont empâtées; celles du larynx ne sont nettes que pour les consonnes.

```
    p--a--b--a        f--a----v-----a         t--a-----d------a
A.  320 300      A ⎧ 320          L.        320
    320 600        ⎨ 640                              ⎧ 240
    300 300        ⎩ 560          A.  320 320 ⎨ ... [360]
    340 360          600                              ⎩ 720
    340 320        ⎧ 160           ⎧ L.      260
                   ⎨ 320 300 320   ⎨ A.  300      320
                   ⎩ 640           ⎨ L.      280
                                   ⎩ A.  280      320

        k--a-------g--------a                  e--a---j---a
A.  560.480            440 (?)     A.  320        320
L.       300.280                       s--a-----z-----a
⎧ L.         260                   ⎧ L.      260
⎨ A.  320              320         ⎨ A.  320        320
    ça---ka                        ⎨ L.      280
    360 360.720                    ⎨ A.  300      340
                                   ⎨ L.      270
                                   ⎩ A.  280      340
```

L'empâtement du tracé des vibrations de l'air ne permet que rarement de distinguer la note sentie quand elle est associée à l'octave grave. Elle apparaît surtout quand elle s'en détache, comme dans le dernier mot que je viens de citer.

GROUPES DE TROIS ET DE QUATRE SYLLABES

Vibrations du larynx (expl. électr.). Elles sont fort belles.

```
p-a-p-a-p-a         p-à-p-à-p-à       p-ò-p-ò-p-ò
320 360 360.410     290 360 400       380 380 400
300 360 400         320 360 410

p-œ-p-œ-p-œ         p-ō-p-ō-p-ō       p-â-p-â-p-â
340 360 400         360 400 440       360 360 400
400 360 440
```

Vibrations du larynx (expl. à air) :

```
p-a-p-a-p-a         a-p-a-p-a-lp-a
400 360 440         480 400 360 440
```

124 LES MODIFICATIONS PHONÉTIQUES DU LANGAGE.

PHRASES ET DIALOGUES

Les phrases ou parties de phrases qui suivent ont déjà été traduites dans le chapitre précédent. Quoique l'ordre, dans lequel elles sont rangées, ne soit pas le même, on les retrouvera sans peine, les feuilles d'expériences étant désignées, comme plus haut, par des chiffres romains, et les lignes par des chiffres arabes.

Vibrations du nez et du larynx. Les tracés sont ordinairement bons et d'une lecture facile. Les vibrations du larynx et celles du nez concordent. Celles du nez donnent souvent la gamme exacte avec l'octave grave. Celles du larynx ne donnent, sauf deux cas, que l'octave grave.

t--u n--$\tilde{a}$--se--y p--$\dot{a}$ by--$\check{e}$

N.   { 400
     { 800

L.. 400 360 400 360 320

V. 1. m--$\tilde{o}$ p--$\tilde{o}$--v py-$\tilde{a}$-----r-----$\check{e}$ v p--$\tilde{a}$--yr--$\check{e}$

N.   480

L. 480 440 440 420 420 440 300

$kv\tilde{u}$ $v\tilde{u}j$---$\check{e}$ $\tilde{o}$ n------$\tilde{o}$....

N.   { 360 320
      { 720 640

L. 480 400   320

....$f\tilde{o}$ b pr-$\tilde{a}$-----dr $\check{e}$ e--$\check{e}$--$v\dot{a}$

N. 400 400 { 320.360 380.300 { 380
      { 640.720 760 { 760

L. 1,200 [1] 300.320   380 { 400
             { 1,200 [1]

2. pr $p\ddot{a}rt$--$\tilde{\imath}$ $d\dot{e}$ $p\hat{u}$ m-----$\tilde{a}$---t---$\tilde{\imath}$....

N. .. .. 400 440 { 300
        { 600

L. 400   400

3. $k\acute{a}$ $bj\ddot{a}$ n' $\acute{e}p\tilde{\imath}j$ $p\ddot{a}$ $d\dot{e}$ k $t\tilde{a}$ k-$\tilde{u}m$ $k\check{o}$ $f\ddot{a}z\tilde{\imath}$ $\tilde{a}$---t---$\tilde{a}$

N. { 360   { 360 400 { 240
  { 720   { 720   { 480

---

[1] Vibrations très rapides et secondaires. 6 doubles par $\frac{4}{100}$ de seconde.

HAUTEUR MUSICALE DES SONS.   125

```
     .....ŭ----n    br--ĕ--g   på  t--ā  —   4.  k--ĕ  d----ŏ--tr-ĕ̆   f--ĕ  —
N.    360  360         400        440        400  500  440  300
L.            380                                  440       300
5.   s--ō ppä ĕ    sa    k--ĭ--t   mm--------ă    sò    kĭ
N.   ⎧ 400  ⎫ 420      380  360.420   480   420   ⎧ 240 ⎫
     ⎩ 800  ⎭                                     ⎩ 480 ⎭
L.     400   420   400       360          400
6.   fŏrs ĕ  pt--ĭ   pr  ā    sṅ
N.    440   500   440   ⎧ 280 ⎫
                        ⎩ 360 ⎭
L.    . 400
```

```
     VI. 1.   åp,  v--ä!  k--ŏ--k--ĭ  —
N.                  ───
                    360
L.                  400  480  280
2.   l-ä   bälüs--ŏ--d   p--ŏ--trĭ--u
N.                             260
L.    320      380       400  300 260
4.   j--ŭ-g,  p-ĕ---t---ĭ  —   ap!  g--ă--lå--r! « heup! gueulard! »
N.   ⎧ 320 ⎫       ⎧ 280 ⎫
     ⎩ 640 ⎭  360  ⎩ 560 ⎭   400  380 360
L.                        280    400              340
```

```
     VII. 1.   y    ă---t--ā  b  c--ā--tä.
N.    ⎧ 140  180 ⎫       ⎧ 160 ⎫
     ⎩ 280  360 ⎭  160  ⎩ 320 ⎭
L.     140
2.   ....t--ŭ s---ĕ    b  s----ĕ-----ſi-lä sṅ   tĕ....
N.    320   400   380   ⎧ 360 ⎫
                        ⎩ 720 ⎭
L.            380         400       320
     ....u  p---i----k'  bĕ    b-----y------ă¹
N.    320  360  300  320  320  340   ⎧ 320     280.240 ⎫
                                     ⎩ 640.640.560    ⎭
L.    320              320  320
```

---

¹ Voir fig. 106.

126 LES MODIFICATIONS PHONÉTIQUES DU LANGAGE.

3. — ĭ----n pŏ pă ɛ--ā--lă kŭ-m   ŏ f--ŏ[1]   p-ās k--ĭ s-ŭ
N. {360 400   400   400   360 400 400.400.**600**
    720
L. 360 400   420 360.320 360

tŭ r--ŏ--ɛ--ŭ. — 4. (kā pās tŭ?) ĭ k---r----ĕ k v ɛ---ā-trĭ--ĕ
N.   400   { 400
                                                { 800
L.   400 300   360   480 440 440 500

s---ĭ v---ɛ--v f-ŏ-rs--ă--v--ĕ[2]   ē ptĭ----y----ŏ. — ĭn
N. 400   480   440 { 480   { 400
                                  { 960   { 800
L.   400 380 400 480.440 440   320 400

kr----ĕ p-ă. — 5. (kĭ păj) ĭ f--ɛ--r-ĕ ɛ--ŏ--f--ă   d-ĕ s-ĕr
N. 480 600   460 460   440 440.420 400 500
L.   340   460 400   420 400

ŭn   ɛ----ŏ----s   k-ĭ   ă--tăɛ-rĕ   ŏ---t---ŭr
N. 400   **640**.300   440 440 440 { 360
                                         { 720
L.   400.320.300 320   440 460 480.420.360

d-ắ   k-ŏ.   ŭ p'r--ĕtĕ--n----ā[3] — 6. kĕ kwĕ́ bŏ pr
N. 480.360 {320.240 360 380 440 440 480   440 (?)
           {640
L.   320.260   380.440   440 (?)

f-ĕr   p--ă---s---ă   k--ŏ--k--ĭ   ĭ pr----ā--d--rĭ
N. 440.400 440 480 440 { 300   240 440 500 480.480
                       { 600.**600**
L.   400 440 480 440 300   500

b   ĕ   l   ĕ d p-ŭ-----l   ă--t--ŭ
N. 480 440 { 220 **440** 440 { 440 600 { 360   560.580.560
           { 440   { 880   { 720
L. 480 440   440   300 360

8. m-ĕ̆ ĭ n'----ĕ̆   pă   ē   kŭt   ŭ. —
N. 520 440 440   440 400 (?) { 280.240
                                  { 560
L.   440   440 440   280

---

[1] Voir fig. 57. || [2] Fig. 38 (la ligne nasale manque dans la gravure). || [3] Fig. 49.

HAUTEUR MUSICALE DES SONS.

        ā----n   ă-----tŭ   tĕ ? —
N. 480 480   440 500
L. 480   480   480

VII. 1. *ïn krĕ pă. k--ĕ--l ɕ--ĕ--t--ï ɕ--ă--t lzö tŭ kăs--ă kl---ĕ.* —
N.   320 440 420 480
L.   400 280

(*km---ă*) *k--ö--k--ö--t--ĕ   ă-----vy----ā p--ŏ--g--ŭ.*
N. 520 480 600 520 400 400 440 { 360
                                                        720
L.   440   280

   ĕ s--ĕ--r k-y-ă-t-ï   ɕ--ă   l--ă
N. 480 520 380 420.{ 360   { 360.360.320
                          720.680.640   { 720.720
L. 480   360

   p--ï--k--ŏ   n-----ā d--ï--s--ï kĕ l--ă fǣl
N. { 320
    { 640 **520** 400 480 520 720
L.   520 (?)   480   400

  dĕ r--ŏ-----dr ăt--y-----ā bŭ--n ă--t--ŭ
N.   560   440 400   **600** { 300
                                                        600
L.   560 420   360 **600**

  ă-----v--ĕ--k d------------ā̇ m-----ė
N.   440 520 { 360.280.280 440 400 { 360 { 240
                  { 720.560   { 720.740 { 480
L.   500   240

3. *t--ă--ẓ ă-----b-----ă̆-----ḷ-----ĕ ă-----n-----ă--t--ĕ---l---ĕ ăgŭ*
N. 600 560 520 560 500 400   440 360   360 360 400
L.   560   440

k-t--ā năd ? — *wa*, etc. — (Le reste serait bon mais n'apprendrait
                                       rien de neuf.)
N. { 360
    { 720   600
L.   360

Les tracés suivants sont empâtés. Le larynx ne donne que l'octave grave du son marqué par le nez, la contre-octave du son réellement émis.

I. 1. ā--t--ā-t---ŭ c---ā---t--ă kă̈ kuk--u ? — t--ă!
N.   440 480
L.   240 240 200 200   280   320
ĕk-u-t, c-ā-------t-tă̈ s--ō su!
N.   480.440
L. 300   520
wĕ k--ō--t--ā, t--a!... — (kŏ pă̈s dĕsŭ tĕ),
N. 560 640
L.   300.
s--ĕ k-t-ŭ pnj ā--t--ā-dr. tăc
N. 540 560 480 560
d'-ā pr--ā--dr ē . . . . . . —
N. 520 480 560

II. 3. k--ŏ--n fā̊ p--ā̊ b--ō p--ă--s--ă sŭ klĕ f--ö--s--ā̊
L.   400   480 520 440 480   360 730

III. 1. k--ā ŏrā̊-tŭ ă̈cbă̈ ? — 2. pā̊ ē--k--ē--r. —
N.   520   460
L.   300.260.240
4. tā̊ k--ĭ   ē jŏlŭ p-ō--p--ō!
N. 480 400   520   560
L.   280
ā-t l'ā̊-tŭ pr-ē t---ō̄ p--ō--p--ō. —
N. 600   560 560
L. 300   280 280 280 240
5. kă̈ p--ō--p--ō! ĭ l'ĕ ă--ctă ă t-ō t--ō--t--ō....
N. 480 600   480 600 ⎰ 280.200
                                  ⎱ 560
L.   300 260   300 280
6. ....dy̆-ā̊-bḷ t-ŭn   ā----m/p----ŭr![1]
               480 440 440 480
        240 240 220 220 240
8. ....ŭ tĕt k-ŭm   ē bĭk--ĕ
            520 480
                    320.260

---

[1] Voir fig. 41.

IV. 1. *lŭ bĭk--ĕ   nĕ tĕt--ă   pă   tă kkŏ.*
N.   400   480   520
L.   400   400

RÉCIT

J'ai choisi comme exemple de récit le commencement du conte du Petit Poucet qui fournit des intonations très variées. Voici le texte et la traduction :

ĕ jŭr kŏ y ăvĭ ŭn ŏm ĕ
ŭn făm k ăvyă sĕt ăfă.
le pŭ jĕn, k ătĭ grŏ kŭm
rĕ, săpelăv l ptĭ pŭsĕ.
y ătyă mălĕrŭ, mălĕrŭ
kŭm lă pyĕrĕ : ĭ n'ăvyă,
bŭn jă! pă d kĭt
pă ă mĭjă. ĕ sĕr kĕ lŏm
ĕ lă făm ĕtyă ă s eŏfă, lŭ
pĭĕ sŭ lŭ lădĭĕ : « k vŭ-tŭ,
mă pŏv făm, kĕ dĭsĭ lŏm,
fŏb kĕ năjă lŭ părdr :
ĭn pŏ pă lŭ vĕr sŭfrĭ pŭ
lŏtă. »

Un jour ça y avait un homme et une femme qui avaient sept enfants. Le plus jeune, qui était gros comme rien, s'appelait le Petit Poucet. Ils étaient malheureux, malheureux comme les pierres : ils n'avaient, bonne gent! pas *de quitte* (même de) pain à manger. Un soir que l'homme et la femme étaient à se chauffer, les pieds sur les landiers : « Que veux-tu, ma pauvre femme, que dit l'homme, faut bien que nous allions les perdre : je ne puis pas les voir souffrir plus longtemps. »

L'inscription d'un morceau de quelque étendue ne se fait pas d'ordinaire sans de nombreuses lacunes. Pour les combler, j'ai renouvelé plusieurs fois l'expérience tant avec l'explorateur à air qu'avec l'explorateur électrique.

Je donnerai d'abord tous les renseignements que j'ai recueillis, et puis je tâcherai de les fondre en une notation unique.

Je désigne par L. A. les vibrations laryngiennes prises avec l'explorateur à air, par L. E. celles qui ont été recueillies avec l'explorateur électrique, par L. les vibrations linguales, par N. les vibrations nasales. Les chiffres arabes désignent les diverses expériences. Dans le relevé qui suit, je m'attache de préférence aux parties qui complètent la meilleure inscription.

130 LES MODIFICATIONS PHONÉTIQUES DU LANGAGE.

		ē	j----ṅ---r	k----ŏ	y----ă----v----i̯
L. A.	1.	400	440.460.520	340	320 480
	2.	520	600	440.440 380 400	360 420.440
	3.	480	520.520	400	360 360
L. E.	2.	280	240	300	240 240.240
	3.	320	320		320
	4.	400	380		400.400
	5.	320	280		280
	6.	320		300	280

		ü--------n	ŏ------m	ĕ	ün	fœ̃m
L. A.	1.	440 360				
	2.	400.400 360	320		320	400
	3.	360				
L. E.	2.	320	600(N) / 150	320 280.240 280	360	240.400
	3.		320	320 320	320	
	4.					400
	5.	280	320	320 320	320.320	
	6.	300	320	320 320	320	300

		k--ă--v--y------ã	s-----ĕ------t	ã--f-----ã.	l--e
L. A.	1.	300 360			320
	2.				
	3.	360			
L. E.	1.	240 160 280	240	200 240(?)	200
	2.	280	440(N) / 300	240 280 280.240	200
	3.	300	320.280 320		
	4.	400			
	5.	280 300	300	340 320	330
	6.	300 280 400(?)	280	320	300

		p--------ü	j--ĕ-----n	k--ă--t--i̯	g-----r--------ŏ
L. A.	1.	380 400.380		360 320	
	2.	480.440	340 480	360	380.340
	3.	400			
L. E.	1.	200	200	200 220	220
	2.	120	240 220		
	3.		320 300		
	4.	260		360	360
	5.	330	320 280		330
	6.		360 250		300

HAUTEUR MUSICALE DES SONS.

		k----ŭ------m	r--ĕ	s--ă--p--ĕ----l-------ău	l--ĕ p--tĭ
L. A.	1.	280 320		400	
	2.	320			
	3.	400 320		400	320
L. E.	1.	200 560(N)	200 200 240 240	560	480
		...			
	3.	360	320	320	
	5.	330	320 300	280	
	6.	280 200	320 260	320.300 300 300	

		p--ŭ--s--ĕ.	y-----ă--t--y--------ā	m-----ă----lă̂-----r------ŭ
L. A.	1.		400 440 520 340	
	2.	320 340	340.260 280 360 280 320 300.360	
	3.	360 340	320 280 320 320 340 320.300	
L. E.	3.	320		280
	4.	360		340 340
	5.	320		280
	6.	360 320	360	280 320
	7.	280		340

		m-------ă-----l--ă̂--r--ŭ̇	kŭ--m	l--ă p--y-----ĕ̇-r--ĕ
L. A.	1.	320 480 440 360		
	2.	320 300 360 320		
	3.	320 320 340		
L. E.	3.	280	280	280
	4.		340 320	
	5.	300	280.280	320 340
	6.	300 280 300 280.300	280 320 320	
	7.	340	360 240 320	280

		ĭ n--ă---v-----y-----ā,	b--ŭ--n	j--------ā!	p-----ă
L. A.	1.	320	320 280 360 320	360	
	3.	360	360 420	340 320 360	
L. E.	3.	320			320
	4.	320	320		
	5.	280	320		
	6.	310 300 280 300 320		260 300.320	300
	7.	400	400		400.360 380

		d--é k-ĭt p--ā	ă	m-ĭj--ă.	ĕ s-----ĕ-----r	kè	l---ŏ---------m
L. A.	1.	360			360.300	360	
	2.			320	340		
	3.	360 360			320.360		
L. E.	3.	320		320	360		300
	4.			320	.300		
	5.	300		320		300	320
	6.	320 290 320 300 320			300	300	280.280
	7.	340	· 360	400	400	360	340.320

		ĕ	l--ă	f--ă--m	ăty-----ă	ă	s--ĕ	c--ŏ--f-----ă
L. A.	1.	360	320	360	360.280	280		
						560(?)		
							280	360.340
L. E.	3.	320	320	320				320
	5.	320	320		320		320 320	316
	6.	320 280.300 300		320			320	320
	7.		340					340

		l-----ŭ	pĭ---------ĕ	s-----ŭ	l---------ŭ
L. A.	1.	320.340	340.300	340.300 320	340.280
			320.400.340 (L)	360	400
			320.400		
L. E.	5.				300

		lā-----dĭ---ĕ,	lŭ	dr-----ŏ--------------l,	ĭḷ
L. A.	1.	250.400 380 360.320.340		380	360 300
	3.	350	320	280.350 (L)	300
				280.350	
L. E.	3.	280			
	7.	320			

		ă----ty-----ā	kŭc--ă̆	kv----ŭ-----l--ŭ	m---a	p--ŏ--v	f---ă̈-----m,
L. A.	1.	320 320 300	280	400.360 440 480.400	340		280
	3.		280			360	
L. E.	3.	280 280	320				
	5.				280	280	340
	7.	320 300	320		400.400		340.300

		k--ĕ d--ĭ--s--ĭ	l---ŏ--m.	f-----ŏ-----b	k--ĕ	n--ă--j--ā	l-----ŭ
L. A.	1.	360 280 300		420.320	360		340.380
	3.	300	300	330			.400
L. E.	5.	320	300		360 320		
	7.		300				

HAUTEUR MUSICALE DES SONS. 133

```
            p--ă--rdr.     ĭ--n      p----ŏ      p--ă      l--ŭ        v-ĕ-r
       ⎧ 1. 460         360.320    320.300              360.280      320.360
L. A.  ⎨                                              ⎧ 320
       ⎩ 3. 360                                       ⎨ 640
L. E.    5. 340         300         320        320              280.320
            s-ŭ--fr---ĭ   p--ŭ      l--ŏ-l--ă.
       ⎧ 1. 320         320        280
L. A.  ⎨
       ⎩ 3.             340
L. E.    5.                                    320 320
```

Il est assez facile avec cela de restituer une notation complète du morceau. Je le fais en choisissant pour base l'expérience L. A. 1., et en la complétant soit avec des chiffres empruntés aux autres, soit avec des chiffres que je suppose d'après l'ensemble des données obtenues. Les chiffres empruntés sont mis entre crochets; les chiffres supposés sont marqués d'un astérisque. J'ajoute les notes musicales les plus rapprochées du nombre des vibrations. Les chiffres indiquent la gamme d'ut [2]; mais il faut les doubler pour avoir la gamme naturelle. Nous avons rencontré çà et là l'indice que le son inscrit est à l'octave grave du son émis.

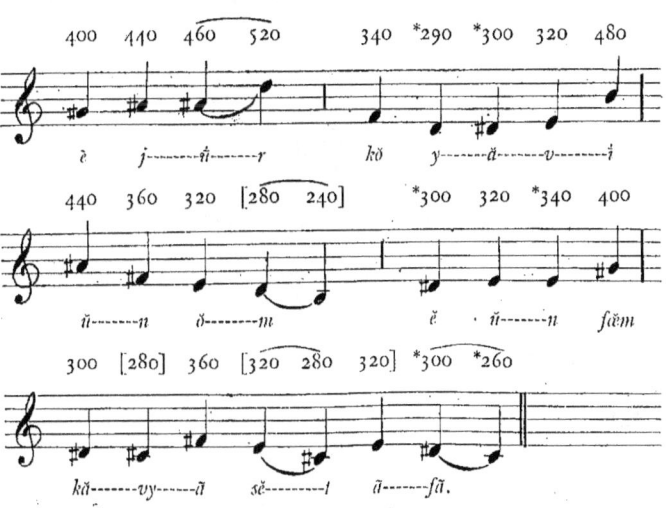

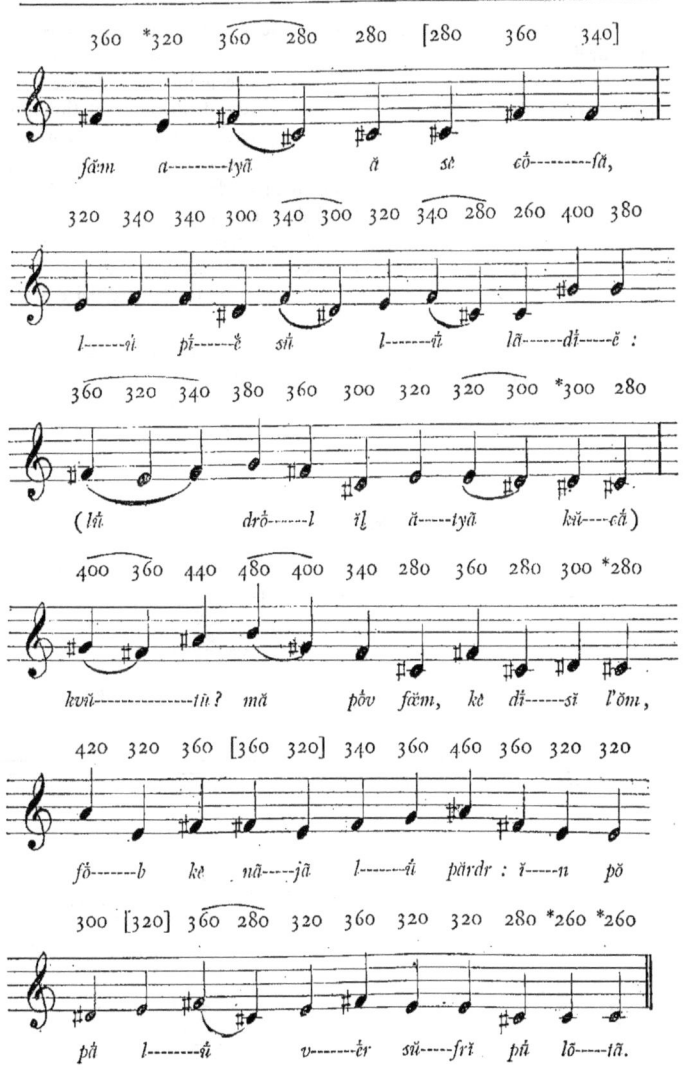

A un moment où je ne savais pas encore si je pourrais déterminer la hauteur des sons par des moyens mécaniques, j'avais eu recours à l'oreille exercée de M. Ballu pour me renseigner sur ce point, et j'avais choisi comme thème les quelques phrases que l'on vient de lire. La notation qui fut faite alors est assez semblable à celle que j'ai obtenue peu après à l'aide de mes appareils. Les différences, en effet, tiennent soit aux variantes inévitables du débit, soit à ce fait que, pour rendre plus facile la tâche de M. Ballu, j'avais élevé le ton habituel de ma voix.

Depuis, environ deux ans après, j'ai eu l'occasion de demander à mon compatriote, M. Dumas, chef d'orchestre et violoniste, une nouvelle notation du même morceau, débité cette fois sur le ton ordinaire de la conversation.

Je livre ces deux notations, où, à travers certaines différences, on retrouvera le même fond. Ce sera comme une épreuve de mes moyens mécaniques, et en même temps un exemple de l'impression définitive que laisse dans l'oreille la hauteur changeante et souvent insaisissable de l'émission réelle.

NOTATION DE M. BALLU

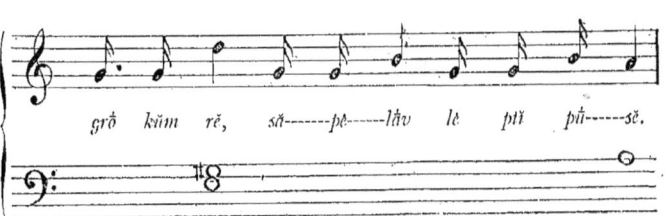

HAUTEUR MUSICALE DES SONS.

NOTATION DE M. DUMAS

Les chiffres relevés dans ce chapitre nous permettent de faire les constatations suivantes :

1° Les voyelles isolées ne se distinguent pas, dans les limites de la voix ordinaire, par une hauteur musicale propre à chacune d'elles. En effet, émises à la suite les unes des autres, elles conservent sans peine le même ton (p. 122). L'expérience signalée p. 114 ne saurait faire difficulté, car les voyelles citées n'ont pas été prononcées dans le même instant, et puis les différences de ton qui existent ne peuvent être attribuées à la hauteur naturelle des voyelles, attendu que *ò* et *à* ont été dits sur un ton plus élevé que *à* et *e*. Cette remarque nous permettra de pousser plus loin que pour la quantité notre étude sur le discours suivi, où nous ne serons plus astreints à ne comparer que des sons identiques.

2° Les consonnes sont en général moins aiguës que les voyelles :
i̯ k--r----ĕ (p. 126), e--a----j-----a, etc. (p. 123), s--a-----z-----a (p. 123).
400 480   400 228 320   300 228 340
Plus rarement, elles sont du même ton : k--a----g----a (p. 123).
                                        320 280 280

3° D'ordinaire le voisinage d'une voyelle rend la consonne plus aiguë et celui d'une consonne abaisse le ton de la voyelle : m----m-----a (p. 135)
                                                                        360 420 480
fa----va (p. 121), voir surtout le beau tracé reproduit fig. 115 :
320 300
  b--------------------a---------------f-----a
200.220.240 | 300.300.280 | 320.280.320.280

4° La voix (je veux dire la mienne) varie souvent de hauteur pendant la durée d'une même syllabe : by------------ĕ (p. 125)
              640.640.560.480
baf--------a (p. 121) at--------u (p. 126).
340.360.340   560.580.560

Ces chiffres ne rendent qu'imparfaitement compte du phénomène. Il n'y a pas changement brusque de ton, mais progression régulière; on voit très bien les vibrations devenir de plus en plus larges ou étroites, par conséquent de plus en plus lentes ou rapides (voir fig. 115). Pour donner une idée exacte de la chose, il faudrait mesurer chaque vibration. On a pu remarquer, dans les tracés (fig. 73), que le régime du souffle varie aussi pendant l'émission d'une voyelle qui me donne une impression unique.

5° Il existe un rythme musical, comme il existe un rythme temporel et un rythme intensif. Mais ce rythme nous apparaît moins entravé que les deux autres par les conditions matérielles de l'émission, et le plus apte par conséquent à rendre les nuances de la pensée.

Dans les groupes artificiels, il semble peu différent des rythmes déjà étudiés. Les mots de deux syllabes ont, d'ordinaire, l'accent d'acuité sur la seconde syllabe qui se trouve plus aiguë que la première d'un intervalle qui varie en moyenne entre un ton et un ton et demi.

Même, dans le discours suivi, lorsque rien ne contrarie le rythme musical naturel, nous trouvons la même différence dans les mots de deux syllabes. Ainsi nous avons rencontré *pāsā* « passer » avec 400 et 480 v. s. (p. 126 et 128), *kāvyā* « qui avaient » avec 300 et 360 v. s. (p. 130).

Une seule expérience (p. 123) donne des résultats différents. Nous y trouvons :

1re syll. < 2e syll., 6 fois; =, 6 fois; >, 3 fois.

Comment expliquer ce fait unique?

Je n'y vois qu'une seule raison. Je me suis livré à ces expériences immédiatement après des expériences analogues de M. le docteur R. qui, ai-je dit, est bourguignon, et qui a conservé la tendance naturelle à ses compatriotes d'élever la voix sur l'avant-dernière syllabe (voyez p. 121). C'est sous l'influence de ce que je venais d'entendre que j'ai dû modifier mon accent naturel. Ce fait a sa signification : il montre que l'accent d'acuité n'est pas bien solidement fixé chez moi sur la dernière syllabe, et qu'une cause légère peut en amener le déplacement.

Les groupes de trois et de quatre syllabes ont tous un accent d'acuité sur la dernière syllabe. La première syllabe a été une fois la plus aiguë du groupe. Mais cela n'a rien d'anormal, et n'empêche pas que le rythme musical ne concorde avec le rythme intensif et le rythme temporel.

Mais où une différence se manifeste c'est dans le traitement des atones, des toniques secondaires, et surtout dans les phrases.

Les groupes oxytons contiennent les formes suivantes, où les degrés supérieurs d'acuité ou de gravité sont marqués par la répétition du signe ╱ ou ╲ :

1° ╲╲ ╲ ╱   6 fois.
2° ╲ ╲ ╱   2 fois.
3° ╱ ╲ ╱╱   2 fois.
4° ╱╱ ╲ ╲╲ ╱   1 fois.

Nous y voyons se dessiner les formes dominantes dans le discours suivi, dans lequel l'acuité suit une marche croissante ou décroissante et dépasse le cadre des rythmes intensif et temporel.

Les groupes terminés par une atone ont l'accent musical à la même place que l'accent historique, alors même que l'atone est devenue plus longue et plus intense que la tonique. Ainsi [dĕ lā ka]e̊țĕ (p. 122) donne ╱ ╲ — 440, 400 v. s. pour une durée de $\frac{7}{100}$ et $\frac{12}{100}$ de seconde. Il en est de même dans le discours suivi quand le mouvement de la phrase n'exige pas un déplacement de l'accent musical; par ex. : kŏkŏțĕ (p. 127) : ╲╲ ╱ ╲ — 480, 600, 520 pour une durée de 6, 8 $\frac{1}{2}$, 11 $\frac{1}{3}$ centièmes de seconde; ăbǫ̈lĕ (p. 127) : ╱ ╲╱ ╲╲ ╲╲╲ — 560, 520 et 560, 500 et 400 v. s.

6° La phrase est un chant dont la mesure suit l'intensité ou la quantité des syllabes, et la mélodie, avant tout, les mouvements de la pensée.

L'accent d'acuité frappera volontiers les syllabes les plus intenses et les plus longues, mais il n'y est pas lié. Les atones posttoniques peuvent le recevoir. Dans *ānātẹ̆lẹ̆ ăgŭ?* « en ont-elles eu ? » l'*ẹ̆* a porté l'accent temporel puisqu'il a duré $\frac{45}{100}$ de seconde, et l'*ẹ̆* final $\frac{3}{100}$ seulement ; il a dû aussi porter l'accent d'intensité, c'est ainsi du reste que je le sens. Mais c'est l'*ẹ̆* final qui a reçu l'accent musical : 500 s. v. contre 400 à l'*ẹ̆* précédent (p. 127).

Inversement des toniques intensives peuvent devenir des atones musicales dans le corps même de la phrase : *kĕl cĕlĭ eăt* (p. 127) : \ ) | \\ )) — 320, 440, 420, 480 v. s.; *mō pǫ̆v pyärę̆,*.... (p. 124) :) \ \ \\ — 480, 440, 440, 420 v. s.; *mă pǫ̆v fœm,*.... (p. 132) :) \ \\ — 480, 340, 280 v. s.; *ĭ prādrĭb ĕ lĕ d pul*.... (p. 126) : \\ ) \ \ \\ \\ \\ — 440, 500, 480, 480, 440, 440 v. s.

Les finales de phrases, lorsqu'elles sont conclusives, comportent une ou deux atones La B. *pŏtrĭn* (p. 125) :) \ — 400, 360 puis 320 v. s.; [*pr fĕr*] *păsă kŏkĭ* (p. 126) : \ ) | \ \\ — 440, 480 | 440, 300 puis 240 v. s.; .... [*k mă kŏ*]*kŏtĕ ävyā pōgŭ* (p. 127) :)) \ | \\ ) | \\\ \\\\ — 600, 520 | 400, 440 | 360, 280; ... *tăkĕ dǫ̆trĕ̆fĕ̆* (p. 125) :) \ ))) \\ — 440, 400, 500, 440, 300.

Lorsque le mouvement de la phrase fait concorder les divers accents, l'acuité normale est accrue sur la syllabe frappée :

kă̆ pōpō !... (p. 128) : 480, 600 v. s.

Note sur les sons disparaissants.

Nous avons déjà eu l'occasion de considérer certains sons en train de disparaître, et nous avons pu constater que les premiers pas dans cette voie sont marqués : pour les consonnes sonores, par la perte des vibrations laryngiennes ; pour les voyelles, par une diminution de l'intensité et de la quantité. Il serait inutile de revenir sur ce sujet, si je n'avais à rapporter un fait qui n'a pas trouvé sa place jusqu'ici et dont l'importance est considérable. En effet, il nous montre, non le commencement, mais la dernière étape d'une évolution ; et il nous révèle la présence d'un je ne sais quoi qui remplace une consonne disparue.

Frappé par la différence qu'il y a dans le parler d'un Lorrain (La Chaussée, Meuse), entre *ăp* « arbre » et le composé normal *ăp*, différence que j'attribuais au *p* représentant d'un ancien *b*, j'entrepris une expérience pour résoudre la difficulté.

Dans les tracés que je pris, rien ne décèle une articulation spéciale pour le *p* de *âp* « arbre »; mais un espace sourd marque la place de l'*r*, tombée pour l'oreille. La comparaison des deux tracés, si l'on rapporte l'instant où le larynx cesse de vibrer avec celui où les lèvres se ferment, ne laisse aucun doute à cet égard.

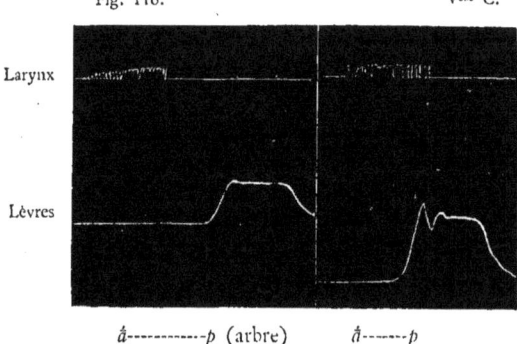

Fig. 116.   V^sse C.

Larynx

Lèvres

â----------*p* (arbre)   â------*p*

Qu'est-ce que cet espace sourd? est-ce un simple silence? est-ce un bruit? Sans avoir la certitude, je pencherais pour la seconde hypothèse en raison du son étrange qui frappait mon oreille et que j'attribuais à tort au *p*. A coup sûr, ce n'est plus une *r*.

Ainsi les lettres vivent encore alors que nous les croyons mortes, et leurs derniers moments nous échappent comme leurs premiers.

Les conclusions de cette première partie sembleraient appeler des modifications importantes dans la graphie de mon patois. Toutefois je résiste à la tentation de les faire. Comme elles échappent toutes au contrôle de mon oreille, je serais exposé à une foule d'erreurs. Je continue donc à écrire mon patois comme je l'entends. Le lecteur pourra toujours, pour des cas particuliers, se rendre un compte exact de la réalité en se reportant à ce qui vient d'être dit.

DEUXIÈME PARTIE

MODIFICATIONS HISTORIQUES DE L'ANCIEN FONDS
DU PATOIS

Les modifications du langage sont inconscientes dans leur début et leurs progrès successifs. Mais, avec le temps, elles deviennent sensibles et entrent dans le domaine de l'histoire. C'est sous ce point de vue que nous devons maintenant les considérer. Après nous être arrêtés dans un chapitre préliminaire sur la géographie et l'histoire de la région où elles se sont produites et sur les documents qui les ont conservées, nous les étudierons d'abord dans les consonnes, ensuite dans les voyelles.

Notre attention se portera principalement sur les transformations récentes qui sont en voie de s'accomplir; mais nous ne négligerons pas celles qui ont eu lieu dans le passé depuis la période du latin vulgaire, autant qu'elles sont nécessaires pour expliquer l'état présent, et toutes les fois qu'il sera possible de les éclairer par des faits nouveaux.

Une étude complète devrait s'appuyer sur tous les mots d'une langue. Malheureusement, l'ignorance où nous sommes de l'étymologie de plusieurs, nous oblige à laisser provisoirement en dehors de nos recherches beaucoup de matériaux qui pourraient être fort utiles. Une entreprise du plus haut intérêt serait de chercher à diminuer le *résidu insoluble*, qui a résisté à une première analyse. Mais le relevé scientifique de nos patois est trop peu avancé pour qu'elle puisse être tentée avec succès. Si donc je me suis arrêté à quelques étymologies, je ne l'ai fait que dans les cas où elles me paraissaient nécessaires pour la solution des questions pendantes.

Enfin, toute une classe de sons reste en dehors de notre étude. Ce sont ceux que nous avons appelés interjectifs : ils appartiennent à un autre système que la parole, et ils réclament une étude générale qui ne se limiterait pas au territoire d'une seule famille de langues.

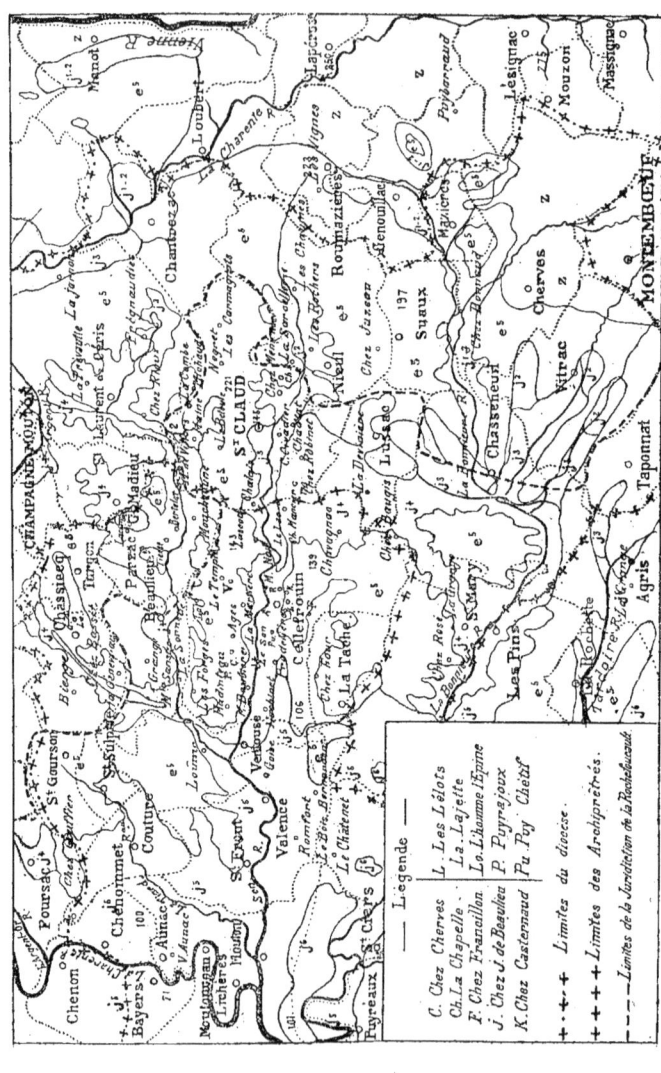

CHAPITRE I

PRÉLIMINAIRES

§ 1er. — Géographie et Histoire.

La région où se trouve Cellefrouin est située sur la pente occidentale du massif central. C'est un plateau onduleux qui va s'inclinant de l'est à l'ouest et qui est limité de tous côtés, sauf au midi, par le cours supérieur de la Charente. Le Son avec ses deux petits affluents la Sonnette et la Tiarde en occupe le centre; l'Argent-Or coule au nord, et la Bonnieure au sud. A vol d'oiseau, il n'y a pas plus de 27 kilomètres depuis la source du Son, à près de 220 mètres d'altitude, jusqu'à son confluent avec la Charente à 64 mètres, au pied de collines qui atteignent à peine 100 mètres.

Placée entre des terrains primitifs du Limousin et les étages supérieurs du jurassique de l'Angoumois, la vallée du Son présente sur un espace restreint un changement rapide dans la nature du sol. On voit successivement affleurer le long des coteaux : le corallien en un point sur la rive gauche, l'oxfordien jusqu'à Ventouse, le bathonien jusque vers Chalais sur la rive droite, jusqu'à Lussac et Nieul sur la rive gauche, le bajocien surtout sur la rive droite jusque vers Nieul, enfin le lias. Les parties hautes du plateau sont recouvertes, à partir de Ventouse, d'un couche variable d'argiles sidérolithiques[1]. Aussi, en remontant le cours du ruisseau, le voyageur voit-il peu à peu la vigne disparaître devant les châtaigniers, et ceux-ci faire place aux bruyères et aux pâturages.

La même progression se remarque dans les habitants. Au confluent du Son, on a l'Angoumoisin; à sa source, le Limousin; entre les deux, une population qui s'ignore. L'indigène dira aussi bien « je vais en Angoumois » que « je vais en Limousin ». Lui-même, où habite-t-il ? qu'est-

---

[1] La carte ci-jointe a été dressée pour la partie géologique, d'après celles de Coquand et de MM. Vasseur et Carex. — Légende : e^5 Eocène supérieur (argiles sidérolithiques); J^6 Astartien et Corallien; J^5 Oxfordien; J^4 Bathonien; J^3 Bajocien; J^2 Lias; J^1 Infralias; z Schistes cristallins.

il? — Angoumoisin? Il n'ose s'attribuer cet honneur. — Limousin? Il proteste. Il est de Cellefrouin ou de Saint-Claud, voilà tout. Mais où finit l'Angoumois? où commence le Limousin? Chaque commune recule la limite jusqu'à la commune voisine. Pour Ventouse, le Limousin commence à Cellefrouin; pour Cellefrouin, à Saint-Claud; pour Saint-Claud, à Nieul; pour Nieul, à Roumazières; et je serais bien étonné si, pour Roumazières, le Limousin ne commençait pas à La Péruse ou au delà.

C'est que les termes d'*Angoumois* et de *Limousin* représentent pour le paysan des régions *naturelles*, qui sont caractérisées par les productions du sol et le parler des habitants. Et, comme aucun changement brusque ne se produit, aucune limite précise ne s'impose.

Mais cette qualité d'angoumoisin que les habitants de Cellefrouin n'osent revendiquer hautement, gênés qu'ils sont par la nature de leur terre et de leur idiome, elle leur est assurée par l'histoire.

La petite CIVITAS ECOLISMENSIUM qui est mentionnée pour la première fois dans la *Notitia provinciarum et civitatum Galliæ* au ve siècle, a donné naissance dans l'ordre ecclésiastique au diocèse d'Angoulême et dans l'ordre administratif au PAGUS EGOLISMENSIS, Angoumois, avec lequel se confondait sans doute le comté primitif d'Angoulême.

Or nul changement n'est signalé dans les limites du diocèse d'Angoulême jusqu'à la Révolution. Toute la vallée du Son, excepté Roumazières, en dépendait [1], et se trouvait partagée entre deux archiprêtrés : celui de Saint-Ciers et celui de Chasseneuil [2].

Les limites du comté d'Angoulême n'ont pas été aussi fixes. Elles se sont étendues bien au-delà de celles du diocèse, en pays certainement limousin, jusqu'aux portes de Rochechouart.

Au point de vue judiciaire [3], la plus grande partie du nord-est de

---

[1] Pour Cellefrouin, chartes du XIe siècle. — Pour les autres paroisses, deux états des bénéfices du diocèse d'Angoulême, conservés aux Archives du chapitre de Saint-Pierre, l'un de 1523, l'autre de 1597, publiés par l'abbé Michon dans la *Statistique monumentale de la Charente* (in-4°, Paris, Derache, 1844), p. 37 et suiv. ‖ [2] Dans le courant du XVIIIe siècle, le siège de l'archiprêtré de Chasseneuil semble avoir été transféré à Saint-Claud. En 1745, M. Guyot signe curé de Saint-Claud et archiprêtre de Chasseneuil; en 1786, son successeur prend le titre d'archiprêtre-curé de Saint-Claud (*Archives de la paroisse de Saint-Claud*). ‖ [3] Tableau des juridictions royales et seigneuriales qui ressortissaient à la sénéchaussée et présidial d'Angoumois, *Stat. mon.*, p. 43 et suiv.

l'Angoumois relevait de La Rochefoucauld. Mais les limites de cette juridiction étaient un peu moins étendues que celles du diocèse ; elles laissaient en dehors Chassiecq, Parzac, le Grand-Madieu, Saint-Laurent, Nieul, Suaux (en partie), qui dépendaient du Poitou.

Les paroisses orientales appartenant au diocèse de Limoges, Chantrezac, Loubert, Roumazières, La Péruse, ressortissaient directement à Angoulême.

Le bassin du Son était divisé entre les juridictions suivantes : châtellenie d'Aunac (Lichères, Saint-Front, Coutures), baronnie de Verteuil (Saint-Sulpice, Saint-Gourçon, Ventouse — en partie), duché de la Rochefoucauld (Valence — en partie —, Lussac), comté de Sansac et baronnie de Cellefrouin (Ventouse, La Tâche, Cellefrouin, Beaulieu), baronnie de Saint-Claud et Negret, Nieul (enclave du Poitou), châtellenie de Loubert, enfin Roumazières.

Aujourd'hui, la vallée propre du Son dépend de deux cantons : celui de Saint-Claud qui remplace l'ancien archiprêtré de Chasseneuil, avec Beaulieu et Parzac en plus, et celui de Mansle qui comprend en grande partie l'archiprêtré de Saint-Ciers. C'est à ce dernier qu'appartient Cellefrouin.

La commune de Cellefrouin a été formée de l'ancienne paroisse de Cellefrouin, moins Chez-Four, qui a été rattaché à La Tâche, et de l'ancien prieuré de Chavagnac.

Elle contient 4.008 hectares sur lesquels, il y a quelques années[1], les deux tiers étaient en culture, terres labourables, 2.288 hect.; vignes, 228 hect.; jardins, 8 hect.; prés, 193 hect. Le reste était en bois (692 hect.), châtaigneraies (225 hect.), landes, bruyères (225 hect.), et terres vagues (25 hect.).

Au point de vue agricole, comme par sa position géographique, la commune de Cellefrouin occupe une situation moyenne dans la vallée du Son, entre les pâturages du plateau supérieur et les cultures de la partie basse.

Elle possédait en 1846 une population de 2.117 habitants groupée en 530 ménages, dont 407 propriétaires vivant dans leurs terres, 370 cultivateurs-propriétaires et colons, 19 métayers, 5 fermiers, 7 chefs d'usine (sans doute des meuniers), 27 ouvriers, 2 négociants.

---

[1] Ces chiffres et quelques autres renseignements sont empruntés aux notes recueillies par mon premier maître, M. l'abbé Védy, ancien curé de Cellefrouin, à qui je suis heureux de rendre un pieux hommage de reconnaissance.

La population est donc essentiellement agricole. Les ouvriers sont presque tous réunis au chef-lieu qu'on appelle le *bourg*.

En 1887, on ne comptait plus que 1.720 habitants répartis en 52 hameaux ou maisons isolées.

Les centres importants sont au nombre de 17 : 1° Le bourg (135 hab.), avec la Vigerie (3 hab.), les Lélots (24 hab.), le Maine-Salomon (4 hab.), Chez-Casternaud (4 hab.), Chez-Pasquet (11 hab.), Chez-le-Royal (17 hab.), le Port-Charlot (6 hab.); — 2° la Fibaudet (7 hab.) et la Forêt (14 hab.); — 3° le Lac (58 hab.) et la Pilenie (4 hab.); — 4° Chavagnac (279 hab.), Chez-Brard (15 hab.), et le Quéroy (5 hab.); — 5° les Granges (14 hab.), Chez-Goumard (6 hab.) et Chez-Francillon (18 hab.); — 6° Puychétif (35 hab.); — 7° les Pradelières (146 hab.); — 8° le Maschinet (20 hab.); — 9° le Masdinteau (86 hab.); — 10° les Forges (78 hab.), avec Chez-Cablanc (16 hab.); — 11° Puyrajoux (26 hab.), Chez-Cherves (59 hab.), Chez-Périchou (15 hab.), les Ages (41 hab.); — 12° la Merlière (29 hab.); — 13° Goutibert (61 hab.); — 14° Chez-Miteau (35 hab.); — 15° Lhomme-Lépine (20 hab.) et Chez-Rollet (11 hab.); — 16° le Temple (180 hab.), Chez-Vérinaud (13 hab.), Chez-Naudonnet (7 hab.), la Touche (5 hab.), la Chapelle (10 hab.); — 17° Lascoux (107 hab.); — 18° Fonfais (29 hab.).

Il y a quelques maisons isolées, comme Pierre-Levée, la Bachellerie, et des moulins tout le long de la rivière, parmi lesquels je dois citer le Moulin-Neuf et le Moulin de la Boubière.

Avant le xie siècle, nous n'avons d'autres documents pour l'histoire de la région que les débris archéologiques et les noms de lieux.

Dès l'époque gallo-romaine, nous trouvons dans le pays les familles Valentia à Valence, Cupitia [1] à Goise, Cavania à Chavagnac, Lucia à Lussac, Paratia [2] à Parzac, probablement Novia à Nieul, Sappia à Chassiecq [3], peut-être *Serguntia à Saint-Gourson [4] et un Caletius à Chalais.

---

[1] On a trois exemples de gentilice Cupitius dans les Gaules. ‖ [2] Paratus existe comme surnom. ‖ [3] Chassiecq se trouve écrit au xiiie siècle *Sapchiec*. ‖ [4] Saint-Gourson porte, dans les *Etats des bénéf. du dioc. d'Ang.*, le nom de *Sergonsson, Sargossonio*, dont Saint-Gourson est une corruption récente. Ce nom semble remonter à un *Serguntiomagum, qui rappelle pour le commencement et la fin, celui d'une station mentionnée dans la *Table de Peutinger* sur la route de Limoges à Saintes, qui se *fit Se[rm]anicomago*. Les tentatives faites jusqu'ici pour identifier cette localité ne paraissent pas concluantes. On a proposé d'adord Charmé, en dernier lieu Sainte-

Avec le progrès de la population nous voyons apparaître des noms de villages plus récents, d'abord des noms communs sans article : Calce-Furnum *Chaufour* (faussement traduit par Chez-Four), Canavas[1] *Charves* dont on a fait Chez-Cherves, Podium captivum, Puychétif, Podium radiosum Puyrajoux; puis des noms communs avec l'article : illas Fabricas les Forges, illas Laubias les Loges[2], illas Hagas[3] les Ages, illa Tasca la Tâche; des noms propres de propriétaires ou un nom de profession, avec le suffixe -*eria, -*erias (-aria, -arias) : illa Balb-eria la Boubière, illas Pradell-erias[4] les Pradelières; plus tard avec le suffixe -ia : illa Pinelia[5] la *Pinelie*, qui est devenue la Pilenie; illa Cormener-ia[6] la Cormenerie, illa Vicar-ia la Vigerie.

D'autres lieux ont gardé, avec le nom du propriétaire, les noms communs, *mas* qui, usité au XVIIIe siècle comme mot isolé[7], n'existe plus aujourd'hui, ou *maine*, qu'on ne trouve seul que comme nom de lieu (le Maine, commune de Chasseneuil) : le Masdinteau, le Maine-Salomon.

Tous ces noms, ainsi que Goutibert, le Maschinet et le Temple, existaient au XIIe siècle. Ce n'est qu'après cette époque que le suffixe -ia étant mort à son tour, *Chez* joint au nom du propriétaire désigna les habitations nouvelles : Chez-Pasquet, Chez-le-Royal, Chez-Casternaud, Chez-Goumard, Chez-Vérinaud, Chez-Naudonnet, Chez-Rollet.

Sauf aux environs de Saint-Claud, où dominent les noms de hameaux

---

Sévère, près Cognac. La distance de cette station à Chassenon est marquée sur la carte par un chiffre que les premiers éditeurs ont lu XIII, M. Desjardins XVII et M. Longnon XLII. Cette dernière lecture plaide en faveur de Sainte-Sévère; celle de M. Desjardins (XVII) convient bien à Saint-Gourson qui est situé à un peu plus de 36 kilom., environ 17 lieues gauloises, de Chassenon. Charmé est à 16 kilom. plus loin; aussi Danville proposait-il de lire XXIII (Michon, *Stat. mon.*, p. 160). *Sermanicomago* a semblé étrange à M. Longnon qui l'a corrigé en *Germanicomago* (*Bull. de la Soc. nat. des antiq. de France*, an. 1879, p. 177-184, et *Atlas historiq. de la France*). ǁ [1] Cellier. ǁ [2] Hameau aujourd'hui détruit. ǁ [3] Haie, parc, partie de bois entourée de haies, où l'on enfermait du gibier. ǁ [4] Y a-t-il bien là un nom d'homme « Pradeau » ou le nom commun pradellum? Je ne pourrais le décider d'une façon certaine. ǁ [5] Ici l'origine n'est pas douteuse. Nous avons bien le nom d'homme : *P. Pineus de la Pinelia* (Censier de l'abbaye de Cellefrouin, f° 1, l. 5). ǁ [6] Hameau détruit. *P. Cormeniers .XII. den. de manso de Cormenaria* (c. f° 1, l. 33). ǁ [7] Au moins dans la langue des notaires (1722) : « un *mas* de terre. »

formés de *Chez* et d'un nom d'homme, la population de la vallée paraît être au XIIe siècle fixée dans les mêmes lieux qu'aujourd'hui.

Mais je n'ai encore rien dit de Cellefrouin. C'était, dit-on, autrefois une ville immense qui s'étendait sur les communes environnantes et qui s'appelait la ville des Lans. Rien n'appuie cette croyance, si ce n'est, dans la pensée du peuple, les restes d'un camp antique, quelques débris de murs oubliés que le paysan déterre en de rares endroits et des *chirons*[1], tas de pierres, qui masquent parfois d'anciennes constructions. En réalité Cellefrouin est une énigme pour les gens du pays. Tandis que tous les villages de la région, grands ou petits, sont bâtis sur des hauteurs ou sur les flancs des coteaux, Cellefrouin seul est au fond de la vallée dans un lieu humide sans soleil et sans vue.

Comment les premiers habitants ont-ils pu se fixer dans cet endroit? A cette question que tout le monde se pose, la légende seule jusqu'ici s'est chargée de répondre. On raconte que l'église devait être bâtie sur la hauteur, en plein soleil, mais que, chaque nuit, le travail de la journée était démoli. Voyant dans ce fait un signe de la volonté du Ciel, le chef maçon aurait lancé son marteau dans les airs en s'écriant : « Là où mon marteau tombera, l'église s'élèvera ». Le marteau tomba sur le bord de la vallée, au milieu du marécage. Néanmoins le chef maçon tint parole, et l'église y fut bâtie.

Cette légende n'est point propre à Cellefrouin. On en trouve une à peu près semblable au sujet de l'abbaye de Puypéroux[2].

La cause mystérieuse à laquelle le Cellefrouin actuel doit son existence n'est autre que l'abbaye[3] qui y fut fondée dans les premières années du XIe siècle, grâce sans doute au voisinage de la superbe fontaine qui coule au pied de l'église. Les autres sources de la région n'ont pu, il est vrai, fixer la population autour d'elles. Mais un avantage peu appréciable pour une famille, à qui suffit une cruche d'eau de source par jour, devient considérable dès qu'il s'agit d'un plus vaste établissement. Aussi est-il naturel que l'évêque de Périgueux, Arnaud de Vitabre[4], ancien moine de Nanteuil,

---

[1] Ce mot, qui a cours dans le français populaire, est poitevin. Le mot indigène est *cêrú*. ǁ [2] *Stat. mon. de la Charente*, p. 263. ǁ [3] C'était une abbaye de chanoines réguliers. ǁ [4] Les historiens de l'Angoumois n'ont connu ni la date ni le principal auteur de la fondation de l'abbaye de Cellefrouin. Ils la fixent à 1125 et l'attribuent uniquement aux habitants du lieu. C'est le cartulaire qui est venu nous renseigner. La date précise

qui possède de si belles eaux, ait fait choix de cet emplacement pour l'abbaye qu'il méditait de fonder.

Seraient-ce là les premiers commencements de Cellefrouin ? Je ne saurais le dire d'une façon certaine ; mais j'hésite à le croire. Cellefrouin est désigné de plusieurs façons dans le cartulaire de l'abbaye. On trouve d'abord la simple dénomination de Saint-Pierre : « *Cedo ad locum Sancti Petri*[1] — *intra monasterium Sancti Petri*[2] — *dedit Ecclesie Sancti Petri*[3] » ; puis Saint-Pierre qui est appelé Celle : « *facit condonationem... ad Sancti Petri qui vocatur Celle*[4] ou *Cella*[5] »; Saint-Pierre de Cellefrouin : « ...*sancto Petro apostolo de Cella Froino*[6] — *ecclesiæ Sancti Petri de Cella Fruini*[7] » ; enfin Cellefrouin : « ...*ecclesia de Cellafruini*[8] » ; ou simplement Celle : « ...*ecclesia de Cella*[9] ». Il y avait aussi un puy de Celle[10].

Celle, CELLA, est un nom commun qui désignait, chez les latins, un cellier, un fruitier, une petite chambre de domestique, et, dans la langue chrétienne, une cellule, un monastère. Dans les deux sens, il peut donc

reste incertaine ; c'est peut-être, en supposant une erreur de 100 ans, 1025. Le fondateur est le seigneur Arnaud, évêque (*cart.* verso f° 3), qui était le parent de Guillaume Taillefer, évêque d'Angoulême, et qui l'avait élevé (recto, f° 1), enfin qui était assisté dans son œuvre par le père d'Itier de *Villaboe*, mort dans un naufrage en se rendant à Jérusalem (verso, f° 3 ; cf. *cart.* de Saint-Léger de Cognac, dans *Antiquit. benedict. sanctonenses* de Dom Estiennot. Bib. nat. latin, n° 12,754). On reconnaît à ces traits Arnaud de Vitabre, oncle d'Arnaud de Villebois, grand-oncle d'Itier de Villebois et l'ami du comte d'Angoulême. Le cartulaire nous apprend en outre qu'il faut encore reculer la date de la mort d'Arnaud, fixée par Denys de Sainte-Marthe à 1037, au-delà de 1048, puisqu'il a sollicité de l'évêque Guillaume (1043-1076), de concert avec le comte Foulques (1048-1086), une faveur pour l'abbaye de Cellefrouin (recto, f° 1). Rien donc n'empêche d'admettre pour la fondation de Saint-Léger de Cognac la date de 1041 (cf. Dom Estiennot). Il se pourrait que l'évêque de Périgueux se fût retiré à la fin de sa vie dans l'abbaye de Cellefrouin dont il semble avoir tenu en main le gouvernement. « *Cedo ad locum sancti Petri principem apostolanem... necnon domino episcopo Arnaldo, qui preesse videtur*, » dit la 2ᵉ charte qui a été signée par Arnaud lui-même (*cart.* recto, f° 1). || [1] *Cart.*, recto, f° 1, l. 28. || [2] *Ibid.*, f° 4, l. 3. || [3] *Cart.*, verso, f° 1, l. 19. || [4] *Cart.*, recto, f° 2, l. 10. || [5] *Ibid.*, l. 32. || [6] *Ibid.*, f° 3, l. 2. || [7] *Cart.*, verso, f° 1, l. 27. || [8] *Ibid.*, f° 2, l. 13. || [9] *Ibid.*, passim. || [10] *Censier*, f° 5, l. 27 (surcharges).

être ancien. Ce qui fait croire à son antiquité, c'est ce fait qu'il n'est pas accompagné de l'article.

Quoi qu'il en soit, l'abbaye fut largement dotée par Arnaud de *Villeboc* (Villebois), neveu de l'évêque de Périgueux, Aimeric de Rochechouart, et par les « habitans du lieu [1] ». Parmi ceux-ci se distingua FROUIN [2] qui, par sa générosité, mérita d'associer son nom à celui de Celle, mais seulement dans les actes officiels, car le peuple lui a constamment refusé cet honneur.

On bâtit, à la fin du XIe siècle ou au commencement du XIIe, une belle église, une lanterne des morts, qui existent encore, et une chapelle de saint Martin, dont on voit les ruines de l'autre côté de la rivière.

Le XVe siècle fut aussi une période de constructions importantes. C'est alors qu'on fit l'église de Saint-Claud et que l'on rebâtit la plupart des villages, y compris Cellefrouin.

Il est à croire que l'abbaye fut dès le début un centre intellectuel. Elle possédait une école sous le règne de Henri I. Cependant, à en juger par la rédaction des chartes, la langue du pays n'eut pas beaucoup à en souffrir. Du reste, l'abbé Fouchier, qui devint patriarche de Jérusalem, ne dut point son élévation à son mérite littéraire : « pou savoit letres, » dit de lui son successeur, Guillaume de Tyr [3].

Le bourg de Cellefrouin ne s'est guère développé depuis, et, jusqu'à la Révolution, il ne contenait guère que les serviteurs et les fonctionnaires de l'abbaye : des greffiers, un receveur, un notaire, un procureur fiscal. Si l'on y joint le sergent, le juge sénéchal, le notaire et le procureur fiscal du comté de Sansac, un médecin, un apothicaire, un marchand, quelques ouvriers, on aura une idée de la population établie à Cellefrouin, autour de l'abbaye, dans les XVIIe et XVIIIe siècles, population moins sédentaire et moins attachée à ses traditions que celle des hameaux.

Le censier de l'abbaye nous fournit un grand nombre de noms d'hommes, dont plusieurs se retrouvent encore soit dans la commune, soit dans les environs. Je citerai, parmi les plus caractéristiques, les Tareau, les Garnaud, les Château, les Cormenier, les Pineau, les Boniceau (disparus seulement au commencement de ce siècle), les Pâtureau, les Raynaud, les La Quintane, les Barraud, les Mainard, les Rotit, les Baron, les Beylit, les Grenet, les Faure, les Saunier, les Bouillaud (nom maladroitement traduit du patois *Boulhou* [4] qui aurait dû donner *Bouilleul*) les Micheau, les Héraud, les Meunier, les Grassin, les Roy, les Mau-

---

[1] Corlieu, *Recueil en forme d'histoire*, page 23. || [2] *Cart.* rect. f° 3. ||
[3] Édit. P. Paris, 1880, t. II, p. 16. || [4] Auj. *bülô*; cf. *filô* « filleul ».

rin, les Bouhier, les Moreau, les Chambaud, les Goumard, les Mayou, les Briaud, les Découret, les Boutin, etc.

Mais la population a probablement moins changé encore que ne pourraient le faire croire les variations survenues dans les noms de famille. Au commencement de ce siècle, on ne comptait que deux ou trois étrangers au bourg, un au Temple et quelques autres à Lascoux. On vivait, on se mariait au lieu même où l'on était né, ou suivant l'expression de ma mère, *kŏ y ŏ vikŭ kŏ y ŏ mŏr* : « ça y a vécu, ça y a mort ».

Qu'est-ce qui aurait pu, du reste, attirer les personnes du dehors ? Le pays était pauvre, et loin de toute voie de communication. La première route n'a été finie qu'en 1846.

On songeait bien plutôt à en sortir.

Comme il y avait peu de prairies et peu de terres cultivées, le travail de la récolte n'occupait pas tous les bras. Alors on émigrait, surtout des villages les plus pauvres, de Chavagnac, des Forges, vers La Rochelle pour les fauches, vers Gençay en Poitou pour les *métives* (moissons), aux environs de Montignac et dans toute la plaine basse de l'Angoumois pour les vendanges. Les femmes mêmes partaient. On restait absent de quinze jours à trois ou quatre semaines et l'on revenait chez soi avec le fruit de la campagne.

Les personnes aisées restaient naturellement dans leurs foyers, et n'avaient d'autres occasions de s'en éloigner que les foires, les frairies et les convenances de famille, comme les mariages et les enterrements. Elles ne dépassaient guère Saint-Claud, Chasseneuil, La Rochefoucauld, Saint-Angeau, Mansle, dont les foires étaient assez suivies, et Verteuil où l'on allait une fois l'année échanger des châtaignes contre des oignons.

De ces sorties, les seules qui pouvaient avoir quelque influence sur le langage étaient celles qui mettaient les habitants en contact avec les gens du pays bas. Ceux du pays haut étaient jugés ridicules dans leur parler et dans leurs manières. Un jour ma grand'mère eut l'idée d'aller à la frairie de Saint-Claud; elle en revint toute scandalisée, tant la façon de danser des gens lui avait paru lourde et grossière : « *u fazā pèta lü pie*, répétait-elle souvent avec un sourire moqueur, *u tapā dā lā mā, ā cātā : al o kâsa, la maryu, al o kâsa sŭ só, sŭ só e sā brid, tralala lalir*. « Ils font péter les pieds, ils *tapent* dans les mains, en chantant : elle a cassé, la Marion, elle a cassé ses sabots, ses sabots et ses brides, tralalalalire. »

Au reste, la vie retirée que l'on menait à cette époque n'avait rien de maussade; elle était plutôt joyeuse et tranquille, car la population tout entière, réunie par les liens d'une solidarité réciproque, ne formait, pour ainsi dire, qu'une seule famille.

L'argent était rare et passait presque tout aux impôts. Mais on se contentait de peu : les châtaignes, les pommes de terre suffisaient presque à la nourriture des pauvres gens. Le pain était noir, fait de baillarge, d'orge, d'avoine avec un peu de froment, qu'on remplaçait dans les mauvaises années par des tiges de *bigarot* (maïs) coupées en petits morceaux et moulues avec le grain.

Une potée de *mongettes* (haricots), une frottée d'ail, des châtaignes grillées dans une poêle *predarse* (percée de trous), des crêpes, un coup de piquette, composaient un festin peu coûteux, qu'on offrait de bon cœur et qui était accepté avec plaisir. Tuer un porc ou même un poulet, c'était une bonne aubaine dont on s'empressait de faire profiter ses voisins.

Les maisons étaient peu luxueuses et l'on ne se mettait pas en frais même pour en assurer la solidité. Plusieurs personnes, enterrées dans l'église, ont été, d'après les registres de la paroisse, tuées sous les débris de leurs maisons.

Une pièce unique suffisait pour toute la famille, quelquefois même elle abritait aussi les animaux, âne, pérots, gorets, séparés par des *mandis* de planches (cloisons) ou de simples claies. Le porc a conservé quelque chose de cette ancienne familiarité : il va encore recueillir sous la table, en compagnie des poules, les restes du repas.

Avec de tels usages, recevoir ses amis n'était pas une gêne.

Aussi recherchait-on le travail en commun et personne ne se montrait avare de son temps. Le jour des morts, aucun propriétaire de bœufs n'aurait labouré pour son propre compte; ce jour-là était dû aux pauvres gens qui n'avaient pas d'attelage. Celui qui se trouvait en retard pour la culture de ses vignes voyait aussitôt ses voisins accourir à son aide. L'hiver, quand tout autre travail était devenu impossible par le froid, les hommes vigoureux se réunissaient pour couper le bois et faire les fagots. Partout où il y avait du *bigarot* à *épigouiller*[1], des *calous* (noix) à *énougeler*[2], des bandes joyeuses de travailleurs s'offraient avec empressement. La récolte des foins, les moissons, les vendanges, fournissaient aux pauvres l'occasion de payer les services reçus pendant l'hiver. Quelle fête c'était alors ! et que le travail paraissait léger !

Toutes les occasions de se voir étaient saisies avidement. Les hommes se réunissaient pour faire des paniers, des *clisses* (claies), des *bourgnes*[3],

---

[1] Débarrasser l'épi de son enveloppe. ǁ [2] Casser et trier. ǁ [3] Sorte de benne faite de paille et d'osier, où l'on conserve les fruits séchés au four (*quartillons*, — quartiers de pommes ou de poires, — prunes, cerises, etc.).

des *palissons* [1]; les femmes, pour filer, pour laver, pour garder les bestiaux; les jeunes gens, garçons et filles, pour aller aux veillées et aux frairies.

Avec cela, les mœurs étaient pures [2]. La première jeune fille qui a failli s'est vue poursuivie à coups de pierre dans toute la commune, et son séducteur a dû quitter le pays.

Mais le lien le plus puissant qui maintenait unies toutes les classes de la société, c'était la religion et les pratiques superstitieuses.

La messe était le centre de la vie paroissiale. Tous les dimanches, elle réunissait à l'église la population tout entière.

Les fêtes de Noël, l'approche du Carême, le jour de l'*Osane*, les fêtes de Pâques, la Saint-Jean, les fêtes patronales des villages voisins, Notre-Dame *crêpière*, ramenaient chaque année des plaisirs traditionnels qui paraissaient toujours nouveaux.

A Noël, on parcourait les villages en chantant des cantiques. On bénissait avec solennité le *mouchon* [3] qui devait rester allumé jusqu'au 1er de l'an. Après cette cérémonie, on se rendait par bandes à l'église. Mais les pensées religieuses n'étaient pas la seule préoccupation. Pendant la messe, quelques-uns se tenaient sur la place pour observer la lune. C'était à ce moment que les pommes venaient se placer sur les pommiers : par un temps clair, elles se mettaient à leur aise; si la nuit était noire, elles s'entassaient en désordre. Venaient-ils à constater une obscurité de bon augure, les observateurs rentraient joyeux à l'église : cette année-là, ils auraient des pommes. Au retour, on réveillonnait avec des *grillons* (rillons) nouveaux et l'on faisait réveillonner toutes ses bêtes.

Le dimanche de *Tire-Coudène*, huit jours avant le premier dimanche de Carême, commençaient les fêtes burlesques du mardi-gras qui se terminaient le jour des Cendres par de solennelles assises et une réjouissante exécution.

Le jour de l'*Osane* (dimanche des Rameaux), tout le monde était sur pied. Le matin à la messe, on faisait bénir des *ôsaniers* que l'on plantait dans

---

[1] Sébille faite aussi de paille et d'osier où l'on dépose la pâte au sortir de la *mé* (maie) avant de la mettre au four. ‖ [2] Cependant une pratique prouve bien qu'il a dû toujours y avoir quelque exception. Quand la ménagère échaude les boudins nouvellement faits, elle doit, pour les empêcher de crever, les baptiser en les plongeant dans l'eau bouillante au nom d'un mari volontairement trompé, qui devient par le fait parrain des boudins. Mais je dois dire que, vers 1830, il n'y avait qu'un seul parrain pour tous les boudins de la commune de Cellefrouin. ‖ [3] Tison.

les champs où ils protégeaient le blé, mais sans les introduire dans les maisons, où ils auraient fait *chôvenir* (moisir) le pain. Le soir au cimetière, on priait pour les morts et l'on faisait des observations météorologiques : le vent devait garder les trois quarts de l'année la direction qu'il avait au moment où la procession s'arrêtait devant la croix *ôsanière*.

A Pâques, on allait à la collecte des œufs, et l'on se répandait dans les hameaux pour tuer le coq et faire danser le bouquet.

On fêtait la Saint-Jean à la Tâche, l'Ascension à Beaulieu, la Pentecôte à Cellefrouin, la Saint-Roch (16 août) à Parzac, la Nativité (8 septembre) à Saint-Claud.

Avec l'hiver recommençaient les fêtes intimes. Le 8 décembre, on faisait, en l'honneur de Notre-Dame, des crêpes que l'on partageait en famille avec les poules. Malheur à la ménagère qui aurait négligé ce devoir : ses poules n'auraient pas pondu.

Ainsi un contact journalier rapprochait tous les habitants.

Cependant l'union n'était pas absolue. Le bourg frayait surtout avec les Pradelières et le Maschinet qui étaient habités par des *messieurs*. Chavagnac vivait un peu isolé. Lascoux avait quelques étrangers, des scieurs de long, dont quelques-uns étaient mal famés. Le Temple était redouté, car ses habitants vigoureux et querelleurs couraient le loup garou : leurs sabots, qu'ils laissaient pour leurs promenades nocturnes, avaient été vus rangés sur la chaume de la mare, et l'un d'eux s'était laissé prendre[1]. Goutibert comptait surtout des marchands d'ânes, de cochons et de morue, qui aimaient à rester chez eux. Le Masdinteau et la Boubière se rapprochaient des villages de Beaulieu. Le Lac était attiré vers Saint-Claud.

Telles étaient les mœurs de Cellefrouin dans le premier tiers de ce siècle.

Mais tout cela n'est déjà plus qu'un souvenir.

La grande révolution était passée sans amener d'autre changement que l'éloignement des nobles, les Duchatel, les De Sallignac, les Duplessis, les De Saint-Michel, qui étaient les pères des pauvres, et l'élévation de certains usuriers qui avaient su accaparer la propriété. Celle de 1830 porta un coup fatal aux habitudes religieuses; 1848 vit la population armée contre un curé débonnaire. La nouvelle bourgeoisie avait fait son œuvre. Les relations avec le dehors, l'arrivée d'étrangers influents, le bien-être qui s'est répandu, ont fait le reste. Après la religion, ont disparu les pratiques superstitieuses, puis l'entente cordiale et la vie de famille. Maintenant c'est au tour de la langue.

---

[1] Voir l'appendice.

Le français est entré à Cellefrouin par la chanson, il y a 60 ans. Avant cette époque, on traduisait les chansons françaises en patois, au risque de perdre la rime [1]. C'est ainsi que faisaient les personnes âgées vers 1830. Déjà, cependant, ma grand'mère chantait volontiers en français ou en poitevin; mais ma mère ne voulait chanter qu'en français : « en patois, pensait-elle, ce n'était pas joli. »

A cette époque, le paysan répondait en patois à celui qui l'interrogeait en français. Un peu plus tard, il se mit à parler français avec le curé et les étrangers; mais il était flatté de se voir interpeller dans sa langue. Il en était ainsi il y a vingt-cinq ans. Lorsque je parlais patois, pendant mes vacances, j'étais fort bien accueilli : les visages s'épanouissaient et l'on ne manquait jamais de dire non sans malice, que tel ou tel qui avait passé trois mois dans le pays bas ou au service, était revenu ne sachant plus parler comme au pays.

Mais la génération attachée au patois a disparu; et aujourd'hui, pour obtenir qu'on veuille bien le parler avec moi, j'ai besoin d'user de stratagème ou de solliciter cette faveur comme un service.

Cependant, jusqu'à ces dernières années, le patois seul était en usage dans les relations entre indigènes et n'avait d'autre ennemi que l'instituteur. Mais voilà que quelques pères de famille se sont mis de la partie. Pour épargner à leurs enfants la honte de parler patois, ils ont rendu obligatoire autour d'eux l'usage du français. Cette mesure, dont l'initiative a été prise par M. Ph. Chambaud en 1880, est adoptée par tout le bourg et par une famille de Chavagnac. Je dois dire cependant qu'elle n'a pas encore porté les fruits que l'on en espérait. Le patois, banni de quelques foyers domestiques, continue à régner sur la place publique. C'est là qu'il saisit désormais les enfants que l'on voulait soustraire à son influence, le fils de M. Chambaud comme les autres. Mais évidemment il a reçu le coup de mort, et ses jours sont comptés.

---

[1] J'ai recueilli des chansons de ce genre, et le défaut de rime n'a rien de choquant pour l'oreille du paysan qui règle les paroles sur la musique.

§ 2. — Documents.

Les documents utilisés sont de deux sortes : oraux et écrits.

DOCUMENTS ORAUX

Les documents oraux se composent de mots, de phrases, de récits, de dialogues, entendus par moi et transcrits sur le champ. Ils ont été tous recueillis avec le même soin, mais non dans les mêmes conditions. Les uns sont dus aux relations continuelles et intimes de la vie de famille; les autres à des explorations rapides et sommaires. Ceux-ci ont été comme saisis au vol dans le cours d'une conversation où je ne jouais que le rôle d'observateur passif; ceux-là ont été amenés à l'insu de mes interlocuteurs, par une diplomatie dont seul j'avais le secret; d'autres ont été demandés directement et sont le fruit d'expérimentations où les sujets observés devenaient mes collaborateurs. J'ai observé un peu partout et toutes sortes de personnes : à la maison, dans « le cadre familier » de la vie journalière, chez des amis, dans les champs ou le long des routes, sur place et loin du domicile, des indigènes et des nouveaux venus, des personnes ne parlant que leur patois, d'autres qui l'ont abandonné pour le français; ceux qui n'ont jamais quitté leur village et ceux qui ont élu domicile ailleurs ou qui sont revenus après de longues absences.

Critique des documents oraux.

Si je m'en rapportais aux règles données par M. Psichari (*Observations sur la phonétique des patois*, Revue des patois g.-r., II, p. 20), plusieurs de ces documents seraient à rejeter. « Le paysan, dit-il, ne parle pas la même langue dans les différents endroits du même village où vous conversez avec lui, par exemple chez lui ou dans la maison d'un ami, au cabaret ou sur la place publique. Il a besoin de son cadre familier pour parler la langue qui lui est naturelle. D'autre part, le plus sûr moyen de se tromper, c'est de poser aux paysans des questions directes. A plus forte raison, le paysan, interrogé hors de son village, ne nous donnera-t-il jamais un renseignement sur lequel la science puisse compter. Il s'agit, avant tout, de surprendre le paysan dans l'état d'inattention : dès que se produit chez lui l'absence de l'état d'inattention, toute information peut être considérée comme nulle et non avenue. »

Ces remarques témoignent d'une grande finesse d'observation ; mais il ne faudrait pas, du moins pour les pays que j'ai explorés, les prendre au pied de la lettre.

Un parler ne forme point un tout indivisible dont toutes les parties sont également sous notre puissance. On y peut distinguer trois éléments. Le premier, de beaucoup le plus important, est l'élément *réfléchi*; c'est celui dont chacun a la pleine conscience et qui se présente à l'appel de la réflexion. Le second comprend l'ensemble des formes qui sont en train de se produire ou en voie de disparaître ; il s'efface à la réflexion et échappe à la conscience : c'est l'élément *instinctif*. Le troisième, que j'appellerai l'élément *idéal*, comprend tout ce qui, dans notre esprit, réalise le type du beau langage.

De ces trois éléments, le premier seul est fixe ; il constitue le fonds présent de la langue. Les deux autres, placés aux confins du passé et de l'avenir, n'existent que dans les tendances ou les aspirations du sujet parlant. Les deux premiers sont indigènes, le troisième est surtout étranger.

Pour l'élément instinctif, M. Psichari a raison. Il faut le surprendre dans les moments où le paysan s'abandonne, lorsqu'il parle sans prêter attention à sa manière de parler.

L'élément idéal, abondant surtout sur les limites de deux dialectes et dans le voisinage des centres d'influence, n'est point à négliger dans une enquête sérieuse, car il contient plus d'un enseignement.

Le danger, c'est de le confondre avec l'élément réfléchi. Mais, quelle que soit la tendance du paysan à modifier son langage devant un étranger, un observateur habile saura bien distinguer l'ivraie du bon grain. En prolongeant la conversation un peu de temps, il ne tardera pas à voir son interlocuteur, fatigué de la contrainte qu'il s'imposait au début, rendre les armes et parler tout simplement. De plus, par des questions habiles, en proposant des mots dont la forme toute locale ne se prête pas à une traduction, il soumettra la bonne foi du paysan à une épreuve décisive. Mais l'observateur aurait-il été trompé, le philologue ne le sera pas : les documents gravement falsifiés ne résistent pas à l'analyse.

L'*état de sincérité* peut donc être constaté, et il suffit pour l'étude de l'élément réfléchi. Dans cet ordre de faits, aucun témoignage n'est à rejeter, même ceux qui ont été donnés dans les circonstances les moins rassurantes, comme après une longue absence du pays natal, l'abandon et même l'oubli partiel du patois. Soit, par exemple, une enquête sur la limite du territoire où la gutturale médiale posttonique se conserve, et supposons que l'on demande à un homme qui se souvient à peine de son patois comment on disait *scie* (SECAT) dans son village. S'il répond *scie*, il y a lieu de douter : ce peut être un mot français. Mais s'il dit *séjé*, pourquoi hésiterait-on ?

Ainsi, loin d'être désarmée en face des dépositions fautives ou des erreurs involontaires, la science peut profiter des unes et des autres. D'où je conclus que tous les témoignages sont bons. Le tout est d'en déterminer la valeur et de ne leur demander que ce qu'ils renferment.

Degré de généralisation dont sont susceptibles les documents oraux.

Si le cadre d'une étude est assez restreint, il est possible d'entendre toutes les personnes qui s'y trouvent renfermées. Mais, dans ce cas même, l'observateur sent bientôt la nécessité de regarder un peu au delà, et se voit obligé de recourir à des explorations incomplètes. Dès lors, la question se pose de savoir quel rapport il peut y avoir entre la langue de quelques-uns, ou même d'un seul, avec la langue de tous; en d'autres termes, si l'on peut sur des témoignages individuels conclure pour la généralité.

La réponse, c'est à l'observation seule que nous devons la demander, et elle peut varier suivant les lieux où celle-ci a porté. Autant que je puis en juger par ma propre expérience (et cela suffit dans le cas présent), l'élément *réfléchi* d'un patois ne varie guère dans un même village. L'on peut donc admettre que, sur ce point, le témoignage d'un seul vaut pour tous. Mais, quand il s'agit de l'élément qui est encore flottant, et de faits qui sont soumis à une évolution actuelle, un témoignage isolé ne peut avoir de portée générale. Ce qu'on peut faire de plus, c'est de l'étendre à la génération dans laquelle on l'a observé. Une modification peut, il est vrai, se produire isolément, et l'on en a beaucoup d'exemples; mais les faits isolés se décèlent toujours par des caractères propres qui ne permettent pas de les confondre avec le résultat d'une évolution régulière.

Les sujets mêmes, chez qui on les rencontre, sont souvent en mesure d'avertir l'observateur, car ils ont eu ordinairement à subir des critiques ou des railleries pour leur *défaut* de langue. En tout cas, on ne trouvera pas le même fait chez deux individus différents.

Je me crois donc autorisé à conclure :

1° D'un seul témoignage pour tout un village de peu d'étendue, quand ce témoignage concorde avec l'induction scientifique, et qu'il porte sur un fait pour lequel l'évolution paraît être accomplie;

2° De deux ou trois témoignages pour toute la génération placée dans des conditions analogues à celles des sujets observés.

Du reste, il sera toujours facile au lecteur de connaître au juste la valeur des formules générales que, pour plus de brièveté, j'emploierai souvent, en se reportant à la liste des témoignages que j'ai recueillis pour chaque village.

Valeur des documents oraux pour établir la chronologie linguistique.

Les raisonnements, basés sur les documents oraux, supposent tous un *postulatum*, dont la preuve, je crois, résultera de l'ensemble de l'ouvrage : à savoir que le patois est stable dans chaque individu, et que, considéré à un âge quelconque du sujet observé, il représente le parler de la génération prise dès l'origine ; — en d'autres termes, que le patois est constitué dans l'enfance et qu'après il ne change plus, du moins quant à la nature propre des sons, d'une manière appréciable.

On peut faire à ce principe une objection préjudicielle, qui n'est point sans valeur : les modifications qui se produisent avec l'âge dans les organes doivent amener des modifications dans le parler.

Pour apporter une réponse directe et sans réplique, il faudrait pouvoir fournir une série d'observations faites sur une personne aux différentes périodes de son existence par un observateur placé chaque fois dans les mêmes conditions. C'est dire qu'il faudrait, pour trancher la question, recourir à une observation mécanique. En attendant qu'elle soit faite, voici les raisons générales que je puis faire valoir en faveur de ma supposition :

1° Des observations faites par moi sur ma mère à dix ans d'intervalle et d'une façon tout à fait indépendante ont donné des résultats identiques.

2° Les parlers des vieillards ont entre eux les mêmes ressemblances que ceux des enfants. Une évolution se continuant aurait amené infailliblement des divergences, surtout lorsque les personnes ont vécu dans des milieux complètement différents. Or, autant que j'ai pu le constater, ces divergences n'existent pas. Je citerai comme exemple les parlers de deux amis d'enfance, MM. Lévêque et B. de Fonroche (Le Maschinet), qui sont demeurés identiques. Pourtant, M. Lévêque n'a jamais quitté son village, et M. B. de Fonroche a passé 37 ans hors du pays. Rien, du reste, n'est plus fréquent que de trouver des vieillards qui, transportés depuis longtemps dans des villages étrangers, ont conservé fidèlement la caractéristique du patois de leur lieu d'origine.

Mais, je me hâte de le reconnaître, ces observations ne portent que sur la nature même des sons, et non sur les qualités accessoires, comme la durée, l'acuité ou l'intensité.

Je me garderais bien aussi de les étendre aux faits d'ordre analogique. C'est surtout dans le premier âge que l'analogie est puissante ; mais il est possible qu'elle conserve quelque chose de son action sur toutes les périodes de la vie.

En tout cas, elles ne s'appliquent pas du tout à l'élément étranger qui s'introduit dans le langage. Sous ce rapport, la même personne modifie plusieurs fois son parler. J'en ai des témoignages certains, et, du reste, ici les témoignages sont superflus. Non seulement les mots étrangers sont reçus ou rejetés en proportions variables dans le courant d'une même existence, mais le mot étranger lui-même varie dans la même bouche avec le temps. En 1879, ma mère disait *kōtŭpĕlmā* « continuellement », en 1886 *kōtŭnyĕrmā*, en 1890 *kōtŭpĕrmā*. On ne trouverait pas un changement analogue dans un mot indigène.

Ces réserves faites, je crois que le patois est fixe dans le même individu.

Sources des documents oraux.

Je devrais maintenant faire connaître les circonstances dans lesquelles chacune des personnes auprès desquelles j'ai recueilli des documents ont constitué leur parler. Mais la tâche serait longue et l'énumération fastidieuse. Je me contenterai de le faire pour les membres de ma famille qui m'ont fourni la base même de cette étude. Quant aux autres personnes, je me bornerai à quelques indications sommaires.

Ma famille.

Ma parenté à Cellefrouin a été constituée par l'union de deux familles qui se sont alliées dans les personnes de ma grand'mère et de mon grand-père, celle des Bernier et celle des Garnaud.

A ces deux familles, je dois en ajouter une troisième qui descend des Bernier, par une tante de ma grand'mère, et dont une partie est passée par deux mariages successifs dans celle des Garnaud, je veux dire celle des Béchade.

Les Bernier et les Béchade sont relativement nouveaux à Cellefrouin. Les Bernier n'apparaissent dans les registres de la paroisse que dans le courant du xviiie siècle. Les Béchade sont plus anciens. Nous les trouvons établis à Cellefrouin en 1639, c'est-à-dire aussi haut à peu près que les registres nous permettent de remonter. Nous pourrions même dresser leur généalogie à partir de Louis Béchade de Fonroche, qui fut père, en 1734, de François Béchade de Fonroche auquel remontent les représentants actuels de la famille. D'un rang assez élevé pour le pays, ils avaient leurs tombeaux dans l'église et s'étaient alliés aux De Salignac-Fénelon. Ce qui ne les empêchait pas de conserver avec un soin jaloux le patois qu'ils parlaient.

Les Garnaud, d'une condition plus modeste, mais pourtant aisée, semblent appartenir à la population indigène. Ils sont cités deux fois dans le Cartulaire, et huit fois dans le Censier. Nous les retrouvons dans les registres à partir de 1646. L'absence d'une forme complètement populaire pour le nom de Garnaud pourrait seule faire croire à une importation étrangère. Mais la conservation des noms de famille n'est due qu'à une influence savante. Des formes populaires dans le censier, comme *Tareu*, *Grassi*, ont complètement disparu devant les formes françaises *Tareau*, *Grassin*. Les noms de lieux seuls ont gardé les formes indigènes. On dit : « lã fō bãrã, la Font Barraud »; mais « cã bãrō, chez Barraud ». Les personnes étaient surtout désignées par des surnoms. Celui de mon grand-père était Papelin.

Dans les derniers temps, les Bernier étaient établis au Moulin de la Boubière, les Béchade au Temple, les Garnaud au Moulin-Neuf.

Le mariage de mon bisaïeul Bernier avec une femme de Poursac, suivi de ceux de son fils, de son petit-fils et de sa petite-fille avec des personnes de Beaulieu, ont écarté le parler de la branche directe des Bernier du patois de Cellefrouin. Je ne le distingue pas de celui de Beaulieu. J'ai observé : M. PIERRE BERNIER (1821) qui s'est transporté de la Boubière au Moulin de Sansac; sa sœur, Mme COTINAUD (1825) établie à Beaulieu; ses filles, ANOA (1850) et THÉOLINE (1854), nées toutes les deux à la Boubière, et son neveu, EUGÈNE COTINAUD, né à Beaulieu (1865).

Les descendants des sœurs de ma grand'mère Bernier parlent le patois des lieux où ils sont nés : Mme DARCONNAT (1825), son frère M. CHAMPAGNE (1836), et son fils Louis DARCONNAT (1860), celui de Ventouse; les filles de M. CHAMPAGNE, celui de Ronfort (Saint-Front), pays de leur mère; M. SEJAT (1811), et ses neveux PRÉVOTEL, celui du Moulin de Villars et du Maine-Michaud, sa petite-nièce Mme PINAUD, celui de Chalais (Saint-Claud).

M. Louis Darconnat, qui est venu passer une année à Paris, m'a assisté de sa collaboration pendant la rédaction de cette partie de mon travail, et je lui dois d'utiles renseignements.

Le patois des Béchade, du moins celui que j'ai étudié moi-même, s'écarte de celui du Temple, et se rapproche de celui des Garnaud. Aussi ai-je cru pouvoir lui emprunter les échelons qui me manquent dans la famille Garnaud et qui me permettent de remonter sur certains points jusqu'au second tiers du xviiie siècle. Je citerai :

1783. F. BÉCHADE DE FONROCHE, fils de Fr. de Fonroche, était né au Temple. Je connais de lui quelques formes archaïques qui sont restées, grâce à leur étrangeté, dans la mémoire de sa fille, Mme Valteau de Mouillac. Il était, par son mariage avec une demoiselle Bernier, l'oncle de ma grand'mère.

1809. Mme VALTEAU DE MOUILLAC est née au Temple; mais elle est restée au Maschinet chez une de ses tantes, afin qu'elle pût suivre de là l'école de Ventouse. Elle a défendu son patois de son mieux. Elle m'a raconté que sa tante voulant lui faire dire *dĕvātŏ* (forme de Ventouse), au lieu de *dĕvātă* (forme de Cellefrouin) : « Tant qu'à changer, aurait-elle répondu, j'aime mieux dire *tablier*. » Elle a gardé *dĕvātă*. Après un court séjour à La Merlière, elle a quitté Cellefrouin, en 1841, pour aller à Bordeaux où elle s'est trouvée au milieu d'une petite colonie de compatriotes, composée de membres de la famille Béchade et de deux personnes de Chez-Cherves. Du reste, elle n'a jamais cessé de parler patois avec son fils.

1813. BÉCHADE DE FONROCHE. Il est né au Maschinet où il a été élevé. Son patois diffère peu de celui de sa sœur (Mme V. de M.). Sa vie présente ce détail intéressant pour nous, que, après avoir été soldat pendant 7 années et avoir passé près de 30 ans en Amérique, il a retrouvé en quelques jours le patois de ses jeunes années. Il est donc resté étranger au mouvement qui a pu s'opérer pendant son absence dans le patois de Cellefrouin, et son témoignage, à ce point de vue, est d'un grand prix.

1839. E. VALTEAU DE MOUILLAC. Il est né à La Merlière. Son père, arrière petit-fils d'un maire d'Angoulême, ne parlait que français. Il n'a donc pu apprendre le patois que de la bouche de sa mère et dans la petite colonie établie à Bordeaux.

Quant aux autres membres de la famille Béchade qui descendent d'une sœur de ma mère, nous les retrouverons dans la famille Garnaud.

Le patois de la famille Garnaud a été constitué au Moulin-Neuf, où mon grand-père est né, le dernier de neuf enfants. Ce moulin, qui est le Moulin-Neuf au moins depuis le xiiie siècle, était, il y a 50 ans, le centre où l'on se réunissait de tous les villages voisins, du bourg, de Chez-

Picard, de Chez-le-Royal, de Chavagnac, de la Phibaudet, du Lac, du Temple, de Chez-Vérinaud, etc. Une maladie, qui retint mon grand-père 18 ans dans son fauteuil, était une raison de plus pour attirer les visiteurs qui y venaient en foule et de toutes les conditions, le curé, le notaire, les bourgeois, avec les pauvres gens et les clients qui affluaient.

Tandis que le grain ou les noix étaient broyés sous la meule, tous se groupaient autour de l'aimable vieillard qui avait gardé le costume avec les bonnes grâces du siècle dernier et qui était l'âme de ces réunions. On racontait les nouvelles du jour, les histoires et les légendes du passé, les apparitions nocturnes des revenants ou du diable, les exploits du loup garou, les contes où la Sainte-Vierge remplaçait les fées, les aventures de Jean-le-Sot; on y daubait même parfois les bourgeois et les curés; on se posait des énigmes; on se portait des défis; à certains moments, chacun devait dire son conte ou donner sa chanson. Cependant on rapportait du bourg des *brocs*[1] pleins de vin; ma mère disposait les gobelets sur la table; et ma grand'mère assise devant son foyer, en vraie meunière qui sait attirer l'eau à son moulin, faisait sauter les crêpes avec une habileté demeurée célèbre.

Pour faire connaître toute la littérature orale du pays, je n'aurais qu'à publier les *Récits du Moulin-Neuf*. Ils existent encore, conservés dans deux mémoires merveilleuses que j'aimerais à pouvoir exploiter un jour.

Je n'ai pas connu mon grand-père. C'est donc à ma mère que je dois reprendre la série des représentants de mon patois.

1822. MARIE GARNAUD, enfant préférée de son père qu'elle ne quittait jamais. Elle représente fidèlement la tradition des Garnaud, et j'ai pu me convaincre qu'elle n'a rien pris de sa mère, Françoise Bernier. Elle a quitté Cellefrouin à l'âge de 22 ans pour s'établir à Saint-Claud où elle est toujours restée depuis. Suivant la coutume de son temps, en sa qualité de fille, elle n'a pas appris à lire. Le patois a été pendant longtemps sa seule langue, et elle l'a défendu, comme son costume, contre l'invasion de la mode nouvelle. Cependant elle a, depuis peu, fléchi sur certains points, et, comme elle abaisse ses coiffes, elle francise son patois. Mais elle se rend bien compte du changement; aussi, quand elle veut, elle sait bien laisser de côté tout élément d'emprunt.

1832. L. CARRÉ, petit-neveu de mon grand-père, né à Cellefrouin, était un habitué du Moulin-Neuf. Éloigné du pays depuis longtemps, il en parle le patois avec amour. Je lui dois d'avoir le premier attiré mon attention sur certaines formes peu correctes de mon propre parler.

---

[1] Cruches qui servent à mettre l'eau à boire.

1834. MARIE BÉCHADE, nièce de Marie Garnaud, née au Moulin-Neuf. Elle ne représente en réalité que la tradition des Garnaud ; car d'une part elle descend de ceux-ci par son père comme par sa mère ; et d'autre part son grand-père, frère de Fr. Béchade de Fonroche, étant mort jeune, l'éducation des enfants est restée entre les mains de la mère qui était une nièce de mon grand-père Garnaud. On peut dire qu'elle n'a pas changé de milieu, malgré quelques séjours temporaires à Lascoux et à la Merlière. Elle est fixée depuis longtemps Chez-Casternaud. C'est un témoin précieux du parler de Cellefrouin : elle n'en connaît pas d'autre.

1837. JEAN BÉCHADE, frère de Marie, né aussi au Moulin-Neuf. Il est allé à l'école et il a quitté le pays à 22 ans, mais il n'a pas cessé de parler patois en famille. Pendant que je rédigeais ce travail, il était à Paris, et il s'est prêté avec complaisance à toutes mes investigations.

1846. PIERRE ROUSSELOT, fils de Marie Garnaud. Mon père est de Nanteuil-en-Vallée, et je suis né à Saint-Claud. Malgré ces deux circonstances, ou plutôt grâce à elles, je puis me réclamer du Moulin-Neuf dont je continue sur bien des points la tradition. Ma mère m'a appris son patois et je l'ai parlé constamment avec elle. J'ai fait mes premières études à Cellefrouin, où je suis resté depuis douze ans jusqu'à seize, parlant tous les jours patois avec les paysans et mes camarades de jeux. Cependant je n'ai pas échappé entièrement aux influences des milieux où j'ai vécu. J'ai pris au parler de Saint-Claud quelque chose de ses nasales, et certaines formes de conjugaison ; au français, sa syntaxe.

Aucune de mes sœurs n'a conservé l'habitude de parler patois ; elles l'ont abandonné dès qu'elles sont allées à l'école. Deux néanmoins,

1850. MARIE-LOUISE ROUSSELOT, et

1852. JULIETTE ROUSSELOT, ont gardé des formes intéressantes.

1859. FRANÇOISE NEUVILLE, fille de Marie Béchade, a été élevée Chez-Casternaud. Elle n'a guère vécu qu'avec sa mère dont elle continue très visiblement la tradition, tout en subissant une légère influence du patois de Chavagnac qui est celui de son père.

1878 et 1880. MARIETTE et ELISA RAYNAUD, filles de la précédente, sont nées à Fonfais et ont été transportées en 1880 Chez-le-Royal. Comparées à leur mère, elles ont quelque chose d'archaïque dans leur parler. Elles ont été en partie élevées par leur grand'mère, et elles vont à l'école. Leur père, qui est de Chasseneuil, a adopté le patois de Cellefrouin, mais sans se débarrasser entièrement de celui qu'il a répudié tout enfant.

Ainsi, en réunissant les deux familles Béchade et Garnaud, nous obtenons une série qui embrasse plus de cent ans, et qui comprend quatorze témoins, tous placés dans des conditions qu'il est possible de déterminer.

Le patois des autres membres de la famille Garnaud fixés dans des hameaux importants se rattache à celui des lieux qu'ils habitent, avec quelques nuances pourtant que nous aurons à constater. Je signalerai :

Pierre Baud (1835), petit-fils d'une sœur de mon grand-père mariée au Temple, avec ses enfants, Pierre (1876) et Marie (1880), sa sœur, Mme Tabaud (1844), et sa nièce (1864), parlent le patois du Temple.

Mme Lavaud, cousine germaine de ma mère, ses enfants et ses petits-enfants parlent celui de Lascoux.

En transcrivant ces noms, j'ai la douleur de penser que deux déjà ne sont plus qu'un souvenir. Mme Valleteau de Mouillac d'abord, puis M. Pierre Bernier, ont été ravis à notre affection et à ma reconnaissance.

Indication sommaire des sources orales.

La liste suivante ne se rapporte qu'aux documents oraux recueillis dans la région. Quant à ceux qui y sont étrangers, j'en indiquerai la provenance à l'occasion.

Les noms de lieux sont rangés selon l'ordre alphabétique des communes et, sous chaque commune, selon l'ordre alphabétique des hameaux.

Tous les hameaux ne sont pas mentionnés même pour Cellefrouin ; cela tient à ce que quelques-uns ne sont habités que par des nouveaux venus, et que les autres m'ont paru négligeables pour l'objet que je me proposais.

Les personnes indiquées après chaque nom de lieu sont, sauf mention contraire, nées dans ce lieu et observées sur place.

Les chiffres entre parenthèses marquent l'année où l'enquête a été faite et à laquelle se rapporte l'âge indiqué.

L'astérisque désigne un membre de ma famille dont il a été déjà parlé.

Je joins à cette liste le nombre des habitants, d'après le *Dictionnaire géographique du dép. de la Charente* publié en 1858. Cette date convient bien pour déterminer le cadre où se placent la plupart de mes renseignements.

Agris. — *La Grange.* — Mme Brunaud, depuis peu à Saint-Claud, environ 37 ans (1887). — 99 h.

Aunac. — *Vieux-Aunac.* — Une femme de plus de 95 ans et son petit-fils, homme d'une quarantaine d'années (1887). — 239 h.

Bayers. — Une femme de 68 ans ; un jeune homme de 20 ans et de tous petits enfants que j'ai écoutés sans être vu (1887). — 382 h.

Beaulieu. — Veuve Ballet, 68 ans (1879) ; MM. Cotineau, 63 ans ; *Eugène Cotineau ; Amédée Garnaud, environ 37 ans, vu à Saint-Claud (il a vécu loin du pays) ; Ballon, sacristain, 62 ans ; Caillier, 60 ans (1886). — 388 h.

La Grange à Boussard. — Diverses personnes ; M. Ballon, établi à St-Claud (1886). — 18 h.

Moulin de Sansac. — Mme Bernier, 55 ans, et ses *filles (1886). — 6 h.

Bioussac. — M. et Mme Mourousseau, 60 ans, vus à Parzac (1887). — 82 h.

CELLEFROUIN. — MM. Carré, 65 ans, son fils, 35 ans, et ses petits-enfants, 9 ans 1/2, 8 ans et 5 ans ; Geneix, 52 ans ; Grassin, 66 ans (il tient un hôtel très fréquenté), et son fils aîné, 26 ans ; Faudry, 18 ans (1887) ; mes deux compagnons de jeux : Fr. Doche, 40 ans (1887), dont le père était des Lélots et la mère du bourg, et C. Babaud, 41 ans (1890). — 138 h.

Chavagnac. — M. Gros, 60 ans (1887), déjà vu en 1879 ; une camarade d'enfance de ma mère, 59 ans (1887) ; M. Pierre Neuville, époux de *Marie Béchade, né en 1832 (1887 et 1890), et son frère (1887) ; enfant Mayou, 11 ans ; Hélène Vergnaud, 5 ans ; une personne de 35 ans ; une femme de 71 ans (1890). — 328 h.

Chez-Casternaud. — *Françoise Neuville (1887). — 8 h.

Chez-Cherves. — Tardat, facteur, 54 ans ; un autre Tardat, environ 60 ans (1887). — 46 h.

Chez-Francillon. — Mme Pascal Lebrunie, 34 ans, demeurant près du cimetière ; son frère, M. Aug. Bernard, 25 ans (1890). — 26 h.

Chez-le-Royal. — * Mariette et * Elisa Raynaud (1887). — 21 h.

Chez-Périchou. — Un enfant de 10 ans (1887). — 8 h.

Goutibert. — Une femme mariée aux Ages, où elle demeure depuis 20 ans, environ 50 ans ; plusieurs personnes ; une petite fille de 4 ans (1887). — 73 h.

La Boubière. — M. *Bernier (1886).

La Merlière. — Une petite fille (1887). — 43 h.

Lascoux. — Mme *Lavaud, ses enfants et ses petits-enfants, 25 ans, 15 ans et 13 ans (1887), 8 ans, 4 ans (1890) ; la fille Rivet, 12 ans, Louise Mayou (son père et sa mère sont du village), 3 ans ; la fille d'une cousine germaine de ma mère, Mme Charles, 33 ans, habitant Les Pradelières (1890). — 134 h.

Le Maschinet. — M. Lévêque et M. *Béchade de Fonroche, deux amis d'enfance ; une petite fille (1887). — 46 h.

Le Masdinteau. — Mme Degorce (M. Grenet), établi à Saint-Claud ; sa sœur, Mme Lhoumeau, environ 45 ans ; M. Brethonneau (1887). — 113 h.

Le Moulin Neuf. — *Marie Garnaud (1879, 1882, 1886, 1887, 1889, 1890) ; *Marie Béchade (1882, 1886, 1887, 1889, 1890) ; *Jean Béchade (1880, 1888 et 1889).

Le Temple. — Une camarade d'enfance de ma mère (1887) ; M. Tabaud, 58 ans (1886 et 1887) ; *sa femme et * sa fille ; M. *Pierre Baud, son *fils et sa *fille ; un petit garçon de 10 ans 1/2 et une petite fille de 4 ans (1887). — 178 h.

Les Forges. — M. Lépinoux, 94 ans ; son fils, 50 ans, et son petit-fils, environ 18 ans (1886), et un enfant de 9 ans (1887). — 117 h.

Les Lélots. — Debard, 12 ans, né aux Pradelières ; son père est né à Saint-Claud (1886) ; son frère, Pierre Debard, né chez Miteau, 11 ans ; Auguste Vildary, 14 ans, petit neveu de M. Pierre Carré, et son frère, Louis Vildary, 7 ans 1/2 (1887). — 50 h.

Les Pradelières. — M. Dubois, 43 ans, et ses deux fils, l'un de 20 ans, l'autre de 13 ans (1887), sa femme est du Mas-Dieu. J'ai revu M. Dubois en 1890 ; trois enfants de 12, 10 et 9 ans (1890). — 184 h.

Puychétif. — M. Meunier fils (1887). — 35 h.

Puyrajoux. — Les deux enfants Tardat, l'un de 13 ans, l'autre de 9 ans (1887). — 30 h.

CHABANAIS. — M. Laurent, 78 ans, vu à Aunac (1887). — 1071 h.

CHABRAC. — Un enfant de 12 ans, de passage à Saint-Claud (1887). — 151 h.

CHAMPAGNE-MOUTON. — Deux personnes en 1879 ; une autre en 1890. — 647 h.

CHANTREZAC. — M. Grenet, établi à Saint-Claud (1879 et 1890). — 120 h.

CHASSENEUIL. — Le fils de M. Barbineau, 22 ans, et sa fille, 6 ans (1889). M. Crusot, établi à Saint-Claud (1890). — 563 h.

Chez-Baugis. — Elisa Patry, environ 30 ans. Elle est née chez Chadiat (Saint-Claud) ; mais, transportée Chez-Baugis vers l'âge de 3 ou 4 ans, elle semble en avoir complètement adopté le parler, son petit garçon, 6 ans (1887). — 14 h.

CHASSIECQ. — Mme veuve Epinoux, 74 ans (1886) ; M. La Brunerie, 51 ans ; ses filles, dont l'aînée avait 21 ans (1886) ; M. Lallemand (1879).

Bierge. — M. Valentin, environ 60 ans (1886). — 147 h.
Chez-Basset. — M. Meunier, dit *kļδcŭ*, le plus âgé de la commune (1886). — 33 h.
Chez-Jean de Beaulieu. — Mme La Brunerie (1886), établie au bourg. — 90 h.
La Génevrau. — Un homme, d'une quarantaine d'années ; son fils, de 20 ans ; une petite fille de 7 ans (1886).
Lajète. — Mme Piat, établie au bourg (1886). — 33 h.
CHENON. — Une femme établie à Aunac (1887).
CHERVES-CHATELARD. — *Chez-Bouneau.* — Mme Poitevin, 35 ans (1886 et 1890), établie à Saint-Claud depuis 9 ans, mais elle a continué à parler son patois en famille.
COUTURE. — *Chez-Gouffier.* — M. Rouyer, 70 ans (1887), établi à Aunac. Il est allé à l'école de Chenomet. — 52 h.
GENOUILLAC. — *Puybarraud.* — M. l'abbé Fourgeau et sa sœur (1887). — 84 h.
LA PÉRUSE. — M. l'abbé Chesnes, curé de Saint-Claud, et sa sœur (1886, 1887 et 1890). — 345 h.
LA TACHE. — Mme Château et sa fille, de 7 à 8 ans (1887). — 192 h.
LE GRAND-MADIEU. — M. Garnaud, 53 ans, n'ayant jamais quitté le pays, et un autre homme du même âge environ, qui a fait son apprentissage à Beaulieu (1887) ; la femme du maire (1879).
LE LINDOIS. — Mme Barbineau, établie à Chasseneuil (1889). — 32 h.
LES PINS. — M. Léonide Bernard, environ 40 ans (1886). — 108 h.
LICHÈRES. — M. Légeron, 57 ans, et sa fille, 25 ans (1887). — 84 h.
LUSSAC. — M. Bélamy, habitant Le Treuil depuis quelques années, et son fils (1886); MM. Terreau, 35 ans ; Bisserier, 77 ans, établi Chez-Chadiat depuis 40 ans (1887). — 196 h.
MANOT. — Mme Eugène Cotinaud, 17 ans, vue à Saint-Claud (1890). — 299 h.
MOUTON. — M. Delille, 79 ans (1887), son père était de Trellies (Jauldes), sa mère de Mouton, sa fille et sa petite-fille (1887). — 255 h.
MOUTONNEAU. — Un vieillard de 79 ans et son petit-fils, rencontrés à Mouton (1887) ; le sacristain, 49 ans, et une femme (1887). — 225 h.
NANTEUIL. — *Villars.* — Mon père, né en 1818 (1887 et 1890).
NIEUL. — M. Méturas, environ 40 ans (1886). — 261 h.
Chez-Juzaud. — Un jeune homme, environ 18 ans, vu à Parzac (1887). — 49 h.
Les Chaumes. — Mme Vachot, 70 ans, établie à Saint-Claud (1886). — 46 h.
Le Rocher. — M. Tingaud, établi à Saint-Claud (1879). — 60 h.
La Sarcellerie. — Une femme d'environ 30 ans, son père était de La Péruse, sa mère de Negret (1886) ; M. Dubois, élevé au Petit-Negret, il est resté 10 ans aux Carmagnats, 15 à Chalais, 4 ou 5 Chez-Tévenin, 66 ans (1886). — 73 h.
PARZAC. — Mme Marchive, au moins 70 ans (1879) ; MM. Texier, Découret, Lhermite, 25 ans (son père est du Poitou, sa mère de Saint-Laurent) ; un jeune homme, dont le père est de Champagne-Mouton et la mère de Châtain (1889) ; un autre, dont le père est de Parzac et la mère de Vieux-Cérier (1890), vu à Romfort. — 90 h.
Chez-Cormenier. — Un homme habitant La Combe de Saint-Claud (1890). — 50 h.
La Combe. — Un jeune homme de 17 ans (1887). — 58 h.
La Garaudie. — Mme Marchand, habitant Saint-Claud depuis longtemps (1890). — 80 h.
Mouchedune. — M. Nivet, 68 ans (1886). — 90 h.
Tierce. — M. Caluaud (1886).
ROUMAZIÈRES. — Des enfants (1886). — 79 h.
Les Vignes. — Un homme d'environ 60 ans (1886). — Maison isolée.
RUFFEC. — Mme Raphaël, 72 ans ; Mme Devant, 75 ans ; sa fille, 48 ans ; la famille Cadoux (1886). — 2854 h.
SAINT-CLAUD. — Mme Baily, 57 ans ; M. Nanglard, environ 60 ans (1879) ; Louis Louit (Lébaudi), qui depuis le commencement de mes recherches jusqu'à 1887 s'est mis à ma disposition avec une affection que je ne saurais oublier. Il est mort en 1888, à l'âge

de 72 ans ; Mme Laville, 68 ans ; sa fille, 46 ans, et son petit-fils, Léonide Armand, 9 ans, le seul des enfants de Saint-Claud qui ait conservé l'usage du patois (1887); MM. J. Bourgeate, environ 50 ans, et Ducoq, 59 ans (1890). — 648 h.

Chalais. — M. Ripe, 62 ans ; Mme *Pineau, 20 ans (1887) ; M. Charles Prévôtel, 64 ans, sa famille habite Chalais depuis au moins 160 ans, sa femme, sa fille et sa petite-fille de 3 ans (1890). — 116 h.

Chez-Chadiat. — MM. Courteneuve (1879) ; Desvergnes, 51 ans (1887) ; Bernard, environ 60 ans (1890). — 127 h.

Chez-Civadier. — M. Jacques Carmagnac, environ 50 ans (1887). Son père était de Chez-Fayard, sa mère de Chalais. — 8 h.

Chez-Mancier. — M. Prévotel, 66 ans; une jeune fille de 15 ans (1890). — 105 h.

Chez-Ménier. — Un homme d'environ 50 ans (1879) ; l'enfant Denis, 4 ans 1/2 (1890), observé conjointement avec sa grand'mère, de la Betoule, et sa mère, de La Chapelle. — 35 h.

Chez-Robinet. — M. Gauthier, 83 ans (1879). — 91 h.

La Combe. — Jamot, dit la Rouine, 84 ans (1879). Son père et son grand-père étaient nés au même endroit. — 35 h.

La Betoule. — Mme Denis mère, 63 ans (1890). — 12 h.

La Chapelle. — Mme Denis, 24 ans (1890). — 7 h.

L'Age. — M. Louis Sudre, 71 ans (1890). — 272 h. (L'Age touche Saint-Claud.)

Les Carmagnats. — Jeanne Maigre, environ 58 ans (1879). — 48 h.

Les Rainauds. — Un homme (1879) ; un jeune homme (1890). — 49 h.

Maine-Michaud. — *Mme Prévotel, 70 ans (1879). — 91 h.

Moulin de Villars. — *M. Séjat (1879).

Moulin de la Roche. — Françoise Vildary, environ 50 ans (1887).

Negret. — M. Poitevin, 41 ans ; une jeune femme, 18 ans ; une femme de 72 ans, venue à 6 ans de Saint-Laurent (1889) ; M. Dubois, 76 ans (1890). — 50 h.

SAINT-FRONT — MM. Gauthier, 70 ans ; son fils, 35 ans, et un enfant ; Louis Gauthier, 47 ans ; Mme Bouchaud, 42 ans, et son fils, 12 ans (1887). — 125 h.

Romfort. — M. Jaboin, 74 ans ; sa fille (Mme *Champagne), 40 ans, et ses petites-filles (1887) ; deux enfants de 11 ans ; René Ménier et Joséphine Vidaud (1890). — 24 h.

SAINT-GOURSON. — Le sacristain, 45 ans (1887) ; une jeune fille de 15 ans (1887). — 142 h.

SAINT-LAURENT. — Une femme très âgée ; un homme d'environ 40 ans ; des petites filles (1887). — 190 h.

Chez-Rioux. — 21 h. — *La Jarnon*. — 43 h. — *La Prévôtie*. — 66 h. — *Les Frégaudies*. — 38 h. — Les petites filles de l'école (1887).

SAINT-MARY. — M. Gobeau, environ 68 ans ; son fils, environ 28 ans ; le sacristain (1886). — 82 h.

Chez-Rosé — 44 h. — et *La Grange* — 76 h. — Un ménage, vu à Saint-Mary (1866).

SALLES DE VILLEFAGNAN. — M. Charles, 63 ans, établi aux Pradelières (1890).

SUAUX. — M. Brejoux, établi à Saint-Claud depuis une vingtaine d'années (1886 et 1890), et diverses personnes. — 166 h.

Masfoubert. — Un enfant, vu à Saint-Claud (1887)

TAISÉ-AISIE. — M. Bodet, 50 ans, sa fille, 15 ans (1890), fixés à St-Claud. — 156 h.

VALENCE. — M. Maudet, 83 ans ; un enfant de 15 ans (1887) ; Mme Rousseau, 37 ans (1890). — 96 h.

Bois-Bernardent. — Mme Barret, établie à Goise (1887) ; Mme Gros, établie à Chavagnac (1887). — 58 h.

Goise. — M. Barret, 61 ans, et son fils, 38 ans (1887). — 57 h.

VENTOUSE. — Famille Champagne : Mme *Darconnat (1887), son *fils (1888), son frère M. *Champagne (1890). — 42 h.

Loûme. — M. Lembert, 50 ans (1887). — 25 h.

DOCUMENTS ÉCRITS

Valeur des documents écrits pour les études phonétiques de patois.

Ces documents ont tous le défaut d'être mal transcrits, et pour la plupart celui de contenir une langue altérée. A eux seuls, ils seraient donc de fort mauvais guides. Mais ils peuvent fournir de précieux renseignements.

Les écrits contemporains attirent l'attention sur des formes qui auraient pu échapper et provoquent à des recherches. Quelquefois, ils suffisent pour l'étude de transformations faciles à constater.

Les documents du moyen âge ont l'intérêt spécial qui s'attache aux vestiges anciens d'un édifice incessamment renouvelé. Chacun, pris à part, dit peu de chose; mais, considérés dans leur ensemble à la lumière des faits contemporains, ils s'éclairent les uns les autres et reprennent quelque chose de la vie que le temps a effacée. Les patois locaux, du moins ceux du Nord de la France, ont été rarement appelés à l'honneur de l'écriture : on avait surtout la prétention d'écrire en latin ou en français. Mais certaines choses que l'on ne savait pas dire autrement ont été écrites dans la langue populaire. Les chartes, les actes notariés, les aveux, les inventaires, les registres des paroisses, contiennent ainsi quelques mots patois que nous devons à l'ignorance des écrivains. Or ces mots, il convient de les recueillir avec soin. La moisson n'est pas grande; mais on verra, j'espère, qu'elle n'est pas à dédaigner.

Liste des documents écrits qui ont été utilisés.

Je signalerai d'abord les documents qui sont propres à Cellefrouin et dont l'étude s'imposait; puis, parmi les pièces relatives à l'Angoumois et à la Saintonge, celles où j'ai glané quelque chose.

1. — Documents relatifs à Cellefrouin.

1º Le *Cartulaire* de l'abbaye de Cellefrouin (*Bibl. nat.* fonds latin, 9235). Il a été écrit sur un rouleau de parchemin formé de feuilles ayant chacune de 68 à 72 centimètres. Il manque au moins une feuille. Le rouleau a été coupé en 10 feuillets et relié. Le *recto*, sauf la dernière charte, est de la même main. L'écriture est celle des premières années du XIIe siècle, mais nous pouvons la dater d'après le Cartulaire lui-même. La dernière charte, qui est de deux autres mains et de deux autres encres différentes, est évidemment postérieure à la copie du Cartulaire. Or, cette charte contient d'une première main la donation d'un certain Airinus agissant avec le consentement de son frère et de sa mère ; puis, d'une seconde main, une nouvelle donation faite par Pétronille, sœur d'Airinus, après la mort de sa mère et de ses frères, en présence de l'abbé Fouchier. Ce Fouchier a quitté Cellefrouin entre 1130 et 1136, pendant le schisme d'Anaclet, pour échapper aux persécutions de l'évêque d'Angoulême, Girard, mort en 1136, qui était partisan de l'antipape. C'est donc antérieurement à cette date et avant la mort des trois personnes susmentionnées, que se place la copie du Cartulaire.

Cette copie a été faite avec soin, car elle a laissé subsister les différences énormes de style qui existent entre certaines chartes.

Si l'on en excepte la première pièce, qui pourrait bien avoir été rédigée par la chancellerie de l'évêché d'Angoulême, et une charte écrite en présence de l'évêque de Poitiers, les autres, surtout les plus anciennes, sont en un latin qui dissimule bien imparfaitement la langue vivante. Plusieurs contiennent des mots et même des phrases entières sous leur forme vulgaire. On croirait que le scribe, qui se nomme une fois comme témoin « *Petrus qui hoc scripsit* [1] », dans une charte presque toute en patois, était du pays.

La plupart des chartes sont des règnes de Henri Ier et de Philippe Ier. La mention qui est faite ordinairement de l'évêque et du comte d'Angoulême permet de préciser la date encore davantage.

Le *verso* est de plusieurs mains et contient des chartes originales. La plupart sont du XIIe siècle, la dernière se place entre 1206 et 1226.

2° Le *Censier* de l'abbaye de Cellefrouin. Il se composait d'un rouleau de parchemin, écrit d'un seul côté. On l'a coupé en 10 feuilles et relié à la suite du Cartulaire.

Le censier est daté de 1274. Mais c'est la date de la copie et non celle du texte original. L'élément chronologique est donc moins sûr avec le censier qu'avec les chartes. Cette copie a été exécutée par une seule main.

Le censier a servi de livre de comptes. Aussi porte-t-il de nombreuses surcharges. Les plus importantes sont dues à une seconde main et se rapportent à une génération qui a suivi celle du copiste principal. On le voit aux substitutions de noms. Le premier scribe avait écrit par exemple : « *Johannes Fitcos de Gotibers VI den. de campo de las Chaumes.* » Le second raye *Johannes Fitcos*, et écrit en surcharge : « *Filius Johannis Ponchet de Pradeleriis* [2]. » Or, ce Ponchet des Pradelières revient un grand nombre de fois sous la plume du premier scribe. On peut donc placer les surcharges les plus anciennes vers la fin du XIIIe siècle.

3° Un aveu fait à Cellefrouin en 1497. (*Arch. nat.*, P. 513, 2e vol.)

4° La copie d'un acte de 1547 qui appartenait à M. de Latonne. Je n'ai pas vu l'original qui a été confié à M. Redet, archiviste de la Vienne en 1844. Mais nous avons tout lieu de croire que la copie faite par M. de Champvallier est exacte.

5° Les registres de la paroisse qui commencent en 1590.

6° Une série de pièces émanant des notaires de Cellefrouin ou des chancelleries épiscopales, pendant le XVIIe et le XVIIIe siècle. Elles ont été réunies par M. l'abbé Védy.

---

1. Cart. recto f° 7, dernière ligne.
2. Cens. f° 6, l. 16.

II. — Documents étrangers à Cellefrouin.

1º Une charte tirée du Cartulaire du chapitre de la cath. d'Angoulême, et publiée avec un commentaire par M. Boucherie. (*Revue de l'Aunis*, 25 avril 1867.)

2º Les chartes de Saint-Florent, près de Saumur, publiées par M. Marchegay. Elles ont été rédigées entre 1060 et 1186.

3º Les Cartulaires de Vaux, de N.-D. de la Garde et de N.-D. de Saintes (XIe-XIIe siècles), publiés par l'abbé Grasilier.

4º Quelques chartes du Cartulaire de Saint-Amand de Boixe, citées d'après M. le pasteur Lièvre. (*Bull. archéog. de la Ch.*, an. 1880.)

5º Quelques pièces des *Archives nationales* (K. 144), des XIIe-XIIIe siècles.

6º Le testament d'Ursus de Juillac (1182-1203). Arch. du dép. de la Charente (Puyfoucaud). Copie fournie par M. l'abbé Blanchet.

7º Notice de ce testament, par Jean de Saint-Val, évêque d'Angoulême. Copie de M. l'abbé Blanchet.

8º Diverses chartes de La Rochelle en français. Deux, dont l'une est de 1215, se trouvent aux *Archives* de La Rochelle. D'autres, de 1229, 1230, avec une de 1242 relative à Tonnay-Charente, ont été publiées par M. Redet. (*Bibl. de l'Ec. des Chartes*, 3e série, tome v.)

9º Une quittance du château de Jarnac (1244), d'après M. Boucherie. (*Le Dialecte poitevin au XIIIe siècle*, dans le *Bull. arch. de la Charente*.)

10º Une charte de Bourg-Charente (1250), dont un fac-simile existe à l'Ecole des Chartes. (*Arch. nat.*, anc. fonds, 158.)

11º Une charte de Nersac (1260), Arch. du dép. de la Charente, Cartulaire GG de l'abbaye de Saint-Cybard. On n'en connaît point l'original. Le Cartulaire est de la seconde moitié du xve siècle. M. le pasteur Lièvre, ayant été à même de comparer plusieurs de ces copies avec les originaux, en a, assure-t-il, constaté l'exactitude. Cette pièce est dans la *Stat. monum. de la Charente*, p. 50. Il y a quelques corrections à faire au texte imprimé.

12º Une charte d'Angoulême (1264), d'après M. Boucherie. (*Dial. poit.*)

13º Un aveu de Laudry de Vilhonneur (1270). Cette pièce, imprimée dans la *Statistique monumentale* (p. 50), se trouve aux *Archives nationales*, P. 513, 3e vol. C'est, au jugement de M. Léon Gautier, une charte fausse.

14º Vidimé (1322) d'une charte (1318) de fondation de six chapellenies faites dans l'église de Saint-Pierre d'Angoulême par Béatrix de Bourgogne, veuve de Hugues le Brun. Cette pièce appartient au chapitre d'Angoulême.

15º Pièces du XIVe et du XVe siècle, publiées par M. l'abbé Tricoire. (*Le Château d'Ardenne*, La Rochelle, 1890.)

16º Une série de pièces appartenant surtout au XVe siècle, et relatives à Château-Renaud. (*Arch. nat.*, P. 513.)

17º Journal de l'enterrement du comte d'Angoulême, 3 mai 1467. (Trésor des pièces angoumoisines, tome Ier.)

18º Une sentence (1478) de l'officialité du diocèse d'Angoulême (*Arch. de la Chte*, série H), publiée par M. l'abbé Legrand. (*Semaine religieuse*, année 1882, nº du 25 juillet et suivant.)

19º *De taxa et cottizatione omnium et singulorum Beneficiorum* Episcopatus Engolismensis (1523), publié par M. l'abbé Michon. (*Stat. monum.*, p. 37.)

20º Deux compositions littéraires, les seules qui existent dans la région : *Le Noël de la Rochefoucauld*, qui remonte au siècle dernier et qui est attribué à un prêtre de Saint-Florent. J'en dois une copie ancienne à M. l'abbé Chaumet. — *Les Impressions de Voyage de Jacques Pingot*. Ruffec, chez Picat. L'auteur, M. Cluzeaux, greffier de la justice de paix d'Aigre et originaire du canton, a écrit ce volume dans le patois du pays vers 1852.

ABBRÉVIATIONS

Membres de ma famille :

F^1 F. Béchade de Fonroche.	G^4 Jean Béchade.
F^2 Mme V. de Mouillac.	G^5 P. Rousselot.
F^3 B. de Fonroche.	G^6 M.-L. Rousselot.
F^4 V. de Mouillac.	G^7 J. Rousselot.
G^1 Marie Garnaud (ma mère).	G^8 Fr. Neuville.
G^2 L. Carré.	G^9 Mariette Raynaud.
G^3 Marie Béchade.	G^{10} Elisa Raynaud.

Les autres témoignages sont rapportés à un lieu déterminé dont la mention est accompagnée de l'initiale des personnes qui les ont fournis. Les exposants qui accompagnent ces initiales désignent des générations successives. Ainsi, par exemple : Les Pradelières, D^1, D^2, D^3 — doit se lire : Dubois père, Dubois fils aîné, Dubois fils cadet.

Documents écrits :

K. r. Cartulaire, recto.
K. v. Cartulaire, verso.
C. Censier (texte).
C. s. Censier (surcharges).
C. s^1 Censier (surcharges, 1re main).
C. s. t. ou C. s^1. t. (surcharges interpolées entre les paragraphes du texte.)
a. f. (*a fine*) placés après un chiffre indiquent que le compte des lignes se fait à partir de la dernière.

K*. L'astérisque joint à K avertit que le passage cité est rapporté en appendice.

Les chiffres qui accompagnent l'indication du cartulaire ou du censier désignent, le 1er (placé avant le trait) le folio, les autres la ligne.

Le compte des lignes est fait séparément :

1° Pour le texte et les surcharges (s. et s^1.) qui sont rapportées à la ligne correspondante du texte ;

2° Pour les interpolations (s. t. ou s^1. t.)

NOTE ADDITIONNELLE.

Les vacances de 1891, survenues avant le tirage du chapitre suivant, m'ont permis de recueillir de nouveaux documents. Je complète donc dès maintenant la liste de ceux que j'ai utilisés. J'en signale en même temps un certain nombre déjà anciens que leur isolement m'avait fait retrancher de la liste déjà donnée.

Abzac. — M. le curé de Saint-Angeau, 53 ans; sa mère, plus de 80 ans.
Agris. — Une femme établie à La Rochefoucauld depuis 40 ans. — Un élève de Richemont (1879).
Pont d'Agris — M. Coussaud, 34 ans; son fils, 8 ans, et d'autres enfants, 12, 11, 10, 9 ans. — 187 h.
Aisecq. — Un jeune domestique vu à Parzac.
Angoulême. — Un homme de 77 ans; M. Duret, né sur le plateau, 81 ans; M. Chagneau, né à Saint-Ausone, 79 ans; un homme de 52 ans; une femme de 40 ans.
Aussac. — Un homme établi à Saint-Angeau.
Raveau. — Un homme de 38 ans, établi au Pont d'Agris. — 219 h.
Barro. — Un homme de 52 ans, vu à Lonnes. — 105 h.
Bayers. — M. Meunier, 63 ans, établi à Fontenille.
Benest. — M. Péladeau, 91 ans; sa fille, établie à Saint-Claud, 60 ans. — Diverses personnes (1879). — 343 h.
Blanzac. — Un élève de Richemont (1879).
Blanzay (canton de Civray, Vienne). — M. le curé de Nieul, 37 ans.
Bouex. — *La Petitie*. — Une religieuse, 53 ans, vue à Angoulême. — 169 h.
Bréville. — Un homme de 50 ans, établi à Saint-Ausonne (Angoulême). — 123 h.
Brie. — Un élève de Richemont (1879). — Notes fournies par M. le curé de Brie.
Bunzac. — Un élève de Richemont (1879).
Celettes. — Mlle Anne Clerfeuil, 55 ans, établie à Saint-Claud. — 329 h.
Cellefrouin. — *Chavagnac*. — M. Carré, 86 ans; Jean Beillard, 40 ans; sa femme et sa fille Mariette, 16 ans; veuve Pierre Gros, 63 ans; Mme Verrier, 56 ans; son fils, 27 ans; sa petite-fille, 11 ans; M. Petit, 33 ans; M. Mayou, 39 ans, et ses deux fils, 13 et 11 ans.
Chez-Vérinaud. — Pierre Maître, 60 ans, établi au Temple depuis 30 ans.
Lascoux. — M. Cheminade, environ 60 ans.
Le Lac. — Une jeune femme (famille Rôty), 30 ans; Mme Sauvage, 61 ans.
Le Maschinet. — Mme Gauthier, 65 ans, établie à Saint-Claud.
Puy-Chétif. — M. Rougier, 41 ans, établi à Cherves-Châtelard.
Chaunay (canton de Couhet, Vienne). — Mlle Blanche Paillé, vue à Ruffec (1886).
Cherves-Chatelard. — Une femme de 40 ans, qui a quitté depuis 22 ans, et deux autres personnes.
Coulgens. — Un homme de 39 ans; sa fille, 14 ans; M. David, 67 ans; son fils, 19 ans. — 406 h.
Courcôme. — Une femme de 70 ans, établie à Luxé; Mme Gobaud, établie à Salles, 61 ans. — Un élève de Richemont (1879). — 617 h.
La Touche. — Jeune homme vu à Ruffec, 26 ans. — 55 h.

Roussilot.

Couture. — M. Cheminade, 44 ans, vu à Saint-Claud. — 240 h.
Deviac. — Un élève de Richemont (1879). — 162 h.
Dignac. — *Beaulieu*. — Deux personnes vues à Rouillac. — 145 h.
Feuillade. — Un jeune homme, domestique à Angoulême, 18 ans.
Fontclaireau. — Un élève de Richemont (1879). — 90 h.
Monpaple. — Pierre Rangier, 48 ans, établi à La Folatière (Luxé). — 172 h.
Fontenille. — Mᵐᵉ Gallet, 28 ans; son fils, 10 ans; une personne de 18 ans; Mᵐᵉ Pinpin, 44 ans; Mᵐᵉ Rivière, 50 ans; M. Péraud, 75 ans. — 90 h.
Guimps. — M. l'abbé Tutard, 55 ans.
Jauldes. — Un élève de Richemont (1879). — 155 h.
Cherve. — Un homme de 50 ans, établi à Coulgens. — 109 h.
Hiersac. — Un élève de Richemont (1879).
La Couronne. — Un homme de 76 ans, établi à Angoulême.
La Rochefoucauld. — M. Fermond, 75 ans; M. Pôte, 83 ans. — Un homme d'environ 30 ans, et une femme de 83 ans (1879). — 2,115 h.
La Rochette. — M. Deborde, 82 ans; M. Viollet, 72 ans; sa fille, 49 ans. - M. Viollet était marié à une cousine germaine de ma mère, du côté des Bernier; — enfants de 11, 10, 6 et 5 ans.
La Borderie. — Le gendre de M. Viollet, 54 ans.
La Valette. — Un élève de Richemont (1879).
Le Lindois. — Une femme établie depuis peu à Saint-Claud.
Lésignac-Durand. — Une jeune fille établie à Fontenille.
Ligné. — *Chez-Pauly*. — Un homme de 87 ans, établi à La Terne (Luxé). — 52 h.
Lignères. — *Haute-Neuve*. — Un homme de 40 ans, domestique à Angoulême.
Lonnes. — Des personnes de 68, 44 et 24 ans.
Luxé. — *La Terne*. — Une femme de 82 ans; Olive Ollier, 49 ans. — 126 h.
Malaville. — *Chez-Valet*. — Une jeune domestique, 16 ans.
Marsac. — Mᵐᵉ Bloin, 42 ans, établie à Saint-Genis.
Mazières (Deux-Sèvres). — Une servante, 27 ans (1888).
Montalembert (canton de Sauzé, Deux-Sèvres). — Une femme établie à Saint-Claud, environ 60 ans (1889).
Montbron. — Deux religieuses, 73 et 74 ans, vues à Angoulême. — Une vieille femme (1879).
Chez-l'Houmy. — Mᵐᵉ Nanglard, établie à Saint-Claud, 62 ans. — 34 h.
Montembœuf. — Une femme de 69 ans, établie à Angoulême. — 348 h.
Nanteuil. — Veuve Dindinaud, 80 ans, établie à Courcôme; M. Bordineau, 50 ans, vu à Saint-Claud; un homme de 40 ans, établi à Saint-Laurent. — 555 h.
Chez-Chemeraud. — Rose Périn, 89 ans, établie à Luxé; M. Guindon, 70 ans, vu chez sa fille, établie à Mouchedune (Parzac). — 41 h.
Chillioc. — Un homme de 43 ans, vu à Saint-Claud. — 26 h.
Nieul. — Enfants Baynaud, 16, 14, 10, 3 ans; enfants de 7 et 5 ans; une femme de 49 ans.
Les Mias. — M. Baynaud, 43 ans. — 86 h.
La Sarcellerie. — M. Martin, 41 ans.
Parzac. — Enfant Cormenier, 9 ans; M. Texier, 35 ans; ses enfants, 9 et 11 ans; Mᵐᵉ Ravion, 42 ans, et ses enfants, 15 et 8 ans.
Berthelat. — M. Arlin, 88 ans, établi à Mouchedune. — 22 h.
Le Châtenet. — M. Richon, 21 ans; sa sœur, 16 ans; une petite fille de 5 ans, élevée dans la maison et amenée de Loubert à 2 ans 1/2; M. Ravion, 46 ans, établi à Parzac. — 61 h.
Mouchedune. — M. Carmagnat, environ 60 ans.
Moulin de Mouchedune. — M. Bernier, cousin germain de ma mère, 60 ans. Son père était du Moulin de la Boubière, sa mère du Masdinteau. Son parler est intéressant en ce

sens qu'il est, pour le fond, de Cellefrouin, avec un léger mélange de Parzac. — Sa fille m'a semblé parler purement le patois du pays.

PRANZAC. — Un élève de Richemont (1879). — 185 h.
PUYMOYEN. — *Les Vergers.* — M. Noblet, 74 ans. — 89 h.
ROCHECHOUART. — M. Vincent, établi à Saint-Claud (1890).
ROUGNAC. — *L'Émérie.* — M. Robin, 28 ans. Déjà, en 1879, il m'avait fourni à Richemont des matériaux considérables.
Montaurant. — Mme Robin, 18 ans, établie depuis peu à Angoulême. — 15 h.
RUFFEC. — Mlle Garraud, 47 ans; Augustine Magnand, 66 ans.
ST-AMAND-DE-NOUÈRE. — M. Lair, 73 ans; son fils, 43; son petit-fils, 15; Mme Lair, 70 ans.
La Chevallerie. — M. Chabanne, 52 ans. — 41 h.
La Chise. — Marie Ménard, 68 ans. — 111 h.
SAINT-AMAND-DE-BONNIEURE. — *Le Châtenet.* — M. Lavaud, établi à Lascoux (Cellefrouin), 66 ans (1890); Mme Gros, de Chevagnac, portée induement (p. 172) pour Le Bois Bernardent. — 15 h.
SAINT-ANGEAU. — MM. Edmond Carré, 36 ans, et Auguste Carré, 31 ans; une femme, 73 ans; sa fille, 47; sa petite-fille, 15.
SAINTE-COLOMBE. — M. Dufouilloux, 73 ans; son fils, 45; sa petite-fille, 15.
SAINT-CLAUD. — Marie Armand, 9 ans; Céline Armand, 8 ans; enfant Calaud, 8 ans; la famille Bourgeate : Geneviève, 24 ans; Marguerite, 22; Joséphine, 17; Maria, 11; Joseph, 8; Eugénie Patureau, 10 ans; M. Peyronnet, 24 ans, établi à Saint-Laurent; Mme Vincent, 26 ans, élevée par sa tante, qui est de Cherves.
Champlappe. — Marie Chambaud, 12 ans; sa sœur, 5 ans.
Chez-Chadiat. — Mme Baron, environ 70 ans, établie Chez-Robinet.
Chez-Menier. — Enfant de 10 ans.
Chez-Robinet. — M. Pinaud, 45 ans; son frère, établi à Saint-Claud; enfant de 6 ans.
Chez-Sudre. — Fille Michaud, 10 ans; son frère, 7 ans.
La Chapelle. — Mme Carmagnat, mariée chez Robinet.
L'Age. — Enfant Chambaud, 9 ans.
La Grange. — Un jeune homme. — 21 h.
SAINT-GENEST (canton de Lencloître, Vienne). — M. l'abbé Fradin, 42 ans.
SAINT-GENIS-D'HIERSAC. — Veuve Nalbert, 60 ans; Mme Clément, 43 ans; M. Bloin, 44 ans.
Grosbot. — Mme Maquais, 20 ans; Mme François, 35 ans. — 191 h.
SAINT-LAURENT. — Enfants de 15, 13, 10, 8, 5 ans; jeune homme de 21 ans.
SAINT-MARY. — Un élève de Richemont (1879).
MIALLET (canton de Saint-Pardoux-la-Rivière, Dordogne). — Servante établie à Angoulême.
SAINT-SIMEUX. — M. l'abbé Bonneau. — 104 h.
SAINT-YRIEIX. — Un élève de Richemont (1879). — 291 h.
SALLES D'ANGLES. — M. Marbœuf, 60 ans; ses fils, tous les deux prêtres, 40 et 32 ans (1889). — 111 h.
SALLES DE VILLEFAGNAN. — M. Gobaud, 51 ans; sa fille, 28; M. Goumin, 67 ans; sa femme, 70; Mme Bonneau, 35 ans. — 386 h.
SAVIGNÉ (canton de Civray, Vienne). — Une femme de 50 ans, établie à Ruffec.
SIREUIL. — *La Côte.* — Un homme de 54 ans, vu à Angoulême. — 78 h.
VERDILLE. — *Chez-Marrot.* — Un homme établi à Angoulême, 57 ans. — 36 h.
VIEUX-CÉRIER. — *Les Courades.* — M. Ravion, 52 ans, vu à Saint-Claud. — 40 h.
La Bosse. — M. Chabane, 63 ans, habitant depuis 38 ans Turgon, vu à Saint-Claud. — 48 h.

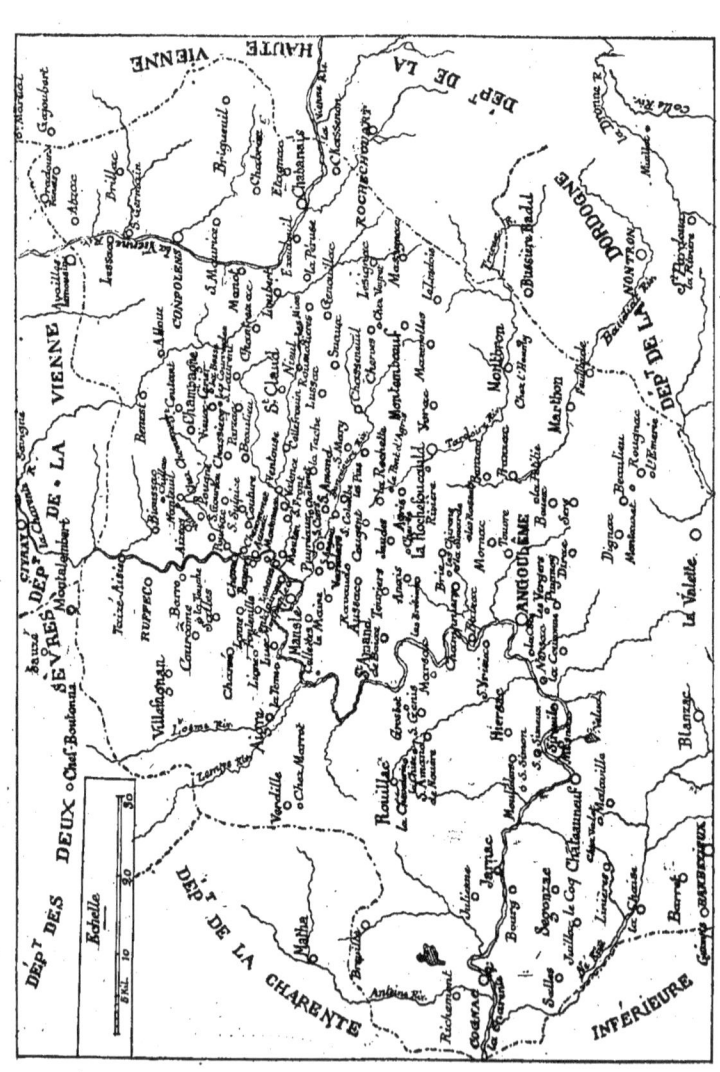

CHAPITRE II

CONSONNES

L'ordre généralement suivi dans l'exposition des faits que nous avons à étudier, s'il se recommande par sa clarté, a l'inconvénient de morceler la matière. Nous sommes donc obligés de nous en affranchir. Et, comme c'est la transformation phonétique elle-même que nous considérons avant tout, c'est elle qui doit imposer l'unité et déterminer le choix de nos articles. De plus, les évolutions actuelles étant les plus faciles à reconnaître, nous commencerons par elles chacune de nos études particulières. Le présent servira ainsi à éclairer le passé.

Après avoir réuni dans un premier paragraphe les articulations qui se sont conservées, nous traiterons successivement des changements d'articulation, de la simplification des consonnes doubles, des changements de sonorité, de la chute et de la vocalisation des consonnes, enfin de la formation des consonnes nouvelles [1].

§ 1ᵉʳ. — Articulations conservées.

Nous mettons de côté les consonnes qui depuis l'époque latine se sont conservées jusqu'à nos jours sans changements appréciables, à savoir :

1° Les liquides initiales et médiales :

L. — LUPUM, *lü*; LANAM, *lăn*; ALAM, *äl*.

M. — MAGIS, *mă*; AMICUM, *ămĭ*.

N. — *NORA, *nŏr*; SANARE, *sănă* « affranchir »; RANAM, *răn* [2] « rainette ».

R. — REM, *rĕ*; DURARE, *dŭră*; *CANTARE-HABET, *eătrŏ*; DORMIRUNT, *drmĭrĕ*.

L'R de la 3ᵉ personne du pluriel s'est propagée dans les parfaits à la 1ʳᵉ personne du pluriel *nĕ drmĭrĕ*, puis aux deux 2ᵉˢ personnes *tŭ drmĭrĕ*,

---

[1] Des renvois indiqueront quand il y aura lieu de se reporter aux *Notes complémentaires* qui terminent ce chapitre. ‖ [2] Lorsque je transcris un mot de mon patois sans indication de provenance, c'est sur ma prononciation que je me règle.

vĕ drmîrę̆ (G [1]). Il ne faudrait pas y voir l'R du plus-que-parfait. La preuve, c'est que dans un territoire contigu, dont la limite embrasse Saint-Laurent (sauf la Prévôtie, les Frégnaudies, Chez-Rioux), Saint-Claud (sauf l'Age, Chalais, Chez-Mancier, Chez-Chadiat), Lussac, Chasseneuil (sauf Chez-Baugis), Chez-Rozé (Saint-Mary), les Pins, Agris, la consonne analogique est le T de la seconde personne qui s'est imposé à la 1ʳᵉ et à la 3ᵉ du pluriel : *tĕ ĕâtĕtĕ, vĕ ĕâtĕtĕ, nĕ ĕâtĕtĕ, ũ ĕâtĕtĕ* (St-Claud). — V. *Not. compl.* 1.

2° M, N appuyées sur une consonne précédente :

M. — DORMIRE, *drmĭ*.
N. — *CORN-ARE, *kŏrnă*.

Lorsque M et N sont mises en contact, le traitement n'est pas uniforme. Nous avons deux séries, l'une avec *m*, l'autre avec *n* :

SCAMNELLUM, *ĕcămĕ̆* ;	DAMNARE, *dănă* ;
*EXAMINARE, *ĕsămă* ;	EXTAMINARE, *ĕtănă, ĕtănă* ;
FEMINAM, *fæm* ;	SEMINARE, *sănă* ;
SOMNICULUM, *sŭmĕḷ* ;	GERMINARE, *jărnă* ;
HOMINEM, *ŏm* ;	GERMEN, ONEM, *jărnŭ*.
NOMINARE, *nŭmă* ;	
AD LUMINARE, *ălŭmă* ;	
*SUMINARE (de SUMEN, lait de truie), *sŭmă* « suinter » ;	
*VIMINEM, *vĭm* ;	
*VERMINEM, *vărm*.	

On pourrait aussi probablement rattacher *ĕărmĕl* « instrument à anches fait de l'écorce d'une jeune pousse », a *ĕarme*, CARMINEM, et *lŭmĕ* « cierge formé de plusieurs rats-de-cave tordus ensemble », à *lume*, LUMINEM. L'étymologie de *sŭmă* se trouve appuyée par la forme berrichonne *suner* « être en sève », comparée à *sener* « semer ». (Jaubert, *Gloss. du Centre*.)

Il semble que l'M soit restée quand elle n'a pas été absorbée par la voyelle précédente (en se nasalisant), ou écrasée entre une consonne et l'N appartenant à la syllabe tonique : *ĕsămă* serait refait sur *ĕsăm* (EXAMINAT) et *ĕtănă* présenterait un compromis entre *ĕtăm* (EXTAMINAT) et *ĕtănă*. Il y aurait eu ainsi nasalisation pour A et E à l'atone. Un seul mot fait exception : SCAMNELLUM ; mais *ĕcămĕ* ne m'a été signalé que par deux ou trois personnes ; la plupart l'ignorent, et rien ne prouve qu'il soit indigène.

3° R appuyée sur une consonne soit antécédente soit subséquente en latin vulgaire ou en roman :

PRATUM, *pră* ; VERACEM, *vră* ; PARTEM, *păr* ; VIRIDEM, *vĕr* ; HIBERNUM, *ĭvĕr* ; CORPUS, *kŏr*.

4° Les consonnes L, N, lorsque, finales soit en latin soit en roman, elles se sont trouvées liées étroitement à des mots commençant par une voyelle.

L. — ILLA EST, ăl ĕ (cf. ILLA CANTAT, ă căt); ECCU-ILLUM HOMINEM, kl ŏm; QUALE HORAM, kăl ŭr? QUALE ÆTATICUM, kăl ăj? L'*l* de QUALE n'a vécu que dans ces deux formules archaïques. On dit donc : kă ănăd « quelle année »; kă ŏm « quel homme ».

Dans ces groupes syntactiques, l'*l* est si intimement unie à la voyelle suivante, que, dans l'appréciation commune, elle forme avec elle une syllabe. Aussi imprime-t-on *o l'est* pour *ol est*. (*Voy. de Jacq. Pingot.*)

N. — L'N finale latine subsiste encore dans la prép. IN + voyelle (*ăn*), et dans les réponses négatives faites à des questions comme « est-il ici? — était-il ici? — As-tu fais cela? » NON EST, *nnĕ*; NON *EST-IA, *nnĕtt*; NON HABEO, *nnĕ*.

C'est aussi par la conservation de l'N de NON que j'expliquerais *nă*, INDE, et *y*, IBI. Je *n'en veux pas* s'est dit : *i nĕn-ă vŏ pă*; et *il n'y a pas* : *kŏ nĕn-i ŏ pă*, *kŏ nĕyŏ pă*. Lorsque *nen* a disparu, son *n* finale est restée soudée à *ă* et à *i* (*nă*, *y*). M. Chabaneau signale *nen* dans les *Coutumes de Limoges* et le *Ludus Sti Jacobi* (*Gram. lim.*, p. 303).

L'N finale romane s'est conservée dans les adjectifs liés à un substantif : BONUM AMICUM, *bŭn ami*; MEUM HOMINEM, *mŭin ŏm*.

C'est à BENE que je rattacherais l'*n* de *nă*, ALTUM; *nŏt*, ALTAM; *nŏsă*, *ALTIARE. BENE avait deux formes, suivant qu'il était suivi d'une voyelle ou d'une consonne. On disait *bĕn-au*, *bĕn-aula*, et *bĕ* (aujourd'hui *byĕ*) *bă* « bien bas ». A Nanteuil, on dit encore *bĕn ŏ* : *ŭ l pŭrtĭ bĕn ŏ!* « il le portait bien haut! » La forme *bĕ* a remplacé la forme tonique à Mouchedune, à la Sarcellerie. Mais à Cellefrouin, à Saint-Claud, c'est le contraire qui a eu lieu; *bĕ* ne vit plus que comme interjection (*ĕ bĕ! ĕ b!* « eh bien! »), ou dans des phrases comme *ŭ fă b prŭ sŏ sŏ* « il fait bien assez son sot »; *ŭ fă b byĕ* « il fait be[1] bien ». Au moment où *bĕn* est tombé de l'usage, son *n* a dû être recueilli par *ă*, dont on a eu ainsi un doublet, fréquent à Saint-Claud, plus rare à Cellefrouin. Le verbe en a subi l'influence, et l'on a *nŏsa* « hausser » à côté de *ŏsă*. La date à laquelle on signale la première apparition de cette *n* dans *nauta*, le XIVᵉ siècle (Bartsch, 362, 46; Chab., *Gr. lim.*, 117), n'est pas une objection; à cette époque *bĕ* était constitué et l'on conçoit que la lutte entre *bĕn* et *bĕ* était engagée depuis longtemps déjà.

---

[1] Ce *be*, intraduisible dans ce cas, est passé dans le français du pays.

5° L'R finale en roman, sauf dans les infinitifs de la 1re et de la 4e conjugaison et le suffixe -ARIUM, c.-à-d. après toutes les voyelles, sauf *a*, *i*, *ie*.

e : SERUM, *sĕr*; VALERE, *vŏlĕr*; HABERE, *ăvĕr*; verbes en -ERE, -*ĕr*;
o : SOROR, *sŏr*; PAVOREM, *pŏr*; .
u : suffixe -OREM, *ŭr* (*cătŭr*);
œ : CORIUM, *kœ̆r*;
u : DURUM, *dŭr*; MATURUM, *mădŭr*.

6° Peut-être le D de AD devant *un* (cf. Chabaneau, *Gr. lim.*, p. 113) : *ă d ŭn tăt* « à une tante »; *ă d ĕ tĕl ĕpŏk* « à un tel époque » (G¹). Mais il faudrait admettre que ce *d* n'aurait pas suivi le sort du D intervocalique placé avant l'accent, ce qui est douteux ; et, de plus, qu'il se serait étendu analogiquement à d'autres cas, comme : *d ănŭ ă d ŭn ă* « d'*anuit* (aujourd'hui) en un an » ; *sŭ d ŭn rŭt* « sur une route » (G¹).

La seule autre explication que l'on puisse opposer à celle-ci, c'est l'emploi abusif de la préposition DE, comme dans *dŏtr* « d'autre ». *ĭ nă fĕrĭ brŭlă ŭn kŏrd dĕ dŏtr* (G¹) « j'en ferais brûler une corde de *dautre* (bois) ». Cette forme a pénétré si profondément dans le langage du pays, que les personnes instruites en font usage dans tout l'Angoumois.

M. Jônain, de Royan, cite dans son *Dict. du patois saintong.*, p. 18 : « *à n in certain endret* », et « *jh' ai dit à d in homme* ». Dans le premier cas, nous avons sûrement l'*n* de IN ; n'aurions-nous pas de même un *d* furtif dans le second ?

7° Les instantanées et les spirantes — sauf C et G (+ A, E, I), G (+ L), H et V — initiales et appuyées sur une consonne précédente (latine ou romane) ou la diphthongue AU soit primaire soit secondaire :

P. — PATREM, *pĕr*; TALPAM, *tŏp*; g. CAUPJAN¹, *cŏpĭ* « presser ».
B. — BIBERE, *bĕr*; BLASPHEMARE, *blămă*; HERBAM, *ărb*.
F. — FACERE, *fĕr*; DE-FORIS, *dĕfŏr*; FRATREM, *frĕr*.
T. — TESTAM, *tĕt*; TRANS, *tră*; URTICAM, *ŏrtrĭj*; *GAUTAM, *jŏt*; g. PAUTA, *pŏt*; ALTAM, *ŏt*; PASTAM, *păt*; *EMPOTARE, *ătă*.
D. — DENTEM, *dă*; LEONARDAM, *lŏnărd*.
S. — SIC, *sĭ*; HERI-SERUM, *ărsĕr*; PENSARE, *păsă*; SALSAM, *sŏs*.

---

¹ Les mots d'origine germanique sont précédés de la lettre g. quand ils ne sont pas annoncés comme tels. Je reproduis en général les formes indiquées par M. Mackel (*Die germanischen Elemente in der franz. und provenz. Sprache*, dans les *Franz. Studien*). J'ai fait aussi des emprunts à MM. Kluge (*Etym. Wœrterbuch der deutschen Sprache*) et Fœrstemann (*Altdeutsches Namenbuch*).

C. — collum, *kŏ*; curare, *kūrā* « nettoyer »; classicum, *k]ā̆*; cremare, *krāmä*; g. *kotta, diminutif *kŏtī]ā̆*.
Qu et Co + voyelle. — quem, *kĕ*; coagulare, *kā]ā̆*.
G. — gulam, *gŭl*; grandem, *grā*; g. grut, *grŭ* « grain ».

Dans les mots germaniques introduits tardivement, la gutturale se conserve devant toutes les voyelles : kane, *kän*; marka, *märk* « marque »; trinken, *trŏkä*.

8° Quelques consonnes, qui, devant régulièrement s'altérer, se sont conservées dans des mots germaniques ou dans des dérivés, parce que l'apparition de ces mots dans le patois ne concorde pas avec la date de l'évolution qui les aurait entraînés dans son mouvement : g. rata, *rāt*; g. lok, dim. *lŏkĕ*; g. brida, dim. *brĭdä̆*; g. wridan, *rĭdā̆* « rider »; pik, dérivé *pīkä̆* (cf. *pījä̆* de picare); picum, dim. *pīkä̆tĕ̆* « pivert » (cf. *pījä̆* de picalem « noir et blanc comme une pie »). Je suppose de même que *trauc « trou » a donné naissance à *trŏkä̆* « transpercer » après la date de l'altération du c devant a et avant le commencement de son évolution dans les finales.

§ 2. — Changements d'articulations.

gutturales et *y*.

Sans presque sortir du bassin du Son, nous trouvons les principales étapes de l'évolution qui a conduit le g et le c jusqu'à *h* et *ĉ*.

Palatalisation du g et du k.

Le point de départ est la palatalisation du *g* et du *k*, et leur transformation en *gy* et en *ky*. Ce fait ne se montre pas encore à Cellefrouin ni à la Tâche.

A Goise, M. Barret, qui est presque le seul à garder la tradition du village, conserve le *g* dur : *ĭ věgĭ* « je viens »; *věgŭ* « venu ». Mais son fils a les formes palatalisées *vāyĭ*, *vāyŭ*. Ce serait une erreur de croire que ce sont là les vraies formes locales; elles sont empruntées au parler de Mme Barret qui est du Bois-Bernardent et qui dit *vāgyŭ*. Heureusement que l'intrusion est ici évidente. Un peu plus tard nous aurions pris la forme régnante pour la forme indigène.

Le *gy* apparaît isolé de *ky*, au Maschinet dans le parler de M. de Fonroche, et à Ventouse dans celui de la famille Champagne.

Mais il semble que les formes employées par M. de Fonroche soient des emprunts faits à Ventouse, car elles ne sont pas constantes. A côté de *vĕyĭ*, *pŭyŭ* « pu », je relève *u jĕgĭ* « il atteignit », *nĕ rĕvĕgirā* « nous revînmes ». Une autre personne du Maschinet que j'ai interrogée dit *vĕgĭ*, *vĕgŭ*.

A Ventouse, nous avons *y ĕyĭ* « j'allai », *t ĕyĭ* « tu allas », *n ĕyirā* (C¹), formes plus avancées que celles des villages voisins, *vĕgyu* « venu » (C²), et *vāyŭ*, *krĕyu* « cru », *vŏyu* « voulu » (C³) — *vāyŭ* est un emprunt, s'il n'a pas été fait analogiquement sur *vā* « venons, viennent » —; mais *kĕkĭ* « celui-ci ».

Cette inégalité de traitement entre la sonore et la sourde n'a rien de surprenant. La sourde, étant plus énergique, doit opposer une plus forte résistance à l'action assimilatrice de la voyelle. J'ai rencontré le même fait à Vaugirard, rue Cambronne, chez un homme de 60 ans qui n'a jamais quitté le quartier. Il dit : *rĕgyărdĕ* « regarder », mais *kărtyĕ* « quartier ».

Le *ky* du reste n'est pas loin. Nous le rencontrons à Loûme (commune de Ventouse), et dès que nous mettons le pied dans la commune de Chassiecq, à La Génevrau.

Un autre fait intéressant que l'on peut observer sur la limite de ce territoire, c'est la différence qui existe entre l'influence palatalisante de l'*i* et celle de l'*u*. Nulle hésitation pour *kyi*. Mais *ku* se rencontre quelquefois à côté de *kyi* : *kyĭ* « ici », *nĕkyu* et *nĕku* « né » (Bierge, V.). A partir de Romfort (au moins dans la famille Jaboin et dans quelques autres — M. V. — malgré des mélanges[1]) et de Saint-Front, *kyu* est constant, *nĕkyu* (J.), *kyŭlŏt* « culotte » (Saint-Front, S.), *ĕkyŭrĭ* « écurie » (Bayers). Là même cependant, comme nous le reconnaîtrons plus loin, *kyu* est moins ancien que *kyi*.

Mais la palatalisation ne se produit pas encore devant *e*, *œ* : *kĕt* « cette », *kœs* « cuisse » (Mouton). Il en est de même au delà de la Charente, à Chenon, à Bayers, à Fonclaireau.

kye (*kyĕl* « cette ») existe à Bioussac, à Ruffec; *kyœ* dans le Pays-Bas, par exemple à Salles d'Angles, près de Cognac : *kyŭs* « cuisse » (M.), *tyœs* (M² et M³).

kya ne se rencontre que loin de notre domaine, dans les faubourgs de Paris. L'*a* qui palatalise le *k* est un *a* tendant vers *è*. — V. *Not. compl.* 2.

Ainsi, à ne consulter que la géographie, les voyelles se placent d'après leur puissance de palatalisation dans l'ordre suivant : *i, u, e, œ, à*.

---

[1] *ĭkyĭ*, *nĕkyŭ*, mais *ĕkŭrĭ*, *kŭlot* (M. V.). Il y a ici une influence française très naturelle chez les enfants.

La physiologie nous conduisait à une conclusion analogue, car toutes ces voyelles se produisent dans la partie antérieure de la bouche et dans des positions où la langue est de plus en plus éloignée du palais. (Voir ci-dessous *régions d'articulations*.)

Deux conclusions, intéressantes pour le domaine gallo-roman, se dégagent de ces faits : c'est que, au moment où se fit la palatalisation du c devant E, I, et même devant A, l'U de QU et l'O de CO + voy. n'étaient pas encore tombés, et que l'*u* latin non seulement n'était pas encore *u*, mais qu'il n'avait même pas encore atteint la position de l'*ü*.

Evolution de gy, ky, y.

Le développement de *gy* et de *ky* peut suivre différentes directions. Ou bien l'élément guttural se fond avec le *y*, ou bien il se déplace dans la direction des dents pour aboutir à *d* et à *t*.

De ces deux voies, la première a été suivie par *gy*, la seconde par *ky*.

L'évolution de *gy* a été si rapide dans le bassin du Son, qu'en moins de 50 ans, elle s'est trouvée accomplie, et que je n'ai pu saisir entre *gy* et *y* qu'une seule étape, *ɡy*.

Tous les vieillards ont *gy* : *vãgyĭ*, *vãgyŭ* (Valence, Romfort, Saint-Front, Lichères, Mouton, Chassiecq).

A Romfort (commune de Saint-Front), nous avons la série : *gy*, *ɡy*, *y*. J'ai entendu en même temps dans la famille Jaboin : *pĕgyŭ* (J¹ 1813), *pĕɡyŭ* (J² 1847), *pĕyu* (J³ 1867), et même *pyŭ* (J⁴ 1869). Dans une autre famille, le *g* a vécu plus longtemps. Je le trouve dans *vãgyĭ*, mais à peine sensible (V. 1880). Je ne l'ai pas entendu dans *prãyĭ* « je pris ».

A Mouton, le *g*, qui n'est plus senti dans la conversation ordinaire, se montre encore dès que le ton devient emphatique : *vãyĭ*, *vãyŭ* et aussi *vãgyŭ* (D³, 1865).

A Saint-Front, il n'y a pas de trace de *g* dans le parler de la génération de 1875 (Bou.²).

A Chassiecq, comme à Romfort, nous rencontrons dans la même famille, à 30 ans de distance, *vãgyĭ* (L¹, 1835), *vãyu* (L², 1865).

ky est passé à *ḱy*, puis à *ty*. Quoique la vie du *g* dans *gy* n'ait pas été longue, celle du *k* dans *ky* est plus courte encore. *Ky* n'existe dans *kyĭ* que sur la frontière du domaine, à Romfort (M.). Même à Valence *kyĭ* est descendu jusqu'à *tyĭ*. L'intermédiaire *ḱyĭ* n'a été recueilli qu'une fois (Mouton D., 1808). Le *ky* suivi d'un *u*, formé plus tard, n'a pas encore été ébranlé : *hyñlŏt* « culotte » (Saint-Front, S.), à côté de *kŏtyĭ* « ceci » (Saint-Front, L. C.), *ĕkyñrĭ* « écurie », à côté de *kĕtyĭ* « celui-ci » (Bayers).

Nous avons donc la concordance suivante :

văgyĭ   kŏtyĭ   nĕkyu

qui nous montre à quel point le *g* est plus solide que le *k*. C'est cette force même de résistance de la sonore gutturale qui a déterminé la rapide élimination de l'élément occlusif et qui a détruit la symétrie du développement des deux gutturales (*gy*, *dy*, *ky*, *ty*, etc.). — V. *Not. compl.* 3.

Si nous poussions nos recherches plus loin, nous rencontrerions : à l'ouest, dans les Deux-Sèvres, *ĭŝ* (*tŝĕl* « celle ». — Lezay, *Rev. des pat. g.-r.*, II, 107, l. 40), et même (*sсеĭt* « quitte ») à Mazières[1] dans la Gatine ; à l'ouest[2] *tе*, et aussi *е* pour un *y* récent précédé d'une sourde, par ex. dans l'Allier : *krĭtеĭ* « celui-ci » (Domérat); *tеĭ* « ici » (Commentry); *bĕtеyō* « bestiaux » (Montvicq); *krĭteō* « couteau » (Ganat, Mayet).

A Saint-Bonnet-de-Rochefort, on peut prendre sur le fait la sifflante sortant d'un *y* appuyé. Le son *y* est le même que celui de l'*r* de *père*, laquelle incline fortement vers *z*. C'est un sifflement que j'ai comparé au *th* anglais, il ne se produit pas entre les dents, mais un peu en arrière, à un point où *r* et *z*, *s*, peuvent se rencontrer (cf. *Patois de Couffy*, *Rev. des pat. g.-r.*, I, 202). On a donc à Saint-Bonnet : *pĕř* « père » ; *mĕř* « mère » ; *břō* « beau » ; *vřō* « veau » ; *dřō* « dé », DIGITALE ; *pådřō* « pendue » ; *căpřō* « chapeau » ; *křŭtřō* « couteau ».

е, *s*, *j*, *z*, sont donc les termes où, quand il ne se conserve pas tel, aboutit le *y*, qu'il naisse soit d'une gutturale palatalisée, soit d'un *i* appuyé sur une consonne.

Il n'en a pas été autrement du Y latin ou germanique dans ses diverses évolutions :

1° Y sorti de C (+ E, I) ou précédé de T :

En position forte, *s* : CINEREM, *sādr* ; CINQUE, *sĕ* ; *FORTIA, *fŏrs* ; *ALTIARE, *ōsă* ; *NOPTIA, *nŏs* ; NEPTIA, *nyĕs* ; FACIAT, *făs*.

(c devenant *ty* puis *ts*, CI + voy. constitue la position forte.)

En position faible, *z* : PLACERE, *plăzĕr* ; *AUCELLUM, *ōzĕ* ; RATIONEM, *răzĭĭ* ; SATIONEM, *săzu* ; ACUTIAT, *ăgñz* ; -ITIA, -*ĭz* (*fеуătĭz*).

---

[1] Une servante de 27 ans (1888). ǁ [2] Les formes suivantes ont été recueillies dans mon expédition de 1879.

2° Y sorti de c (+ A) et en plus dans les mots germaniques (+ E, I), ou précédé de P :

En position forte, є : CAMPUM, *cā*; CALCARE, *cŏcā*; CANEM, *cĭ*; CAUSAM, *cŏʒ*; INRAUCARE, *ūrŏcā*; *AUCA, dim. *ŏcŭ*; g. MARAH-SKALK, *mārĕcā*; g. KAUPJAN, *cŏpĭ* « presser, serrer »; g. SKELLA, *ĕcĕl*; g. SKINA, *ĕcĭn*; g. SKIUHAN, *ĕcĭvā*; SAPIAM, *sāc*; APPROPIARE, *āprŭcā*; g. HAPPIAM, *āc* « hache ».

En position faible, même latine, *j* : NECARE, *nĕja*; SECARE, *sĕjā*; LOCARE, *lŏjā*; HOCANNO, *ŭjā*; NUCATUM, *nŭjā*; PIKARE, *pījā*; PICALEM, *pijā* « noir et blanc comme la pie »; g. BUKON, *cō-bŭjā* « devenir étanche »; g. KRUKA, *krŭj* « cruche »; CARRICARE, *cārjā*; VENDICARE, *vūjā*.

A été traité de même le y sorti de c ou de G et appuyé sur un T intervocalique : -ATICUM, -*āj* (VILLATICUM, *vĭlāj*, etc.); COGITARE, *kŭjā*.

Tout près de Cellefrouin, à St-Claud, CT a donné є comme c (+ A) : DICTA, *dĭc*; FACTA, *fāc*; STRICTA, *ĕtrĕc*; FRUCTA, *frŭc*; *AD-LUCITARE, *ălŭcā* « allumer »; COCTA, *kŭĕc*; PUNCTA, *pōc* « pointe ». A Cellefrouin, tous ces mots supposent une vocalisation du c. Mais à côté nous trouvons : *ālĕcā* « mettre au toit »; *gărĕcā* « mettre en guéret »; *pōc* « ponte » (Cellefrouin). A Saint-Claud, *ālĕcā*, *gărĕcā*, pourraient se rattacher naturellement à *INTECTARE, *WERACTARE. Peut-on leur supposer des primitifs en -ICARE? D'autres verbes d'une formation semblable tendent à le faire croire : *gĕcā* « guetter » (Ventouse) est tiré de *gĕ* « guet »; *ăkŭea* « renverser un vase pour faire sortir tout le contenu », paraît bien dérivé de *kŭ*. Mais comment expliquer *pōc*? Ce mot me semble appeler un *PONCTA. Il se pourrait, du reste, que la limite eût fléchi en ce point, car nous trouvons au moyen âge *ch* issu de CT dans Turpin et dans les chartes des environs d'Angoulême[1] : *diche*, *diches*, etc.

3° Le Y sorti de G (+ E, I et A) ou précédé d'une consonne sonore et le J lui-même donnent :

En position forte, *j* : GENTEM, *jā*; DIURNUM, *jŭr*; JUGUM, *jŭ*; GALLUM, *jā*; GAUTAM, *jŏt*; CAMBIARE, *cājā*; LOMBEA, *lŏj*; g. LAUBIA, *lŏj*; SALVIA, *sŏj*.

Ont été traités comme en position forte : le Y après M ou faisant partie d'un suffixe, quoiqu'il ne soit précédé que d'une seule consonne : VINDEMIA, *vādāj*; VENIAM, *vĕj*; *VOLIAM, *vŭj*; *PODIAM, *pŭj*; — le Y suivi d'une voyelle caduque : RABIEM, *răj*; RUBEUM, *rŭj*; LINEUM, *lŏj*; — le Y germa-

---

[1] Charte de Nersac, et Gœrlich, *Die südwestlichen Dialecte der Langue d'Oïl* (Franz. Stud.).

nique dans *WADIARE, *gåjå*; DRUDJAN, *drŭja*; g. HAGAS, *ăjĕ* « Les Ages », AGAZZA, *ăjăs* « pie », etc. V. pag. 206.

En position faible, y : GOBIONEM, *gŭyŭ*; RUBIOLA, *rŭyŏl*; βουϐ-IOLA, *bŭyŏl*; HABEAM, *ăy*; HABI-ANTEM, *ăyā*; BOVIARIUM, *bŭyĭ*; *GAVIOLA, *giaiola, *jyŏl*; GLADIA, *glăy* (F¹); *RADIALE, *răyă*; *AD-RADI-ARE, *ărăyă*; *AD-PODI-ARE, *ăpăyă*; *IN-ODI-ARE, *ănŏyă*; *EX-MAGAN, *ĕmăyă*. Cf. p. 206.

La différence de traitement qui s'observe entre le y précédé d'une sonore appuyée ou non appuyée provient de la consonne et non du y. La consonne appuyée s'est maintenue assez pour obliger le y à poursuivre son évolution; la consonne non appuyée, au contraire, a été éliminée par le y, comme cela se fait actuellement pour *gy* dans la partie inférieure de la vallée du Son, et le y resté seul s'est maintenu intact.

Nous n'avons en réalité que deux séries d'évolutions : celle du y sourd et celle du y sonore.

Le y sourd est devenu *s* ou *c*; le y sonore, *z* ou *j*.

L'ébranlement du y s'est fait en deux fois. D'abord pour le y précédé de T, et le *y* secondaire issu de C, G (+ E, I) dans presque tous les pays latins. Ensuite pour le y précédé de P ou sorti de C, G (+ A), dans les limites de la France centrale.

Dans la première évolution, le y sourd (CINCEREM, *FORTIA) et le y sonore secondaire (PLACERE) ont marché de pair. Mais le y sonore primaire (GENTEM) a pris une autre voie.

On a eu :

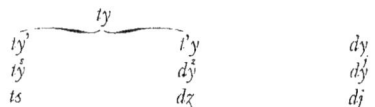

Deux mots, à Cellefrouin, nous ont conservé le *d*. Ce sont *ĕrŏd* (*e* + RUMICEM, *rŏdze*), et *sŏdr* (SALICEM, *saldze*, *saudze*).

Dans la seconde évolution, les deux y vont ensemble.

Nous avons donc :

Il nous reste encore une trace du *d* dans deux mots : *fŭlărj* (fém.) « branche munie de ses feuilles ». Cf. le français *feuillage*; et *ĕplæmărjă* « faire voler la plume », qui est dérivé d'un mot correspondant au français *plumage*. Ils sortent tous les deux d'une forme -ATICA. L'A final de -ATICA (cf. -ATICUM, -*aj*), a exercé une influence conservatrice sur le groupe *dj*, et le *d*, retardé dans sa chute, s'est fixé à *r*.

Tombé aujourd'hui à Cellefrouin, l'élément occlusif qui entre dans ces dernières combinaisons subsiste encore dans le haut de la vallée. Aux Chaumes (commune de Nieul), à Suaux, Chez-Bonnaud, nous rencontrons *tc* et *dj*; au dessus, à Roumazières, à Puybarraud (commune de Genouillac), à La Péruse, etc., *tÿ* et *dÿ*.

Aux mêmes endroits, l'élément occlusif de la première évolution est complètement effacé, ce qui donne à penser qu'il s'est amuï à Cellefrouin plus tôt que celui de la seconde. C'est tout ce que les patois voisins peuvent nous apprendre sur ce point.

Mais nous avons heureusement d'autres renseignements dans le *Cartulaire* et dans le *Censier*.

Nous y rencontrons pour la première évolution :

1° En position forte : FACIAT, *faiza* (K* r. 8/3 a. f.); PECIAS, *pezas* (K. r. 2/30), *pecia* (C. 5/8); g. BURSTIA, *Brocia* « La Brousse » (C. 4/4 a. f.); LUCIACUM, *Lucaco* (C. 8/4), *Luzcac* (C. 9/16); *CERESIA, *Cerieysa* (C. 1/3 a. f.); *Jouco* (C. 7/34), aujourd'hui *Jôsü*, le pont « Jouçon »; enfin deux mots qui ont l'avantage de nous fournir des graphies successives : *Gremitzco* (C. 2/2, 3 — 7/3, 35 — 9/35), *Gremizco* (C. s. t. 3/3), *Gremisso* (C. s. 2/2); *Fitcos* (C. 6/16), *Fitzcos* (C. 8/5), *Fisso* (C. s. 5/23).

2° En position faible : CUPITIA, *cobeeza* (K. r. 6/15); VESTITIONES, *vestizos* (K. r. 8/5); PARATIACUM, *Parezac* (K. v. 1/4, 3/11), *Paraizac* (C. 5/30, 40), *Paraizaco* (C. 6/4, 8/23); LEMOVICINUS, *Lemoizis* (C. 4/32).

Le *Cartulaire* et le texte du *Censier* emploient donc six graphies différentes pour une même articulation (*c, tc, z, zc, tz, tzc*), qui toutes, sauf le *c* traditionnel, attestent clairement la présence d'un élément occlusif dental. Dans la partie la plus ancienne du *Cartulaire*, *z* sert pour la sourde et pour la sonore : *pezas* (an. 1031-1048), « *pyës* »; *vestizos* (an. 1076-1089); mais c'est le *c* accompagné de *z, t, tz* ou *i*, qui tend à dominer pour la sourde, pendant que le *z*, avec ou sans *t* préposé, est réservé pour la sonore.

Cette distinction, du reste, est peu importante, le patois moderne suffisant à lever tous les doutes. Ce qu'il y aurait de plus intéressant serait de pouvoir déterminer à quelle étape se trouvait au XIIe ou XIIIe siècle l'évolution de *ty, dy* en voie d'aboutir à *s, z*.

Pour la sonore, nous sommes sans renseignements décisifs. Le verso du *Cartulaire* (an. 1120-1140) écrit seulement *z* (*Parezac*, 3/11), pendant que le *Censier* emploie constamment *tz* (*Paratzac*). La formule du *Cartulaire* est plus récente que celle du *Censier*; on le voit au traitement de l'a intertonique. Le malheur, c'est que nous ne pouvons pas être sûrs que *z* n'eût pas la valeur de *dz*.

Pour la sourde, au contraire, nous avons une date certaine. Rien, dans la copie du *Censier* (1274), ne fait supposer la chute de l'élément occlusif, si ce n'est la double graphie *Guillelmus Rocis* (C. 3/13), et *Guillelmus Rossis* (C. 4/18, 9/17), qui montre déjà l'identité de *c* et de *ss*.

Mais les surcharges les plus anciennes ont laissé tomber le *t* dans deux noms où le copiste le maintenait encore. Après la mort d'Arnaud de *Gremitzco* dont le nom revient souvent dans le texte du *Censier*, l'article qui le concernait (2/2) et qui était ainsi conçu : « *Arn. de Gremitzco IIII*or *den. de domo sua* », a été modifié ainsi : « *Guido de Helemosinaria*[1] *III*or*. den. de domo sua : quæ quondam fuit Arn. de Gremisso* ». De même, le scribe *s*[1], dont nous avons déjà fixé la date (p. 174), écrit le nom de *Fitzco* par deux *s* : « *Aymericus de Forgiis .II. s. et .II. capones de campo qui fuit Fisso* » (S[1]. 5/23). Ajoutons que le texte du *Censier* mentionne un *Guido de Helemosinaria* (10/9), et un *Aymericus de Forgiis* (8/7). C'est donc aux environs de 1274 qu'il faudrait placer la réduction de *ts* à *s*.

La seconde évolution du y est représentée par les formes suivantes :

1° *Fulcherius* (K. r. 3/3), *Vacho* (K. r. 3/9), *Poscheiras* (K. v. 1), *Chasteu* (K. v. 2), *Chanta merla* (C. 2/29), *Blancha* (C. 8/29), etc., *planchia* (C. 1/25), *Tachia* (C. s. t. 2/5, C. 3/40), *Thachia* (C. 3/4 a. f.), *Sapchiec* (C. s. 5/37). Cf. TRASTOTTI, *trestuch* (K.*. r. 8/23), *Teychiers* (C. 1/5 a. f.), *Johanne Creycha* « Chrétien » (C. 7/19). Cf. *Jo. Crestia* (C. s. t. 10/14), et *la Crestiana* (C. 6/6).

2° *Agha* « Age » (K. r. 7/27, 8/10), *Colghan* « Coulgens » (K. r. 10/18), *AGRARIATICOS, agreiratges* (K*. r. 8/1 a. f.), VICARIUM, *viger* (K. r. 8/31), JUDICARIUM, *J. Juger* (K. v. 2/1), *Odebertus Jutgaira* (C. 8/1 a. f.), cf. *Audebertus Judicis* (C. 7/20), *Bern. Jutgayra* (C. 9/6), *P. Jutzaire* (C. 5/12), *Forges* (C. 8/21), *Las Ages* (C. 9/11), *Negahoe* C. s[1]. t. 2/6), « le

---

[1] Cf. *Ray. prior de Thachia .III. d.e de ortis de prope ortos Corniola. et. VII d' et ob' de vinea sita supra domum Guichart que omnia quondam fuerunt Petro de Cella* (C. 3/4 et 3 a. f.). Au dessus de *prior de Thachia*, une main rapide a ajouté : *puella solvit integre*. Puis le scribe *s*[1] : *heredes puelle debent. III. s. de dictis ortis. Et Guido de Helemosinaria clericus. XII. d*[?] *de terra. quæ fuit dicta vinea*.

gouffre de NECA BOVEM », *G. deu Nogier* (C. 3/28, 5/34), *G. de Nogeris* (C. 4/26, etc.), *Agia* « Age » (C. 3/8, etc.), *Guido Lemoigas* (9/43), traduit par *Guido Lemovicensis* (C. 5/36), g. LAUBIAS, *Lopges* (C. 1/2 a. f., 2/27, 28, 8/31), de *Lopgiis* (C. 5/31), *Lopias* (C. s. t. 10/7), PODIUM RABIOSUM, *podio rabgos* (C. 8/17), *podio rapios* (C. s. t. 8/4).

3° GOBIONEM, *Johannes Goyos*, cas suj. (C. s¹ t. 2/6).

Ces graphies renferment plus d'un renseignement :

1° Le *y* placé après une seule consonne sonore avait perdu son appui (*goyos*). Cela devait être ; car, autrement, il aurait déjà pris, comme en français, le chemin qui conduit à *i*.

2° Les traitements analogues du c et du G sont indiqués par les graphies symétriques *ch*, *gh*.

3° L'élément spirant de la diphtongue consonnantique que nous étudions ne devait pas encore être complètement ɛ et *j*. Ce qui le prouve, c'est la possibilité que l'on a eue de confondre les graphies propres à cette évolution et celles qui ne conviennent qu'à la première. Que les sons n'aient pas été bien éloignés les uns des autres, c'est ce que suffirait à insinuer la proximité où nous sommes du territoire de cʏ et de c, G (+ ʌ) ⟶ *ts*, *dz* (Le Lindois : *tsävdò* « cheval », *vĭlĕdzĕ* « village »). Mais s'il en avait été autrement, on ne comprendrait pas qu'un mot qui est aujourd'hui *tèsiĕ* ait pu être écrit *Teychiers*, et que *iutgaira* ait pour variante *jutzaire*.

4° Le *y* devait encore être senti, puisque, en dehors des graphies où l'*i* est employé et dont la valeur est contestable (*Tachia*, *Agia*, *Rapios*, *Lopias*), nous avons un *ch* employé pour *ty* dans *creycha* « chrétien ».

5° Il semble même que le *y* ait pu se détacher de l'élément sifflant. Le nom de lieu *càsiĕ* « Chassieq » pour *Sapchiec*, SAPPIACUM, a subi une métathèse par laquelle le *y* a été séparé du *ch*. Dès lors ce *y* a pu être traité autrement que celui de LAUBIAS, *lŏjĕ*, devenir vocalique, et comme celui du suffixe *-ier*, recevoir l'accent.

6° L'élément occlusif est rarement exprimé, et même, quand il était sonore, nous le trouvons représenté toutes les fois, sauf une, par une sourde. Evidemment l'oreille du scribe est en défaut. Mais ce fait même prouve que le son n'était pas clair, et que par conséquent l'élément dental était dès lors bien affaibli. C'est sans doute ce qui a permis d'écrire par *ch*, *Sapchiec*, où il n'y avait pas plus de *t* que dans le moderne *càprŏ* « chapeau » (Saint-Bonnet).

Si j'avais à donner une expression aux graphies du moyen âge, je les transcrirais par *tŷ*, *aŷ*, ou *tey*, *ajy*, notation qui convient à peu près aux sons que l'on entend actuellement sur le haut du plateau, par exemple à Roumazières et à Puybarraud.

Pouvons-nous aller plus loin et assigner une date probable à la chute de l'élément occlusif? Peut-être. Si nous en croyons la charte de Nersac, CT a donné aux environs d'Angoulême, par conséquent à Angoulême même, *ch*, DICTUM, *dich*; DICTAM, *diche*; SANCT-EPARCHIUM, *Sanht Chibart*. De cette évolution, il n'est resté à ma connaissance que *Chibart*, seule forme populaire qui apparaisse dans les chartes jusqu'à 1466, et qui se retrouve encore en 1482. Or en 1476 nous voyons venir une forme nouvelle *Cybart*[1], celle qui vit aujourd'hui (*sĭbâr*). Comment expliquer cette substitution? On pourrait croire que *Cybart* est une forme parallèle ayant conservé l'*s* du nominatif de *sainz*; mais elle aurait attendu bien longtemps à se faire jour. Ce qui semble probable, c'est que *Chibart* (cas régime) se prononçait non *tcibart* comme nous sommes tentés de le lire, mais *tsibart*; puisque, le *t* de *ts* étant tombé durant le xve siècle, la substitution de *Cybart* à *Chibart* n'a été qu'un simple changement de graphie. D'où je conclurais que c'est environ à la même époque que Cellefrouin, placé comme Angoulême à proximité du territoire où le *t* s'est conservé, a perdu l'élément occlusif de la diphtongue *ts*. Mais, pour que le raisonnement eût toute sa force, il faudrait prouver que *ch* a bien eu à Angoulême la valeur de *ts*, et motiver le changement de graphie. Je n'ai pour le moment que des probabilités; une étude approfondie des patois des environs d'Angoulême pourrait seule donner la certitude. D'abord le domaine de CT et de C (+ A) ➞ *ts* qui commence, avons-nous dit, au Lindois, se retrouve encore en face d'Angoulême, à Bouex, à Sers, à Rougnac. Que la limite ait fléchi sur ce point sous la poussée du français, il n'y a rien que de très vraisemblable. Nous savons, du reste, par un chroniqueur Angoumoisin, F. de Corlieu, mort en 1576, que le français s'est réellement implanté dans l'Angoumois. « C'est, dit-il, la derniere des contrées de la France du costé de la Guiene où l'on parle françois, ayans les nations plus lointaines chacune son idiome particulier, combien que le vieil lengage angomoisin ne fust pas pur françois, mais eust retenu beaucoup de termes des langues voisines principalement du Lymosin. » (*Recueil en forme d'histoire*, p. 4). — Voir *Not. compl.* 4.

---

[1] D'après les chartes publiées par M. l'abbé Tricoire, et une note que je dois à M. le pasteur Lièvre, président honoraire de la *Société archéologique* de la Charente.

Le *ts* fut sans doute un des premiers sons à disparaître, excepté dans un mot qui n'avait pas d'équivalent en français, *Saint-Chibart*[1]. Mais d'une part, la graphie *ch* ayant ainsi pris la valeur du ϵ, et d'autre part le *ts* angoumoisin s'étant réduit à *s*, il devint nécessaire de changer la façon d'écrire *Saint-Chibard*, et naturellement on remplaça *ch* par *c*.

Ainsi la forme *Cybard* nous resterait comme un témoin de la phonétique locale et donnerait la date de l'amuïssement du *t* dans *ts*, en même temps qu'une probabilité pour fixer celle de la réduction de *tɛ* en ϵ à Cellefrouin.

Evolution du j et du ϵ.

Le χ et le *s* sont restés dans leurs positions anciennes. Mais le *j* et le ϵ, continuant à s'affaiblir, sont en voie de se transformer en *h* et en *ê*.

Le changement est complet en Saintonge et dans la partie occidentale du Poitou et de l'Angoumois. Mais, sur la limite orientale du domaine, il se présente comme morcelé et hésitant.

Les points extrêmes où j'ai surpris le *h* se montrant quelquefois accidentellement à côté de *j* sont : dans la commune de Saint-Claud, Chez-Chadiat, *hŭr* et *jŭr* « jour » (D. et B., vers 1830), et le Maine-Michaud, *rāhăv* « rangeait » (P., cousine germ. de ma mère, vers 1810).

Dans mes nombreux entretiens avec ma mère, j'ai relevé deux ou trois fois seulement *rāhăv*, *hŏlī* « joli ». Une courte conversation avec une femme de Goutibert, fixée aux Ages (environ 1825), a suffi pour me fournir *dĕrāhī* « dérangea ».

Dans le bourg de Cellefrouin, ces faits ne se reproduisent pas. Mais à Chavagnac ils deviennent fréquents, au moins chez les personnes âgées de plus de 30 ans[2]. Le *h* et le *j* alternent dans la même bouche : *nŭäh* et *uŭăj* « nuage », *hămĕ* et *jămĕ* « jamais », *dĕhŏ* et *dĕjŏ* « déjà », *nŭhā* et *nŭjā* « nougat » (G.), *bŭhăd* et *bŭjăd* « buée, lessive » (vers 1825), *ărhā* « argent » et *mĭhă* « manger » plus souvent même que *ărjā* et *mĭjā* (P. Neuville et son frère). Les enfants n'employent plus que le *j*.

Le *h*, inconnu des générations postérieures à celles de ma mère (de G[2] à G[7]), est entré dans la famille par le mariage de P. Neuville avec Marie Béchade (G[3]). Tandis que cette dernière dira constamment *mĭjă, bŭjăd,*

---

[1] J'ai trouvé un fait analogue en Piémont. Le *ts* ← c (+ A) a été remplacé par *k* sous l'influence du dialecte de Turin, excepté dans *tsat* « chat » qui se dit à Turin, non pas *kat*, mais *gat*. ‖ [2] Résultat d'une enquête faite par M. l'abbé Fourgeaud.

sa fille (G⁸) mêlera les *h* et les *j*, tout en conservant une préférence marquée pour les formes traditionnelles. Mais la contamination de la langue ne va pas plus loin. Mariette et Elisa Raynaud (G⁹ et G¹⁰) ont complètement éliminé le *h* de leur grand-père.

Le *j* se maintient à La Tâche, à Goise, au Bois Bernardent.

Mais le *h* apparaît fréquemment dans *hŏlĭmā* « joliment », *mĭhă* aux Pradelières (D³, 1874), tandis que *j* demeure dans *jĭtăvā* « jetaient » (enfant). Il est fréquent aussi au Masdinteau, *bŭhăd* (L.).

A Ventouse, Mᵐᵉ Darconat paraît faire un partage à peu près égal entre les formes avec *h* et les formes avec *j*. Mais son fils ne connaît que ces dernières.

A partir de Valence, le *h* domine, et ce n'est plus qu'exceptionnellement qu'on rencontre le *j* à Romfort et à Saint-Front. Plus loin, et dès les premiers hameaux de Chassiecq, on entre dans le domaine exclusif du *h*, qui, sans atteindre Ruffec, Taisé-Aisie, Chaunai (Vienne), se prolonge dans la direction de l'ouest.

On s'attendrait à la transformation parallèle du *ε* en *ê*, et, si l'on ne considérait que la Saintonge, les environs de Pons[1], de Cozes, de Gémozac[2], par exemple, ou même Mazières[3] dans les Deux-Sèvres, on ne penserait peut-être pas qu'il pût en être autrement. On se tromperait, car le domaine de *ε* ⟶ *ê* est beaucoup moins étendu que celui du *j* ⟶ *h*. Non seulement la vallée propre du Son, ainsi que Moutonneau, Bayers, Chenon, Chez-Gouffiers, Saint-Gourson, mais encore, au nord, Montalembert[4] (Deux-Sèvres), Chaunay (Vienne)[5], à l'ouest, Julienne[6], Salles d'Angles[7], La Chaise[8], où le *h* règne, n'en font pas partie.

Le point par lequel nous confinons au territoire du *ê* est Chassiecq. Mais les formes ne sont pas encore constantes. Nous avons : *ĉŏ* « chaud », et *mărcĕ* « marcher » (Chez-Basset, K.), *ĉătĕ* « chanter », *ĉŏ* et *ĉăpŏ* « chapeau », *ĉasŏ* « chanson », *ĉevŏ* « cheval » (Bierge, V.), *ĉātă*, *ĉā* « champ » et *ĉătă*, *ĉŏmĕ* « chaume » et *ĉŏ*, *ĉŏsŭ* « chausson », *ĉărăbā* « char-à-banc » et *ĉărĕt* « charrette », *kŭĉĕ* « coucher », *ăetă* « acheter »,

---

[1] *Rev. des pat. g.-r.*, I, 126, où *hā* « champ » doit être corrigé en *ĉā*. ||
[2] *In Jharbot de bouquet saintonghuoué prr' Piâre Marcut. — Introduction*, p. 6. || [3] La chanson imprimée, *Rev. des pat. g.-r.*, I, 130, appartient, comme le fait assez connaître le nom de celui qui l'a transmise, à la langue des *messieurs*. || [4] Une femme vue à Saint-Claud. || [5] Une jeune fille vue à Ruffec. || [6] *Rev. des pat. g.-r.*, I, 125. || [7] M. Marbœuf et ses deux fils. || [8] *Rev. des pat. g.-r.*, I, 281.

evŏ « cheval » (le bourg, Vve E) ; la famille Labrunie conserve fidèlement le *ɛ*.

A Nanteuil et à Bioussac, un partage rationel se fait. Immobile dans ces deux localités devant *ĕ* (*cĕ* « chiens »), le *ɛ* est devenu *ĕ* devant *a* dans la première (*čȧtŏ* « château », R.), et *ĕ* devant *ã* dans la seconde (*čãtĕ* « chanter », M.).

On aimerait à savoir si nous sommes là sur les confins du domaine général du *ɛ* où dans un petit domaine isolé. Mais je n'ai pas assez de documents pour le décider. Si l'on s'en rapporte au texte de Lezay[1], noté par M. le pasteur Bourchenin, il faut admettre que le domaine du *ɛ* n'est pas homogène. A Lezay, en effet, les choses se sont passées autrement qu'à Nanteuil et à Bioussac. Là, c'est devant *ĕ* que le *ɛ* a commencé son évolution : *čĕ* « chien », *čĕhĕrĕ* « changerais », tout en demeurant ferme dans *čȧlĭn* « *chaline*, orage », *čĕôfûrĕ* « échauffure, pneumonie », *kŏɛ̆* « couché ».

En somme, la transformation du *j* en *h* et celle de *ɛ* en *ĕ* se produit donc d'abord au contact des voyelles les plus éloignées du palais. C'est la dépalatalisation du *dy ty* qui continue.

De plus, et ce n'est pas le côté le moins intéressant à noter, cette évolution que nous voyons s'analyser elle-même sur le terrain, qui est triomphante dans le bas de la vallée du Son, semble avoir exercé une poussée jusqu'à Cellefrouin et même jusqu'à Saint-Claud, il y a environ 70 ans, tentative infructueuse qui a été suivie d'un mouvement de recul à Cellefrouin comme à Ventouse, et même, malgré une station plus longue et plus générale, à Chavagnac. Mais elle ne s'est pas arrêtée pour cela : elle a repris sa marche en avant, et aujourd'hui elle est en train de gagner les Pradelières. — Voir *Not. compl.* 5.

LES CONSONNES MOUILLÉES

Le mouillement de l'*n* et de l'*l* au contact d'un *y* est un phénomène toujours vivant à Cellefrouin.

Dans les combinaisons récentes, un *i* lié à une voyelle suivante se change en *y*, et, s'il est rapproché d'une *n* ou d'une *l*, ce *y* mouille la consonne et se confond avec elle. Ainsi *ĭ* (IBI) + *ŏ* (HABET) ➡ *yŏ*, *n* + *yŏ* ➡ *ỹŏ*.

---

[1] *Rev. des pat. g.-r.*, II, 106.

De même *lĭ* (ILLI) + *ŏ*, *ā* (INDE), *ŭ* (HOC) ➡ *lŏ*, *lā*, *lŭ*. La diphtongue -*ie*, dans les cas où l'*i* s'est consonnifié, a aussi mouillé l'*n* et l'*l* : *pằņĕr* « panière », *ļĕr* « lierre ».

Mais, tant que l'*i* conserve sa nature de voyelle, il n'a aucune action sur la consonne : *nĕ*, *lĕ* + *ĭ* ➡ *nĭ*, *lĭ*; *pănĭ* « panier », *lĭĕ* « lit ».

Deux mots semblent faire exception : *ļĭ*, autre forme de ILLI, et *ļŭr*, ILLORUM. Ce sont là des cas d'analogie ; il y a, non changement phonétique, mais substitution de *ļ* à *l*.

Cette substitution, complète à Saint-Mary, n'est que partielle à Cellefrouin. Le pronom *lĭ* joint à *ŏ*, *ā*, *ŭ*, a donné, avons-nous dit, *lŏ*, *lā*, *lŭ*. De plus, par la chute de l'*l* d'un second pronom — *lā* ou *lŏ* « la », *lă(z)* « les » (fém.), *lŭ(z)* « les » (masc.), — soudé à *lĭ* nous avons *ļā*, *ļŏ* « lui la, c.-à-d. *la lui* », *ļă(z)*, *ļŭ(z)* « *lui les*, c.-à-d. *les lui* ». Toutes ces formes entraînent les deux seules qui n'ont pas d'*ļ*, et *ļĭ*, *ļŭr* se substituent à *lĭ*, *lŭr*.

Les choses ne se sont pas passées autrement dans la période ancienne. C'est un *y* issu de E, I atones, ou d'une consonne qui a mouillé l'N et l'L : VINEAM, *vĭņ*; CASTANEAM, *căťăņ*; CUNEARE, *kŭņā*; PUGNA, *pŭņ*; AGNELLUM, *ăņĕ*. — FILIAM, *fĭļ*; FILIOLUM, *fĭļŏ*; ALLIUM, *ăļ*; ILLI, *ĭļ*; TENACULA, *tĕnăļ*; SITULAM *SICLAM, *sĕļ*; STRIGILEM, *ĕtrĭļ*; GENUCULUM, *jĕnŭļ*; etc. ; — comme aussi l'I, resté syllabique, a été sans influence sur N et L : NEGARE, *nĭă*; LIGARE, *lĭă*; LIGUSTICA, *lĭŏɛ*.

Le mouillement de l'*n* et de l'*l* n'est qu'une palatalisation exagérée de ces deux consonnes, et une simplification du groupe *ny*, *ly*. Rien n'est difficile comme l'imitation exacte d'un mouvement; on y met toujours du plus ou du moins. Ici il y a eu excès de pression sur le palais (cf. fig. 26 et 23); mais cet accroissement de force a été compensé par la simplification du mouvement et la transformation de *ny ly* en spirantes continues.

Une évolution secondaire a produit le mouillement de l'*l* après les consonnes : *kļŏɛ* « cloche », *gļĕna* (F¹) « glaner », *pļăzĕr* « plaisir », *bļāɛ* « blanche », *fļāb* « flamme ».

Le territoire sur lequel s'étend ce phénomène est très considérable. Il forme comme une large ceinture qui, s'appuyant sur la Gironde, le versant septentrional du plateau central et les Alpes du Dauphiné, enveloppe le français du Nord, depuis les côtes bretonnes de la Manche jusqu'aux frontières de la Belgique, et embrasse, au moins en partie, les parlers romans de la Bretagne (exc. le nord de l'Ille-et-Vilaine), de l'Anjou, du Maine, du Poitou, de la Tourraine, de l'Aunis, de la Saintonge, de l'Angoumois, du Limousin (le nord), de la Creuse, du Berry, du Bourbonnais, de l'Auvergne (Puy-de-Dôme), du Forez, du Lyonnais, de la Savoie, de la Bourgogne, de la Franche-Comté, de l'Alsace et de la Lorraine (moins les environs de Verdun, de Longwy).

De ce vaste domaine linguistique, nous n'avons à étudier qu'une très petite partie. Heureusement, elle est voisine de la limite, et, comme c'est l'ordinaire en pareil cas, très intéressante.

Dans le haut de la vallée et au delà, sur un territoire que je ne puis déterminer, nous trouvons l'*l* mouillée après les gutturales seulement : *kḷŏtš̥ŏ* « cloche », *ăgḷā* « gland » (La Péruse, Chabrac), *kḷŏtẹ̄o* (Manot), *kḷàò* « clou », *ăgḷā̈u* (Rochechouart). Un mot fait exception, c'est *GLADIAS « glaïeul », *gḷäyè* (Chabrac), *gḷäyè* (La Péruse), *gḷäyè* (Roumazières). Il devient régulier à Suaux, *gḷäyä*; à Puybarraud et Chez-Bonnaud, *gḷòyè*.

La racine de glaïeul est très employée dans le pays par les enfants comme munition pour leur *pĕt-rāb* (c'est le nom usité à Cellefrouin) « pète-rave », sorte de pistolet à air comprimé fait avec une tige de sureau. Dès lors, il n'y a rien d'étonnant que le nom de cette plante, qui peut être un objet d'importation, présente çà et là des formes exceptionnelles.

L'*l* se mouille après les labiales à partir de Nieul, Chez-Jusaud, Lussac, Chez-Baugis, Saint-Mary, les Pins, Agris : *pḷ, bḷ, fḷ*.

Le mouillement de l'*l* après une consonne présente donc deux étapes : 1° après une gutturale ; 2° après une labiale.

C'est la première qui met en évidence la cause déterminante de l'évolution. En effet, *kl, gl*, exigent deux mouvements bien distincts de la langue : l'un de la racine, l'autre de la pointe. *kḷ, gḷ*, au contraire, demandent un mouvement intermédiaire, non plus de la pointe, mais du dos de la langue. L'*l* est donc appelée naturellement par la gutturale. On ne voit pas les mêmes raisons pour le mouillement de l'*l* après les labiales. Mais, le mouvement une fois commencé, on conçoit qu'il se soit propagé à toutes les *l* placées après une consonne.

La date du phénomène nous échappe. Le *Cartulaire* et le *Censier*, comme, du reste, les autres documents du moyen âge, sont muets à cet égard. L'évolution est donc récente. Tout ce que je puis dire, c'est qu'à Cellefrouin, elle a pris fin et qu'elle est antérieure à la chute de l'*e* muet. Nous disons en effet sans mouillure *klĕ* pour *kelĕ* « ceś », *flĭ* (nom d'homme) pour *felĭ*, *flĭp* pour *felĭp* « Philippe ».

Des groupes formés d'une consonne et d'une *ḷ*, un seul se réduit par l'absorption de la première consonne ; c'est *gḷ*. On devait s'y attendre, *g* s'efface devant *ḷ* comme devant *y*. La réduction de *gḷ* à *ḷ* est déjà commencée avec la génération de Mme de Mouillac (1809). A côté de *gláy* GLADIA, *glă* GLACIEM, *glā* GLADEM, elle dit déjà : *lăl*, *lĕnă* « glaner ». Chez ma mère (1822), le mouvement s'est encore accentué. Elle dit toujours *ĕtrālă* « étrangler », et c'est à peine si j'ai saisi : *ăglā* « gland », *glād* « glande ». Un jour j'ai entendu *glă*; j'ai prié de répéter, et c'est *lă* qui s'est présenté. Chez moi (1846), le *g* a complètement disparu dans *lal*, *lĕnă*, *lĕv* (glebam), *ălā*, *lād*, *ĕtrāla*, *sĕl* « sangle ». Le *g* ne reste plus dans les générations nouvelles que si le groupe est suivi de *i* ou de *u* : *glisă* « glisser », *glŭ* « glu ».

Évolution de l'l

L'*y* est presque partout solide. Il en est autrement de l'*l* qui a la tendance de se réduire à *y*.

Cette réduction s'est déjà faite, dans le haut de la vallée pour l'*l* finale, et elle a été suivie par la chute complète du *y*. Nous avons à la Péruse SOLICULUM, *sŭlèy*, à Saint-Claud, *sŭlĕ*. Cette évolution s'est arrêtée aux limites mêmes de la commune de Cellefrouin.

Aujourd'hui une nouvelle évolution saisit l'*l*, quelle qu'en soit la provenance, et dans des conditions qui nous permettent de la suivre pas à pas et d'en relever les différentes étapes.

Un mot est généralement en avant sur les autres, c'est GLADIA. Il est le seul qui ait réduit son *l* à *y* chez des personnes âgées de plus de 40 ans, à Beaulieu (B.), à Saint-Claud (D.), à Saint-Mary (S.). Cette avance porte même sur la réduction de *gl* en *l* dans ce mot. Ainsi, dans la famille Laville, à Saint-Claud, nous trouvons, à côté de *glănă* « glaner », *lăl* (L[1], 1819, et L[2], 1841), *yăy* (L[3], 1878). Le traitement exceptionnel de ce mot peut s'expliquer par sa constitution propre (GLADIA donne *glay* et par assimilation *lăl* ou *yăy*), ou par son emploi fréquent dans la langue des enfants.

L'évolution s'annonce à Ventouse dans deux formules de politesse importées, ô *pyĕzĭ!* (C[1]) « au plaisir! », *pyĕtĭ* (C[2]) « plaît-il? »; à Cellefrouin, dans un mot indigène, mais d'un usage très fréquent, *pyŏ* PLANE, avec la génération de 1847 (D.). Enfin elle nous apparaît complète avec celle de 1859 (Françoise Neuville, G[8]). Cette prononciation nouvelle sembla un défaut qu'il fallait corriger. Mais il est bien difficile de faire rétrograder la nature en ce point. Fr. Neuville a été réfractaire à toutes les corrections, si bien que l'on crut qu'elle avait un vice organique et que « sa langue était trop courte ». Elle dit donc : *tăby* « table », *kyŏ* « clou », *iy* « eux », *yā* « lui la ». Heureusement, les intermédiaires qui nous manquent à Cellefrouin, nous les trouvons à Saint-Claud.

Tout en se transportant dans un lieu où l'*ḷ* n'était pas encore ébranlée, ma famille a emporté avec elle les germes mêmes de l'évolution, et, quoique nés sur un sol étranger, mes sœurs et moi, nous sommes restés soumis aux influences qui se sont fait jour à Cellefrouin. Chez moi (G⁵, 1846), l'*ḷ* est intacte. Mais ma sœur, Marie-Louise (G⁶, 1850), bien qu'elle soit capable de prononcer l'*ḷ* dans toutes les positions, ne la conserve qu'après les gutturales; Juliette (G⁷, 1852) n'a plus la faculté de prononcer l'*ḷ* que dans ce dernier cas et la remplace toujours par *y*.

A Cellefrouin, toutes les générations postérieures à 1859 (Gr., 1861, F., 1869, etc.) ont entièrement perdu l'*ḷ*. Il n'y a d'exceptions que pour les habitants nés ailleurs ou qui ont subi des influences étrangères. Un fait est intéressant à signaler. Un enfant (D., 1872), quoique né aux Pradelières, où l'*ḷ* a disparu depuis plusieurs années, mais de parents issus de Chalais, où l'*ḷ* est conservée, et habitant les Lélots, c'est-à-dire Cellefrouin, où aucun enfant de son âge ne la possède, mélange dans son parler les *ḷ* et les *y*. Il le fait toutefois dans des proportions telles qu'il est possible d'y découvrir en partie les étapes de l'évolution. Il dit *byā*, *tāby*, *pòrt-pyǣm*, *fāmĭy*, *yāy*, *pyǣjā* ¹, et aussi *pḷǣjā*. Mais à côté de *kyā* ², *çŏy* ³, il dit plus souvent *kḷǟ*, *kḷŏ* ⁴, *çŏḷ*. Il y a donc chez lui plutôt retard dans le mouvement que mélange proprement dit de formes. Chez son frère, plus jeune d'un an et demi, le *y* a complètement triomphé.

Il y a 80 ans, l'évolution était déjà commencée sur les bords de la Charente, à Montonneau (1808) : *pyāc*, *fyāb*, *tāby*, à côté de *kḷŏɛ* qui était *kyoɛ* 30 ans plus tard (S. 1838) et de *ābǟḷ* « abeille », *sāḷ* « sangle ».

A cette date elle n'avait pas encore pénétré dans la vallée du Son. L'*ḷ* est intacte à Mouton dans la génération de 1809 (D.), à Valence dans celle de 1804 (M.). Toutefois le mouvement était bien près de se produire, puisque nous le trouvons à Romfort avec la génération de 1813, atteignant à la fois *l* après les labiales et après les gutturales (J¹).

En 1830, l'*ḷ* n'existait plus à Lichères après *p*, *b*, *f*, sauf dans *tĭrlĕ sụ flǟm* (L¹), preuve que la modification était récente; elle se maintenait encore après *k* en 1862 (L²).

A Saint-Front, l'*ḷ*, encore solide dans la génération de 1817 (G¹), n'a dû s'altérer que vers 1845. Elle était alors hésitante après toutes les consonnes : *fyāb*, *kyŏɛ*, *tāby*, et *tĭbḷ* « tuile », *kūbḷ* ⁵ (B¹). Le *y* dans cette position ne triomphait pas encore en 1853 (G²) : *fyāb*, mais *kḷŏɛ*.

---

¹ Plier. ‖ ² Clé. ‖ ³ Boue. ‖ ⁴ Clou. ‖ ⁵ Couple.

Un peu plus tard, l'ébranlement de l'l gagna Valence, et c'est à peine s'il l'atteignit en 1853, puisque nous rencontrons : *flāb, plāeā* « plancher », *sē klŏ* « Saint-Claud », à côté de *pyāeā, kyŏ* « clou » (R).

A Goise, l'évolution était terminée dès 1848 (B²); à Ventouse, avant 1860 (C³).

C'est en 1850, ai-je dit, qu'elle est entrée dans ma famille, et en 1859 qu'elle s'est montrée complète du premier coup, à Cellefrouin.

Elle s'était déjà fait jour Chez-Francillon, dans la génération de 1856, uniquement après les labiales et non d'une manière constante (B¹). Mais, pour des motifs que je n'ai pu déterminer, elle a été sans action sur celle de 1865 (B²).

Aux Pradelières, le changement est complet depuis 1867 (D²). Malheureusement je ne saurais dire à quelle époque il a commencé.

Les autres hameaux n'ont subi la modification de l'l que plus tard : Les Forges, avant 1878; Chez-Périchoux, avant 1877; Puyrajoux, entre 1874 (T¹) et 1878 (T²); La Merlière, avant 1877; Goutibert, avant 1883; le Temple, entre 1876 (enfant X.) et 1877 (B²); Chavagnac, entre 1879 (M.) et 1885 (V.).

A Lascoux enfin, le *y* a fait son apparition chez les petits-enfants de Mme Lavaud (L⁵, 1882, et L⁶, 1886), dont le mari est du Châtenet (il possède l'l). Mais l'l se maintient chez Louise Mayou (1887), dont le père et la mère sont du village même.

L'évolution de l'l n'a encore atteint Chalais, où j'ai observé de tout jeunes enfants. Mais elle s'est comme annoncée sur le territoire de Saint-Claud, à La Chapelle, il y a 22 ans, dans un cas qui a pu être corrigé; et, depuis 1878, elle triomphe dans le bourg.

En dehors de la vallée du Son, je ne relèverai que quelques faits.

A Parzac, le changement d'l en *y* a commencé, comme à Saint-Claud, dans les familles mêlées d'éléments étrangers; maintenant, il est général parmi les enfants.

Beaulieu a suivi Cellefrouin. Le changement est complet en 1865 (C²).

L'*y* existait après les labiales à Bayers en 1817, à Bioussac en 1820, à Chassiecq en 1836, à Saint-Gourson en 1842. Et l'l avait complètement disparu à Chassiecq en 1865, à Saint-Gourson en 1871.

A Ruffec, la transformation, non encore commencée en 1814, était en voie de se faire vers 1834, puisque M. Cadoux a conservé l dans *türtŏ sü flăm*, et que sa sœur (1833) est capable de la prononcer, ce qui est impossible pour une personne plus jeune de 4 ans (D²).

A Taisé-Aisie, l'l subsistait encore en 1830; elle était devenue *y* en 1875.

A Chaunay (Vienne) l'l réduite après les labiales (*fyūr*) subsistait encore après les voyelles (*fāl* « fille », *pūl* « pou »), vers 1867.

L'évolution qui a entraîné l'l vers y s'est donc produite vers le confluent du Son plus tôt qu'à Ruffec, qu'à Taisé-Aisie, qu'à Chaunay. Par conséquent, elle ne vient pas du nord et ne peut se rattacher à celle qui détruit les l en français. Ou bien elle est locale et aurait son centre sur les bords de la Charente, ou bien elle se propagerait de l'ouest et appartiendrait à un mouvement plus général auquel participeraient dans des mesures différentes tous nos parlers occidentaux.

Quant aux phases de l'évolution, elles sont claires partout où le changement, non retardé, ne s'est pas produit brusquement. L'l devient y : 1° après p, b, et quelquefois avec un léger retard f; 2° après k, g; 3° après une voyelle, soit buccale, soit nasale.

La raison de cette progression est évidente. Le y est une l dépalatalisée en partie avec courant d'air direct et non plus marginal; il marque donc une détente des muscles et un acheminement de la langue vers sa position neutre. Les labiales, qui ont la tendance d'abaisser la langue, viennent accélérer ce mouvement, et il est naturel que le y se montre après elles plus tôt qu'après les gutturales. D'autre part, les gutturales elles-mêmes, exigeant un courant d'air direct et rapide, la langue, paresseuse, laisse le passage ouvert, et le y doit encore se trouver avancé dans son évolution, laquelle, privée d'excitants étrangers, aboutit en dernier lieu après les voyelles. — Voir *Note compl.* 6.

LE w.

Le w exige deux mouvements : l'un des lèvres, l'autre de la racine de la langue.

Deux voies s'ouvrent donc à ses transformations. Il devient : ou bien $ƀ$, si les lèvres, cessant de se porter en avant et de s'arrondir, ne font que se rapprocher, — v, si les dents d'en haut prennent un appui sur la lèvre inférieure; — b, si les lèvres se ferment tout-à-fait; ou bien gw (qui, en se simplifiant, se réduit à g) si l'effort se portant dans la bouche, la langue, déjà voisine du palais (cf. fig. 22), s'en rapproche un peu trop et produit une occlusion complète.

A Ventouse, le pronom de la 3ᵉ personne u s'est changé en v devant une voyelle. On dit : $ŭ$ $sā$ $vĕ$ « il s'en va », et v $ŏ$ l $tā$ « il a le temps » (C³). Dautre part, à Cellefrouin $wă$ « oui », $wĕ́tĭ$ « il était », $wĕ̆l$ ovicula, sont devenus vwa, $vwĕ́tĭ$, $vwĕ̆l$, qui exigent un moindre déplacement des lèvres que les formes d'où ils sont sortis.

Je suis tenté de voir dans l'affirmation nanteuillaise et poitevine $gŏ$, une transformation de wo, o, hoc.

Ces deux évolutions, restreintes aujourd'hui, se sont produites dans les temps anciens sur une plus vaste échelle.

Le v latin (w) est devenu v, ainsi que l'u (u) après D et en hiatus : VIDUA, *vĕv*.

L'u de TEGULA a pris d'abord la même voie, mais il a incliné vers *b*. TEGULA, *TEULA, *tĭbļ*. A Manot, TEGULAS et FEBRES donnent un résultat analogue, *tə̇́ẅlẽ, fyə̇́ẅrẽ*. Le B s'y est donc vocalisé en *w*. En aurait-il été de même à Cellefrouin? Pour BR, la chose n'est pas douteuse : FABER, *faura* (C. 2/27, etc.), *fŏr* « Faure »; FABRICAS, *forgas* (K. r. 7/20, etc.), *fŏrgẽ* « Forges ». Pour B'L, il y a quelque raison de le croire. D'abord la vocalisation s'est faite dans le haut de la vallée : TABULA, *tåólŏ*. Puis, si nous comparons *vyẽl* VETULAM, *ļẽbr* LEPOREM, avec *ĭbļ* EBULUM, nous sommes bien tentés de restituer à ce dernier un primitif, *EULUM, *IULUM, analogue à *TEULA, *TIULA (TEGULA). De même *nĭbļ* « orage », qu'il vienne de NEBULA ou de NUBILA, demande soit *neula*, soit *nuula* (cf. PULLICEM, *pundze, pyŏze*). Le traitement de l'*ĕ* ou de l'*ŭ* ne s'explique pas autrement, et la forme *tĭbļ* garantit le retour possible d'un B devenu w au début de son évolution. — Voir *Note compl.* 7.

Le w germanique s'est transformé en *gu* puis en *g* : WARINOWALD, *Guarnaldus* (K. r. 3/2), *Guarnaudi* (C. s¹. 10/8), *Garnaudi* (C. s. 9/11), *Granaut* (K. v. 1/2, avant 1140), *Granautz* (C. 3/4), *Granaudi* (C. 4/36, 8/16, 19, 21, etc.), *Guillelma Granauda* (C. 3/1), aujourd'hui *gắrnŏ* pour *gắrnắ*, au fém. *grẽnŏd*; WERALD, *Guerraudi* (C. s¹. 2/1, a. f.), auj. *gẽrắ*, WAIDANJAN, *gắyắ*; VAHTEN, *gẽtắ*; VARJAN, *gắrĭ*; WARNJAN, *gắrnĭ*; *WARDA, *garde*; WERENTO d'où le verbe *gärentire* (K. v. 5/32. An. 1206-1226).

Nous avons aussi *g* dans des mots latins, qui avaient des correspondants germaniques avec w : *gắtắ* WASTAN, VASTARE; *gẽpẽ* WESPA, VESPA; *gŏ* WAD, VADUM.

A première vue, la date de la chute du *w* paraît donnée par la forme *guarentire*, où l'*u* a été ajouté en surcharge. On peut croire que le copiste a obéi dans la première graphie à son oreille, dans la seconde à la tradition orthographique. Celle-ci s'imposait encore au scribe s¹ après 1274 (*Guarnaudi*), pendant qu'un scribe contemporain[1], s'en affranchissait (*Garnaudi*). Mais un fait qui paraît plus significatif porte à reculer la date du phénomène. Avant 1140, nous recontrons la métathèse *Granaut*. Or il semble bien que cette métathèse n'ait pu avoir lieu qu'après la chute du *w*, et que *Granaut* suppose un plus ancien *Garnaut*.

---

[1] Celui qui a écrit *puella solvit integre*, p. 192.

L'u latin des parfaits en -UI a donné également naissance à un *g*. Ce fait, qui distingue le midi du nord de la France, dépend de raisons morphologiques. Le français du Nord a fait de l'u tonique de -UI la caractéristique du temps ; il y était poussé par le parfait du verbe être (FUI) : « je *fu*, il *fut*, » etc. Dans le Midi, ce sont les formes où l'u de -UI était atone (HABUI) qui l'ont emporté ; de là le provençal *aic*, *aig* « j'eus », *aguist* « tu es », *ac*, *ag* « il eut », *aguem* « nous eûmes », *aguetz* « vous eûtes », *agron* « ils eurent ». Ces exemples prouvent que la transformation de u devenu *w* en *g* s'est faite avant la chute des atones finales. C'est plus tard, sans doute, que mon patois, prenant pour caractéristique la voyelle I de -II (IVI), a unifié tous ses parfaits : *i fĭ* « je fus », *i ɛătĭ* « je chantai », *i ăgĭ* « j'eus ».

Le surpin *ăgŭ* a été formé sur le parfait.

L'*h̄* GERMANIQUE

Nous n'avons rien à dire de l'H latine, déjà tombée dans le latin vulgaire.

L'H germanique a disparu devant les voyelles : HALLA, *ăl* ; HAPJA, *ăɛ* ; *HEIGIRO, *ăgrŭ* ; HOBB..., *ŏbărē* « hobereau » (oiseau).

Elle s'est transformée en *k* à Saint-Claud, en *g* à Cellefrouin dans HULIS, *kŭ* (Saint-Claud), diminutif *gŏsă* (Cellef.) « houx » ; en *gr* dans toute la région, g. HALA, *grălă* « grâler », hâler », et, je suis tenté de croire, en *ɛ* dans *ăɛăyĭ* « haïr », où je verrais l'all. HATJAN plus un A préfixe destiné à faciliter la prononciation, ou la préposition AD.

HL a donné *kl*, comme à Paris, dans HLUÞAWALD, *klă*, dans le nom de lieu *sē klă* « Saint-Claud ».

Ces divers traitements s'expliquent pour des mots importés, et nous restent comme un témoignage des efforts faits par les indigènes pour plier leurs organes réfractaires à une articulation nouvelle.

SONORES INTERVOCALIQUES

Parmi les sonores intervocaliques, le latin ne possédait qu'une continue, v. Cette consonne, en se modifiant comme il a été dit, s'est maintenue, excepté dans le voisinage d'une voyelle labiale : nous avons VIVA, *vĭv* ; CAPTIVA, *ɛĕtĭv* ; CAVARE, *căvă* ; mais OVICULA, *uĕ̆ļ* ; BOVARIUM, *boerii* (C. 5/9, 18/33, s¹ 7/5), *bŭyĭ* ; PAVOREM, *pŏr*.

Les instantanées, obéissant toutes à une même loi, ont descendu d'un degré et sont devenues spirantes. Mais des transformations postérieures ont modifié le terme de l'évolution.

Le B est donc devenu *v* : FABA, *făv*; DEBERE, *dĕvĕr*; HABERE, *ăvĕr*. Mais après un *u*, le *v* est tombé : CUBARE, *krŭă*. *Coar* se trouve déjà dans l'ancienne langue (Chabaneau, *Gr. lim.*, p. 84).

Le D s'est transformé à l'origine en ᵹ, qui s'est conservé tout près de Cellefrouin, à Suaux et au dessus dans certaines personnes de CREDERE et VIDERE (*krĕᵹê-vŭ?* « croyez-vous? », *vĕᵹê-vŭ?* « voyez-vous? »). Ce ᵹ, déjà caduc dans l'ancien limousin (*Gr. lim.*, p. 75), est complètement tombé à Cellefrouin dès le xɪᵉ s. Le *Cartulaire* conserve bien un D intervocalique dans quelques noms propres, comme *Ademarus*, *Radulfus*; mais ce sont là des formes savantes. Un nom, plus populaire sans doute, OUDALRIC « Ouri », qui existe encore aux environs de Mansle, ne se présente avec son D qu'une fois dans une charte de 1031-1048, *Odolricus* (K. r. 3/2). Après cette date, nous ne trouvons plus que *Olricus* (K. r. 6/24, charte de 1060-1108; v. 1 dernière ligne). FRODWIN « Frouin », qui revient souvent, même dans une charte de 1031-1048, est réduit à la forme *Froinus* (K. r. 3/4, etc.). Enfin, un verbe a également perdu un D : VIDENT, devenu *vidęnt* avec l'accent sur la finale, *vehĕn* (K. r. 8/2 a. f.). L'hiatus, qui a été la conséquence de la chute du D est marqué, dans ce dernier, par un *h*. Il en est de même dans la charte de Nersac, où Saint-Médard est écrit *Sanht Mehart*. Nous avons donc dans la langue moderne : NODARE, *nŭă*; SUDARE, *sŭă*; VIDERE, *vĕr*, etc. Il en est de même du *đ* germanique, LUDARING, *Loerantᵹ* (C. 8/20), *Loerandi* (Ibid.).

Après l'accent, nous avons un *d* intervocalique à la place d'un D ancien dans deux mots : *nŭd* NUDAM, *krŭd* CRUDAM. Mais, d'autre part, le D est tombé dans *nŭ* NODAT, *sŭ* SUDAT, *kŭ* CODAM.

A Roumazières et à La Péruse, la chute du D posttonique est complète. NUDAM, *nŭŏ* (Roum.); *ŷŏ* (La Pér.); CRUDAM, *krŭŏ* (Roum. et La Pér.).

Le G avant l'accent est devenu *y* : FAGUM + ANUM ou -ARD, *făyă*, *făyăr*; EX + MAGAN, *s ĕmăyă* « s'informer ». Il s'est confondu avec l'ɪ dans RAGINALD, *Rainaldo* (K. r. 2/6); MAGINHARD, *Mainardo* (K. v. 3/18), *mĕnăr*; RAGINMUND, *Raimundus* (K. v. 3/9), *rĕmō*; MAGISTRUM, *mĕtr*, etc.

Après l'accent il s'est changé en *j* : SANGUISUGAM, *săsŭj*; *RIGAM (au pluriel *reges*, Ch. du Chapitre), *rĕj* « les deux parties creuses qui séparent l'arête du sillon », d'où le dim. *rĕjŭ* « rigole creusée pour semer les légumes », et *rĕjŭnă* « semer des légumes dans de petites rigoles »; *EX-MAGAT, Saint-Claud *ĕmăj*, d'où l'infin. *ĕmăjă*.

§ 3. — Simplification des consonnes doubles.

Il y a dans le patois de Cellefrouin un certain nombre de consonnes doubles : *ppä* « papa », *mmă* « maman », *ppĕ* « pépé », *mmĕ* « mémé », *nnĕ* « [ce] n'est [pas] », *kkö* « que ça », *ɛɛă* « chercher ». Parmi ces mots, deux, pour des raisons psychologiques spéciales, ont eu leur consonne double simplifiée. Ce sont *ɛɛă* et *kkö*.

ɛɛă.

Nous avons une particule, *eă*, qui s'emploie dans les réprimandes avec le sens de « pourquoi », et le plus souvent précédée de *ke*. On dit :
ke eă ŭ făzĕ-vŭ ? ou *eă ŭ făzĕ-vŭ ?* « pourquoi le faites-vous ? »
eă me paraît propre au langage des personnes âgées. Les jeunes en rient, ne le comprenant pas, et lui préfèrent *prkĕ* « pourquoi », dont le sens est très clair. Il n'a pas un domaine géographique bien étendu ; il dépasse pourtant les limites que je lui avais assignées d'abord (*Mém. de la Soc. de ling.*, VI, 120). Depuis, je l'ai trouvé à Romfort, à Goise, à La Combe de Parzac, et il m'a été signalé à Chavagnac. Mais des personnes connaissant bien leur patois, comme Mme de Mouillac, M. Bernier, ne l'ont pas compris.

Le lien, longtemps ignoré de moi, qui relie *eă* à *ɛɛă*, lequel est lui-même pour *ɛrɛă* « chercher », m'a été révélé à la fois par la prononciation archaïque du Temple et de l'emploi qu'on en faisait à La Boubière.

Au Temple, j'ai entendu de la bouche de M. Tabaud :
ke ɛɛă y ă t ă̆ ĕtă ? Pourquoi y a-t-il été ?
C'est la forme même du verbe *ɛɛă* dans la prononciation rapide.
Mais déjà le sens a disparu. Si bien que M. Tabaud a pu dire :
ke ɛɛă y ă t ă̆ ĕtă ɛɛă ? Qu'y a-t-il été chercher ?
La succession de sens n'est pas moins claire.
M. Bernier dit très bien :
ke ɛɛă dĕ kl ādrĕ kĭ ? « Que chercher dans cet endroit-ci ? »
ke ɛɛă ănăv t ă̆ dĕ kl ādrĕ ? « ...que chercher allait-il dans cet endroit ? »
Analogue à :
ke fĕr ănăv t ă̆ ....? « Que faire allait-il....? »

Toutes ces constructions sont archaïques. Dès lors, l'esprit n'en pénétrant pas le sens exact, les lois phonétiques ont pu agir sans entrave. Aucun changement ne s'imposant au groupe *ke fĕr*, celui-ci est resté tel. Au contraire *ke ɛɛă*, déjà en avance sans doute sur *ɛrɛă*, pouvait se simplifier.

Le lien qui le rattachait au verbe *creă*, devenu trop faible, a fini par se rompre, le double *ɛ* a pu s'abréger, et *kĕ eă* n'a plus été qu'une formule interrogative. Enfin la conjonction *kĕ*, ne disant dans ce cas rien à l'esprit, a cessé d'être nécessaire et a pu tomber.

Ainsi s'est constitué un nouvel adverbe dont la vie, je crois, aura été bien éphémère.

kkŏ.

La simplification de *kk* dans *kkŏ* semble au contraire avoir été favorisée par l'intervention de l'esprit opérant une division maladroite dans un groupe de mots. La phrase *ĭ krĕ k kŏ mŭḻ* « je crois qu'il *mouille* (pleut) », prononcé très rapidement, peut devenir *ĭ krĕ k ŏ mŭḻ*. Cette réduction se serait-elle faite si le sens avait exigé les deux *k*? Il est probable que non. Mais l'esprit peut trouver dans *kŏ* les deux éléments nécessaires à l'intelligence de la phrase, le *k* représentant la conjonction *que*, et *ŏ* faisant office de pronom. La preuve que ce partage a réellement eu lieu, c'est que *ŏ* a pris une existence isolée et qu'il est passé des propositions complétives dans les propositions principales : on dit *ŏ mŭḻ* aussi bien que *kŏ mŭḻ*.

Ce nouveau pronom *ŏ*, rare encore et inconscient dans le parler de ma mère, à tel point que j'ai douté un moment de son existence, est devenu d'un usage fréquent dans celui de son neveu (G[4]). Dès lors, le maintien du double *k* devenait inutile, ou plutôt la réduction s'imposait.

Ce fait m'est étranger. J'ai conservé le sentiment de la nécessité des deux *k* et je n'emploie jamais le pronom *ŏ*.

La réduction des consonnes doubles s'est faite en général dans le passage du latin à nos parlers modernes. Aussi n'avons-nous que des consonnes simples dans :

STELLAM, *ĕtĕl*; MAMMA, *mĕmă*; FERRUM, *fĕr*; TERRAM, *tĕr*; CIPPA, *sĕp* (*lä fŏ dĕ la sĕp* « la font de la cèpe »); CAPPONEM, *căpŭ*; g. SUPPA, *sŭp*; g. TRAPPA, *trăp*; g. TRIPPON, *trĕpă*; g. RIPPEN, *rĭpă*; g. CATTAM, *eăt*; g. TITTA, dim. *tĕtu* « teton »; g. KRATTON, *grătă*; ROSSAN, *rŭs*; GROSSAM, *grŏs*; g. BAKKO, *băkŭ* « porc à l'engrais »; g. LEKKON, *lĕcă*; BUCCA, *brĭc* « lèvre ».

§ 4. — Changements de sonorité.

Nos inscriptions (cf. p. 45) nous ont révélé l'influence, encore bien faible, qu'exercent deux voyelles sur la consonne sourde placée entre elles. Cette influence pourtant est devenue sensible à mon oreille dans un nom de lieu, *lä kăe ă pyĕ bŏ* « La *Cache* (cachette) *à Pied-Bot.* » Pied-Bot était un homme jugé dangereux, qui fut traqué par la police en 1837. L'endroit où il se cachait, dans le bŏrnă (creux) d'un châtaignier, a conservé son nom, et, comme on y bâtit en ce moment une métairie, j'ai eu l'occasion, les vacances dernières (1890), d'entendre ma mère le nommer un grand nombre de fois. Le mot kăɛ ne m'est point inconnu, et je n'ai jamais hésité sur le vrai son de kăɛ ă lăpĕ̆ (G²) « cache à lapins », par exemple, pas plus que sur celui de ɛ dans kăɛă « cacher ». Cependant j'ai toujours compris kăj ă pyĕ bŏ, avec un j pour un ɛ. Ma sœur Marie-Louise a compris de la même façon que moi. Mais, comme le sens ne me paraissait pas satisfaisant, j'ai demandé des explications, et c'est alors seulement que j'ai appris qu'il fallait dire kăɛ. Même après ces explications, j'ai continué à avoir la même impression auditive, et les efforts visibles de ma mère pour rendre sa prononciation plus nette n'ont abouti en général qu'à rendre le son douteux. — Voir *Not. compl.* 8.

kăɛ' ă pyĕ bŏ se distingue de kăɛ ă lăpĕ̆ par l'union plus étroite de ses parties, de kăɛă par son rythme et son isolement dans la langue. Dès lors, une assimilation plus grande est devenue possible; et, si l'on se rappelle que le j est pour moi en partie sourd (p. 43 et fig. 92), on comprendra comment un ɛ, même légèrement sonore, peut produire à mon oreille l'impression d'un j.

Ainsi l'évolution, incomplète encore dans la bouche de ma mère, se finit dans mon oreille.

Un autre nom de lieu de la commune de Saint-Claud nous montre l'assimilation accomplie entre deux instantanées, l'une sonore et l'autre sourde, bien que, malgré l'attraction puissante de deux consonnes de cette classe (p. 47), personne n'ait le sentiment d'une assimilation dans les mots ordinaires. C'est là *ptŭl* pour *La Betoule*, nom conservé dans les actes officiels, qui seuls avertissent que l'on a affaire à un b initial.

Les autres cas d'assimilation qui se produisent entre deux consonnes de sonorité différente, mises en contact, n'ont pas encore acquis la stabilité de l'*élément réfléchi*. Ils ne sont pas conscients, et une prononciation lente et appliquée les fait disparaître. J'ai surtout étudié le phénomène dans le mot *sĕ* qui signifie à la fois « se » et « nous », et qui se réduit souvent à *s* dans la conversation. Or j'ai entendu plusieurs fois : ŭ z băta « ils se battent », nĕ z băta (F², G¹, Pradelières D., etc.), « nous nous battons », ŭ z băŋā (G¹) « ils se baignent », nĕ z dŭnā (F³) « nous nous donnons », nĕ z vĭā (F³) « nous nous voyons », nĕ z mĭjā (F³) « nous nous mangeons », nĕ z nĕjā (F³) « nous nous noyons ». Et aussi : nĕ s băta (F³), ŭ s bŭrā (G¹) « ils se *bourrent* (battent) », et ŭ s băŋā (G¹) « ils se baignent ». Mais, si j'interroge, je n'obtiens plus que *sĕ* ou *s* dans tous les cas. L'assimilation paraît plus avancée chez M. de Fonroche que chez ma mère, car celle-ci conserve toujours *s* devant les nasales : *ŭ s mĭjā* « ils se mangent », *ŭ s nèjā* « ils se noient ». Mais ni M. de F. ni ma mère n'assimilent l'*s* devant *j, l, r* : *nė s jŭrā* (F³) « nous nous jurons », *ŭ s jĭtā* (G¹) « ils se jettent », *n s jĭtāvā* (Pradelières, enfants) « nous nous jetions », *nė z lāsā* (F³) « nous nous lançons », *ŭ s lĭā* (G¹) « ils se lient », *n s rŭlā* (F³) « nous nous roulons ».

Ces faits concordent avec ceux que j'ai constatés sur moi-même et desquels il résulte que la puissance assimilatrice des instantanées est prépondérante (p. 48), celle de *j* un peu moindre (ibid.), celle des liquides très faible (p. 51). Ajoutons que l'*s* suivie d'une sourde est presque toujours, et pour toute la portée de la voix, nettement saisie par l'oreille (p. 40). Nous sommes donc bien ici en présence d'une transformation organique.

Nous avons un cas, un peu plus ancien, d'assourdissement du *z*, qui présente un plus grand intérêt, car il a doté la langue d'un pronom atone de la première personne du pluriel, *sė* tiré de NOS. J'en ai déjà parlé dans les *Mém. de la Soc. de ling.* (VI, 182-185); mais j'ai besoin d'y revenir.

Il n'y a aucun doute sur l'origine de ce pronom. Ce n'est point le *sė* de la troisième personne employé abusivement pour la première.

En dehors de l'histoire de son développement que l'on peut reconstituer, nous en avons la preuve dans son extension géographique. En effet, l'emploi de *sė* pour *nous* ne se trouve régulièrement que dans les villages où phonétiquement NOS peut aboutir à *sė*.

D'une part, en effet, à Saint-Claud, au Grand-Madieu, et de là vers l'est, le *z* final est tombé dans tous les cas ; on y dit *n ŏtrẽ* « nous autres ». Or *sė* = NOS ne s'y trouve pas.

Sur un point, cependant, la concordance géographique des deux phénomènes n'est pas absolue. Mais, comme nous pouvons expliquer la présence de la forme *sė*, en dehors des limites du territoire du *z* final, notre preuve n'en est pas affaiblie.

Au Grand-Madieu, j'ai rencontré un homme qui a perdu le *z* final, et qui cependant emploie *sė* pour *nous*. Mais j'ai acquis la certitude que cet homme avait été influencé par le patois de Beaulieu où il a fait son apprentissage.

Dans la commune de Parzac, il y a des distinctions à faire. A l'ouest, les hameaux voisins de Beaulieu, et en relation constante avec cette localité, Govalet, Chez-Guinandon, ont le *z* final et *sė*. Mais il s'y trouve des personnes qui, étant nées dans les hameaux situés plus à l'ouest (Le Puy, La Combe), emploient à la fois les formes avec ou sans *z* final et le pronom *sĕ*. Au sud-ouest, dans la direction de Saint-Claud (Tierce, Mouchedune), on n'a ni le *z* final, ni le *sĕ*. Mais au centre (le Bourg, La Combe, Le Puy, La Louberie), quoique le *z* soit tombé, *sĕ* est pourtant employé : *nôtrĕ nĕ s ā vā āmō dā kĭ prā* « nous autres nous nous en allons *à-mont* dans ces prés » (Chambaud, 70 ans, né à La Combe de parents du même village); *nĕ s ā vā āvĕk lĭ ôtrĕ* « nous nous en allons avec les autres » (Goumet, 55 ans, né à La Louberie d'une famille ancienne dans le moulin). Ce territoire mixte est peu étendu, et ne renferme guère que 200 habitants disséminés sur plusieurs points. L'introduction d'une forme étrangère peut donc s'expliquer par des mariages contractés à l'ouest de la commune, à Beaulieu ou à Cellefrouin [1].

D'autre part, dans la région de l'est (à en juger par *Les Impr. de Voy.* de J. Pingot et les notes que j'ai recueillies à Ruffec), où l'o de NOS ne s'est pas affaibli en *ĕ*, condition nécessaire à la production du phénomène, où l'on dit *mizôtr*, *sĕ* n'a jamais le sens de NOS.

A Cellefrouin et dans les environs, toutes les conditions phonétiques voulues se réalisent, et toutes les formes intermédiaires entre NOS et *sĕ* se rencontrent.

D'abord le *z* final est resté et l'o s'affaiblit en *ĕ*. La forme pleine *nez* s'est conservée dans l'expression *nez ôtrĕ* « nous autres », qui est dans toutes les bouches. L'*ĕ* de la première syllabe a été sauvé par l'emploi syntactique à l'initiale, *nez ôtr, nĕ....* « nous autres, nous.... », et après une consonne, *kwĕ āvĕk nez ôtr* « c'est avec nous autres ». Mais lorsque la combinaison des syllabes le permet, c'est-à-dire quand *nez ôtr* est précédé d'une voyelle qui peut servir d'appui à l'*n*, l'*ĕ* disparaît : *kwĕ ā nz ôtr* « c'est à nous autres ». *ālō nz ā* « allons-nous-en », *fō nz ŭ dūnā* « faut nous le donner ».

nz et même *nez* se trouvent encore, quoique assez rarement, çà et là dans d'autres combinaisons. Ce sont des formes archaïques que j'ai recueillies avec soin.

kĕl ŏm nez ŏ āpŏrtā.... « cet homme nous a apporté.... » (Moutonneau, un vieillard).

ŭ nz āpŏrtĭ « il nous apporta » (Chenon).

ă nz ŏ pŏrtā.... « il nous a porté.... » (Chassiecq, E.).

ŭ nz āpŏrtrŏ.... « il nous apportera.... » (Valence, enfant).

---

[1] Mes notes sur Parzac ont été complétées sur ce point par une enquête générale faite avec beaucoup de soin par mon ami M. l'abbé Monrousseau, curé de la paroisse.

fŏ nz̧ ăn nă « faut nous en aller (Sansac, B., Beaulieu, B.).

ŭ nz̧ ăpŏrtĭ.... « il nous apporta.... », et *ŭ nz̧ ăpŏrtrŏ*.... « il nous apportera.... » (Chavagnac, G.).

....*ă nz̧ ăbĭļă* « ....à nous habiller » (F¹).

nè nz̧ ētyā fĕ dĕ̆ mă̆ « nous nous étions fait du mal » (F³).

krĕ̆ tŭ k kŏ nz̧ ărètrŏ? « crois-tu que ça nous arrêtera », et *ko n'è pă kŏ ke nz̧ ărètrŏ* « ce n'est pas ce qui nous arrêtera » (G⁴).

Les exemples de *nz̧* + consonne méritent une place à part. J'en ai trouvé un certain nombre à Cellefrouin, à ma grande surprise. Que de choses on laisse passer quand on ne les cherche pas spécialement!

ĭ vĕg̊ĭrā nz̧ vĕ̆r « ils vinrent nous voir » (Goise, B., Valence, M.).

nè nz̧ g̊ărdrā « nous nous garderons » (Pradelières, D¹).

nè nz̧ vĕtĭrā « nous nous vêtîmes » (Pradelières, D²).

nè nz̧ vĕ̆rā « nous nous verrons » (Puyrajoux, T.).

nè nz̧ bătrā « nous nous battrons » (Cellefr. Gr.², Parzac D.).

Ainsi la forme *nèz̧, nz̧* propre originairement aux groupes où elle précédait une voyelle s'est étendue aux cas mêmes où elle devait être devant des consonnes. Alors s'ouvre pour elle la voie des transformations phonétiques.

Au contact des sourdes *nèz̧* ou *nz̧* sont devenus *nès ou *ns*, qui se sont à leur tour propagés devant les consonnes sonores et les voyelles :

nè ns bătrā « nous nous battrons » (Pradelières, enf. de 12 ans).

ŭ ns ăpŏrtăvā « ils nous apporteraient » (Id.).

nè ns ānèrā « nous nous en irons » (F²).

kŏ fŏ ns ānnă « ça faut nous en aller » (Temple T¹, 1887).

nè vā ns ān nă « nous vons nous en aller » (Id., 1886).

ŭ ns ŏ ăpŏrtă « il nous a apporté » (Saint-Front).

Je verrais la même forme avec fusion des deux *s* en une dans :

nè n sō kŏpă̆ « nous nous sommes coupés » (F¹).

Peut-être aussi dans :

nè n sō byē pŏrtă̆ « nous nous *sons* bien portés » (Bayers).

Enfin *nz̧*, *ns*, ont donné *nz̧è, nsè*. L'*è* a dû s'introduire pour les raisons d'ordre phonétique et psychologique. Des groupes comme *nè ns kŏprā* ou *nè nz̧ kŏprā* « nous nous couperons » ont appelé naturellement, surtout au temps où la prononciation était moins rapide qu'aujourd'hui : *nè nsè kŏprā* et *nè nz̧è kŏprā*. De plus, dans le cas où le sens exigeait un arrêt sur le pronom, l'*è* venait de lui-même.

Nous avons en conséquence :

nè nz̧è kŏprā « nous nous couperons » (Pradelières, D¹).

nè nz̧è bătrā « nous nous battrons » (Gr., Cellefrouin).

n ăvā ĕtă nzĕ prŏmĕnă « nous avons été nous promener » (Beaulieu, B., C., Chassiecq, E.).

n ăvā ĕtă nsĕ prŏmĕnă (Beaulieu, B.).

Il nous faut maintenant rendre compte de la chute de l'*n*. Il n'y a pas deux explications pour le cas où *nzĕ, nsĕ*, ne sont pas précédés de *nĕ*, comme dans *n ăvā ĕtă nsĕ promena* : l'*n* est tombée au contact de l'*s*. J'ai vu en quelque sorte le changement se faire sous mes yeux. Dans une conversation que j'avais à Beaulieu avec M. Ballon, j'entendis bien nettement la phrase : *n' ăvā ĕtă nsĕ prŏmĕnă*. *Nsĕ* est certain, il m'a été attesté à Beaulieu par d'autres personnes; mais c'est un archaïsme qui devient rare. La forme était nouvelle pour moi, je la saisis avidement. M. Ballon remarqua-t-il ma surprise? Je ne sais. Toujours est-il qu'il se reprit sur le champ et remplaça dans une phrase plus rapide *nsĕ* par *sĕ*.

Mais quand *nzĕ, nsĕ*, étaient précédés de *nĕ*, on peut se demander si c'est le premier *n* ou le second qui est resté.

En réalité, il y a eu fusion des deux *n* en une seule comme le montrent les formes archaïques :

n nz ā vā « nous nous en allons ».

n nz ĕmā « nous nous aimons ».

n nzĕ trōpā « nous nous trompons » (Beaulieu, Ga.).

n ns ān ĕrā « nous nous en irons » (F²).

La consonne forte et longue issue de *nn* s'affaiblit et s'abrège, et nous avons :

nz ā vā (Valence, M.).

nzĕ făzā « nous faisons » (Id.).

nz et *nzĕ* représentent, on le voit, le seul pronom régime NOS, le pronom sujet ayant perdu successivement son *s*, son *o* et son *n*. Mais l'*n* de *nz nzĕ*, en absorbant l'*n*, seul débris du premier NOS, se trouve par sa situation, par sa ressemblance avec *nĕ* sujet, en prendre les fonctions. Alors *nz nzĕ* est coupé en deux par une opération de l'esprit : *n*, qui au besoin devient *nĕ*, est le sujet ; et *z* ou *zĕ* est le régime. Une fois, j'ai surpris M. de Fonroche corrigeant *n ns ān ĕrā* en *nĕ s ān ĕrā*.

Les exemples de *zĕ* ne sont pas très rares.

nĕ zĕ kŏpā « nous nous coupons » (Bayers).

nĕ zĕ pŏrtā byē « nous nous portons bien » (Bayers).

sĭ nĕ zĕ rākōtrāvā, nĕ z bătrĭā « si nous nous rencontrions, nous nous battrions » (La Combe de Parzac).

Mais la forme dominante est *sĕ*.

Cependant *zĕ* est en train de se reconstituer, comme nous l'avons vu, par le contact de *sĕ* réduit à *s* et d'une consonne sonore.

Telle est l'histoire de *sĕ*⇐nos. Il serait intéressant de rechercher si partout où le même fait se présente, comme en Picardie, dans le Berry, aux environs d'Avignon, d'Arles, de Pau, et ailleurs sans doute, il est dû à la même cause. Je serais tenté de le croire. Pour le Béarn, j'en ai la certitude.

On pourrait enfin se demander pourquoi vos n'a pas aussi abouti à *sĕ* dans le patois de Cellefrouin, puisqu'on dit *vĕẓ ôtr* comme *nĕẓ ôtr* : *sĕ* est d'usage pour *vous* comme pour *nous* en Picardie et en Berry. La cause déterminante de l'évolution qui a fait passer *nĕẓ* à *sĕ* est, avons-nous dit, l'extension analogique qui a mis *nĕẓ* (⟵ nos) + voyelle en contact avec des consonnes sourdes. Pour le pronom de la 2ᵉ personne, au contraire, l'analogie a favorisé la forme *vĕ* ⟵ vos + consonne. Pourquoi cette différence? Je l'ignore. Mais elle n'a rien de surprenant. — V. *Not. c.* 9.

Depuis le moyen âge, deux noms de hameaux ont transformé leur gutturale initiale, l'une de sourde en sonore, l'autre de sonore en sourde. CUPITIA qui était *Cobeeza* (K. r. 6/3, 5, 16), *Cobeza* (C. 2/13), et dont l'origine était encore assez sentie au XIᵉ siècle pour qu'on le traduisît par *Concupiscentia* (K. r. 4/10) ou *Cupiditas* (K. r. 6/16, 21), est devenu *gwĕẓ*, que l'on transcrit à tort en français *Goise*. Au contraire *Goutibert*, écrit dans le *Censier*, *Gotibers* (C. 6/16), *Goutibertz* (C. 8/11), *Goutibers* (C. 9/10, deux fois), et qui a conservé son *g* initial dans la plupart des actes publics, est devenu pour le peuple *kŭtĭbĕr*, avec *k* au moins depuis le XVIIᵉ siècle. La première fois que cette forme apparaît, à ma connaissance, c'est en 1664, dans les registres de la paroisse où elle alterne avec la forme traditionnelle.

Pourquoi ces deux mots, si semblables et d'un emploi identique, *Cobeze* ou *Coueze* et *Goutibert*, ont-ils subi deux transformations inverses? Je ne saurais le dire.

VICES est à Saint-Claud toujours *vĕ*, à Cellefrouin le plus souvent *fĕ*.

Quelques mots ont à l'initiale *gr* pour un KR primitif. Ce sont g. KRATTON, *grătă*; g. KRIMMAN, *grĭmă*; g. KREBIZ, *ăgrĕbĭs*; auxquels on peut ajouter *grăpă* comparé à *crapaud*, *s ăgrŭă* (substantifs verbaux, *grŭăd* « nichée de poulets », *grŭ* « niche à chien ») comparé à *s'accroupir* d'un primitif auquel je suppose un seul P (g. *KRUPE) comme au germanique STUPPULA, *étouble*.

Enfin je me demande si *dŭrsă* « frapper », ne pourrait pas se rattacher à TORTIARE?

Nous n'avons rencontré jusqu'ici que des cas isolés. Mais il y a une transformation générale qui s'étend à presque tous les pays romans et à laquelle Cellefrouin, comme le reste de la Gaule, a été soumis. C'est celle des sourdes latines ou germaniques en sonores, entre deux voyelles : RAPAM, *răb*; CUPAM, *kŭb*; LUPAM, *lŭb*; SAPARE, *săbă*; NEPOTEM, *nĕbŭ*; APICULAM, *ăbăḷ*; SAPORATUM, *săbŭră*; CAPITIA, *săbĕs*; SEPULCHRUM « la crypte où est enfermé le tombeau de saint Claud », *sĕbŭkḷ*; — CANTATAM, *săṭăd*; FATAM, *făd*; FINITAM, *fĭnĭd*; ROTAM, *rŏd*; *VENDUTAM, *vădŭd*; *NOTARE, *nŏdă*; MARITARE, *mărĭdă*; *PUTIRE, *pŭdĭ*; CUTENNAM, *kŭdĕn*; SATULLUM, *sădŭ*; g. WITAN, *gĭdă*; — *PRESSAM, *prĕz*; -OSAM, -*ŭz*; ILLOS HOMINES, *lŭz ŏm*; PLACERE, *pḷăzĕr*; RACEMUM, *răzĕ*; *AUCELLUM, *ŏzĕ*; *COCINA, *kŭzĭn*; RATIONEM, *răzŭ*; ACUTIARE, *ăgŭză*; ACUTIAT, *ăgŭz*; INVITIATEM, *ăvĕză*; -ITIA, -*ĭz* (*fĕyălĭz*); AQUA, *ĕg*; ÆQUARE, *ĕgă* « raccommoder »; ÆQUALEM, *ĕgă*, dérivé *ĕgălă* « égaliser les sillons »; — *SEQUIVI, *sĕgĭ*; NECARE, *nĕjă*; SECARE, *sĕjă*; PLICARE, *pḷĕjă*; PLICAT, *pḷĕj*; LOCARE, *lŏjă*; HOC ANNO, *ŭjă*; *FOCERIUM, *fŏjĭe*; VERRUCA, *vĕrŭj*; LACTUCAM, *lĕtŭj*; *NUCARIUM, *nŭjĭe*; NUCATUM, *nŭjă*; *PIKARE, *pĭjă*; *PICALEM, *pĭjă*; g. *BUKON, *cŏ-bŭjă* (*fĕr cŏbŭjă ŭn bărĭk* « rendre une barrique étanche »); g. KRUKA, *krŭj* « cruche ».

Ce n'est pas seulement quand elles étaient placées entre des voyelles persistantes que les sourdes se sont transformées en sonores, mais encore dans le cas où elles étaient en contact avec une voyelle atone : SUCCUTERE, *sĕkŭdr*; MOLITURAM, *moldura* (K*, r. 8/13), *mŭdŭr* « mouture »; DOMITARE, *dŏdă*, d'où l'adj. verbal *dŏd*; *FENDITAM, *făd*; *DESCENDITAM, *dĕsăd*; *FONDITAM, *fŏd*; VENDITAM, *văd*; PERDITAM, *părd*; POLLICEM, *pŏz*; PULLICEM, *pyŏz*; RUMICEM, *ĕrŏd*; SALICEM, *sŏdr*.

Dans ces mots, le français a des sourdes. Mais dans quelques autres, le français, comme le patois, possède des sonores : CUBITUM, *coude* et *kŭd*; CUCURBITAM, *gourde* et *kĕkŭrd*. Ces mots français, où l'influence assimilante du *b* précédent est visible, pourraient faire croire à une influence analogue pour la plupart des mots patois de la 1ʳᵉ série, surtout étant donné le mot *tăt*, AMITA. Mais ce serait une illusion ; nous avons déjà reconnu que les muettes ont une force assimilante bien supérieure à celle des liquides ; et puis *tăt* est un mot français. Le mot indigène est *ăd*, complètement perdu à Cellefrouin, même à La Péruse, lieu de passage très fréquenté, mais qui se dit encore, quoiqu'il soit bien dédaigné, à Puybarraud, et qui était d'un usage courant dans le patois d'une vieille femme d'Excideuil. *Tante* désigne à la fois, dans le pays, la tante et la belle-mère; *ăᵤdŏ* n'a conservé dans le patois de Puybarraud que cette dernière signification. — Nous avons donc le droit de rattacher directement les formes précédentes aux mots latins.

Les sourdes intervocaliques, devenues sonores, sont en général restées dans le patois de Cellefrouin, à l'étape du latin vulgaire. En dehors des mots d'emprunt, ou certainement influencés par le français, je ne relève que les exceptions suivantes :

1° Le *b* roman précédé de *u* a suivi l'évolution du B latin. Ainsi CUPITIA, dans le cartulaire *Cobeeza* (K. r. 6/3, 5, 15) et dans le censier *Cobeza* (C. 2/13), n'est plus aujourd'hui que *gwëz* « Goise »; TROPARE se réduit le plus souvent à *trüä* dans le parler de ma mère.

2° Le T est tombé dans *riört* RETORTAM, *pël* PATELLAM, *chër* CATHEDRAM.

Les modifications déjà anciennes que nous venons de signaler et qui sont étrangères au français du Nord ne sont point spéciales aux pays limitrophes du Limousin. On les retrouve sinon entièrement conservées, du moins subsistant encore par quelques débris dans toute la région de l'Ouest, Angoumois, Saintonge, Poitou.

Les traits communs qu'on peut relever sont les suivants :

1° Le *k* adouci dans *s'agrouer* « s'accroupir » (Fontenay); *grapaud* « crapaud » (Chef-Boutonne). — Je cite, d'après Favre, *Gl. du Poitou*.

2° Le *qu* intervocalique devenu *g* : *aiguail* « rosée », *aigailler* « couvrir de rosée », *aiguer* « rendre une cuve étanche », *aiguière* « petit fossé » (Chef-Boutonne), *ségre* « suivre » (Chef-B., Montaigu), — *aigue* (Gœrl.).

3° La consonne devenue sonore après une voyelle atone : *donder* « dompter », *donde* « dompté », *pouze* « pouce » dans un sens spécial pour désigner la partie du sarment que le tailleur de vigne laisse sur le cep, *piouse* « puce » (Chef-B.), *éronde* « ronce » (Fontenay), — *vende* et *rende* (Gœrl.).

4° Le P intervocalique et dans le groupe PL, PR maintenu à l'étape *b* : *sabon* « savon », *sabouner*, *sabe* « sève », *saber*, *coubler* « accoupler », *chebra* « chevreau », *chebrier* « mettre bas », en parlant d'une chèvre (Chef-B.), — *ribere, troberent, trobom, trobes, oberz, arriba, sebelit, cubertes*, etc. (Gœrl.).

5° La gutturale intervocalique conservée sous la forme de *j*, et, par un développement postérieur, de *h* : *neger* « noyer » (Chef-B.), *seger* « moissonner » (Chef-B., Celles), *plioger* « plier », *fouger* « fouir » (Fontenay), *essuger* « essuyer », *ortige* « ortie », *louger* « louer », LOCARE, *nougeraie* « plantation de noyers », *rège* « raie du sillon » (Chef-B.).

6° Le T ⟶ *d* intervocalique persistant avant l'accent : *fedon, fedoune* « âne ou ânesse de moins d'un an », FŒT + ONEM; *veda* VITELLUM (Chef-B.), *coudin* COTONEUM (Chef-B. et Fontenay). Mais, après l'accent, je n'ai rencontré le *d* que dans les écrits du moyen âge ou les noms de lieux. Aux environs de Saint-Amande-de-Boixe et de Nanteuil, où le suffixe -*ad* n'existe plus, il y avait une voie qu'on appelait la *Chaucada* (*Charte d'un* abbé de *Nanteuil*, 1172, dans Michon, *Stat. mon.*, p. 161). *Calcada* (*Cart. de Saint-Amand de Boexe, ibid.*). *Viam publicam* de la *Chaussade*, 1370 (*Ibid.*), la *Chaussade*, 1465 (*Aveux du Château-Renaud. Archiv. Nat.*, p. 513, 2ᵉ vol.), et 1497 (*Cart. de Saint-Am.*). A Richemont, près de Cognac, le peuple donne encore à une grotte le nom de grotte des *fades*. Dans le canton de *La Tremblade*, un lieu nommé aujourd'hui *Chaillevette*, est appelé *Chalaveda* dans une charte de 1226 (*Cart. de N.-D. de la Garde*), *Challaveda* dans une autre de 1250, etc. Nous trouvons encore *Lomada, La Clida* (*Ibid.*), etc. Le *Journal de l'Ent. du Comte d'Ang.* mentionne un étang de la *Velude*, sans doute la *Velue*. — Voir *Note compl.* 10.

§ 5. — Chute de consonnes.

La chute des consonnes n'est pas un phénomène aussi simple que le mot semble le dire. Ce n'est pas une chute à proprement parler, c'est un amuïssement progressif dont on ne peut suivre sûrement les étapes que là où il est en train de se produire.

Dans certains cas, la consonne s'assourdit naturellement à la fin d'un membre de phrase, et reçoit le premier coup de mort de son emploi syntactique. Dans d'autres, obéissant à une force qui l'entraîne, soit hors de la bouche, soit vers la gorge, elle s'évanouit, après beaucoup de transformations, comme un souffle vain. Dans d'autres enfin, revêtant sous l'influence de l'assimilation une forme étrangère, elle perd son individualité, et varie au gré des combinaisons de la phrase, jusqu'à ce qu'elle se fixe à une forme nouvelle ou qu'elle soit rejetée comme inutile.

Nous avons rencontré des exemples du premier cas dans la première partie (p. 44). Nous en verrons bientôt du second. Qu'on me permette d'en citer un du troisième. A Sénaillac, canton de La Tronquière (Lot), le *t* de la 3ᵉ personne du singulier du parfait du verbe *être* demeure sans changement toutes les fois que le verbe n'est pas uni étroitement à un mot commençant par une consonne. Mais dès qu'une union intime se produit entre les mots, il s'assimile à la consonne suivante et tend à disparaître : *fwĕb bŏdău* « il fut badaud », *fwĕp pŭlĭ* « il fut joli », *fwĕv vĭlĕ* « il fut vilain », *fwĕf fă* « il fut fait », *fwĕm mŏlăwdĕ* « il fut malade », *fwĕᵨ gŏrĭ* « il fut guéri », *fwĕk kŏnâlŏ* « il fut canaille », *fwĕt tŭkă* « il fut touché », *fwĕdʼ dĕvŏla* « il fut descendu », *fwĕₙ nŏĕkŭ* « il fut né », *fwĕl lĕdĕ* « il fut laid ». Le *t* est complètement tombé devant *r* et *ŝ* : *fwĕ rŏĭnăl* « il fut renard (c.-à-d. avare, mauvais voisin) », *rĭĵă* « rusé », *ŝăĭsĕ* « sage ». Comment une consonne ainsi traitée pourrait-elle conserver longtemps sa vie propre? Et comment déterminer aussi sous quelle forme elle est tombée?

Cela dit, je tente une explication pour la chute des consonnes appuïes dans mon patois.

Je ne m'arrêterai pas à la chute des initiales. Nous avons déjà étudié la chute du G dans le groupe *gl* (p. 198). C'est un fait régulier. En voici quelques autres d'exceptionnels : *râp* « grappe », *rĭpâ* « gripper », *lĕtru* « gletteron », g. KLETTO.

J'ai déjà parlé de la chute du *d* intervocalique (p. 206), de celles du *v* et du *b* dans certaines positions (p. 205 et 206).

CHUTE DES INSTANTANÉES SUIVIES D'UNE CONSONNE AUTRE QU'UNE LIQUIDE

Je n'ai que peu de chose à dire de la chute des instantanées suivies d'une consonne autre qu'une liquide; c'est un fait accompli dès notre plus ancien texte : g. LANDBERT, *Lanberto* (K. r. 2/6); g. GAUTSELMUS [1], *Gauscelmus* (K*. r. 8/21); g. GAUDIFRID [2], *Gauffredus* (K. r. 2/1 a. f., an. 1031-1048), *Goffredus* (K. r. 3/17, an. 1031-1048). A la même date nous avons aussi la forme avec *t* : *Gautfredi* (K. r. 1/8); mais l'acte qui la renferme pourrait bien avoir été rédigé à Angoulême, où la tradition orthographique devait être plus forte qu'à Cellefrouin. Du reste, la charte du Chapitre porte *ioffre*.

Si l'on s'en rapporte aux graphies ci-dessus, et elles paraissent mériter toute confiance, la chute de la première consonne a commencé par une assimilation complète et s'est achevée par la réduction de la consonne double à une simple. Cette dernière étape se montre dans les graphies de la première moitié du XIIe siècle et dans les suivantes : *Gaufridus* (K. v. 2/1 a. f., avant 1140, 3/11, an. 1120-1140, et C. 4/11, 5/38). Pourtant nous avons encore g. RODBERT, *Robberti*, après 1174 (C. 8/25).

Pour des raisons spéciales, le D suivi de G, se confondant avec celui qui est issu de la gutturale, a semblé vivre plus longtemps : RODGAR, *Rotgarius* (K. r. 3/13); AUDGER, *Otgier* (C. 2/20).

CHUTE DES NASALES A LA FINALE ET APRÈS LES VOYELLES NASALISÉES

La chute des nasales s'est opérée à diverses époques, d'abord dans les finales latines et romanes, en dernier lieu après les voyelles nasalisées.

---

[1] *Conf. Sancti Galli*, col. 49, l. 29. ‖ [2] *Conf. Augienses*, col. 307, l. 12.

Dans ce dernier cas, l'amuïssement, déjà complet à Cellefrouin, n'est pas encore achevé dans le haut de la vallée. Nous voyons l'ɴ apparaître successivement à partir de Saint-Claud, selon l'ordre inverse de la nasalisation des voyelles, à savoir :

Dans les hameaux de Saint-Claud et à Nieul, après $\tilde{\imath}$ seulement :
vĩnt sĩnk ã « vingt-cinq ans » (La Combe).
sĩnkļão « Saint-Claud » (Les Carmagnats).
sĩnļè « sangles » (Les Chaumes).

A Lussac, après $\tilde{\imath}$ et $\tilde{e}$ en dehors de la finale, au moins chez les vieillards :
ĩnkèr « encore », *ẽntẽndĩ* « entendit », *de tẽn ẽ tẽ* « de temps en temps » (B.).

A Suaux, après $\tilde{\imath}$, $\tilde{e}$, $\tilde{u}$:
rũndrè « ronces ».

Enfin à Roumazières, après toutes les voyelles, excepté après les finales $\tilde{e}$, $\tilde{a}$:
bũn dĩ « bon Dieu »; *lũ frũm* « le front », *lã fõn dæ̃ bɨrdĩeũ* « la font du Bourdisson », *yũm lãpĩm* « un lapin », *dẽdĩm* « dedans », *tỹãntã* « chanté ».
Mais *sèrpẽ* « serpent », *tỹãntã* « chantant ».

Plus loin encore, dans le Limousin, à Rochechouart, la consonne reste à la finale après toutes les voyelles : *ãglãn* « gland », *tỹãm* « champ ».

La chute de la nasale, après les voyelles qu'elle a infectées, est donc une opération successive qui s'est produite, comme c'est naturel du reste, dans le même ordre que la nasalisation de la voyelle : d'abord après $\tilde{a}$, puis après $\tilde{e}$, $\tilde{o}$, enfin après $\tilde{u}$, $\tilde{\imath}$, qui tous les deux sont devenus à Cellefrouin $\tilde{e}$. La chute a d'abord eu lieu à la finale, puis devant les consonnes. Enfin la nasale tombée à la finale peut fort bien, dans certains cas au moins, n'avoir pas été l'ɴ primitive, mais une *m*. La transformation de l'ɴ en *m* s'explique par une fermeture prématurée des lèvres.

Je n'ai d'autre donnée sur la date de la chute de l'*n* après une voyelle nasalisée que celle qui est fournie par le nom de la rivière le Son (*sõ*), écrit dans le *Gallia* et dans l'acte de 1547, *Sonne*. Comme il n'est pas probable que ce mot ait changé de genre depuis, il faut lire *sõn*. — V. *Not. compl.* 11.

Sur la chute des nasales dans les autres positions, les patois voisins ne nous apprennent rien de particulier.

A une époque relativement récente, entre la fin du xiiie et le xvie siècle, l'ɴ est tombée dans les finales après ʀ : ꜰᴜʀɴᴜᴍ, *forn* (Censier, 1274), *four* (Registres de la paroisse, 1590). Il semble que la chute de l'*n* dans ce cas coïncide avec celle des autres consonnes placées dans la même situation. C'est ce qu'il est permis de conclure du traitement uniforme de la voyelle précédente. Celle-ci, devenue moyenne et brève quand l'ʀ a été découverte de bonne heure (kŭr CURRE) est fermée et longue quand l'ʀ n'a été découverte que plus tard. Or, nous avons : kŭr CURTUM et COHORTEM, lŭr LUR'DUM, bŭr BURGUM, et fŭr FURNUM.

Enfin, à une date ancienne, antérieure au xɪᵉ siècle, l'ɴ est tombée après les voyelles dans les finales romanes :
Chascus, ...ᴜɴᴜs (K*. r. 8/34); *segui* (K. r. 2/24), sᴇᴡɪɴ, cf. *seguina* (C. s. en marge 5/4 a. f.); *Mouri* (K. r. 2/25), latinisé en *Mourini*, fém. la *Mourina* (C. 5/41 et s¹); *Grassis* (C. 5/20), ᴄʀᴀssɪɴᴜs; *Grassi* (C. 5/41), ᴄʀᴀssɪɴᴜᴍ, las *vestizos* (K. r. 8/15), *ᴠᴇsᴛɪᴛɪoɴᴇs; Stephanus *Fatho* (C. s. t. 10/23) et Guillelmus *Fatonis* (C. 8/13). Nous avons déjà cité *Creycha* et *Crestia* ᴄʜʀɪsᴛɪᴀɴᴜᴍ qui n'est pas resté. Deux moulins, dont le nom aussi a péri, nous présentent la chute de l'ɴ après ᴀ. Ce sont : le moulin de *Poscheiran*[*us*] (K. v. 1/25), cf. Gauscelmus de *Posqueranus* (K. r. 8/21), Geraldo de *Posquerano* (K. r. 3/2 a. f.), Geraldus de *Poscheras* (K. r. 6/14), et de *Poscheiras* (K. r. 10/17), Arn. de *Pocheyras* (C. s. t. 10/5), et le moulin *deu Tan* (C. s. t. 3/4), *deu Tha* (C. 4/4), *deu Ta* (C. 5/7), *de Tha* (C. 7/2 a. f.).

En dehors de *Tan*, je n'ai rencontré l'ɴ dans les noms transcrits sous la forme vulgaire que dans *Barron* (C. s. t. 3/7).

Les voyelles laissées à découvert par la chute de l'ᴍ ou de l'ɴ ont toutes subi un traitement semblable. Elles sont moyennes et ouvertes : sᴜᴍ, *sŭ*; g. ʙʀᴜɴ, *brŭ*; ᴄᴀᴍɪɴᴜᴍ, *cĕmĭ*; ᴍᴀɴsɪoɴᴇᴍ, *mézŭ*; ʀᴇᴍ, *rĕ*. Mais l'ᴀ s'est en plus transformé en *ŏ* dans les formes toniques : ɪʟʟᴀᴍ, *lŏ*; ᴊᴀᴍ, *jŏ*; ᴘʟᴀɴᴇ, *plŏ*. L'ᴀ suivi d'un ᴛ final latin ou d'un ᴅ final roman, a eu le même sort : ʜᴀʙᴇᴛ, *ŏ*; *ʜᴀʙᴇʀᴇ-ʜᴀʙᴇᴛ, *ŏrŏ*; sᴀᴘɪᴛ, *sŏ*; ᴠᴀᴅᴜᴍ, *gŏ*. De tous ces mots, ɪʟʟᴀᴍ peut seul s'employer comme atone (*ĭ lă vĕ* « je la vois », et *vĕ lŏ* « vois-la »)¹. Mais l'ᴀ suivi d'un ᴛ ou d'un ᴄ dans les finales romanes a donné *ă*. Ce double fait marque donc nettement la succession des phénomènes.

Ce qui nous reste à rechercher maintenant, c'est la façon dont les nasales se sont amuïes. Je n'ai rien remarqué de particulier dans les ᴍ et

---

¹ Un mot embarrassant, c'est notre pronom neutre *kŏ*, de même que son correspondant français *ça*. *Kŏ* ne peut venir de ʜoᴄ qui a donné *u*. La forme atone *kă*, usitée dans le haut de la vallée et à Saint-Gourson, fait songer à un ᴀ suivi en latin de ᴍ, ᴛ ou ᴅ. Que serait-ce ?

les N en train de tomber dans le haut de la vallée, si ce n'est une diminution dans la force de l'articulation. Mais des observations faites ailleurs pourraient peut-être nous suggérer une explication probable.

J'ai été à même d'étudier dans ses détails complexes l'amuïssement de l'N au pied du Mont-Rose et du Mont-Blanc en Italie. Le phénomène ne se présente pas dans les mêmes conditions qu'à Cellefrouin, car c'est entre voyelles qu'il se produit. Il n'en est peut-être que plus instructif, les étapes parcourues étant plus faciles à saisir.

Le début de l'évolution se montre clairement à Chaland-Saint-Victor, Arnac, Montjovet. La langue s'est détachée du palais et a pris la position de l'*r* linguale; elle produit une *n* spirante (*bn̈a* « bonne »).

Dans cette situation, elle peut entrer en vibration et faire entendre une *r*, comme cela est arrivé à La Thuile, Morgeix, Valgrisanche. Elle peut aussi rester tout à fait muette. En tout cas, l'air profite du passage qui lui est ouvert et tend à abandonner la voie du nez. J'ai observé ces deux états à Morgeix dans une même personne, âgée de 77 ans [1]; mais je n'ai pas trouvé de trace d'*r* chez un jeune homme de 20 ans [2]. Au dessous de Morgeix, jusqu'aux environs d'Aoste, l'*n* n'a pas encore complètement disparu; il en subsiste une résonnance nasale qui tantôt laisse pure la voyelle précédente, tantôt paraît l'infecter plus ou moins [3].

Une autre voie, conduisant aussi, je pense, quoique je l'ai moins étudiée, à la chute de la nasale, c'est la palatalisation de l'N. Le fait se produit régulièrement au contact d'une gutturale, mais il s'observe encore à la finale après une voyelle nasalisée dans la vallée de Suse, celle d'Aoste et dans le Piémont, où l'N est à la fois palatale et mouillée, *pāɲ* PANEM.

Quelque chose d'analogue se remarque dans la prononciation de mon père pour CANEM et CAMINUM, avec cette différence que dans les Alpes la langue se détache du palais avec bruit, tandis que chez mon père l'*y*, à peine sensible, paraît souvent n'être qu'une simple résonnance nasale : *ei̯ŋ*, *cemi̯ŋ* ou *eĩ*, *cemĩ*. — Voir *Note compl.* 12.

Il semble qu'à Cellefrouin l'N ait suivi ces deux voies pour s'amuïr, notamment cette dernière dans sa première évolution. La langue tendant à élever le dos vers le palais, la pointe se serait détachée, un *y* se serait d'abord produit, puis, à la fin du mouvement, se serait fait entendre un *ŋ*,

---

[1] *erä kyümérä* et *ëä kyümëä* « une commune ». || [2] *ämëä* « amenés »; *veü* « venus ». || [3] CŒNA, *tēä* (Morgeix, La Salle), *bëä* (Rhèmes-Saint-Georges); PLENA, *plëä* (Villeneuve, Saint-Nicolas); SONAT, *sōè* (Saint-Oyen); enfin UNA, *ëä* (Avise).

auquel, par un relâchement de l'organe, aurait succédé un ⁻ qui se serait en dernier lieu évanoui. Je supposerais donc pour *CANEM, *et*, par exemple, *kyayŋ* au début de l'évolution. Ce qui me le fait croire, c'est le sort de l'A dans ce mot. En effet, l'A tonique précédé d'un son palatal demeure, CAPRAM, *cabrè*; mais, s'il est suivi d'un *y*, il devient *i*, CACARE, *cīā*; JACTARE, *jĭtā*. Donc si l'A de CANEM est devenu *ĭ*, c'est qu'il a été sous l'influence d'un *y* subséquent, lequel n'a pu être produit que par l'N palatalisée.

S'il en est ainsi, la production du *yŋ* n'a pu qu'être favorisée par un *y* placé après. Or c'est ce qui a eu lieu pour trois mots, les seuls qui aient perdu une nasale intérieure : MANDUCARE, *RONDICARE, GRIMMIZZON, *mĭjā*, *rŏjā*, *grĭsā*.

L'évolution de l'N tendant vers *r* a bien dû exister à Cellefrouin. Deux mots en font foi : CANNABEM, *cărbè*, et CANAVAS, *cărvĕ*. L'N dans cette position ne pouvait avoir sur la voyelle précédente la même action que dans les mots où elle était suivie d'une consonne. Aussi ne l'a-t-elle pas nasalisée. Pourtant elle a été assez tôt entravée pour suivre en partie l'évolution de l'N + *consonne* : elle s'est arrêtée à mi-chemin.

La chute de l'N après une voyelle nasalisée rapproche le patois de Cellefrouin de ceux du Nord. Celle de l'N finale, soit en latin, soit en roman, le rattache à ceux du Midi. Or, ce caractère (il y a des indices qui portent à le croire) appartenait aussi à une époque ancienne au bas Angoumois, à la Saintonge et au Poitou.

Actuellement, les formes issues de EN, ON, IN, avec l'N conservée, se trouvent presque au confluent du Son ; celle qui dérive de AN (*ā*) a pénétré jusqu'à Cellefrouin, ne laissant subsister que *plŏ*, *pyŏ* PLANE, au moins à partir de Romfort, et *ŏt* ALTANUM [1], qui est en concurrence avec *ŏtā* à Cellefrouin. L'invasion des formes *ā* (*pā*, *mā*, *dèmā*, etc.) n'a pas atteint Saint-Claud, le Grand-Madieu, Saint-Laurent, Chasseneuil et Les Pins.

Quelques mots des chartes du moyen âge et quelques débris échappés comme par miracle nous permettent de constater que l'N finale était tombée sur des points assez avancés du territoire où l'on ne trouve plus aujourd'hui que les formes françaises, à savoir : aux environs de Royan, *Arn. Mouri* à côté de *Petrus Mourini* (1263), *P. Bru* (1141-1151) un grand nombre de fois à côté de *Petri Bruni*, *Lodefes*, hameau de la commune de

---

[1] La forme régulière serait *ŏtŏ*, mais elle a dû être modifiée sous l'action d'une double influence : Le *vā dè bā* a pu amener une confusion avec ALTAM, et la disparition des noms en *ŏ* a dû provoquer un déplacement d'accent et l'affaiblissement de la voyelle finale.

Vaux, à côté de *Lodefens* (*Cart. de Vaux*), *Saujo* (1207, 1223, etc.) « Saujon » (*Cart. de N.-D. de la Garde*); dans les patois modernes eux-mêmes, le hameau de Vaux qui a conservé sa forme sans N et se dit *dféy*; aux environs d'Angoulême, le nom d'une commune située entre Angoulême et Châteauneuf, *Saint-Simeux*, autrefois Saint-Siméon (Abbé Tricoire, *Le Château d'Ardenne*, p. 211), qui ne s'explique bien que par une forme populaire *S. *Simeo, Simou*, changé en *Simeux* quand la forme française *eux* a été substituée à la terminaison indigène *u* des adjectifs; enfin, dans les Deux-Sèvres, au moins deux mots vulgaires, *bé* « bien » et *boussi* « morceau » (L'abbé Lalanne, *Gloss. du pat. poitevin*), cf. *boucina* « morceler » (Béronie, *Dict. du pat. du Bas-Lim.*, Corrèze), *boucinou* « petit morceau » (L'abbé Vaissier, *Dict. du pat. de l'Aveyron*).

CHUTES DES INSTANTANÉES FINALES

De toutes les instantanées qui ont pu être finales, soit en latin, soit en roman, une seule, le *t*, vit encore, non pas à Cellefrouin, mais dans la région occidentale, à Nanteuil, Aigre, Cognac, Mazières (Deux-Sèvres), etc. Pour ne citer que quelques exemples, nous avons *sět* (Nanteuil), *sět* (Salles d'Angles) SITIM, *vāgyit* *VENUIT, *kūt* + consonne QUANDO, *dǎsǎt* « dansé » (Nanteuil), *il ātrit* « il entra », *il ǎvět* « il avait », *ŏ trůnǔt* « il tonna », *dět* DIGITUM, *ětǔt* « aussi » (Salles d'A., M¹).

Ce *t* représente non seulement un ancien T ou un D, mais encore un C : *kǔṇǎt* « cognac », *sǎt* « sac », etc. (Salles d'Angles). — V. *Not. comp.* 13.

Il y a donc lieu de se demander si le *t* n'a pas de même remplacé à Cellefrouin les dentales et les gutturales tombées. La transformation du D final roman en *t* n'est pas douteuse. Nous trouvons dans le *Cartulaire* et dans le *Censier* : *Davit* (K. r. 8/17) et le dérivé *Daviteu* (K. v. 3/10), *Granaut* (K. v. 1/2) cf. *Granauda*, *Lebraut* (C. s. 5/40) cf. *Lebraudi* (C. 5/30), *Bocart* (K. r. 7/8) cf. *Bocardus* (K. r. 6/24), *Guichart* (C. s. 3/31), cf. *la Guicharda* (C. 3/35), etc.

Le G s'est de même assourdi en C : *borco* (K. r. 3/22, an. 1060-1076), *borc* (C. 1/4) BURGUM, *gorc* (C. 4/32) *GURGEM « gouffre ».

Restent donc le C et le T qu'une évolution analogue a dû conduire au même point. Cette évolution est marquée par le signe diacritique *h* : *Seniach* (K. r. 7/23, etc.), *Romanach* (Ibid. 27), *bosch* (K. r. 10/4), g. BOSK, *Sauzeth* (K. r. 2/32) SALICETUM, *Casteneth* (K. r. 9/31) « Châtenet ». La graphie *ch* dans les noms vulgaires répond le plus souvent à un son qui a abouti à *c*. Elle devait à l'origine représenter quelque chose comme *ky*, première étape du *k* final en voie de tomber, comme on peut l'observer, par exemple à Lanslebourg en Savoie. Il est vraisemblable que *th* avait dans le principe une valeur analogue, celle de *ty*. On devait donc dire *tcavayaky* « Chavagnac », et *esparyaty* « épargné ». Mais *ky* n'a pas été long à rejoindre *ty*, et les deux graphies *ch* et *th* n'ont plus représenté qu'un son unique, *tẹ̆*. Que maintenant *tẹ̆* perde son second élément soit sous l'influence d'un *s* finale soit autrement, Guillelmus *Chalhocs* (C. 4/37), par exemple, deviendra Guillelmus *Challotz* (C. 8/11); le *t*, devenu superflu, remplacera *c*, *Sanht Chibart* (ch. de Nersac), SANCTUM EPARCHIUM; *th* pourra être employé pour un *t* normal, *Thachia*, *Thareus* (*Cens.*); enfin *Chavaignat* (1598)[1], *Parzat*, donneront naturellement naissance aux féminins *cavayătĕ*, *părzătĕ* « femme de Chavagnac, de Parzac ».

Il est donc fort possible qu'une seule consonne instantanée (sans parler des labiales) soit tombée à Cellefrouin, le *t*, mais un *t* amoindri qui a dû s'éteindre petit à petit, finissant par échapper à la conscience du sujet parlant, se montrant encore parfois dans une prononciation qui s'abandonne et disparaissant tout à fait dès que la réflexion intervient. Cette étape, c'est celle du *t* final dans le parler de mon père (Nanteuil).

La chute des instantanées s'est faite dans l'ordre suivant :

1º Chute du T final latin et du D final roman. Ces consonnes n'ont laissé aucune trace dans le *Cart.* et le *Censier* : AD, *a*; QUOD, *que*; ET + cons., *e*; *HABERE-HABET, *aura*; *CONVITARE-HABET, *quovidera*; *HABERE-HABEBANT, *avian*; *ESSERE-HABENT, *seran*; VIDENT, *vehén*; MISERUNT, *misdren*; FACIAT, *falza*; FUISSET, *fussa* (K*. r. 8/21-35); CANTAT, *chanta* (C. 1/21); WAD, *gua* (C. s². 4/3). Même avant la voyelle, on trouve dès lors la forme antéconsonnantique *e hen* « et en » (K*. r. 8/30), *é oh trestőz* (K*. r. 8/22) « et avec tous ». Cf. *e una* (ch. du Chapitre), *e a* (ch. de Bourg-Charente).

2º Chute du T et C dans les finales romanes. Rien dans nos anciens textes ne la fait prévoir, si ce n'est les formes *Blanzao* (K. v. 3/18, an. 1140-1177) « Blanzac », *Itanha* (C. 1/32) et *Vacho* (K. r. 4/9) « Etagnac » et « Vachot ».

La chute de ces consonnes après une voyelle se place après celle du T final latin et du D final roman, et avant celle de l's. Nous avons en effet, d'un côté, *ŏ*, *ŏrŏ*, *kŭvĭdrŏ*, *gŏ*, et *căvăyă̆* CAVANIACUM, *căță* CANTATUM; *pră*, PRATUM, et de l'autre, *pră* *PRATOS : *ŏ* a été plus tôt découvert que *ă*, et *ă* plus tôt que *ă*.

---

[1] A cette date, le *t* ne peut être qu'un souvenir.

3° Chute des instantanées placées après une autre consonne.

Leur chute peut être ou contemporaine ou postérieure à celle de l's. Il n'y a en effet aucune différence entre *păr*, PARTEM, et *păr*, PARTES.

C'est dans cette position que se trouve la seule labiale sur laquelle nous possédons un renseignement. Nous trouvons cette phrase : *P. Aymes. VII. sol'. deu chambo. qui est...* Le copiste s'est oublié (C. 5/8) puisqu'il a effacé *deu chambo qui est* pour restituer la bonne leçon de *maynamento*, etc. Il a voulu dire : *du champ*. Mais pourquoi ce *b*? Un *b* final se serait assourdi. Aurait-il voulu écrire un *p* très affaibli et presque indistinct?

CHUTE DE L'*s* DEVANT UNE CONSONNE ET DANS LES FINALES PRÉCONSONNANTIQUES

L's, adoucie en z, ne s'est conservée à la finale que devant les voyelles, et seulement lorsque les mots sont très intimement liés entre eux, article, déterminatifs, adjectifs et noms (*lŏz ămĭ, lŭ bōz ămĭ, lŏz ĕmăbļ drŏl* « les amis, les bons amis, les aimables *drôles*, » enfants). Tous les z soit primaires (s), soit secondaires (CI) des finales verbales sont tombés. Deux mots cependant en ont recueilli, pour nous les conserver, les derniers débris, *u* HOC et *i* IBI, qui sont devenus ainsi zu et zi. On disait régulièrement *făz u* FACE HOC, *vĕz i* VIDETIS IBI « voyez-y ». Puis le lien entre les verbes et leurs régimes ne s'étant pas trouvé assez étroit, les z sont tombés, sauf dans ces deux cas isolés, et l'on a cru qu'ils faisaient partie du régime lui-même. Alors on a pu dire : *tŭ zŭ păyră!* « tu le paieras! » *fŏ zĭ vnĭ* « faut·y venir ».

La chute de l's n'est organique que devant une consonne. Dans tous les autres cas, elle est analogique.

L's caduque a laissé une trace dans le haut de la vallée et dans les anciens textes de Cellefrouin, un *y* qui se sent encore à La Péruse, *ĕy-* *ES-, et qui se rencontre trois fois dans le *Censier*, *G. Meychini* (C. 7/19, et s. t. 5/4), cf. *Ar. Meschi* (K. v. 5/25), *Johanne Creycha* (C. 7/19), cf. *Johannes Crestia* (C. s. t. 10/18), *Stephanus Teychiers* (C. 1/5 a. f.), cf. *Ademarus Textoris* (C. s. de la marge 5/4). C'est assez pour nous éclairer complètement sur toutes les phases antérieures de l'évolution.

L'histoire, en effet, de l'amuïssement de l's recommence sous nos yeux dans diverses régions, et nous pouvons sans peine en suivre toutes les étapes. Je citerai, par exemple, les vallées des Alpes, d'Aoste à Pignerole[1], Pépieux[2] dans l'Aude, Sénaillac (canton de la Tronquière)[3] dans le Lot,

---

[1] Documents recueillis sur place. || [2] M. M. Raynaud. || [3] Un élève de l'Ecole des Carmes.

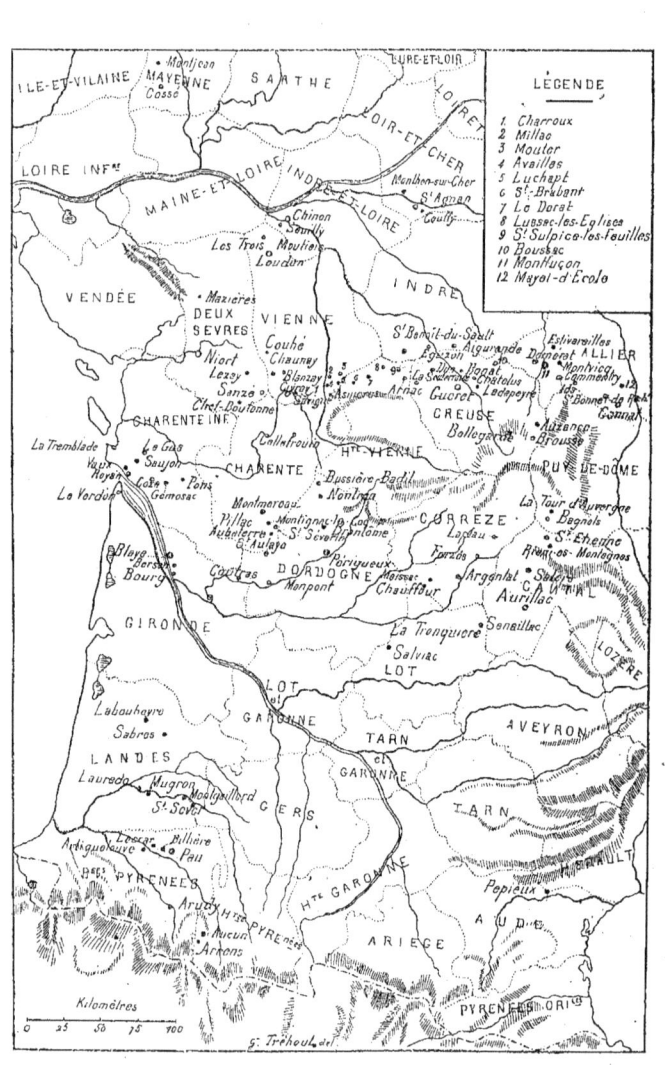

Salers[1], Saint-Etienne[2] dans le Cantal, Chauffour (canton de Meyssac), Forzés (canton d'Argentat), Lapleau dans la Corrèze[3], Laurède (canton de Mugron)[4], Labouheyre[5], Sabres[6], Montgaillard dans les Landes, les environs de Pau[7], Arrens[8] (canton d'Aucun) dans les Hautes-Pyrénées.

M. Gaston Paris a décrit dans la *Romania* (XV, 614-623), en rendant compte du livre de M. Kœritz (*Das s consonnant im Französischen*), les principales phases du phénomène.

Le point de départ de l'évolution est dans une tendance de la langue à s'écarter du palais pour prendre sa position de repos.

Cette tendance n'a pas la même force dans tous les cas : elle est en raison inverse de l'énergie qu'exige de la langue la consonne placée après s. Or le travail lingual de l'articulation varie de sonores à sourdes, l'effort se produisant pour les premières dans le larynx, pour les secondes dans la bouche, de continues à instantanées, et presque de consonne à consonne. Il y a donc eu un ébranlement successif de l's : d'abord devant les sonores, puis devant les sourdes, et, dans chacune de ces deux catégories, devant les continues plus tôt que devant les instantanées. Et, comme les modifications récentes qui s'échelonnent dans le temps nous apparaissent d'ordinaire séparées dans l'espace, nous pouvons espérer de rencontrer l'évolution ici à la première étape, plus loin à la seconde et aux étapes suivantes, ailleurs à la dernière.

La marche du phénomène est du reste facile à suivre. De l's ainsi relâchée en quelque sorte, naît un $ę$, peut-être un h devant les sonores[9], en

---

[1] Un élève de l'Ecole des Carmes. ‖ [2] Un jeune homme nouvellement arrivé à Paris. ‖ [3] Trois élèves du séminaire des missions étrangères. ‖ [4] Documents recueillis sur place par M. Jean Passy. ‖ [5] F. Arnaudin, *Contes populaires de la Grande-Lande*, p. 160, et notes complémentaires recueillies avec un très grand soin. — Notes de M. Jean Passy. ‖ [6] M. Dupart nouvellement arrivé à Paris. ‖ [7] Notes de M. Jean Passy. ‖ [8] M. Jean Passy et M. Camélat, *Le patois d'Arrens* qui paraîtra dans le *Congrès scientifique international des Catholiques*, an. 1891. ‖ [9] Je n'ai pas été à même de constater d'une façon rigoureuse si devant les sonores l's passe directement à $ę$ pour devenir ensuite h. Cependant la seule personne sur laquelle j'ai fait des expériences avec l'explorateur du larynx, M. Dupart, me ferait croire à un point de départ unique de l'évolution, c'est-à-dire à $ę$. Devant l, m et b le son qui a remplacé l's est, il est vrai, toujours sonore chez lui. Mais devant d, où l'évolution a dû être plus tardive, j'ai inscrit plusieurs fois le $ę$ à côté du h.

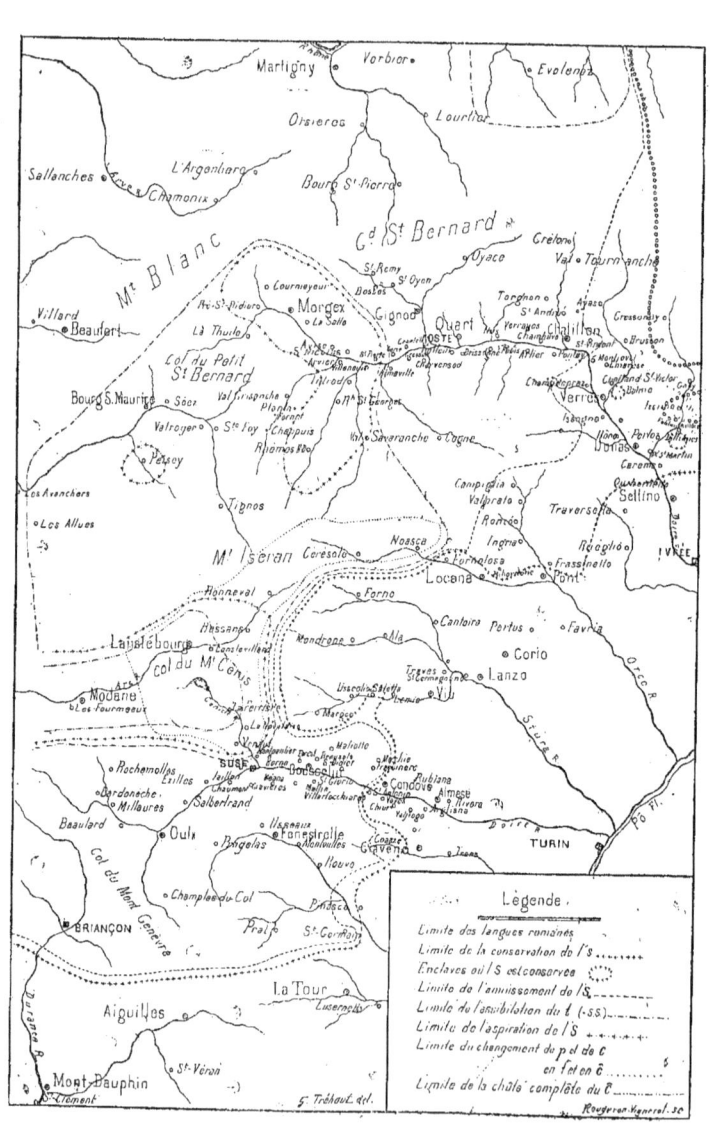

tout cas s'il n'est pas originaire devant celles-ci, le *h* ne tarde pas à apparaître. Puis il est possible que le *h* et le *ĕ* s'affaiblissent au point de tomber entièrement ; c'est ce qui semble avoir lieu dans le sud-ouest. Mais dans le vaste territoire de la France centrale qui va s'agrandissant chaque jour, le *h* passe à *y*, le *ĕ* à *ę* puis à *y*. Enfin, c'est ce *y* qui tombe.

L'évolution est à son début dans le sud-ouest. L's nous y apparaît ébranlée devant *l* à Arudy (Val d'Ossau), à Lescar ; devant *l*, *m*, *n*, près de Pau, à Bilhère et à Artiguelouve ; devant *l*, *ļ*, *m*, *n*, *v*, *ꞓ*, *j*, et je suppose *f*, quoique l'aspiration ne soit pas sentie, à Arrens ; devant toutes les sonores et l'*f* à Labouheyre et à Sabres, *lĕh lằnẻs* « les Landes », *lĕh yĕns* « les gens », *lĕhŭ ằkẻs* « les vaches », *ĕhmŏlĕ* « émoudre », *leĕ dĕns* et *lĕh dĕns* « les dents », *leĕ fằmìļẻs* « les familles » (Sabres). Dans ce dernier exemple, les moyens graphiques seuls m'ont montré que le *ĕ* n'est pas entièrement tombé.

Dans la Chalosse, l'évolution a gagné en outre l's devant *p*, mais d'une façon instable, et devant *k* d'une façon très instable. L's + *t* a été jusqu'ici épargnée (Laurède, canton de Mugron).

L's + sonore est descendue jusqu'à *y* à Pépieux (Aude), *bŏy bĕnĭ?* « veux-tu venir ? », sans que l's + sourde ait encore était atteinte, *bŏs kằļặ?* « veux-tu te taire ? ».

Plus au nord, à Sénaillac (Lot), l'évolution, à peu près au même point devant les sonores, est déjà commencée devant les sourdes : *bŏy bĕnĭ* et *bŏĕ kŏṅtằ*.

Plus au nord encore, dans la Corrèze, l's est complètement amuïe devant les sonores, *ĭ lẹ̆dĭ* (Forzés), *ĭ lằïdĭ* (Lapleau), *ĕ lẹ̆dằ* (Chauffour) « il est laid », *ĭgrằnặ* (F. L.), *ĕgrenặ* (C.) « égrener », et dans les finales de l'article pluriel et de la particule *pằ* « pas » ; mais elle est en train de s'ébranler devant les sourdes. A Chauffour, à Lapleau, le *ĕ* est constant devant *k*, *p*, *t*. A Forzés, il paraît fixe devant *k*, et dans les finales devant *p* ; *ĭĕkŭtặ* « écouter », *ĭĕ plĭ* « il est plein », *mĕ făĕ plặjĭr* « tu me fais plaisir », n'ont pas varié. Mais j'ai trouvé aussi souvent *s* que *ĕ* devant *p* : *vĕĕpa* VESPA, *ằĕprĕ* et *ằsprĕ* ASPERUM, *ɥĭspĭlŏ* MESPILUM, *ĭspĭzặ* SPICA. L's paraît ferme devant *t* : *tĕsta*, *fĕsta*, *prĕstrĭ*. Dans cette région, comme aussi dans le Lot, le *ĕ* prend facilement une nuance de *f* devant le *p* : *ĭĕpĭza* (L.), *ĕĕpĭzŏ* (C.). Enfin le changement de *ĕ* en *ę* se montre dans *prẹ̆ętrĭ* « prêtre » (L.).

Mais où j'ai étudié le phénomène avec le plus de détails, c'est dans les vallées des Alpes[1]. L'évolution, qui y est à peu près achevée devant les

---

[1] L's devant *t*, *p*, *c*, dans les Alpes (*Etudes romanes dédiées à Gaston Paris*).

230 LES MODIFICATIONS PHONÉTIQUES DU LANGAGE.

sonores, se montre à toutes ses étapes devant les sourdes. Elle ne fait que commencer aux environs de Verrès (vallée d'Aoste), dans la vallée de la Soana, à Coazze (vallée de Giaveno) : *vëëpa* « guêpe » (Brusson), *tëëta* « tête » (Champ de Praz, Caréma, Coazze), *fëëta* (Ribordone), *aëkuta* « écouter » (dans toute la région).

Les groupes *ët*, *ëp*, *ëk*, peuvent s'assimiler et devenir *ës*, *ëf*, *ëë*, puis se réduire à *s*, *f*, *ë*, comme cela a eu lieu autour du Mont-Iseran, le *ë* étant tombé après s'être affaibli en *y* : *nęyëra* NASCERE (Bessans), *tésä* (Bourg-Saint-Maurice, Valgrisanche, etc.), *véfa* (Lanslebourg, Venaus), *ëëütä* (Bessans). Par une évolution secondaire, l's sortie de *ët* est devenue *ṣ*, *tęṣä* (Bonneval), si plutôt *s* et *ṣ* ne remontent pas à une *s̀* légèrement interdentale, *tès̀a* « tête » (La Thuile); puis *ë* et *h*, *léšä* (Courmayeur, Rhêmes), *tëha* (La Novalaise); enfin elle est tombée *léa* (La Ferrière, Modane, etc.).

Cette voie est exceptionnelle. En général, la seconde consonne est restée solide, et le *ë* s'est transformé en *ç*, *tëçta* (Hône), *ëçta* « été » partic. (Caréma), puis en *y véypa* (La Salle), *fëytä* « fête » (Chézalet, commune de Sarre), *tëyta* (Saint-Marcel), pour tomber bientôt après.

Nous avons à Cellefrouin deux mots qui, pour le sens, se rapportent à ASPERUM, *äfr* « dur au goût », et *är* « dur au toucher ». — *àëprĕ*, dans la Corrèze, signifie aussi « dur au goût »; *äfr* en viendrait-il par l'assimilation du *p*? La question est grosse, et je n'ai pas de quoi la résoudre. Le représentant assuré d'ASPERUM est *är*; le P est tombé comme dans MESPILUM, *mênêl*, poitevin *mêle*, comme le C dans MASCULUM, *mâl*.

Sauf dans ce cas douteux, l's + cons. n'a suivi à Cellefrouin que la voie :

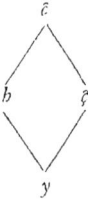

Mais nous pouvons pénétrer plus avant encore dans l'explication du phénomène. Un mot, dont l'origine a été longtemps pour moi un problème, nous en fournit l'occasion et nous met à même de constater que l'ébranlement de l's ne s'est pas produit à la même époque après toutes les voyelles. C'est *kït* masculin et fém. sing., *kïlé*(z) pluriel. Cet adjectif a, dans les propositions affirmatives, le sens de IPSE; avec *un* et une négation celui de *ne*... *pas un seul* : *ŭ bătrĭ sō kĭt pĕr* « il battrait son père lui-même » ; *ĭ n ĕ pă ŭn kĭt pŭm* « je n'ai pas une seule personne ». Le second sens dérive évidemment du premier. M. Mistral rapproche le mot QUIETUS. Mais le pronom *kĕt*, qui n'est employé que dans cette phrase, *ŭ fă kĕt, ŭ fă l'ôtr* « il fait ceci, il fait l'autre », suggère une autre étymologie. Ce *kĕt*, venant de ECCU-ISTA, donne à penser que *kĭt* se rattache au même pronom. La succession du sens n'a rien qui étonne. Loin de là. Il y a une certaine satisfaction à voir IPSE, disparaissant, léguer sa signification à ISTE. L'italien *stesso* est un composé des deux pronoms. La succession de la forme paraît garantie par les variétés marchoises, *eĭt* m., *eĭtŏ* f., *eĭtĕ* pl. m. (Brousse-Auzance), et *eyĕt*, *eyètĕ*, *eyĕtŏ*, *eyĕtă* (Saint-Sylvain-Belle-Garde), qui remonteraient à ECCE-ISTI et à ECCE-ISTE, ECCE-ISTA, complétant le parallélisme ECCU-ISTA *kesta (Midi), ECCE-ISTA *cesta (Nord), avec ECCU-ILLA *kela (Midi), ECCE-ILLA *cela (Nord).

Mais trois difficultés se présentent, deux pour Cellefrouin et une pour les pays plus méridionaux. Ce sont : 1° la conservation de l'*i* au féminin ; 2° la conservation du *t* au masculin ; 3° la chute de l's dans des régions où cette consonne ne tombe pas.

La première difficulté n'en est pas une. Le féminin a été influencé par le masculin. La seconde est plus sérieuse. A Saint-Claud, ECCU-ISTI, au pluriel, a donné *kĭ*. Pourquoi *ECCU-ISTI, au singulier, aurait-il donné *kĭt* ? Il y a là sans doute l'action de la forme prévocalique (*sō kĭt ămĭ*) « son *quit* ami », peut être aussi celle de la forme féminine déjà influencée par le masculin. Le T de TOTTUM s'est de même conservé dans des conditions identiques : *tŭt ĕ ŏr de prĭ* (G¹) « tout est hors de prix », *tŭt kŏ* (G¹) « tout ça », *fŏlĭ fĕr tŭt kĕt ĕ l'ôtr* (G) « fallait faire tout ceci et l'autre »

Reste le troisième point. Nous avons : *kyĭtĕ*, *kyĭtĕĕ*, *kyĭtă*, *kyĭtăĕ* et *ăkĭstĕ*, « ce, cette » *ăkĭstă* (Salers) ; *kyĭtĕ*, *kyĭtŏ* et *ăkĭstĭ* (Mont-de-Bellier, commune de Saint-Étienne, canton de Rion-ès-Montagnes, Cantal). Persuadé que la difficulté n'était qu'apparente, j'ai cherché si je n'en trouverais pas la solution dans une influence particulière de l'*i* sur l's. C'est ce qui a lieu effectivement. A Mont-de-Bellier, l's devient *ĕ* après des *i* déjà anciens quoique non originaires (*nĕ rĭĕkĕ pă* « il ne risque pas », *viĕtyĭ* VESTIRE, *ĭĕ pŭrĭ* « est pourri »); elle se conserve devant d'autres plus nouveaux et devant *a* au moins (*ăkĭst* « celui-ci », *răstĕr* « rateau »). La différence d'ancienneté entre l'*i* de *kyĭtă* et celui de *ăkĭst* est évidente, puisque ce dernier n'a pas encore altéré le *k*. Peut-être aurais-je dû écrire *akĕst*. Ainsi s'expliquent *kyĭtĕ* et *ăkĭstĭ*, et du même coup à Salers *kyĭtĕ* et *ăkĭst*. A Sénaillac, l's devient *ĕ* après *o, u, ŭ, i*, mais non après *e* (*ĕstrăglĕryŏ* « il étranglerait »). Il est donc naturel de trouver dans cet endroit *kitĕ*, *kitŏ* et *ŏkestĕ* « ce ». — Voir *Note compl. 14*.

La principale difficulté disparaît donc, et nous laisse en présence d'un des premiers cas où l's ait commencé son évolution.

M. G. Paris a établi que l's est tombée en français devant les sonores au moins dès le milieu du xie siècle, et devant les sourdes avant la fin du xiie siècle. Il constate que la chute de l's devant les sourdes se montre d'abord dans la région occidentale. Il faudrait peut-être avancer un peu cette date pour Cellefrouin, car nous ne trouvons aucune trace du phénomène avant la seconde moitié du xiiie siècle. Le *Cartulaire* conserve l's dans tous les cas : *las cosdumpnas* (K*. r. 7/28, ch. de 1060-1108), *lo maisnament* (Ib. 32), *trestóz, trestuch, aquist, forest, los maisnamenz, els sols, forsfaiz, als prebosz, chascus, misdrent*, etc. (K*. r. 8/22-35, an. 1076-1108), *Taschier, Poscheiras* (K. v. 1.), *Chasteu* (K. v. 2), *auz Joffreenes* (K. v. 3/28), même dans la dernière charte (1206-1226), *Rustaul, Ar. Meschi, Gaufrido Maslo*.

Dans le *Censier*, l's, gardée devant R (*Lesriera* « Lérière », 6/2 a. f.), est omise constamment devant L, et fréquemment devant les sourdes dans le corps des mots : *Valeti* (C. 7/16, 9/16), *Valetus* (C. 7/30, et s. 10/1), *Chateu* (C. 1/24, 3/29), *Chatelar* (C. 8/4 a. f.), *Patureus* (C. 2/11), cf. *Pasturelli* (C. 8/1), *Pacotz* (C. 9/20), cf. *Pazcot* (Ibid. s¹), *Pocheyras* (C. s. t. 10/5), cf. *Poscheiras* (K. v. 2/6 a. f.), *Tachia* (C. 3/40), *filiatro* « *filątr* » (C. 6/16), *Foret* « Forêt » (C. 9/3), *Foretta* (Ib. l. 23), etc.

A la finale des proclitiques, l's manque une fois pour *las, de la Durenties* (C. s² t. 4/1), cf. *en la oublies* (Saint-Val); 2 fois pour *deus, deu vinhaus* (C. 2/28, 9/4), contre 1 fois *deus patitz* (C. 4/7); toujours pour *ous* « aux », *villario ou Tareus* (C. 4/1 a. f.), *fortem ou Merletz* (C. 5/18), *ou Vigeriis* (C. s. t. 10/1), *ou Madurs* (C. 9/47), *ou Faures* (C. 8/5, 7), *ou meynarz, ou Grenauz, ou Gandoumars* (C. s. t. 8/1), *de fonte ou Geyraus* (C. 8/30), aujourd'hui la *fō gĕrā*, — sauf une fois, *de maynamento ous Boffeus* (C. 4/5).

L's de flexion ne manque jamais pour les noms communs dans le texte : *lo cosendiers* (C. 9/24), *lo cous* (C, 3/31), une fois dans les surcharges : *lo monier* (C. s. t. 8/12), à côté de *lo merciers* (C. s. 9/49); assez souvent pour les noms propres dans le texte, 34 fois contre 120; très souvent dans les surcharges, 32 fois contre 11.

On trouve aussi sans *s* : *prato ou Vigier* (C. 10/8), *prato ou Faura* (C. 2/27), *de la Pradeliera* (C. 4/21, 5/3), *de la Pradelaria* (C. s¹ t. 4/21), tous noms qui paraissent être au pluriel. Cf. *Molin des templiere* (*Arch. nat.*, P. 513, 3. An. 1418).

L'*s* semble donc avoir vécu à la finale plus longtemps que dans le corps des mots. Même dans cette position, elle n'a pas dépassé le xiiie siècle.

CHUTE DE L'r DANS LES FINALES -are, -ire, -arium

La chute de l'R est un fait récent, postérieur à nos documents du moyen âge qui nous ont conservé un exemple de l'infinitif -ar, *aportar* (K*. r. 8/3 a. f.), et de très nombreux suffixe en -ier. Aujourd'hui nous disons : *ăpŏrtă* ADPORTARE, *drmĭ* DORMIRE, *nŏjĭe*, nogier (C. 3/28, etc.), NUCARIUM, *eevălĭe*, chavalier (C. 2/10, etc.), CABALLARIUM, etc.

La comparaison de

căvănă CAVANIACUM
ĕpăryă *SPARANJATUM
ĕpăryă *SPARANJARE

pourrait faire croire à trois phénomènes contemporains. Mais en dehors de tout autre motif, nous trouverions des raisons de douter dans la différence de traitement que l'on observe dans le haut de la vallée, à partir de Nieul entre ARE ⟹→ *ă* et ATUM ⟹→ *ă* (Chez-Juzaud, Suaux, Chantrezac), ARE ⟹→ *ă* et ATUM ⟹→ *ă* (Roumazières, Puybarraud, etc.). La ressemblance de traitement de l'A dans ATUM et ARE est donc toute fortuite. Elle tient à ce que l'r finale n'a pas empêché à Cellefrouin l'affaiblissement de la voyelle précédente; *sŏr* SOROR comparé à *ŏr* HORRIDUM. On a pu de même avoir *ămăr* AMARE à côté de *păr* PARTEM.

Nous savons, du reste, la date approximative de la chute de l'r finale. C'est au XIVᵉ siècle qu'elle commence à disparaître, dans le Midi, des infinitifs et du suffixe -ier.

La chute de l'R s'est encore produite entre voyelles dans différents patois. La question est donc d'un ordre général et ne peut guère s'accommoder d'une solution particulière.

En attendant que je puisse l'embrasser dans son entier, qu'il me suffise de dire que la langue est sollicitée dans deux sens opposés. Ou bien la pointe retombe sur le plancher de la bouche en faisant entendre les sons intermédiaires *ř*, *ʒ* ou *r*, *z* : *mŭřăl* « murailles » (Couffy, canton de Saint-Aignant, Loir-et-Cher), *lăz* « l'heure » (Menthon-sur-Cher); *pĕzyĕ* « poirier », vers Fécamp ; *pĕyyĕ*, *pĕa* « père » (Autot-Saint-Sulpice, Seine-Inférieure); *gărĭ* (avec un *r* qui touche les dents) « guérir », *dwĕză* « Doire » (Jaillon, près de Suse), *fĕz* « fer », *tsăntăzĕ* « chanter » (Venaus), *tsăntĕĕ* (Jaillon). Ou bien la racine se porte vers le palais, et l'on a les sons intermédiaires *r'*, *ř*, *ĕ*, *h* : *dĕř* « dur » (La Thuile, vallée d'Aoste), *dĕř* (Courmayeur, Pré-Saint-Didier), *ăřă* « heure » (Creta, hameau de Cogne), *ăhă* (Cogne), *ăŏă* (Charvensod).

D'autre part, le larynx tend, lui aussi, à demeurer silencieux quand l'ʀ se trouve en contact avec une sourde. Nous en avons rencontré quelques exemples inconscients dans mon parler, fig. 38 et 64, où la partie sonore du tracé est bien courte pour *or*, *ar*, et la partie sourde bien longue pour *s*, *t*. Ce silence de larynx est-il accompagné d'un affaiblissement des mouvements de la langue ? C'est certain pour les dernières étapes de l'amuïssement, comme nous l'avons constaté (fig. 116). Mais pour les premières, quoique le fait se passe en moi, je l'ignore, car le phénomène m'échappe complètement. Tout ce que je puis dire, c'est que je crois exécuter les mouvements requis pour la production de l'ʀ. S'il en est ainsi, c'est par le larynx que dans ce cas l'amuïssement commence. Et ce qui rend cette supposition probable, c'est ce fait qui ressort des témoignages des grammairiens du xvie et du xviie siècle, que l'ʀ a commencé à s'amuïr en français devant les consonnes. Il est à présumer qu'il en a été de même à Cellefrouin.

Quant aux étapes qui ont conduit la langue à un repos complet, je supposerais qu'elles se sont produites dans la direction du χ. Nous n'avons aucune trace d'un son interdental (χ) ni d'une *r* gutturale. Que ce soit bien là, du reste, la tendance de l'*r* dans notre pays, c'est ce que suffit à indiquer sa nature linguale. En outre, les confusions de *r* et de χ, signalées par M. Paul Meyer (*Romania*, IV, 184-194, V, 488-490), et par M. Thomas (*Rom.*, VI, 261-266, et *Giornale de filologia romanza*, juillet 1879), nous avertissent qu'un grand mouvement en ce sens s'est propagé du Midi au Nord, à des dates différentes suivant les lieux, à partir du xive siècle, et qu'il aurait atteint la Marche et le Limousin vers 1420, époque probable où le phénomène a dû se produire à Cellefrouin.

§ 6. — Vocalisations des consonnes.

VOCALISATION DE L'*l*

Les langues slaves nous ont renseigné sur la nature de l'*l* qui s'est transformée en *u* devant une consonne, vers le xe siècle, dans le centre et le nord de la France. C'est une *l* qui participe à la fois de l'*l* et de l'*u*, la langue occupant à peu près la position de l'*l* par la pointe, et celle de l'*u* par la racine. On peut l'observer actuellement dans certaines régions des Alpes, par exemple à Lémié (vallée du Viu) : *l̦ fâvę* « les fèves ».

La vocalisation est toujours apparente dans le corps des mots ; mais elle peut être douteuse à la finale. Grâce à la persistance de l'*s* casuelle dans les pluriels des noms, on a eu deux formes pour le même mot, *cheval* et *chevaus*, *coutel* et *couteus*, etc. Ces deux formes ne sont restées que rarement, comme dans le français littéraire *cheval*, *chevaux*, et certains patois *ivă*, *jvă*, *bată*, *bătyă* (pays de Caux), ou pour des noms d'objets qui emportaient avec eux l'idée de singulier ou de pluriel, comme dans l'Aude, *sīzĕl* « ciseau de maçon », *sīzĕw* « ciseaux de tailleur » (Pépieux), dans le Cantal, *ĕizĕř* et *sīzĕw* (Salers), dans le Lot, *ĕījĕl* et *ĕījĕw*, dans l'Ardèche, *sīzĕl* et *sīzĕw* (Montréal, canton de Largentière), etc.

Le plus souvent l'une des deux formes a supplanté l'autre. Dans le centre de la France (Limousin, Angoumois, Saintonge, Poitou, Berry, partie de l'Auvergne), c'est le pluriel qui l'a emporté. A première vue, on pourrait croire que les formes de Cellefrouin, *eĕvă*, *kŭtĕ*, *kŏ*, sortent des singuliers CABALLUM, CULTELLUM, COLLUM, par la chute de l'*l*. Mais on se tromperait. Elles remontent bien à d'anciens *chevaus*, *cuteus*, *cous*.

Le groupe *ĕl* a développé un *a* dans le nord de la France, et la limite du territoire où ce fait s'est produit confine à notre domaine. Ainsi nous avons *kŭtă* « couteau » à Bioussac, à Ruffec ; *kŭtŏ*, *vedŏ* « veau », *bŏyă* « Beaulieu » à Bierge, Saint-Gourson, Nanteuil, etc.

La vocalisation de l'*l* ne se montre à Cellefrouin que dans les chartes de la seconde moitié du XIe siècle. Le recto du *Cartulaire* en fournit cinq exemples : un nom propre, *Giraudus* (K. r, 77, K. r. 7/1 a f., an. 1060-1108), GERALD ; un mot qui paraît être un surnom formé de *mal* : *Maunegrez* (Ibid.) ; l'adjectif *autra* répété deux fois, et l'article *aus* (K*. r. f. 8 et 9, an. 1076-1101).

Dans le verso, les exemples se multiplient : *Granaut* (1/2) ; *deu* « du » (1/6) ; *Arbaudo* (1/1 a. f.), HARIBALD ; *Chasteu* (une signature, 2/1), CASTELLUM ; *Chauvet* (2/9), cf. *Calvet* (K. r. 2/17) ; *Mouto* (2/26, deux fois), cf. *Multonii* (4/8) ; *Auberti* (2/34), ADALBERT ; *Cougant* (3/26), cf. *Colghant* (K. r. 10/18) ; *auz* « aux » (3/28) ; *Fulcaudus* (3/38), FULCUALD, etc.

Dans le *Censier*, la notation par *u* est de règle : *Pineus*, *Chateu*, *Thareus*, *Tareu*, *vinhaus*, *Chambau*, *Geyraus*, *Vidau*, *Goutier*, *Granautz*, *Granauda*, *Bolhou* cf. *Bolhola*, *telhou* TILLIOLUM, *Pineu*, *Pineus*, *deu* « du », *deus* « des », *Pebareu*, *Chautorteu* « Chaud-Tourteau » cf. *Chautortela*, etc.

L'*l* ne se trouve que dans des noms propres latinisés : *Galterii*, *Reginaldi*, *Geraldi*, *Bofelli*, *Tarelli*, *Arnaldi*, et le nom du lieu *Colgan*.

Ces graphies, au reste, nous apprennent assez peu de choses, puisqu'elles ne reculent pas la date connue du phénomène.

Par bonheur, la phonétique nous donne des renseignements plus utiles. En français, la comparaison de *fauche* FALCAT, et de *oie* AUCA, prouve que

la vocalisation de l'ʟ est plus récente que celle du v, et qu'elle ne peut remonter jusqu'au latin vulgaire. Dans le patois de Cellefrouin *fôc* et *ôc* pourraient être contemporains. Mais nous avons des données sur un autre point, l'influence de la voyelle précédente sur la vocalisation de l'*l*.
Comparons les séries suivantes :

PULLICEM	POLLICEM	RUMICEM	SALICEM
*pullidẑe	*pollidẑe	*rumidẑe	*salidẑe
*puldẑe	*poldẑe	*rondẑe	*saldẑe
*puudẑe	*poudẑe	*rõndẑe	*saldẑe
*puuẑe	*pouẑe	*rõndẑe	*sauďẑe
pyôẑè	pôẑè	rōdrè	sôdrè

On voit par là que la présence d'une consonne antécédente a exercé une influence conservatrice sur l'élément occlusif de *dẑ*, *puudẑe* et *poudẑe* ayant perdu leur *d*, tandis que *rõndẑe* a conservé le sien. Or la série de SALICEM, conforme à celle de RUMICEM, montre que *dẑ* s'est comporté après *al* comme après une consonne. D'où il suit qu'à Cellefrouin l'ʟ s'est vocalisée après *a* plus tard qu'après *o* et *u*.

J'ajouterai, quoique ce ne soit pas Cellefrouin qui nous l'apprenne, que la consonne suivante a eu aussi son influence sur la vocalisation de l'ʟ. Le fait est clair dans l'Aude. Là, à côté d'*ãutŏ* ALTA, *kãudŏ* CALDA, *fãusĕlŏ* dim. de FALCEM, *kãusã* CALCEARE, on a : *ãlbŏ* ALBA « le point du jour », *ãlbãtrãdŏ* « rosée du matin », *tãlpŏ* TALPA. Dans les Alpes aussi, ʟ n'a pas eu devant les labiales le même traitement que devant les autres consonnes : *mãrvã* MALVA, *tsãdã* CALDA (haut de la vallée d'Aoste).

Enfin nous avons la preuve que la voyelle issue de l'ʟ était bien un *u*, et non pas un *u* par le traitement de

PULLICELLA	PULLICEM
puucela	puudẑe
puucele	puuẑe
pyôsèlè	pyôẑè

L'intermédiaire entre *l* et *ô* ne peut être que *u*.

VOCALISATION DU y

Les cas de vocalisation du *y* sont encore reconnaissables dans le patois actuel, comme nous le verrons en traitant des diphthongues.
Ce sont :
1° P de CAPTIVUM, *chaytieu* (C. 3/1), *cètĭ*. Le traitement insolite de ce mot a fait croire avec beaucoup de probabilité à M. Thurneysen que nous avons là un cas d'influence gauloise (*Keltoromanisches*, p. 16).

Le celtique a rendu le p spirant dans le groupe PT et l'a ensuite vocalisé en *i*. Ainsi nous avons :

Ind. E. SEPTM, l. SEPTEM   sk. NAPTI, l. NEPTIS   l. CAPTUS, al. *haft*
v. irl. SECHT   v. irl. NECHT   v. irl. CACHT
    cor. (XIIIᵉ s.) *caid* « servus »
br. *seiz*, gal. *saith*   br. *niz* « neveu »,   br. *keaz*, *kez* « misérable »,
  gal. *nith*   gal. *caeth*.

Cette transformation paraît postérieure en Gaule à l'an 214, puisqu'il y avait à cette date un roi du nom de MOENICAPTUS « esclave du Main » (D'Arbois de Jubainville, *Noms de lieux*, p. 420). On peut donc croire que CAPTIVUS en entrant dans notre pays a trouvé l'évolution en train de se produire et qu'il l'a suivie.

2° T, D, devant R : PETRINA, *peyrina* « de pierre » (C. 9/34); *FRATR-ASC-ARIIS, *freynacheriis* (C. 7/1); DIVIDERE, *deveira* (K. r. 8/2 a. f.); cf. QUADRIFURCUM, *quairefurc* (ch. de Bourg-Char.), *Notra* (Chartes du M.-Ag) « Nouère ». Autres exemples dans Gœrlich. — Aujourd'hui, *frêr*, *pêr*, etc.

3° Y + S final, et C final en latin : MAGIS, *mais*, Saint-Claud, *măè*, Cellefrouin, *mă*. — ILLAC, ECCE-HAC, *lai, *sai ; St-Cl. *làè*, *sâè*, C. *là*, *sâ*.

4° DI et peut-être TI devant une voyelle caduque : PODIUM, *poi* (K. v. 1/6 et 2/9), *pŭĕ* (G¹); MEDIETATEM, *mcitat* (K*. r. 8/26), *mĕtă* ; PUTEUM, *pwĕ* ; mais ADPODIAT, *ăpŭy* ; ADPODIARE, *ăpŭyă*.

5° G contigu à N, et C + T avant l'accent : PUGNUM, *poin*, *pwĕ*; JUNGERE, *joindre*, *jĕdr* ; *VOCITARE, *voidar*, *vwĕdă* ; LACTUCA, *laituca*, *lĕtŭj* ; DIRECTIARE, *drĕsă*.

Dans la syllabe accentuée, il y a des traces de vocalisation après A, il n'y en a pas après U : FACTUM, *fĕ*; FACTOS, *faiz* (K*. r. 8/27); FACTAM; *fĕt*; *LACTEM, *lĕ*; FAC'RE, *faira* (K*. r. 8/23) *fĕr*; — mais FRUCTUM, *frŭ* ; CONDUC'RE, *kŏdŭr*. Y a-t-il là un double traitement ou invasion de formes françaises? Je ne sais. A Beaulieu, « faire » se dit *făr* ; de là, le substantif *ăfărăl* « troupe encombrante » — cf. *affairail*, Vienne, Deux-Sèvres (Lalanne) « grand troupeau » — Il se peut donc que *fĕr* soit une forme empruntée ou propre aux composés syntactiques. D'autre part, l'*i* du *Cartulaire* (*faira*) ne prouve pas qu'il y ait eu vocalisation complète. Nous trouvons de même BOSCUM, *bois* (K*. r. 8/23) ; or, il paraît bien que la forme indigène, quoique nous disions *bwĕ*, soit *bŏ*, conservé comme nom de lieu (*lŭ bŏ*, champ voisin du Temple); un Y vocalisé n'aurait pas dû, semble-t-il, tomber si tôt. Quant à *fĕ*, *lĕ*, ils sont rendus douteux par les formes de Saint-Claud *fă*, *lă*, cependant on peut y voir, au moins pour *fĕ*, une forme préconsonnantique, correspondant à un *fă* final que nous trouvons dans *nĕ fă* (G¹) « *ne fait* » (non).

Il ne reste plus de traces de vocalisation dans le traitement de GD, GT : FRIGIDUM, *frĕ* ; FRIGIDAM, *frĕd* ; DIGITUM, *dĕ*.

Le c, suivi d'une voyelle caduque paraît être tombé sans se vocaliser. Nous disons, il est vrai, *krwĕ* CRUCEM ; mais dans des litanies burlesques, nous avons *kru* rimant avec *tu*¹. Cette forme *kru* est celle de Saint-Claud où c et TI ont eu un sort commun : *krŭ* « croix » et *pŭ* « puits ». C'est cette concordance qui rend douteuse à mes yeux la forme *pwĕ* de Cellefrouin.

Le y qu'a dû donner le d secondaire de *dz* ← c et TI ne s'est pas non plus vocalisé, puisque nous avons *plăzĕr* PLACERE, *răzŭ* RATIONEM, *ăvĕză* INVITIATUM, etc.

Enfin le c n'a pas développé de y, et par conséquent donné naissance à un *i* dans ACUCULA, *ăgŭlĕ* ; ACUTIARE, *ăgŭză*.

En est-il de même dans ACRUM, MACRUM : Saint-Claud, *ăgr*, *măgr* ; Cellefrouin, *ègr*, *mègr* ?

On peut craindre que les formes de Cellefrouin ne soient pas indigènes. A côté de *răzŭ*, *săzu*, nous avons *rĕzŭ*, *sĕzu*. — *ègr* et *mègr* n'ont-ils pas été plus heureux en étouffant complètement *ăgr* et *măgr* ?

La question, on le voit, présente encore bien des obscurités et exige des recherches plus étendues.

VOCALISATION DE *b* ET DE *v*

Nous avons déjà indiqué la vocalisation du *b*, certaine dans BR (FABER, *Faura*, v. Gœrlich), possible dans BL (p. 204). Il n'y a que deux autres cas à ajouter : *TABONUM, *tŏ* ; SAMBUCUM, *sabucum*, *săŏ*.

Le v vocalisé ou tombé est dans CAPTIVUM, *cheytieu* (C. s. t. 7/5) ; *chaytieu* (C. 3/1) *eĕtĭ* ; BOVEM, *bŭ* ; CLAVEM, *klă* ; CLAVUM, *klŏ*. Nous y reviendrons à l'occasion des diphthongues.

§ 7. — Formation de consonnes nouvelles.

Dans le livre de l'état civil des consonnes, les articles les plus nombreux ne sont pas pour les naissances. Quelques lignes ici nous suffiront. Les

---

¹ Au moment où la procession des Rogations passe sous un cerisier, le curé demande à son sacristain, sur l'air des litanies : « A qui sont ces belles cerises ? » Sur le réponse qui lui est faite, il réplique : « Posez la *kru*. » Et le sacristain reprend : « Montons-y tous. »

consonnes qui se sont produites par voie organique depuis l'époque latine se réduisent à un bien petit nombre.

Dans la période contemporaine nous n'avons à constater que la naissance d'un *y* qui se produit entre une voyelle et un *i* : *s ü yĭ sō* pour *s ü ĭ sō* « s'ils y sont », et d'un *v* qui se prépose à un *w* initial, *vwä* pour *wä*, *üä « oui », *vwèti* pour *wèti*, *ü èti « il était », *vwĕḷ* pour *uĕḷ*, OVICULA. Les deux formes existent à côté l'une de l'autre.

La production de la consonne n'est donc pas une nécessité organique dans le pays. Ailleurs, il peut en être autrement. Ainsi, j'ai entendu à Boussolin (vallée de Suse), un chantre qui n'a jamais manqué d'intercaler un *v* entre un *o* (*u* latin) et une voyelle, par exemple, *sensovum defectovi* SENSUUM DEFECTUI. Pour arriver à *i*, *u*, ou s'en écarter, les organes passent par la position d'un *y* et d'un *v* au moins bilabial. Lorsque le mouvement se fait vite, l'oreille ne perçoit pas la consonne. Mais que ce mouvement se trouve ralenti, qu'un léger repos se fasse en cette situation, que, de plus, pour le *v* les dents prennent un point d'appui sur les lèvres d'en bas, et, sur le champ, les consonnes se montreront très clairement, elles prendront vie et se transmettront aux générations nouvelles.

Dans la période ancienne nous avons le phénomène analogue de l'épenthèse. L'hiatus produit par la chute d'une atone entre une consonne et *l r*, a été comblé par un *b* après M (CAMERAM, *cãbr*; TREMULAM, *trãbḷ*) par un *d* après N S sonore (MINORARE, *mãdrä*; CINEREM, *sãdr*; JUNGERE, *ĭĕdr*; MISERUNT, *misdren* (K*. r. 8, dernier mot); par un *t* après S, C : *ESSERE, *ĕtr*; CICERAM, *sĭtr*; RECRESCERE, *rĕkrĕtr*, mais plus souvent *rĕkrĕtä* refait sur le modèle de la 1ʳᵉ conjugaison. Ce verbe est devenu actif et a le sens de « remplir de nouveau un pot qui a perdu du liquide par l'ébulition ».

L'épenthèse est moins étendue dans le patois de Cellefrouin qu'en français. Elle n'a pas lieu entre L et R : *EXCALORARE, *čeŏrä*; MOLERE, *mûr*; *fûrö* « faudra ». Mais les formes influencées par le français, *mûdr*, *fûdrö*, se répandent; *vüdrö* « voudra » me paraît seul employé. Quant à *čeŏrä*, qui a un sens spécial, différent de celui d'échauffer, et qui signifie surtout « réchauffer avec la chaleur animale », il s'est imposé au français régional.

NOTES COMPLÉMENTAIRES

Ces notes ont été rédigées sur les documents recueillis pendant les vacances de 1891, alors que la composition du chapitre précédent était déjà mise en pages.

1° *Consonne flexionnelle du parfait.*

La limite géographique manque de précision, au moins dans la commune de Saint-Claud. Le bourg emploie les formes avec *t*, ainsi que le Moulin de Villard, Chez-Civadier (C. et son neveu), Chez-Robinet (en partie), Chez-Menier. Mais nous trouvons l'*r* presque tout autour de Saint-Claud. Citons encore La Combe, La Chapelle, La Grange, La Sarcellerie. Chez-Robinet, M. Pineau aîné ne connaît que les formes avec *t*, son frère cadet conserve l'*r* à la 3ᵉ personne du pluriel, le *t* à la 2ᵉ, et il emploie indifféremment le *t* et l'*r* pour la 1ʳᵉ : *ĭ vĕgĕrē* « ils vinrent », *vŭ vĕgĕtĕ*, *nŭ vĕgĕrē* et *vĕgĕtē*. J'ai aussi entendu la double forme à l'Age (S.). Ce fait, que j'ai remarqué trop tard pour l'observer en détail, semble bien nous indiquer la marche du phénomène.

2° *Palatalisation du g et du k.*

— La Rochette, Coulgent, Sainte-Colombe, Vieux-Cérier ignorent aussi la palatalisation du *g* et du *k*.

— Une nouvelle personne que j'ai rencontrée, élevée au Maschinet, nièce de M. Lévêque (Mᵐᵉ G.), prononce bien le *g* dur. Les formes employées par M. de Fontroche sont donc réellement des emprunts.

— Le fait de la palatalisation du *g*, indépendante de celle du *k*, se trouve aussi à Saint-Angeau : *vāyĭ*, *vāyŭ* et *kŏkĭ*.

— La palatalisation de la gutturale est un phénomène qui se propage du Nord-Ouest. Ainsi nous avons : *kyĕt* « cette », à La Chevallerie (Saint-Amand-de-Nouère), *kyĕl* à Saint-Genis; mais *kĕt* à Hiersac, *kĕl* à Angoulême; *kyă* « ce », *kyăs* à La Chevallerie, *kyă* « ces », *kyă*, *kyăt* « cuit, cuite », à Saint-Genis; mais *kă* « ce » à Hiersac, Saint-Yrieix, Angoulême, Puymoyen. Toutefois le *k*, resté dur devant *ă* issu de EL, est déjà palatalisé devant *ă* sorti d'un *ŏ* latin à Hiersac, *kyăr* « cuir », *kyăs* « cuisse », aux Vergers (Puymoyen) *kyă*, *kyăt*, *kyăs*. Dans ce dernier endroit, le changement peut même être daté, grâce à l'excellente mémoire de M. Noblet, qui se souvient encore que, dans son enfance, les vieillards disaient *kă*, *kăt*, *kăs*. Cela nous reporte vers le milieu du siècle dernier.

Du reste, la direction que suit le phénomène est suffisamment marquée par les étapes de plus en plus éloignées de *ky* que l'on rencontre en remontant vers le Nord.

3° *Evolution de gy et de ky.*

Le développement de *gy* et de *ky* ne présente pas un autre caractère dans le reste de la région. Cependant des recherches plus étendues ne seraient pas sans intérêt : elles permettraient de suivre les progrès de l'évolution. Malheureusement, pour *gy* les principaux documents nous sont ravis par la substitution des formes françaises aux parfaits en *gi* et aux participes en *gu*, qui ne se retrouvent plus guère dans le Pays-Bas que chez les vieillards, et encore pour quelques mots seulement.

Le point où la réduction de *gy* à *y* paraît la plus ancienne, c'est Saint-Angeau. Je l'ai constatée dans la génération de 1818 (*vāyĭ, vāyŭ*), tandis que le *g* est encore sensible à la même date ou plus tard à Nanteuil 1818 (*vāgyĭ, vāgyŭ*, R.), à Salles de Villefagnan 1824 (*kŏnĕgyŭt* « connu »), à Saint-Amand-de-Nouère 1821 (*ĕgyŭ* « eu »), à Saint-Genis 1831 (*sāgyŭ* « su »), aux Vergers (Puymoyen) 1818 (*j ĕgyĭ* « j'eus », *ĭl ă ăgyŭ* « il a eu »), à Cherve (Jauldes) 1841 (*vāgyŭ*), à Raveau (Aussac) 1853 (*vāgyu*).

— Le *ky* s'est conservé devant *u* et s'est transformé en *ty* devant *i* à Couture, à Salles, à Aussac, à Jauldes.

— La transformation du *ky* se montre en avance à Saint-Amand-de-Nouère : *kyĕt* « quête », *ĭtçĭ* « ici », et même dans une prononciation rapide *d tçĕ mŏmē* « de ce moment » (La Chevallerie).

4° *Sur* CT *devenant ts, et* SANCT-EPARCHIUM *sē tsĭbăr.*

Je n'ai pas recherché la limite précise du territoire de CT ⟶ *ts*. Ce que je puis dire, c'est qu'elle passe entre Mazerolles et Le Lindois, entre Montbron et le hameau de Chez-l'Houmy, entre Bunzac et Pranzac, qu'elle enveloppe Bouex, Sers, Beaulieu (Dignac), La Valette, et une partie du Périgord, où le *ts* s'est réduit à *s*, notamment à Bussière-Badil[1], à St-Pardoux-la-Rivière, à Brantôme[2]. Nous avons donc : DICTAM *dĭtsŏ* (Chez-l'Houmy), *dĭtsŏ* (Bouex), etc.; FACTAM *fētsŏ* (Ch.-l'H.), *fàètsŏ* (Bouex), etc.; *fēsŏ, dĭsŏ* (Mialet, canton de Saint-Pardoux), TRUCTAM *trŭsŏ* (Bussière, Brantôme). Dans ce cas, SANCT-EPARCHIUM doit devenir aux environs d'Angoulême *sē tsĭbăr*. Mais les noms propres sont plus que

---

[1] M. le curé de Bussière. || [2] M. Lagrange, ancien notaire de Brantôme.

les autres exposés aux influences de la langue officielle. Aussi ne serait-il pas étonnant que *tsĭbăr* eût disparu. C'est ce qui semble avoir lieu au moins pour Rougnac, où le nom de *Cybard* est populaire, mais sous la forme angoumoisine. A Bouex, *tsĭbăr* vivait encore, il y a une trentaine d'années. J'aurais aimé à multiplier les témoignages sur ce point; mais j'ai dû m'en tenir à celui d'une seule personne. Ne retrouverait-on plus *tsĭbăr* à Bouex, que ce témoignage n'en serait pas infirmé. La forme française aurait été depuis substituée à la forme locale.

— La question la plus intéressante serait de savoir si réellement Angoulême et ses environs immédiats ont appartenu au domaine CT ➤ *ts*. Il ne m'a pas été possible de pousser la question à fond. La forme *Cybard* me paraît toujours le prouver. Mais j'ai rencontré un mot qui semble constituer une objection. Aux Vergers, TRUCTAM se dit *trŭĭt* (mot français), et aussi quelquefois *trăt*. Si *trăt* était indigène, la limite du domaine de CT ➤ *ts* n'aurait pas atteint Puymoyen, et encore moins Angoulême. Mais cette forme, en usage au XVᵉ siècle dans le français local (*treute, trutte, trute, Journal de l'Enterrement de Jean d'Orléans*, 1467) peut fort bien être, soit un emprunt fait à un dialecte du Nord réputé français, soit une corruption du mot indigène *trutse*, changé en *trute*, comme *faitse* l'aurait été en *faite*.

5° Evolution du *j* et du *c*.

— Voici de nouveaux cas de l'instabilité du *h* issu de *j* :

Un homme élevé à La Bosse (Vieux-Cérier) et établi, depuis 38 ans, à Turgon, se laisse quelquefois aller à *h* pour *j*. Je l'ai remarqué quatre fois dans une conversation d'une heure environ (*dĕrăhnă* « dérangement », *dwĕ hăpădĕ* « deux japées », *kŏkĕ hŭr* « quelques jours », *hŏlĭ mŭtŭ* « joli mouton »).

A Ruffec, je l'ai noté souvent chez Mᵐᵉ Raphaël (1814), quelquefois chez M. Edouard Cadoux (jamais chez Mˡˡᵉ Garraud, ni chez Mᵐᵉ Devant et sa fille).

A Courcôme, une personne de 70 ans garde toujours le *j*; de même un jeune homme de 26 ans. Mais le *h* est constant chez Mᵐᵉ Gobaud (61 ans), instable chez un autre jeune homme (environ 25 ans).

A La Rochette, un vieillard de 82 ans aspire le *j* bien rarement; des personnes de 72 et 49 ans, communément; des enfants d'une dizaine d'années, plus du tout.

Enfin, à Chavagnac, le *h*, qui ne se montre pas encore chez un vieillard de 86 ans (1805), devient dominant dans les générations de 1832 (N.),

1835 (Vve G.), puis il perd du terrain vers 1850 (B^1, V^1, M^1), à tel point qu'il manque dans un sujet (P. 1858); il est pourtant encore senti vers 1864 (V^2); mais il a complètement disparu à partir de 1875 (B^2, V^3, M^2, M^3).

Quelle est la raison de ces faits? Est-elle intérieure ou extérieure? — Il est permis de croire à une influence étrangère dans les villes, à Ruffec, par exemple, où le français s'est insinué depuis longtemps, et où le contact avec les étrangers est fréquent. Mais, dans les campagnes, cette explication ne suffit plus. Pour les générations nouvelles, il y a, il est vrai, l'école, aujourd'hui plus intransigeante qu'autrefois. Cependant il est à noter que les enfants sont déjà maîtres de la langue quand ils vont à l'école, et qu'il serait bien étonnant qu'il ne se trouvât parmi eux aucun sujet réfractaire à son influence. Du reste, ceux qui ont été saisis par l'évolution du *j* sont à peu près tous, illettrés ou non, atteints de la même façon. Nous voyons le nombre des *h* croître ou décroître dans des proportions identiques. Enfin, les voyages prolongés à l'extérieur, si communs à La Rochette où presque tous les jeunes gens ont été colporteurs, n'a d'aucune façon entravé l'évolution dans les générations de 1819 à 1842 (V^1, gendre et V^2). D'où je conclus que les raisons qui ont fait avorter l'évolution du *j* sont d'ordre exclusivement intime.

— L'instabilité du *h* sur les frontières du domaine en rend la délimitation bien difficile. J'indique néanmoins avec réserve les points extrêmes où j'ai lieu de croire qu'il est constant. Ce sont : Montalembert (Deux-Sèvres), Lezay, Savigné (Vienne), Bioussac, Aisecq, Nanteuil, Chassiecq, Saint-Gourson, Couture, Saint-Front, Le Châtenet (Saint-Amand-de-Bonnieure), Puyréaux, Celettes, Saint-Genis, Saint-Amand-de-Nouère, Saint-Simeux. Restent en dehors du territoire et conservent le *j* : Le Bois-Bernardent, Sainte-Colombe, Saint-Angeau, Aussac, Coulgent, Agris, Angoulême et ses environs (Puymoyen, La Couronne, Sireuil, et, si je m'en reporte aux témoignages d'enfants observés en 1879, Hiersac et Saint-Yrieix).

Ces données, un peu vagues, sont pourtant suffisantes pour faire connaître dans quel sens marche l'évolution. Elle nous vient, elle aussi, du Nord-Ouest. Aussi, nous la trouvons triomphante sur les bords de la Charente et dans la partie inférieure des vallées de l'Argent-Or et du Son dès le commencement du siècle : La Terne 1809, Nanteuil 1802, Valence 1804. Mais elle n'a pas encore atteint Saint-Angeau qui, placé au sud, sur la Bonnieure, est à la même distance de la Charente que ces deux dernières localités.

— J'ai encore quelques exemples de l'ébranlement du *e*. Saint-Simeux et

Courcôme (G.), $\check{c}\bar{a}$ « champ »; Fontenille, $c\check{a}$, $c\check{o}\chi$ « chose » 1816 (P.), mais $\check{c}\bar{a}\check{u}$ « chanter », $\check{c}\hat{o}$ « chaud », $\check{c}\hat{a}\iota\hat{o}$ « château » à côté de $c\hat{a}r\check{e}t$ « charrette », $c\hat{o}s$ « chausse » 1863 et 1881 (G^1 et G^2); l'évolution paraît ici en mouvement. A Nanteuil (Chez-Chemeraud) j'ai à constater à la fois un progrès et un recul : $c\bar{\iota}y$ « chien », $c\bar{e}$ « chien », 1802 (P); $\check{c}\bar{\iota}y$ et $\check{c}\bar{e}$ 1821 (G^2); mais de nouveau $c\bar{\iota}y$ et $c\bar{e}$ vers 1840 (G^1).

Le $\bar{e}$ est complet à Guimps (T.), sur les confins de la Charente-Inférieure, et aussi, m'a-t-on dit, à Segonzac.

Il faudrait donc admettre plusieurs centres de développement.

6° Evolution de l'*l*.

Mes recherches complémentaires sur l'*l* mouillée ont eu un double but : déterminer le point exact où est aujourd'hui arrivée l'évolution dans le haut de la vallée, et tâcher de découvrir, si je puis parler de la sorte, le foyer même de l'infection.

J'ai une donnée nouvelle sur Chavagnac : en 1880, $ky\breve{o}\epsilon$, $tr\bar{\iota}\bar{l}\breve{e}$ et $tr\bar{\iota}y\breve{e}$ (V^3).

Je n'avais rien à chercher à Lascoux, ni à Chalais. Mes renseignements ne remontaient pas trop haut. Mais il était intéressant de savoir ce qui s'était passé à St-Claud depuis 1878, et même un peu avant, mes observations n'ayant porté pour cette période que sur un sujet, Léonide Armand, que l'on m'avait dit être le seul enfant de Saint-Claud parlant patois. Par bonheur, le fait n'est pas bien exact, et les cousines de Léonide, les filles Bourgeate, m'ont fourni des renseignements nouveaux et précis. L'*l* était encore exclusive en 1865 (V.) et se maintenait en 1867 (P.). Mais, à cette même date, tout en restant prononçable après les labiales, elle a pu être abandonnée ($py\bar{a}c\check{a}$, $kl\breve{o}$, $tr\check{a}v\check{a}l\check{a}$ ou $tr\check{a}v\check{a}y\check{a}$, Geneviève 1867, Marguerite 1869). La mort, qui emporta un jeune frère de Marguerite, nous a sans doute privés d'une nouvelle étape. Avec Joséphine 1874, l'*l* disparaît entièrement, sauf à l'initiale *l* pour *gl*, tandis qu'elle est encore intacte en 1878 chez son cousin Léonide. Cette différence ne s'explique ni par les conditions de milieu, qui sont les mêmes, ni par les transmissions successives à partir de la souche commune, qui sont en nombre égal. La seule raison que je puisse découvrir, c'est l'infusion d'un sang étranger venu d'un pays archaïque dans la famille de Léonide : son grand-père était du Périgord. D'autres enfants du même âge, issus de parents originaires de Nieul et de Chasseneuil, gardent encore *l* (Crusot[2]), mais ils ont une tendance à la perdre ($fy\bar{a}b$, $tr\check{a}v\check{a}y\check{a}$, $ky\breve{o}\epsilon$, $ky\breve{o}$, $ky\check{a}$, mais $s\bar{e}$ $kl\check{a}$, C^3 1880). C'est, dans ce cas, non une évolution, mais un emprunt.

Les hameaux de Champlappe et de Chez-Sudre, attenant à Saint-Claud, paraissent seuls avoir perdu l'*l*, le premier il y a une douzaine d'années au moins (C¹ 1879), et le second entre 1881 (M¹) et 1884 (M²). J'ai constaté la persistance de l'*l* mouillée à l'Age 1882 (C.), Chez-Robinet 1885, Chez-Menier 1881. Le petit garçon de ma cousine Prévôtel, venue de Chalais à Saint-Claud juste à temps pour être mère, prononce parfaitement l'*l*, et il n'a que trois ans.

L'ébranlement de l'*l* mouillée à Saint-Claud coïncide donc avec le cas exceptionnel que j'ai signalé à La Chapelle. Je ne sais s'il y a une relation entre ces deux faits; mais je dois dire que M. Champagne, lui aussi (1836), a été corrigé, il s'en souvient, d'un semblable défaut par les railleries de ses camarades, et que l'évolution, à cette époque, n'était pas loin de Ventouse. Il faut aussi rapprocher de ces faits le cas que j'ai signalé chez Francillon.

C'est en vain que j'ai cherché des traces de l'évolution à Nieul. Elle n'est pas encore montée jusque-là. Tous les enfants, même un de trois ans (1888), ont gardé fidèlement l'*l*.

A Parzac, l'évolution a commencé encore plus tôt qu'à Saint-Claud. Elle s'est annoncée dans cette expression *ŏ pyĕzĭ* dès 1845 (R¹); elle s'est fait jour après les labiales seules en 1856 (T¹), enfin elle est complète depuis 1876 (R², T², C., etc.). Elle n'avait pas atteint le Châtenet en 1875; mais depuis deux ans et demi elle s'est imposée à une petite fille de 5 ans, apportée de Loubert, mais seulement après les labiales et les gutturales (*fyāb, kyŏ, trĭl, ălā*).

A Saint-Laurent, le *y* apparaît subitement entre 1878 (M.) et 1883.

Au sud de notre territoire, l'évolution s'est présentée à Saint-Angeau après 1847; elle y était encore hésitante après les voyelles en 1855 (C¹), complète cinq ans plus tard (C² 1860). Mais elle n'avait pas encore atteint Sainte-Colombe en 1876 (D³). De plus, après avoir débuté à Jauldes dès 1841 dans une position unique, à la finale après une labiale (*tăby*, mais *blā*), elle avait déjà gagné Coulgent avant 1872 (D²), La Rochette avant 1880 (les dates précises me manquent), le Pont-d'Agris en 1878-1880 (1879, *ŭrĕy* « oreille », *plācă, kyŏc*; — 1880, *pyāsă, kyŏc*).

Il serait long de rapporter tous les faits que j'ai relevés, et je craindrais aussi que ce ne fût fastidieux pour le lecteur. Cette constatation cent fois répétée de la même progression qui a eu tant de charmes pour moi pourrait n'en pas avoir pour lui. Je me bornerai à ceux qui nous éclairent sur la marche générale du phénomène, et je m'appliquerai surtout à faire connaître, parce qu'il est particulièrement significatif, cet instant, toujours court, que j'appelle le *moment critique* de l'évolution, période de transition pendant laquelle le son nouveau se fait accepter, mais sans s'imposer encore tyranniquement.

La région où le *y* se présente le plus anciennement comprend la vallée de la Charente au dessous de Ruffec et la partie basse de celle de l'Argent-Or. C'est celle-là même qui a connu le plus anciennement la palatalisation du *g*. J'y trouve tout à fait constant le *y* après une labiale dès l'époque la plus ancienne : La Couronne 1815, Angoulême 1810, La Terne (Luxé) 1809, Chez-Chemeraud (Nanteuil) 1802. C'est un peu plus tard, avons-nous dit, que le mouvement s'est communiqué à la vallée du Son, et longtemps après à celle de la Bonnieure. Sur les plateaux de l'ouest et du midi, nous trouvons encore *pl̬, fl̬, bl̬* à Saint-Amand-de-Nouère en 1818 (L[1]), — pour peu de temps sans doute, car La Chise (Saint-Genis) avait *py* en 1823, — aux Vergers (Puymoyen) en 1817, à Guimps en 1836, à La Chaise en 1846.

Même constatation à faire pour le *y* après une gutturale. Le plus ancien exemple de *ky* que j'aie rencontré est de Chez-Chemeraud (Nanteuil) 1821. Cela pourrait être un cas exceptionnel, car l'*l̬* existait encore à Nanteuil en 1841 (B.). Mais le changement était complet, et sans doute déjà un peu ancien à La Terne 1842, à Chilloc (Nanteuil) 1848, à Marsac 1849, à Nanteuil 1851. Or, négligeant le cas de Chez-Chemeraud, nous remarquons que l'évolution est sûrement plus ancienne à La Terne qu'aux environs d'Angoulême, où nous trouvons l'*l̬* encore en 1839 (Angoulême), 1837 (Sireuil), et que sur le plateau occidental, puisqu'elle était à son moment critique à Barro en 1839, à Salles en 1840, à Fontenille en 1847, à La Touche (Courcôme) en 1865, et qu'elle n'était pas même commencée à Lonnes en 1847, à Saint-Genis et à Saint-Amand-de-Nouère en 1848, à La Chaise en 1846.

Après les voyelles, nous avons de même le *y* Chez-Chemeraud 1821, à La Terne 1842, à Chilloc 1848, à Nanteuil 1841-1851; mais l'*l̬* n'était qu'ébranlée à Lonnes 1867, à Courcôme 1865, à Grosbot (Saint-Genis) 1856.

Enfin, pour achever, ajoutons que l'*l̬* était encore intacte dans toutes les positions à Blanzay (commune de Civray, Vienne) en 1854, aux Trois-Moutiers (Vienne) et à Seuilly[1], près de Chinon (Indre-et-Loire) vers 1840.

Il résulte de ces faits : 1° que l'évolution de l'*l̬* mouillée ne vient certainement pas du nord, et probablement pas du midi ; 2° qu'elle a son

---

[1] D'après des notes recueillies sur place par M. l'abbé Noblet.

centre sur les bords de la Charente, peut-être vers le confluent de l'Argent-Or, et que, de là, elle s'est propagée dans toutes les directions.

Ainsi se trouve confirmée la conclusion que j'avais déjà établie, et éliminée l'une des deux hypothèses que j'avais formées.

— Ce n'est que bien rarement que j'ai observé la réduction de *l* à *y* se faisant après une voyelle plus tôt qu'après une consonne : c'est le cas général pour Ruffec et pour Angoulême. J'en ai quelques exemples isolés au Pont-d'Agris, à Saint-Laurent, à Nanteuil. Je suis bien tenté d'y voir une influence du français.

7° *Spirantes devenues instantanées.*

Nous avons, dans le Pays-Bas, un exemple du retour possible d'une instantanée devenue spirante à son premier état.

A Bréville (canton de Cognac), KL et FL sont devenus *ęl* : *ŏęl* AVUNCULUM, *ęlŭ* CLAVUM, — *ęlāb* « flamme », *ęlā* FLAGELLUM, etc. Or cette évolution, qui paraît limitée, et qui est en train de s'effacer sous l'influence du français, a dû s'étendre sur un assez vaste territoire où elle aurait été poussée plus loin, jusqu'à *k*, et d'où elle aurait ensuite disparu. Nous trouvons en effet chez les vieillards, à Saint-Amand-de-Nouère, à Saint-Genis, à Hiersac, à Saint-Simon, la forme *klā* « fléau », qui elle-même est aujourd'hui tombée de l'usage, remplacée par *fyŏ*. Si *ęl* issu de FL est passé à *kl*, il est probable que *ęl* sorti de CL a eu le même sort, et que les *kl* actuels ne sont qu'un retour à l'articulation primitive.

Dans la même région, nous avons aussi le passage d'un *y* à *ģ* à ADJUTARE, *ăĭdĕ* (Saint-Amand-de-Nouère L¹), *ăyĭdĕ* (Mme L¹), *ăģĭdĕ* (L², La Chise, Grosbot F., Hiersac).

8° *sĕ = NOS.*

— Vieux-Cérier est en dehors du domaine de *sĕ = NOS* comme de celui du *χ* final. Il en est de même du Lac, commune de Cellefrouin, qui se rattache à Saint-Claud.

— J'ai rencontré *nχ* à La Rochette (V¹).

— A Sainte-Colombe, la même phrase a été dite par le grand-père, le fils et la petite-fille des trois manières suivantes : *nĕχ ĭ vă nĕχĕ prŏmęnă* (D²), *nĕs ĭ vă nĕχĕ* ou *sĕ prŏmęnă* (D²), *nĕ vă s prŏmnă* (D³).

— Si je m'en rapportais à une observation trop sommaire pour être décisive, *nŭχ* existerait seul à Monpaple (Fonclaireau), à Salles, à Fontenilles.

— J'ai remarqué à Parzac une indécision de formes qui est l'indice d'un mélange. Ainsi j'ai entendu de la même bouche : *nôtré* « nous autres », et *lăz ŏy* « les oies », *nẓe* « nous » (T¹).

— Enfin je dois signaler l'existence de *sẹ* issu de vos à Lonnes, à Celettes.

9° *Le* T *intervocalique en Angoumois.*

Un hameau de la commune de Moulidars portait, il y a cent ans, le nom de *Maine-des-Fades*; aujourd'hui, il s'appelle *Chez-Guillon*.

Un quartier d'Angoulême était appelé le *Champ-Fadet*.

L'étang de la Velude était près de Châteauneuf, sur la commune de Mosnac; il a été desséché en 1778. Un petit ruisseau, qui en occupe le centre, en a conservé le nom.

Je dois ces renseignements à M. l'abbé Tricoire.

10° *Qualité du* ε *dans kăeă pyẹ̆·bŏ.*

Il était intéressant de déterminer si, dans la prononciation de ma mère, le ε de *kăeăpyĕbŏ* était réellement sonore, et si l'impression que j'éprouvais était purement auditive. J'ai fait l'expérience avec l'Inscripteur de la parole sur cette phrase : *kwẹ̆ lă̆ kăe ă̆ pyẹ̆ bŏ* « c'est la Cache-à-Pied-Bot ». Or le ε a été sonore trois fois sur quatre.

11° *Chute de l'*N *après les voyelles nasalisées.*

Nous avons aussi, dans la région de l'Ouest, la preuve que l'N n'est pas tombée à la même époque après toutes les voyelles nasalisées. Là, par exemple, à Celettes, à Monpaple, à Lonnes, à Salles, et en divers endroits qui m'ont été signalés, comme Tusson, Pougné, Moutardon, etc., on avait encore *ẽn, ŏ̃n* lorsque *ãn* était déjà réduit à *ã*. En effet, la désanalisation est survenue à ce moment, et l'on a eu *ẽn, ŏ̃n* à côté de *ã* : *pẽn* « pain », *vẽn* « vin », *eẽn* « chien », *săbŏ̃n* « savon », *pŏ̃n* « pont »; mais *eã* « champ », *ălã* « allons » (Celettes); *demẽn* « demain », *fẽn* « faim », *lăpẽn* « lapin », à côté du français *easŏ* (Monpaple). L'ẽ désanalisé s'ouvre tellement que j'ai cru entendre un *à* (*dèmãn*, Salles) ou une diphtongue *èa* (*lapèan*, Celettes). Autre remarque à faire : N était déjà tombée au pluriel; nous avons au singulier *lăpẽn*, au pluriel *lăpẽ̄*. Il n'y a rien d'étonnant, puisque, à Nanteuil, IN + S ⟶ *ẽ*, et IN final ⟶ *ĩy* (CAMINOS *eẽmẽ*, CAMINUM *eẽmĩn*).

12° I + N à *Nanteuil.*

La prononciation de mon père pour *cĩy*, *cĕmĩy*, etc., est celle de toutes les personnes de la commune de Nanteuil que j'ai rencontrées.

J'ai essayé de la déterminer par des moyens mécaniques, et les tracés que j'ai obtenus ont confirmé l'analyse de mon oreille. C'est mon père qui a bien voulu me servir de sujet d'expériences. Quoique mon analyse ne soit pas complète, je donne dès maintenant le résultat auquel je suis arrivé. Je me suis demandé si l'*i* de *cĩy* est bien réellement nasalisé. L'explorateur du nez devait facilement résoudre la question. J'ai donc inscrit les vibrations nasales des phrases suivantes : *dyâbḷ tŏ cĩy* « diable ton chien ! », — *mĕn lŭ, tŏ cĩy* « mène-le, ton chien », — *mĕcā cĩy, vā dŏ kyĭ* « méchant chien, viens donc ici ». Les nasales multipliées avaient pour but de permettre le contrôle de l'appareil, et l'*i* de *kyi* devait servir de terme de comparaison avec celui de *cĩy*. De plus, j'ai inscrit en même temps, comme points de repères, les vibrations de la parole, ou la pression de l'air au sortir de la bouche. Or, l'*i* de *cĩy* diffère de celui de *kyi*; le premier est accompagné de vibrations nasales, le second en est entièrement dépourvu. Mais cet *ĩ* est moins nasalisé que *ā*, *ŏ*, *ĕ*; je veux dire qu'il est produit par une pression moins grande de l'air dans le nez. Enfin, l'existence d'une consonne nasale après *ĩ* est certaine. C'est tout ce que je puis affirmer pour le moment, en attendant de nouvelles expériences.

13° *Sur un k final contemporain.*

Ce n'est pas seulement un *t* final que nous trouvons dans la région occidentale, mais encore un *k* : *nĭk* « nid » (Ruffec, Ga., et environs de Cognac), *nŭk* « nœud » (Chaunay), *pĕrdŭk* « perdu » (Salles de Villef. G.), *lŭk* « loup » (Saint-Fort-sur-le-Né), *klŭk* « clou » (La Chaise). Ce dernier exemple tend à faire croire que ce *k* est purement organique, amené par la brusque détente des organes, et qu'il n'a rien à voir avec les consonnes finales en roman.

14° *L's de* eccu-iste *conservée.*

J'ai eu la bonne fortune de rencontrer enfin l's de eccu-iste signifiant *même*. C'est au nord de Rion-ès-Montagnes, à Bagnols, canton de La Tour d'Auvergne (Puy-de-Dôme), d'après une religieuse originaire de cet endroit : *ĭ bătrĭŏ bĕ sŏ kistŏ pàèrĭ* « il battait bien son père lui-même ».

CHAPITRE III

VOYELLES

Comme dans le patois de Cellefrouin toutes les diphtongues se sont simplifiées, et qu'elles suivent maintenant l'évolution des monophtongues, nous traiterons, pour nous conformer à cet ordre naturel du développement vocalique, d'abord des diphtongues, ensuite des voyelles simples.

Nous n'aurons pas d'articles spéciaux pour la consonnification ou la chute des voyelles, ni pour la production des voyelles nouvelles. Ce qui se rapporte à la consonnification a déjà été touché dans le chapitre des consonnes, et sera complété à propos de l'évolution des diphtongues. La chute de certaines voyelles est une conséquence de leur évolution. Quant à la production de voyelles nouvelles, elle s'est limitée dans mon patois au phénomène de la diphtongaison.

§ 1ᵉʳ. — Diphtongues.

FORMATION DES DIPHTONGUES

Les diphtongues sont produites soit par la vocalisation d'une consonne (phénomène déjà étudié), soit par le rapprochement de deux voyelles, soit par la diphtongaison.

Le rapprochement de deux voyelles n'est dû aujourd'hui qu'à des combinaisons syntactiques (*kŏ é* « ça est », *kwĕ*), anciennement il a été produit par la chute d'une consonne (PAVOREM, **paor, pŏr*), ou par la transposition d'un *i*.

Nous n'avons donc à nous occuper que de la transposition de l'*i* et de la diphtongaison.

Transposition de l'i.

Ce phénomène, que je n'ai jamais eu l'occasion d'observer, et dont, par conséquent, je ne puis fournir d'explications, s'est produit pour SI et RI suivis d'une voyelle persistante : **MANSIONAMENTUM, maisnament* (K* r.

7/32, etc.); MANSIONEM, *maiso* (K* r. 8/3 a. f.), *mĕzu*; *GRASSIARE, *graissar*, *grĕsa*; *CERESIA, *la cerieysa* (C. 1/3 a. f.), *la sryĕz* (nom de femme); FLORIACUM, *Floyrac* (C. 5/19, S¹ 9/30), *Flĕră*, le pont de « Fleurac »; *SABULARIA, *sabblieyra* (C. 4/13, 16), *sablieyra* (C. 4/17), *săbljĕr*; *BALBARIA, *boubeyra* (C. s. t. 10/5), *bŭbyĕr*, moulin de la « Boubière »; *PRATELLARIAS, *las pradelieyres* (C. 5/23), *lă prădljĕrĕ* « Les Pradelières ».

Comme il arrive, du reste, pour d'autres diphtongues, les anciennes graphies ne conservent qu'exceptionnellement la trace de cet ı dans les formes dérivées de -ARIA. Nous trouvons à côté, et même plus souvent : *sabliera, Pradeliera, Boubiera*, etc.

Le suffixe -ORIA a donné de même *-oira, -wĕr (pĭdwĕr, *PISTI-ATORIA « vessie »; *tăldwĕr, *APTILL-ATORIA « cheville qui sert à atteler les bœufs »; *mĕnwĕr* « menoires, lisières servant à mener les enfants qui commencent à marcher »; *brălwĕr* « branloire »; *ăvălwĕr* « avaloire, le gosier »; *pădĭlwĕr* « pandilloire »; *ătĕlwĕr* « atteloire »).

Y a-t-il eu de même transposition de l'ı dans -ARIUM, -ORIUM ? M. W. Meyer le croit (*Gram. comp. des lang. rom.*, p. 471), et il tire de -*aire* la forme -*ère*, d'où serait sorti -*ier*. A Cellefrouin, -ORIUM ne se distingue de -OREM que par l'addition secondaire qui l'a allongé en -ATORIUM, tandis que la forme simple -OREM s'est maintenue : *battoir* se dit *bătdŭr*, BATT'-ATORIUM ; *batteur, bătŭr*, BATT'-OREM; *chanteur, cătŭr*, CANTOREM. Mais le Y a pu tomber, et une substitution de suffixe n'est pas impossible.

Diphtongaison.

La diphtongaison, au contraire, n'est pas rare, et nous pouvons l'observer en divers endroits.

Toutefois, si les voyelles étaient ce qu'ont pensé certains physiologistes, entre autres M. Béclard (*Traité élém. de Physiologie*, II, p. 198), essentiellement caractérisées par « l'immobilisation des parties, une fois ces parties accommodées à la production du son », tandis que les consonnes répondraient à « des mouvements », il serait assez difficile de se rendre compte de ce phénomène. Mais cette immobilité n'existe pas. Nous avons en effet observé que les voyelles isolées sont accompagnées d'un rétrécissement ou d'une ouverture de l'organe qui se fait progressivement jusqu'à un point culminant à partir duquel un mouvement inverse se produit (Voir fig. 108 pour les mouvements de la langue); que les voyelles associées à d'autres articulations s'accommodent aux mouvements qui les précèdent et à ceux qui les suivent (cf. fig. 47, 66, etc.); que les voyelles nasales ne supposent pas un synchronisme parfait entre les vibrations du larynx et du nez, celles-ci étant dans certains cas en retard sur celles-là (fig. 36); que l'écoulement de l'air ne se fait d'une façon régulière ni par la bouche (fig. 73), ni par le nez (fig. 51, 65, 74, 114), et que la courbe de la colonne d'air des voyelles est assez semblable à celle des diphtongues (fig. 73 et 72); enfin, que la durée des vibrations n'est pas constante pendant toute l'émission d'une même voyelle (fig. 115, 57, 52, etc.). Depuis lors, ayant réussi à inscrire directement les vibrations de la colonne d'air en même temps que sa pression, je puis ajouter que la diminution de pression qui marque dans les diphtongues le passage d'une voyelle à l'autre concorde avec un changement d'acuité.

La voyelle n'est donc pas un son unique, tel que le produirait l'organe dans une position fixe et bien déterminée, mais une série de sons dus à des combinaisons diverses de mouvements, et différents entre eux par le timbre, l'intensité et la hauteur. Elle n'est pas un *être simple*; c'est, pour emprunter une image aux sciences naturelles, une *colonie*. Dès lors, on conçoit qu'elle puisse se *propager* par *segmentation*. Qu'un retard ou un changement un peu brusque se produise en un point quelconque de cette colonie linéaire, les segments séparés prendront une vie isolée, une nouvelle voyelle apparaîtra, la voyelle génératrice sera devenue diphtongue.

On a supposé, à l'origine des diphtongues, deux voyelles semblables, *éé*, *òò*, par exemple, qui seraient devenues, par dissimilation, *éê*, *óò*, puis *ie*, *uo*, etc. Il y a plutôt des raisons pour croire que deux voyelles semblables se fondraient en une seule, comme nous le verrons plus loin.

En tout cas, si elle n'est pas fausse, cette hypothèse est au moins inutile. La qualité de la voyelle nouvelle dépend du point où la segmentation s'est produite.

Prenons d'abord le cas le plus simple, celui d'une voyelle qui se diphtongue sous l'influence d'une labiale, comme cela a lieu en Vendée et en Bretagne, et comparons le tracé de *pa* (fig. 64), avec celui de *pwa* (fig. 62). Aussitôt que les lèvres commencent à s'ouvrir pour *pa*, la voyelle éclate, occupant sur les lèvres, à un moment donné, la position de l'*u* (cf. fig. 62, en faisant concorder le point d'ouverture des lèvres avec celui de l'ébranlement du larynx). Donc nous avons, avant l'*a*, une sorte d'*u* qui passe trop rapidement pour que l'oreille puisse le percevoir. Mais que, par paresse organique, un retard vienne à se produire en ce point, alors, suivant que le mouvement sera plus ou moins lent, nous distinguerons nettement soit un *u*, soit un *w*, et *pa* deviendra *pua* ou *pwa*.

Si nous considérons une voyelle nasale, *põ* ou *tõ* par exemple (fig. 36), nous remarquerons sans peine que la première partie de la voyelle est purement laryngienne. Or, un retard plus considérable mettrait cette partie en relief, et nous entendrions une diphtongue, comme cela se produit en Saintonge, aux environs de Gémozac : *Peuon* « Pons », *Suzeuon* « Suzon » (Jônain) ; à Berson, près de Libourne : *Berséon, chantéant*, pour *Berson, chantant* (De Tourtoulon, *Limite géog. de la lang. d'oïl*, p. 23), etc.

Enfin, supposons que la segmentation s'opère pour une cause inhérente à la voyelle elle-même, et prenons comme exemple l'*u* de la figure 108. Suivant les divers degrés d'occlusion, nous devons avoir une série comme *à ò ó u ú u ó*. Dès lors, une segmentation se faisant au point culminant, produirait *uu*; en avant de ce point, *au, ou*; en arrière *uo*.

On conçoit que, dans ce cas, la diphtongaison soit surtout favorisée par la longueur de la syllabe. Aussi les voyelles entravées, plus courtes que les voyelles libres, ont-elles été plus rarement diphtonguées que ces dernières.

On a eu, à Cellefrouin et au Temple, avant la période actuelle, la diphtongaison de l'*è* et de l'*ò* : FERIA, **fèrè, faèr*; MUSCAM, **mòeè, mòèe*. Le phénomène n'a pas eu lieu sur le haut du plateau. Là, en effet, FERIA a donné *fèyro*; MUSCAM, *mâtšö*.

Les diphtongues *àè, àó* ont été produites par la segmentation de la partie initiale des voyelles *é, ó*. Il paraît en avoir été de même dans la diphtongaison française de l'*é* et de l'*ó*, devenus : l'un *ei, oi* (*mei, moi*, ME), l'autre *ou, eu* (-*our*, -*eur*, -OREM.)

Une diphtongaison opérée par la section de la partie finale de la voyelle existe à La Chevallerie. C'est celle de l'*â* en *âo* : *bâo* « bas, adj. » ; *grâo* « gras » ; *klâo*, *klà « fléau » ; *â d sâo* *sâ « en de çà ». Cette diphtongue, on le voit par ces exemples, ne s'est produite qu'après la réduction de *eau* et de *ai* en *â*.

C'est de la même manière, par segmentation de la partie décroissante, qu'à l'époque ancienne l'*è* et l'*ò* se sont diphtongués en Gaule. Ce phénomène, toutefois, se présente dans des conditions différentes au Nord et au Midi. Générale au Nord, elle est seulement partielle au Sud. Sous ce rapport, le parler de Cellefrouin se rattache aux patois méridionaux. En effet, il ne connaît la diphtongaison ni pour *è* ni pour *ò* devant L, N : MEL, *mè* « le Temple, T.) — *myèl* est français — ; *SOLA (de SOLUM), *sòl, là sòl d'è prà* « la *sole* d'un pré » ; FILIOLA, *fïlòl*; MOLAM, *mòl*; VOLAT, *vòl*; VENIT, *vè*; TENET, *tè*; BENE, *bè*; BONAM, *bùn*; SONAT, *sùn*.

La diphtongaison de l'*ò* est plus restreinte encore que celle de l'*è* : elle ne se rencontre, en outre, ni devant une dentale ni devant un R : ROTAM, *rŏd*; POTET, *pŏ*; SOROR, *sŏr*; *NORAM, *nŏr*; DEMORAT, *dĕmŏr*.

Toutes ces restrictions sont communes à l'Angoumois, à la Saintonge et au Poitou : type *fillole* « filleule », *nore* « bru » (Lalanne, Fabre, Eveillé[1]), *ben* et *bé* « bien » (Lal.). *Ayole* « aïeule » était en usage dans le français de l'Angoumois (Charte d'Ang. 1264, Boucherie), *ayolle* (Test. de 1344, abbé Tricoire).

En dehors de ces cas, nous avons la diphtongaison de l'ĕ et de l'ŏ : PEDEM, *piĕ*; DECEM, *diĕ*; PEJUS, *piĕ*; FERUM, *fiĕ*; HERI, *yĕr*; PETRAM, *pyĕr*; RETRO, *riĕ*; FEBREN, *fyĕvr*; TEPIDUM, *tyĕd*; LEPOREM, *lĕbr*; HEDERAM, *lĕr*; VETULAM, *vyĕl̩*; LECTUM, *liĕ*; SEX, *siĕ* (G[1]); LOCUM, *liŭ*; FOCUM, *fiŭ*; PODIUM, *pŭĕ*; *VOCITA, *vwĕd*; NOCTEM, *ñĕ* (G[1]); NOVAM, *nŏv*; FOLIA, *fŏl̩*; *COCERE, *kŏ́r*; COCTUM, *kŏ̆*.

Naturellement, nous possédons aussi le suffixe -*īe*, -*yer*, « -*ier*, -*ière* ». Je ne puis entrer dans la discussion qu'il soulève. Mais je dois signaler le fait, qui me paraît certain, de l'emploi de -ERIUM pour -ARIUM aux environs de Rome dès le VIe siècle.

En effet, au témoignage du pape saint Grégoire, le nom d'homme CHRYSAORIUS se disait dans la langue populaire CHRYSERIUS : « *Quidam vir nobilis in Valeria provincia nomine Chrysaorius fuit, quem lingua rustica populus Chryserium vocabat* (Hom. in. Ev. lib. I., hom. 12 ; — Migne, Patr. lat. LXXVI, col. 1122 B). Nous n'avons, il est vrai, ici, que -ERIUS pour -AORIUS. Mais la finale grecque -AORIUS ne devait guère être distincte pour le peuple de la forme classique -ARIUS.

Saint Grégoire nous fournit en même temps la date où cette substitution avait lieu : Le fils de Chrysorius était moine, et saint Grégoire l'a connu dès le temps où il était moine lui-même, c'est-à-dire entre 575 et 590 : « *Quem ipse jam monachus monachum vidi.* » Cela nous fait remonter aux premières années du VIe siècle.

Resterait à fixer la date de la diphtongaison de l'ĕ ou de l'ŏ. Quoiqu'il soit assez difficile de donner rien de précis, on arrive cependant à quelques résultats en comparant les faits suivants : FODICAT donne *fŏ̆j*, où l'ŏ s'est diphtongué; mais *IN-ODIAT donne *ānŏ̆y*, LOCAT, *lŏj*, où l'ŏ ne s'est pas diphtongué. Ces deux dernières formes ne sont pas empruntées aux temps où l'ŏ est atone, car AD-PODIARE a donné *ăpŭ̆yă*; ce sont donc bien des formes toniques. Pour quelle raison l'ŏ s'est-il diphtongué dans le premier cas et non dans le second ? Je n'en vois pas d'autre que celle-ci :

---

[1] *Glossaire Saintongeais.*

dans FODICAT, l'ŏ est suivi d'un simple D; dans INODIAT, de DI; dans LOCAT, de C, qui pouvait être, à l'époque de la diphtongaison, dy. Le groupe dy aurait alors fait entrave. Donc l'ŏ se serait diphtongué entre la palatalisation du C intervocalique devant A et la chute de l'I posttonique, avant la réduction de dy à y.

Il semblerait même que la diphtongaison de l'ŏ s'est faite entre la chute des atones finales E et U. Comme CLAVEM klă, NOVEM a donné nó, tandis que NOVUM est devenu *nue nă; on a donc dû avoir en même temps *NOV et *NOVU. L'ŏ s'est diphtongué dans *NOVU, où il était libre, mais non dans *NOV, où il était déjà entravé.

Je n'ai aucune donnée sur la date de la diphtongaison de l'ĕ. Elle doit être contemporaine de celle de l'ŏ, sinon plus ancienne, vu qu'elle est plus étendue. Les formes SECAT, sĕj, NECAT, nĕj, qu'on pourrait être tenté de rapprocher de LOCAT, lŏj, ne prouvent rien : elles s'expliquent par l'analogie des formes atones, comme GELAT, jĕl (de *jela, jĕlă, GELARE, — cf. resĕvr « recevoir » dans le parler des vieillards à côté de resèvr), LEVAT, lĕv et lĕv (remontant, l'une à la forme archaïque *lĕva, l'autre à la forme moderne lĕvă).

ÉVOLUTION DES DIPHTONGUES

Les diphtongues n'ont cessé de tendre à l'unité, et, avec les générations nouvelles, elles y sont toutes parvenues. Quelques-unes n'ont atteint que l'unité syllabique en consonnifiant leur premier élément ; mais la plupart se sont réduites à de simples voyelles.

Nous étudierons d'abord les diphtongues récentes, puis les diphtongues anciennes.

Diphtongues récentes.

Sauf ăĕ, oa, ĕă et ue, et seulement dans des cas spéciaux, les diphtongues récentes, qui sont toutes dues à la même cause (des combinaisons syntactiques), présentent le même développement.

Diphtongues commençant par i, u, u, o.

Comme ces diphtongues ont l'accent sur la seconde syllabe, elles consonnifient la première. Nous avons donc : i. — ĭ ătĕ « j'attends », yătĕ; ĭ ĕ « j'ai », yĕ; ĭ ĭ srĭ « j'y serais », yĭ srĭ; kŏ ĭ ŏ « ça y a », kŏyŏ; ĭ ŭ dĭrĕ, « je le dirai », yŭ dĭrĕ.

u. — *ŭ ătĕ* « il attend », *wătĕ*; *ŭ ĕ* « il est », *wĕ*; *ŭ ĭ vă* « il y va », *wĭ vă*; *ŭ ŏ* « il a », *wŏ*; *ŭ ŭ frŏ* « il le fera », *wŭ frŏ*.

u. — *tŭă* « tuer », *tŭĭ* « il tua » (G¹) donnent souvent *tŭă*, *tŭĭ* dans les générations nouvelles.

o. — *kŏ ĕ* « ça est », *kwĕ*; *kŏ ŏ* « ça a », *kwŏ*; *kŏ ăvĭ* « ça avait », *kwăv* (G¹).

La consonnification suppose non seulement une union plus étroite des deux éléments vocaliques, mais encore une diminution dans la tension organique et dans la durée de la voyelle consonnifiée (cf. fig. 27, 28 et p. 101).

La consonnification est donc naturelle pour *i*, *u*, *u*. Elle l'est moins pour *o*. Aussi cette voyelle ne se consonnifie-t-elle pas d'une façon constante comme les trois autres. On dit très bien *kŏ ătĕ* « ça attend », *kŏ ĭ srŏ* » ça y sera », *kŏ ŭ fŏ* « ça le faut ». L'*o* peut même tomber : *k ŏ d tŭ* (G¹) « ça a de tout » pour dire « ces gens ont de tout ».

ăĕ.

Les voyelles *ă* et *ĕ* se sont trouvées en contact intime dans le composé *ă pă ĕ lăe* « en pas un lieu », qui est aujourd'hui *ă pă lă*. Il a dû y avoir assimilation de la nasale *pă ă*, abrègement de l'*ă* (cf. *păyĕ* pour *pă ĕ* « pas un »), enfin, fusion de *a* et de *ă* en un seul son nasal, *pă*.

oa.

Dans *ŏ ăgŭ* « a eu », le second élément de *oa* s'est assimilé au premier, et *ŏ ăgŭ* est devenu *ŏ ŏgŭ* (G¹). Dans la prononciation rapide, *ŏŏ* se transforment en *ŏ* (timbre ordinaire des *ŏ*) : *ŭ l ŏgu* « il l'a eu » (G¹ ³ ⁴). Ce changement est loin d'être général; il me paraît propre au Moulin-Neuf (G¹ ³ ⁴). Depuis, l'*ŏ* du verbe *ăvĕr* « avoir » s'est substitué à cet *ŏ*, et *ăgŭ* a perdu ainsi sa première voyelle : *ăl ŏ gŭ* (G⁸). Par un procédé identique, certains verbes, signifiant « mettre bas », en parlant de la brebis, *ălĕnă* (pour *ănĕlă*); de la chienne, *ăeĭnŏtă*; de la jument, *ăpŭlĭnă*; de la chèvre, *ăcăbrĭlă*; de la chatte, *ăcătŭnă*, ont perdu leur *a* initial au participe passé : *ŏ *alĕnă*, *ŏ *ŏlĕna*, enfin, *ŏ lĕnă*; de même, *ŏ eĭnŏtă*, *pŭlĭnă*, etc.

ĕă.

Ces deux voyelles se trouvent rapprochées dans *ĭlĕ ătŭ* « eux aussi », et dans des conditions telles que le rythme appelle *ĭlĕ ătŭ*. L'*ĕ* se trouve donc tonique et *ă* atone. Dans ce cas, c'est l'*ă* qui doit être sacrifié. Il l'est en effet, mais non sans avoir fait sentir son influence à l'é. Le résultat final et le seul perceptible est *ĭḷĕtŭ* (G¹). Il y a eu ouverture de l'é, et, je suppose, fermeture de l'*a* : *ĭḷĕĕtŭ ; enfin fusion des deux *ĕ* en un seul.

ue.

Dans *ŭ ĕtĭ* « il était », *ŭ ĕtyā* « ils étaient », *vŭ ĕtĕ* « vous êtes », *ŭ e pour *ŭ *el* » (HOC ILLE) « oui », l'*e* seul a pu être influencé. Par suite de la paresse de la langue à élever la pointe au dessus de la position de l'*u*, cet *é* tend à devenir *a*. C'est une action analogue à celle qui a transformé successivement la diphtongue française *oi* en *wé*, *wè*, *wa*.

wă « oui » est constant dans les groupes où il est atone : *wă nŭ* « oui nous », *wă vŭ* « oui vous », *wă yŏ* « oui je », *wă lu* ; *wăyŏ* a perdu à Allone son *w* initial et se trouve réduit à *ăyŏ*, ce qui fait croire aux linguistes du pays qu'ils ont gardé, pour dire « oui », le verbe AIO des latins. Lorsqu'il est tonique, *wĕ* s'est conservé plus longtemps. C'est la seule forme employée par les vieillards (Vieux-Aunac 1792, Mouton 1808). Les générations plus récentes ne connaissent guère plus que *wa* (F², etc.) jusqu'à Saint-Claud. Mais, à partir de là, *wĕ* se rencontre assez souvent à côté de *wă*. J'ai noté les deux formes autant de fois l'une que l'autre pendant une conversation entendue à Saint-Claud (Ime Br. 1819). Mais la proportion a changé depuis en faveur de *wă*. Une raison de croire que le changement ne s'est fait qu'à l'atone, c'est que *wĕl*, HOC ILLA, qui ne peut être que tonique, n'a pas été modifié.

Cette forme de l'affirmation *wă* ou *vwă* s'est produite de la même façon dans des lieux bien éloignés. Je l'ai recueillie dans l'Ain, de la bouche d'un homme de Montrevel. Elle existe aussi, m'a-t-on dit, à Saint-Etienne.

L'évolution de *wĕ* à l'imparfait du verbe *ĕtr* « être », n'a pu être contrariée par un changement d'accent (dans tous les cas la voyelle est atone) ; mais elle a eu à lutter contre la concurrence des formes où *é* devait se maintenir, et, de plus, elle a pu être retardée par ce fait que *u ĕtĭ* n'est qu'un groupe syntactique dont les deux éléments ont encore une vie propre. Malgré ces obstacles, non seulement *w ătĭ* est établi depuis longtemps à Cellefrouin (F² 1809, F³, Ge²), au Maschinet (L) ; mais il a imposé son *a* au temps tout entier : *ĭ ătĭ* (La Baubière, B¹ ² 1821, 1825. — Le Temple, T¹) ; *v ătĕ* « vous êtes » (Goutibert, La Génevrau) ; *t ătĭ* (Chassiecq, E). Il en est de même à Saint-Claud, à Mouchedune, à la Sarcellerie, Chez-Chadiat, à Lussac, Chez-Baugis, à Saint-Mary, etc.

J'ai trouvé *w ĕtĭ* aux Forges (L²) et au Moulin-Neuf.

ROUSSELOT. 17

Dans le parler de ma mère, l'é de ètî est net toutes les fois qu'il ne se trouve pas en contact avec u : y ètî, n ètî på « il n'était pas ». En diphtongue avec u, il se conserve encore le plus souvent ; mais dans une conversation rapide, il se transforme en ă. Les exemples de wătî se multiplient dans les générations suivantes (G 3 et G 4). Chez moi (G 5) — mais je n'ose me citer, parce que j'ai pu être influencé par Saint-Claud — ătî est constant. Chez Fr. Neuville (G 8), le son est souvent douteux. Mais chez ses filles (G 9 10), l'évolution est accomplie et l'ă est certain.

Diphtongues anciennes.

De toutes les diphtongues anciennes, une seule paraît avoir été composée de deux voyelles identiques pour le timbre éé, dans *véér, videre. Il y a eu fusion des deux éléments en un son unique, vêr. La preuve qu'il n'y a pas eu seulement élimination de la première voyelle se tire de la comparaison de cet infinitif avec *potere, pŏdĕr, *volere, vŏlĕr, où l'e tonique s'est abrégé en ĕ.

Pour les autres diphtongues, formées de voyelles différentes par le timbre, le traitement varie suivant la nature des voyelles en contact et suivant la place de l'accent dans la diphtongue.

La voyelle accentuée se maintient, et, en général, s'assimile l'atone. Or, à Cellefrouin, la place de l'accent a varié suivant la place de la diphtongue dans le mot ou dans le groupe : il a frappé la première voyelle dans les diphtongues finales, la seconde dans l'intérieur des groupes. Cette loi est encore celle qui régit les diphtongues dans le haut de la vallée. Aux Chaumes, par exemple, on dit : ĭ m ĕ vǫ́o « je m'en vais », et ĭ m ĕ vǫ́ó lăvằ « je m'en vais laver » (V.).

Une autre cause de transformation pour les diphtongues, c'est la place de l'accent intensif dans le groupe qui les renferme. Les diphtongues toniques résistent mieux ; les diphtongues atones accomplissent plus rapidement leur évolution. Ainsi, à La Péruse, on dit : ąǫ́trŏ, alteram, mais ǫ̀ǫ́trę̀y, alteras ; et ma mère, elle-même, pourra bien dire : ŭn ąǫ́tr « une autre », mais elle dira toujours d ǫ́trĕ « d'autres ».

au, *au (ab, av, *a'u).

La diphtongue latine au a échappé à cette loi, nous donnant la preuve d'une part, que sa réduction à o est ancienne, et, d'autre part, que la loi est relativement récente. Nous avons, du reste, dans le *Cartulaire*, o alternant avec *au*, ou seulement *o* : *Gauffredus* (K. r. 2/1 a. f.) et *Goffredus* (K. r. 3/17. An. 1031-1048), *Gauscelmus de Posqueranus* (K* r. 8/21) et *Joselmus de Posqueras* (K. r. 8/17). *A. de Onaco*, AUNACUM (K. r. 7/9).

La réduction de AU à *o* se place entre la palatalisation de C + A et l'amuïssement de l's. Nous avons, en effet : d'un côté, CAULEM, *kyaule, *teol, *teou eŏ; d'un autre côté, *AUSTUM (AUGUSTUM) et MUSTUM, avec une voyelle identique, ŏ et mŏ.

La diphtongue *AU a eu un sort semblable, excepté quand elle était suivie de E ou N : HABERE-HABET, *aurá* (K* r. 8/30), ŏrŏ; CLAUSUM, *claus* (C. s., en marge, 5/11), *klŏ*; FABRUM, *faura* (C. 2/17); TABONEM, *tauone, *toon, tŏ; CLAVUM, *clauo, *cloo, klŏ. Mais *AU dans CLAVEM, *clau, est traité comme *au* venant de AL (cf. NOVEM, nŏ); et dans les trois verbes *VAUNT (VADUNT), *FAUNT (FACIUNT), *AUNT (HABENT), comme A + N : *vã, fã, ã*.

AE, *ai* (A + Y), *ei* (E + Y), AO, *au* (AVE, AL), *ou* (OB, OVE, OL).

Ces diphtongues sont distinctes dans nos textes les plus anciens : FACERE, *faira* (K* r. 8/23); CAPTIVUM, *chaytieu* (C. 3/1); MANSIONEM, *maiso* (K* r. 8/3 a. f.); SEXTAIRADAS, *sestairadas* (K. r. 9/3 a. f.); *CAXINUM, *chaina* (C. s., en marge, 5/5); — MEDIETATEM, *meitat* (K* r. 8/26); DIRECTUM, *dreit* (Bourg-Ch.); PETRATUM, *Peirato* (K. v. 3/45); DIVID'RE, *deveira* (K. r. 8/2 a. f.); — ALTERA, *autra* (K* r. 9/1); CALCE-FURNUM, *chauforn* (C. 2/26), *guillelma granauda* (C. 3/1), *de fonte au gueyraus* (C. 8/30); *VINEALES, *vinhaus* (C. 2/28, 5/4), *Granautz* (C. 3/4), *Chambau* (C. 8/15), *Barrautz* (C. 3/10), *Guerraudi* (C. s. t. 2/1 a. f.); — TILLIOLUM, *telhou* (C. 5/2); *Bolhous* (C. 9/22); — *Las Cousz* (C. 5/10), *Las Coutz* (C. 6/1), Parrochia de *Cougant* (K. v. 3/26), cf. *Colgant* (C. 1/3).

Mais déjà, dans le *Censier*, *ai* et *au* se confondent à l'atone avec *ei* et *ou* : g. MAGINHARD, P. *Meynardi* (s. t. 2/5, 8/3), *Johanna Meynarda* (4/24, 9/31); g. RAGINALD, *Reynaut* (s. t. 10/7); g. HAIMHARD, *La Eymarcta* (6/7, 9/2), *Podio cheytiu* (s. t. 7/5), *freyracheriis* (7/1), P. *Goutier* (8/14, 37, etc.), *Johanna Goutiera* (9/10), *borderia ous Meynarz* (s. t. 8/1), *Ermessen Fouressa* (9/41), *Hermesens Fouressa* (4/28), *La Souniera* (s¹. t. 2/3 a. f.).

Les *Cartulaires* de la Saintonge présentent le même changement comme se faisant à peu près à la même date. Dans le *Cartulaire* de Vaux, quoiqu'on lise une fois *Renandi* à côté de *Rainaudus* dans une charte de 1098, ce n'est que dans la seconde moitié du XIIIᵉ siècle, à partir de 1267, que *ei* remplace *ai* : *Mainardus*, 1170, 1218, 1231, 1237; *Meynardus*, 1267. De même pour *au* : *Petrus Maurinus*, 1091; *Petrus Mourini*, 1263; *Maynardus de Autirac*, 1237; *Meynardus de Outirac*, 1267. Le *Cart.* de N. D. de Saintes écrit : *Mainardi*, 1083-1885; *Menardus*, 1140-1150; *Meynardo*, 1300.

Ces graphies concordent avec le développement de ces diphtongues tel qu'il nous apparaît sur le haut du plateau. Là, nous devons considérer la tonique historique comme une atone au pluriel, et, par conséquent, nous avons dans le même mot deux étapes de l'évolution. Il y a eu d'abord (nous ne considérons que la diphtongue intérieure) ouverture de la voyelle fermée (*i* est devenu *é*, et *u*, *ó*); puis assimilation, enfin fusion des deux voyelles : AQUA, *aiga, *àègo*, ; AQUAS, *éègè*; ALTERA, *autra, *àòtro*; ALTEROS, *òótrèy*; MOLITURA, *moudura, *mòódúro* (Puybarraud, La Péruse, etc.); *mĕnăr*, *gŏtĭ* (Cellefrouin). Il est donc naturel que *ai* et *au* soient venus rejoindre à l'atone *ei* et *ou*.

En a-t-il été de même à la tonique non finale ?

Le père (1767) et l'oncle (1763) de Mᵐᵉ V. de Mouillac disaient *fràèr*, *àèg*. Elle-même prononçait *frèr*, *èg*. Mais M. Tabaud fait encore entendre un *a* devant l'*è*, et ma mère aussi quand elle parle avec animation.

La diphtongue *àò* apparaît dans les mêmes conditions que *àè* chez ma mère; elle dit au singulier : *ràòb* (RAUBA) ; *àòtr* (ALTERA) ; *eàòx* « chausse », *gàòa* « gauche »; mais au pluriel : *òtré*, *ròbé*, *eòzé*. Cette prononciation est presque constante chez M. Tabaud. Mais il n'y a plus trace de diphtongue (G²³), même au Temple, chez les jeunes (T²).

Ces diphtongues ne sont plus douteuses à partir des hameaux de Saint-Claud, du moins chez les personnes âgées : *àèg*, *fàèr* « faire » (Chez-Civadier), *lè vā d'òòt* (Chez-Chadiat, D.) ; *eàòx*, *kàòk* « quelque » (Lussac, B.), etc.

On pourrait donc croire que les formes diphtonguées ne sont que des archaïsmes à Cellefrouin et à Saint-Claud. Mais *ei* et *ou*, distincts de *ei* et de *ou* à Nieul et plus haut, ne se distinguent pas de *ai* et de *au* au Temple, dans le parler de ma mère, et à Saint-Claud. Nous avons *la fàèr* FERIAM, comme *fàèr*, FACERE ; *vàèr* (F² irritée) ; « verre » ; *eàò*, CAULEM, *Lă kàò*, *Las coutzs* (C. 6/1); *kàò*, COLLUM, comme *eàò*, CAL'DUM, etc. Bien plus, l'*ŏ* y donne le même résultat : *màòa*, MUSCAM ; *màò*, MUSTUM ; *pyàòx*, PULLICEM (G¹ et T¹), fait qui ne s'est pas reproduit dans le haut de la vallée : *mŭtʃò* (Puyb.).

Si donc *ai* et *au* se sont maintenus, il y a eu, à côté, la diphtongaison de *ē* et de *ō*. Mais il serait bien plus étonnant que dans ce cas les deux sons fussent à des étapes identiques.

Il faut admettre une assimilation complète des deux diphtongues, leur réduction à *ē* et à *ō*, puis une diphtongaison de ces deux voyelles. On aurait eu ainsi :

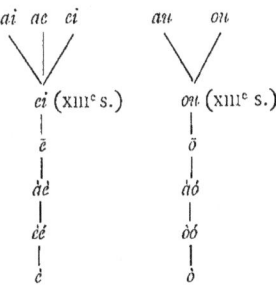

A l'atone, *ou* est descendu plus bas que *au* : il est arrivé jusqu'à *u*, tandis que *au* est resté à *ó* : CULTELLUM, *kŭtĕ*; COLLOCARE, *kŭcă*; mais CALCARE, *cŏcă*; WALTER, *gŏtĭ*.

SUBTUS, *souts*, préposition, a été traité comme atone (*sŭ*); préfixe, comme tonique : *sŏpĕză* « soupeser », *sŏlĕvă* « soulever ».

A la finale, la première voyelle est restée ferme. La seconde est tombée après s'être rapprochée de *a* dans *ai*, *au* : ILLAC, *lai, *lă*; ECCE-HAC, *sai, *să*; VERACEM, *vrai, *vră*; VADIT, *vait, *vă*; REGEM, *rei, *călrĕ* « Chez-le-Roi »; — VADO, *vao, *vă*; *cĕvă* « cheval »; *că* « chaux »; *căbă*, *bără*, *gĕră* (noms propres), etc. ; — *kŏ* « cou »; *bŭlŏ*, *lăkŏ*, etc.

A quelle époque la diphtongue s'est-elle ainsi réduite? Il n'est peut-être pas impossible de le dire au moins pour *au*, grâce à la série des graphies successives que nous possédons pour CALCE-FURNUM : dans le *Censier*, *Chauforn*[1]; en 1590, *Chafour* et *Chauxfour*; en 1598, *Châffour*; en 1626, *Chaufour*; en 1651, *Chas four* et *Ches four*. La première partie du composé est traitée comme mot indépendant; aussi disons-nous *că fŭr* et non *cŏ fŭr*. Or, la chute de l'*u* doit coïncider avec le moment où *că* « chaux » a pu être confondu avec *că* « chez ». La correction *Châffour* prouve que cette confusion n'existait pas encore à la fin du

---

[1] Je ne tire aucune conclusion des graphies *Chaffort* (K. v. 2/38) qui n'est pas certaine, *Chafforn* (C. 2/23) et *Chatorteu* (C. s. t. 5/12) qui sont bien anciennes pour dire quelque chose sur la chute de l'*u* final.

xvıe siècle. Mais les deux formes *Chas four* (vulgaire) et *Ches four* (francisée), montrent bien qu'elle était à peu près complète un siècle plus tard [1].

Le résultat de l'évolution est le même à Cellefrouin, La Tâche, Beaulieu, Parzac et Saint-Claud.

Plus haut, nous avons les diphtongues : *sàe* « çà », *làe* « là », *vàe* « va »; *djáo* « coq », *kòu* « cou », *kļòu* « clou » (Suaux, Chez-Bonnaud, etc.).

Plus bas, c'est le second élément qui semble l'avoir emporté : *lé*, *sé*, *vré*, *vé*, *evó*, *có*, *kú*, *fįļú* (Ventouse, Valence, Chassiecq, etc).

A Cellefrouin même, *ai* est devenu *è* à la première personne du verbe HABERE, et aux futurs : *y è*, *ĭ ɛātrę̀* « j'ai, je chanterai », tandis qu'à Saint-Claud on dit : *y å̀*, *ĭ ɛātrå̀*.

Les formes archaïques du plateau sont instructives. Ce sont celles qui nous ont appris les modifications subies par l'*i* et l'*u* de *ai*, *au*, avant leur chute. Celles du bas de la vallée sont embarrassantes. Nous les étudierons avec *uo* (*ò* latin), qui présente un traitement analogue.

Le développement régulier est donc :

```
   ai      ei      au      ou
   |       |       |       |
   aè      ee      aó      òo
   |       |       |       |
   å       è       å       ò
```

Les *å* sortis de *ai* et de *au* ne sont point absolument identiques. Dans le parler de M. V. de M., les premiers étaient moins prolongés que les seconds, et tous les deux étaient plus longs que l'*å* issu de AS.

Je distinguais même parfois, après *å* (*au*), comme après *ò* (*ou*) un léger son que je notais tantôt *o*, tantôt *u*, tantôt *a* : *må̀o* « mal », *ɛå̀u* et *ɛå̀a* « chaud », *sòu* « sou et sol », *fòu* « fou ».

Serait-ce un reste de la diphtongue? C'est possible, car dans le parler du fils de M. V. de M. (F [4]), l'*å*, sorti de *ai*, ressemble à celui de AS et se distingue de celui de *au*. Ce dernier est nettement *å*. Les deux premiers tournent vers *ò* : *lå̀* (ILLAC, *lai*), *vrå̀* (VERACEM, *vrai*), *må̀* (*MAGIS, *mai*), *La tåɛ* (ILLA TASCA).

---

[1] La double forme *Chaux fourgt* et *Ches fourgt* se retrouve encore en 1772. Aujourd'hui, on ne connaît plus que *Chez-Four*.

eu̯ (EB, E'U, EL.)

Nous n'avons qu'un exemple de *eu* remontant à E + B vocalisé : SEBUM, *seu, *sï*. Ce traitement reste isolé. A La Péruse, cet *eu* a abouti à *ȁ* (*sȁ*), comme les *eu* postérieurs. La diphtongue issue d'*e* + *l* vocalisée est marquée par la graphie dans le verso du *Cart.* et dans le *Censier* : *chasteu* (K. v. **2**/1), *Marteus* « Marteau » (C. 3/6), *Pineu* « Pineau » (C. 3/17), *Ingteu* « Inteau » (C. 6/15), *Chautorteus* « Chaud-Tourteau » (C. 6/17), etc., où la diphtongue doit sans doute se lire -*eu*. C'est le premier terme de l'évolution. Il semble que le dernier soit inscrit dans l'acte de 1547, où un pré est désigné sous le nom de « *pré des Bassets (ou Basseaux)* ». Le nom populaire était *Bassets*, le nom français aurait été *Basseaux*. Il s'agit donc bien de notre diphtongue *eu*. Or, pour que *baseu* ait pu être écrit *Bassets*, il est nécessaire que la diphtongue eût perdu dès lors son élément atone et pût se confondre avec la terminaison -*ets*, comme cela se fait aujourd'hui, *eȃtȇ* rimant avec *bȃsȇ* « bassets ».

Quant au développement de la diphtongue, il n'est pas moins clair. Dans l'intérieur du mot, *eu* s'est, dans toute la région, changé en *ȁ* : MEDULLA, *meulla, *mȁl*; VIDUTUM, *veuta, *vȁt*; BELLITATEM, *beutat, *bȁtȁ*; ECCU-ILLUM + un nom *keu, *kȁ*; DE-ILLUM + un nom *deu* (C. 1/4, etc.), *dȁ*; PEDUCULUM, *peuyl, *pȁl*.

A la finale, nous rencontrons, en remontant la vallée : *ȇ* jusqu'à Chalais, *ȇ* de là jusqu'à Nieul, puis *ȁ*, *ȁȇ* ou *ȁu* : *eȃtȁ*, *eȃtȁ*, *tȿȃtȁ*, *tȿȃtȁu*. *eȃtȇ* est une modification de *eȃtȁ*, comme *eȃtȁ* est une simplification de *tȿȃtȁu*. Il ne reste donc que deux formes à expliquer : *eȃtȁ* et *tȿȃtȁu*. Elles sont dues toutes les deux à ce fait, que l'élément atone des diphtongues est tombé de bonne heure dans la partie inférieure de la vallée, et qu'il s'est maintenu sur le plateau. Les deux voyelles *ȇ* et *u*, demeurant longtemps en contact, ont pu s'influencer mutuellement. L'*ȇ* a attiré l'*u* et l'a transformé en voyelle antérieure, *u* (Cf. *u* et *u*, fig. 29 et 33, 30 et 34, 28 et 32); puis l'*u* a provoqué une fermeture prématurée des lèvres, et l'*ȇ* s'est trouvé naturellement changé en *ȁ* (cf. œ¹ et e², fig. 29 et 30).

Le même développement s'est produit à l'intérieur du mot où le second élément de la diphtongue ne pouvait pas tomber, avec cette différence toutefois que l'*u* a dû s'arrêter à œ sans pousser jusqu'à *u*. On a donc dû avoir BELLITATEM, *bȇutȁ, *bȇœtȁ, *bœœtȁ* (Roumazières), *bœtȁ*. Un indice que l'*u* n'a pas dû passer par *u*, c'est que l'*u* a dans la même position la tendance de se changer en *ȁ* : *nu pie* « nu-pieds » est devenu *nȁpie*. Du reste, nous verrons dans le paragraphe suivant que, loin de revenir en arrière, *ue* est, comme il faut s'y attendre, passé à *üe* (*nüĕvo* « neuve ».

ou (ŏ), *oui* (ŏ + y).

Cette diphtongue est écrite dans nos textes du moyen-âge, soit par *u* : *Vertul* « Verteuil » (K. r. 10/1 a. f., avant 1136); *de campo deu Brulh* (C. s. t. 10/16), soit par *o* : *terra de Trol* « Treuil » (K. v. **2**/34); *J. Marrolh* « Mareuil » (C. 3/32), *de podio Marroilh* (C. 4/7, etc.); *Nioilz* « Nieul » (Ch. de Saint-Florent, 1081); soit par *oe*, *oi* : *gurgitem de negaboe*, NECA BOVEM (C. s¹ t. 2/6), *in domo deu Poi* « Le Puy » (K. v. 1/6), *Poi regali* « Puyréaux » (K. v. 2/9). L'*oi* se retrouve encore au xv⁰ siècle, dans les Aveux de Château-Renaud : «*poix* du cymetire Saint-Graoulx », «*poix* naimar », 1465 (*Arch. nat.*, p. 513, 1ᵉʳ vol.).

On recueille, dans les surcharges du *Censier* : *Pebareu* « Puybarraud » (G. s. t. 3/2); et, plus près de nous : *Le Breuil*, 1418; *Vertueill*, 1470 (Arch. de Ch.-Ren., *Arch. nat.*, p. 513, 3ᵉ vol.), et *Pubarounneau* (Reg. de la paroisse, 19 août 1681).

Cette diphtongue se confond dans l'intérieur des mots avec *eu*; *năev* NOVAM, *fŏĺ* FOLIA avec *bŏetă*, *mŏel*; *brŏel* « breuil », *trŏel* « treuil », *ŏel* « œil », avec *pŏel* « pou ». Mais elle s'en distingue à la finale : OVUM, *ŭ*; NOVUM, *nŭ*; *BOVUM (différent de NOVEM *nŏ*), *bŭ*.

Suivie d'un Y : NOCTEM, *nŭe*; FOCUM, *fŭe*; LOCUM, *lŭe*, dans *pālŭĕ* « pas un lieu », *bēlŭe* « Beaulieu »; PODIUM, *pŭĕ*, *lĕ mēn dă pŭĕ* « le Maine du Puy » (G¹).

A Saint-Claud et au-dessus, la réduction de l'*l* finale à *y* a fait passer OCULUM, BROILUM, etc., dans la classe de NOCTEM, PODIUM, etc. : *ŭĕ*, *brŭĕ*.

La forme *ŭ* « œuf », *nŭ* « neuf », est commune à toute la vallée, depuis Bayers jusqu'à Suaux, Genouillac, Roumazières, où elle confine au domaine de *yŏu*, *yŏu* (Puybarraud, Chabanais, Montembœuf, Montbron, Rougnac, etc.). Le domaine de *năev* « neuve » s'étend moins loin : il s'arrête aux Carmagnats (hameau de Saint-Claud), où nous rencontrons *nüĕvo*; plus haut, à Roumazières, nous avons la forme correspondante à *yŏu*, *yŏivŏ*. Le territoire de *fŭe* « feu », *lŭe* « lieu », auxquels il faudrait ajouter *jŭe* « jeu », s'il s'était conservé, est encore plus restreint. Limité du côté de l'Ouest à Ventouse, il n'atteint pas non plus les Carmagnats, où nous trouvons *fyŏ* « feu », *dyŭŏ* « jeu » (Roumazières).

Ces formes suffisent à nous renseigner sur les principales phases de l'évolution. Les plus archaïques, *byŏu*, *yŏu*, nous présentent *ŏ*. Le féminin *yŏivŏ* a subi l'influence du masculin. Or, *ŏ* est pour un plus ancien *uo*, comme le montrent *dĭuŏ* et le féminin *nŭĕvŏ* des Carmagnats, Nieul, Suaux, etc. Du reste, la transformation de l'*u* + voy. en *i* est une loi à Roumazières (cf. *nudam*, *nudo, *nuo, *nĭŏ*). Mais *uo* remonte sûrement à *ŭo*, à partir duquel nous avons dans le haut et le bas de la vallée un double traitement.

nuo-u		*nuo-va*		
*nuo-u	*nue	*nuo-va	*nue-va	
*nio-u	*nue	*nio-vo	*nue-vo	*nœœ-vĕ
yŏu	*nŭ*	*yŏvo*	*nŭĕ-vŏ*	*nœ̆v*

Quand elle a été suivie d'un *y* vocalisé, la diphtongue est devenue *uei*, et cela dans toute la région. Mais là encore une divergence se produit, qui nous donne la clé de la précédente. L'accent n'occupe plus partout la même place. Sur le plateau, nous avons *u-ęi*; dans le bas de la vallée, *u-ei* : NOCTEM *nŭĕ* (Saint-Claud); *nŭĕ* (Les Carmagnats, La Sarcellerie, Manot, etc.), *nŭĕ* (Chasseneuil, La Rochefoucauld, etc.).

C'est donc l'accent qui, agissant différemment sur *uǫ* et *yo*, a, d'un côté, conservé l'*o* et fait évoluer rapidement l'*u* vers *i*; et, de l'autre, amené la transformation de l'*o* en *e*, puis son élimination progressive.

L'addition du *y* n'a eu d'autre effet que de retarder la chute de la partie atone de la diphtongue. Comparez *nŭ* « neuf » et *nŭĕ* « nuit », *bŭ* « bœuf » et *pŭĕ* « puy » (G¹). Le *Censier* distingue déjà les deux cas : *negaboe* et *poi*.

On ne trouve plus de traces de la partie atone de la diphtongue, non suivie d'un *y*. Et le seul indice que nous ayons de l'affaiblissement de cet élément se rencontre dans un mot, remontant à *u-ei*, mais employé comme atone : *Pubarounneau* (1681). *Pu-* aujourd'hui *pŭ-* (*pŭ bărĕ* « Puy Barraud, *pŭcĕtĭ* « Puychétif ») est la forme tonique (cf. *părăju* « Puyrajoux » qui est le forme atone). Or la forme tonique pleine est *pŭĕ*; elle est devenue *pŭ* par suite de son emploi à l'atone. Mais si l'*ĕ* final n'avait pas été fort affaibli, quand la soudure des deux mots s'est opérée, il ne serait pas tombé. Or sa chute, dans cette situation, commencée sans doute depuis longtemps, était un fait accompli en 1681.

Quand elle n'était pas finale, la diphtongue a suivi une voie qui l'a conduite à *œ̆*.

Il nous faut partir de la forme *uę* qui, par l'action réciproque des deux voyelles l'une sur l'autre, est devenue *œœ*. Pour amener ce résultat, il a suffi que les lèvres, fermées pour *u*, ne se soient pas assez ouvertes pendant l'émission de la seconde voyelle, qui est ainsi devenue œ, et que, par trop de prévoyance, l'ouverture des lèvres nécessaire pour œ se soit produite pendant l'émission de l'*u*, qui, à son tour, s'est ainsi changé en œ. Aux Carmagnats, cette assimilation ne s'est pas produite (*nüèvo*). A Saint-Claud, elle a été limitée au cas où l'*e* n'a pas été suivi d'un *y* vocalisé (*nœ̈v*, mais *küès* « caisse »). A Cellefrouin, le *y* a été sans influence (*nœ̈v*, *kœ̈s*); il était sans doute tombé au moment où l'assimilation de l'*e* s'est produite.

Dans le bas de la vallée, à partir de Ventouse, l'ŏ suivi de c ou de *y* a abouti à œ̈ : COCTUM *kœ̈*, NOCTEN *nœ̈*, *ănœ̈* « aujourd'ui », FOCUM *fœ̈*, JOCUM *jœ̈*. Au delà, dans les Pays-Bas, ŏ + v a eu le même sort « bœuf » BOVEM *bœ̈*, NOVEM, NOVUM *nœ̈*, OVUM *œ̈*. Un mot à Cellefrouin présente ce traitement, c'est COCTUM *kœ̈*; mais ici, l'influence du féminin *kœ̈t* est évidente; elle s'est exercée de même à Saint-Claud où, au lieu de *kñe* (cf. *nñe*), on dit *küë* sur le modèle du féminin *küëc*.

Comment expliquer la divergence qui existe ainsi entre la partie moyenne et la partie basse de la vallée, divergence que nous avons déjà signalée pour *ai* et *au* : d'un côté, traitement fondé sur l'accentuation de la première voyelle; de l'autre, traitement fondé sur l'accentuation de la seconde; ici, une seule évolution, commune à la diphtongue intérieure et la finale; là, deux évolutions, l'une propre à la diphtongue intérieure, l'autre à la finale? Poser la question, c'est, semble-t-il, la résoudre. Dans le bas de la vallée, les diphtongues ont accompli leur évolution quand elles étaient encore couvertes par les consonnes finales. Nous avons déjà constaté que, dans la partie occidentale de notre domaine, des consonnes finales vivent encore. Il n'est donc pas étonnant que certaines, tombées aujourd'hui, se soient maintenues à Ventouse plus longtemps qu'à Cellefrouin, et que, tandis qu'on écrivait à l'occident *noef*, *nuef*, *buef*, *luec*, *fuec*, *pues* (Görlich), cf. *poix* ci-dessus, on avait raison d'écrire à Cellefrouin *boe*, *poi*. La même explication vaudrait pour *mais* et *teevaus*. La diphtongue aurait pris la direction de ẽ et de õ avant la chute de l'*s*. Les formes de Cellefrouin *yè* « j'ai » -*rè* « futur -*rai* » seraient des formes préconsonnantiques dues à la syntaxe. Mais ici se présente une difficulté. Pourquoi *couteaus* aurait-il été traité autrement? La chute de l'*s* a dû se produire en même temps. Oui, mais le développement de *eu* a pu être en retard sur celui de *au*, et sûrement il l'a été (cf. p. 300). Ajoutons qu'on ne peut pas songer à une évolution secondaire, comme il s'en annonce une au nord (*teevă*, Abzac), car rien dans le patois, au moins pour *mă* MAGIS, ne la fait supposer.

ie (ĕ) et *iei* (ĕ + y).

Les graphies les plus anciennes ne contiennent pas de traces de la diphtongaison de l'ĕ latin. La forme *ier* apparaît pour la première fois dans le verso du *Cartulaire* (première moitié du XIIe siècle) *Taschi̯er* (1/26). Mais elle devient commune dans le *Censier*: *Johannes Cormenier* (1/12); *P. Chavaliers* (2/1, etc.); *P. Forestier* (2/32) cf. *lo foresters* (K* r. 9/3); *Nicolaus Barbier* (3/18); *G. deu Nogier* (3/28); *J. Goutiers* (3/37); *G. Ribiers* (9/49); *P. Prunier* (5/27), etc. Le *Censier* traduit toujours en latin *-ier* par *-erium*: *G. Riberii* (7/19); *St. Fornerii* (9/1).

Le féminin du suffixe *-eria*, qui contient un *y*, est régulièrement *-ieira*: *Las Sablieyra* (10/16, 17), *Pradelieyres* (5/24). Mais on trouve plutôt soit *-iera*, soit *-eira*: *Pradeliera* (4/21), *Boubiera* (10/10), *peiriera* (s. 20/17), *Boubeyra* (s. t. 10/5). — *La Cerieysa* (8/37).

Les diphtongues *ie* et *iei* donnent, à l'intérieur du mot, *yĕ* à la finale; à partir du Pays-Bas jusqu'aux Carmagnats, *ie* (G¹); au dessus, *yĕ* (traitement analogue à celui de *ue* et de *uo*). Nous avons, en conséquence: SEX HOMINES, *syĕz̧ ŏm*; DECEM FEMINAS, *diĕ fŏĕm*; ILLAM-HEDERAM, *lĕr*; PETRAM, *pyĕr*; *prädlĕr*, *bŭbyĕr*, *sĕryĕz̧*; — DECEM final, *die*; LECTUM, *lie*; PEDEM, *pie*; FERUM, *fie* (G¹). L'*e* atone est tombé depuis la génération de ma mère, comme nous le dirons plus loin.

Pour des raisons spéciales, TEPIDAM a donné *tyĕd* (influence des formes du pluriel); EBULUM, *ĭbl* (vocalisation du B, p. 204); PECTORA, *pieire, *pĭr* (l'*ĭ* est dû à l'influence du pluriel).

ieu (ĕ latin + L)

Cette triphtongue s'est régulièrement réduite à *yĕ*: VETULUM, *VECLUM, *vieu, *vyœ̆*; MELIUS, *miels, *mieus, *myœ̆*.

iu et *ieu* (IV).

Cette diphtongue, n'existant qu'à la finale, s'est réduite naturellement à *i*: PODIUM CAPTIVUM, *Podio Chaytieu* (C. 3/1, 7/31), *Cheytiu* (C. s. t. 7/5), *pŭĕĕlĭ*.

On avait aussi au moyen-âge, *-ieu*, de -ILE: *fornieu* (C. 7/25). Mais le mot a disparu.

L'élément atone n'était pas encore tombé dans l'écriture et, il est à croire aussi, dans la prononciation, au milieu du XVIe siècle: *Champs Chestieux* et *Champ Chetieu* (acte de 1547).

ea, eã.

L'*e* en hiatus s'est consonnifié en *y* : VIDENT, *vehén* (K*) *vyã*. La rivière que nous appelons aujourd'hui *bãdyă* « Bandiat » s'écrivait *Bandeat* en 1479 (*Sent. de l'off. d'Ang.*) A Salles d'Angles, -*ĕă*, -ELLUM, est en train de de passer, dans la langue des vieillards, à *yă*. M. Marbœuf, à qui -*ĕă* est familier, s'oublie à prononcer *yă* (*ăĕrĕă* « hachereau » et *ăŏĕryă*). Il est cité avec un autre vieillard pour l'étrangeté de cette forme démodée. Il semble donc que *ea* soit passé, dans un espace de temps très court, à *ya*.

uu (UL).

Cette diphtongue s'est transformée en *yŏ* PULLICELLA, **puutsella, pyósĕl*; PULLICEM, **puudze, pyôz*.

§ 2. — Evolution des voyelles simples.

L'organe de la parole est un merveilleux instrument, et il n'a pas de plus belles notes que les voyelles. Aussi n'est-il pas étonnant que, pour les reproduire dans toute leur pureté, il exige un exécutant habile. Ce n'est pas, en effet, en un seul point que la pression doit s'exercer, mais en trois, et cette pression elle-même doit être mesurée avec rigueur. Les lèvres, la langue, le voile du palais ont des positions fixes à garder, et avec une tension déterminée. Le moindre excès, comme le moindre défaut dénaturent le son. Rien donc ne paraît être plus mobile que les voyelles, et l'on s'attendrait à leur voir subir des modifications capricieuses, entièrement soumises aux actions individuelles. Il n'en est rien pourtant. Les évolutions vocaliques sont fixes et se produisent toutes dans des directions que nous pouvons aussi bien prévoir d'avance que reconnaître une fois accomplies.

Leurs étapes, en effet, sont marquées.

LOIS GÉNÉRALES DE L'ÉVOLUTION

Les voyelles antérieures, si la langue tend à suivre un mouvement ascensionnel qui la rapproche du palais (fig. 27, 29 et 30), deviennent de plus en plus aiguës. *ă, ĕ, é, ĭ, í*, avec les intermédiaires parfaitement saisissables *ã, ĕ*. Ces mêmes voyelles, si, la langue gardant ses positions respectives, les lèvres viennent à se fermer, se transforment en labiales, *a* et *e* en *œ*, *i* en *u* (fig. 29, 30 et 31). Les voyelles postérieures, par un mouvement combiné de la langue et des lèvres (fig. 33, 34 et 35), descendent l'échelle á, â, ò, ó, ŭ, ù, ú; et, si le point de rétrécissement du tube vocal est rapporté en avant, elles deviennent antérieures et se changent en œ ou en u (fig. 33 et 29, 34 et 30), dont le timbre particulier est déterminé par une modification concomitante dans le mouvement des lèvres (fig. 35 et 31). Enfin, les voyelles antérieures labiales, si les lèvres se resserrent en même temps que la langue s'élève (fig. 29, 30 et 31), suivront la gradation, œ̀, œ́, ù, ú.

Le mouvement inverse est, dans certains cas, tout aussi fréquent que celui-là; dans d'autres, il est plus rare; dans quelques-uns, il paraît sans exemples. La série i, é, è, a est commune, surtout sous l'influence d'une articulation voisine. Nous avons aussi le changement de u en o, de á en à, de u en œ. Mais je ne connais pas le passage de œ à a ou e, de u à u.

De plus, un mouvement commencé dans un sens peut être retourné en sens inverse; et la voyelle, après avoir opéré un circuit, revient ainsi à son point de départ. C'est ce qui est arrivé en plusieurs endroits à l'A latin parvenu à é; il a, dans certaines conditions, rebroussé chemin et est devenu a, par exemple dans COCCIACUM [1] fr. *Cossé*, *kŏsă* (*Patois de Montjean*, Mayenne. — *Rev. des patois g. r.*, I, 173).

Enfin, il peut y avoir détente des organes et ouverture du tube vocal. Alors apparaissent les voyelles moyennes sortant des voyelles fermées. L'á devient a, l'é e, l'i i, l'ó o, l'ŭ u, l'ú u, l'œ́ œ.

Mais ce n'est pas seulement l'œ́ qui descend à œ. Toutes les autres voyelles viennent y aboutir, quand, la langue détendue, les lèvres fermées sans effort, elles ne rendent plus qu'un léger murmure, dernier soupir qui précède leur mort.

Ce n'est pas tout. Une voyelle peut devenir nasale ou perdre sa nasalité, c'est-à-dire qu'elle a acquis des vibrations nasales ou perdu celles qu'elle possédait déjà. Elle les acquiert sous l'influence de deux causes ou par l'action d'une consonne nasale subséquente dont les vibrations nasales, produites par un abaissement prématuré du voile du palais, se mêlent aux vibrations laryngiennes, ou seulement à la finale par l'ouverture également prématurée des fosses nasales pour la respiration (V. fig. 45). Cette dernière cause, si puissante dans le Nord où Paris se dit *pără*, est sans effet à Cellefrouin. La dénasalisation est due à une cause inverse.

Telles sont les voies qui s'ouvrent devant les voyelles. Elles y sont quelquefois poussées par des articulations voisines auxquelles elles s'assimilent.

---

[1] D'Arbois de Jub. *Noms de lieux*, p. 220.

D'autres fois, elles obéissent à des lois générales organiques ou rythmiques auxquelles vient s'ajouter la force de l'analogie.

En ne tenant compte que des faits qui m'ont été transmis par Mme V. de Mouillac, ou que j'ai recueillis directement auprès des vieillards, j'ai pu constater que, depuis la fin du siècle dernier jusqu'à nous, des voyelles, qui étaient d'abord *ouvertes* et *tendues*, sont devenues *fermées* en demeurant *tendues*, enfin *moyennes* et *relâchées*.

Ce fait, nous le verrons, n'est pas particulier à notre époque. Mais une circonstance spéciale l'a mis en relief. C'est le brusque changement qui s'est fait vers le milieu de ce siècle dans le ton général de la conversation. Les générations antérieures, plus énergiques et plus fortes, plus habituées au plein air et à la vie en commun, s'exprimaient avec une vigueur qui m'a toujours paru un peu sauvage : elles ne parlaient que la bouche largement ouverte, elles *huchaient*. Aussi la conversation des vieillards a toujours été pour moi une souffrance. Depuis, le ton a baissé, les syllabes se sont abrégées, la bouche s'ouvre comme à regret.

Cette tendance à moins ouvrir la bouche et à diminuer la tension organique se trouve ailleurs. A Aramon, dans le Gard, la résistance à ce défaut a pris corps dans un précepte grammatical : *pèr bĕm pārlá*, dit-on, *fō bēm bădá* « Pour bien parler, il faut bien *béer* ». Un de mes amis l'a aussi observé en Bourgogne. Une vieille femme même, de Pernand, près de Beaune, lui faisait remarquer que la différence entre le parler des vieux et celui des jeunes vient de ce que ces derniers « ont perdu l'habitude d'ouvrir la bouche vigoureusement ».

Mais, à côté des causes organiques, nous devons nous hâter de signaler celles qui dépendent du rythme. Nous avons constaté, dans notre première partie, que des syllabes qui se suivent et qui sont intentionnellement identiques, se modifient d'après un rythme spécial qui a pour effet d'abréger les atones. En conséquence, nous devons nous attendre à voir les syllabes faibles subir l'action destructive des syllabes intenses.

Ces syllabes intenses ont été, lors de la chute des atones latines, la syllabe tonique.

Depuis, tout en conservant l'accent d'acuité, la tonique latine a perdu l'accent d'intensité au profit de la flexion atone du pluriel dans les noms, de la tonique finale au commencement des composés, de l'accent oratoire dans la phrase. Ainsi l'accent d'intensité est passé d'*apĭcula* sur *apĭculąs* (*un ăbĕļ, dė lâz ăbėļė*) ; *eă* et *iļ* « chez eux », réunis en un seul groupe, sont devenus *eaiļ*, où *eă* est atone; *pèr* et *mèr* ont tous deux une accentuation différente dans la phrase suivante : *kǫn srŏ nį l pèr* || *nį lă mèr* « ce ne sera ni le père ni la mère ».

La portéé de ce fait a été considérable ; aussi, est-il nécessaire d'insister sur ce déplacement de l'accent d'intensité.

Il est hors de doute dans le haut de la vallée, où la voyelle tonique se présente sous deux formes, suivant qu'elle est ou non suivie de l'*ĕ* de flexion. On dit à Roumazières, par exemple :

nŏ tèblo « une table »	dĕ lĕ tạblĕ « des tables »
— bélo « abeille. »	— bḙlĕ « abeilles »
kíto, quite « même »	kĭtĕ, quites « mêmes »
ŏmĕ « homme »	ŏmĕ « hommes »
sûlŏ « seule »	sŭlĕ « seules »

La même alternance existe jusqu'à Chalais. Seulement, à partir de Nieul, l'*ă* remplace l'*ĕ* à la tonique : *ŭn tăbḷ, de lă tăbḷĕ* (Saint-Claud).

Dès qu'on met le pied sur la commune de Cellefrouin, on ne trouve qu'une seule forme, qui est celle du pluriel.

tăbḷ	tăblĕ
ăbĕḷ	ăbĕḷĕ
kĭt	kĭtĕ
ŏm	ŏmĕ
sŭl	sŭlĕ

Mais ce fait même nous révèle l'action d'une nouvelle loi, celle de l'analogie. Les formes *tăbḷ, ăbĕḷ*, etc., sont empruntées aux pluriels *tăbḷĕ, ăbĕḷĕ*, etc. Ce qui le prouve, c'est que la loi qui a produit les doubles formes à Saint-Claud et à Roumazières continue à agir à Cellefrouin. J'ai eu le plaisir de la découvrir dans le parler d'un vieillard de 95 ans (L[1]) aux Forges, et de Mme V. de Mouillac, en recueillant de leur bouche les formes archaïques *ăbĕḷ* (L.), *resĕvr* (F[2]), remplacées depuis eux par *ăbăḷ, resăv* ; de même *sĕb* CŒPAM devient au pluriel *sĕbĕ, fĕs* FISSA, *fĕsĕ* (G[1]).

Une nouvelle preuve, c'est que dans les mots où le pluriel était hors d'usage ou d'un emploi restreint, les voyelles toniques sont restées longues et fermées : *lă sôm dĕ lă mâr* « la chaume de la Mare », *lă năz dĕ bû* « la narine du bœuf », *ŭn ăyĭt* « une agnelle », etc.

Enfin nous avons même la contre-épreuve : il y a un cas où, à Cellefrouin, c'est la forme du singulier qui a imposé son accent au pluriel. Alors la voyelle a gardé au pluriel la qualité qu'elle avait au singulier. C'est à l'imparfait en -ABAM : *i̯ eātăv* « je chantais » et *nĕ eātăvā*. Saint-Claud est resté fidèle à la loi rythmique et dit : *i̯ eātăv* et *nŭ eātăvā*. A Champagne, Mouton, à Benest, etc., les verbes ont subi le même traitement que les noms : *i̯ eātăv*.

Pendant que l'atone -AS -ES prenait une force telle qu'elle affaiblissait ainsi la tonique elle-même, les finales, qui n'étaient pas protégées par une s finale, une consonne autre que *l* et *r* ou un *e* féminin, perdaient aussi de leur valeur et étaient réduites à la condition de voyelles moyennes et brèves : VADUM, gŏ; NUDUM, nŭ; -ATUM, -ATEM, -ACUM, -ă; -ITUM, ĭ; -ETTUM, ĕ; -OTTUM, ŏ; -UMEN, -ŭ (frĕcŭ); -ANE, ŏ; -INUM, ĭ; -ONEM, ŭ; -ARE, -ă; -OREM, -ŭr; -ÖR, -ŏr; -ERE, -ĕr; -ORIUM, -ĕr; -ACULUM, -ăḷ; -ICULUM, -ĭḷ; -OCULUM, -œḷ.

Nous avons donc pour le singulier et le pluriel :

SINGULIER	PLURIEL	SINGULIER	PLURIEL
nŭ « nu »	*nŭ*	*cātŭr* « chanteur »	*cātŭr*
că « chat »	*că*	*sŏr* « sœur »	*sŏr*
să « sac »	*să*	*kŏer* « cuir »	*kŏer*
pĕtĭ « petit »	*pĕtĭ*	*ĕpŏrăḷ* « épouvantail »	*ĕpŏrăḷ*
văḷĕ « valet »	*văḷĕ*	*ābŭnĭḷ* « nombril »	*ābŭnĭḷ*
sŏ « sot »	*sŏ*	*œḷ* « œil »	*œḷ*
cĕmĭ « chemin »	*cĕmĭ*		
mĕzŭ « maison »	*mĕzŭ*		

Cette différence phonétique est devenue ainsi, pour toute une catégorie de mots, une loi morphologique.

Là encore intervient l'analogie, et des mots comme NASUM, PASSUM, qui, en raison de l's de leur radical, ont droit à un *ă*, l'ont-ils échangé au singulier contre un *ā* : *bră*, *pă*. Toutefois, comme pour nous conserver la raison de ce changement, nous avons *nă* dans la locution toute faite *ŭcă ă plĕ nă d tĕt* (G¹ et G³) « hucher à plein nez de tête »; et *pă* dans l'emploi adverbial où il ne saurait être influencé par le pluriel : *ĭ n vŏ pă* « je ne veux pas ».

Ces principes généraux une fois posés, il ne nous reste plus qu'à entrer dans le détail des transformations propres à chaque voyelle.

ÉVOLUTIONS PARTICULIÈRES

Nous n'avons pas à nous occuper des voyelles tombées dès l'époque romane. Elles sont, dans le patois de Cellefrouin, les mêmes que dans le français. La seule différence que nous rencontrerons, c'est la conservation de l'*i* posttonique dans les mots d'origine savante. Ils se réduisent aujourd'hui à deux noms communs : *ŏlĭ* *OLIUM et *smātĕrĭ* CAMETERIUM, qui sont battus en brèche par *œḷ* et *smātyĕr*; et à un nom de lieu qui seul est bien solide : *sĕ mărĭ* SANCTUM MARIUM. Angoulême aussi a eu des noms de cette sorte : *Saint-Ausony* « SANCTUM AUSONIUM » (Corlieu, *Pourtraict de la* ville d'Engoulesme, 1575, reproduit dans la *Stat. mon. de la Charente*, p. 242) et s. *Aptony* SANCTUM APTONIUM (*Stat. mon.*, p. 87).

Comme les voyelles *e* et *o* nous fournissent la série la plus complète de transformations modernes, c'est par elles que nous commencerons. Nous continuerons ensuite par *a*, *i*, *u*, *u*, *œ*, *r*, *l*, et nous finirons par les nasales.

ÉVOLUTIONS DE L'e

Evolution dans la direction de l'ĕ.

L'ẽ, assez abondant dans les générations les plus anciennes, a presque entièrement disparu des générations nouvelles, remplacé par *ê* et par *ĕ*.

Il remonte à des sources diverses (*ai*, *ei*, *es*, *e* + *r*) et n'a pas, dans tous les mots, la même solidité. Mais sa force de résistance dépend moins de son origine que de sa situation.

Un *ẽ*, que je n'ai trouvé que dans la génération de 1792 (Les Forges, L[1]), c'est celui de la flexion nominale -AS ou *voy. d'appui* + s. Il est en train de se changer en *ĕ* à Saint-Claud, tout en continuant à vivre dans les hameaux (*nŏtrẽ*, L[2] 1819; *nŏtrē*, L[2] 1841; *nŏtré*, L[3] 1878; mais *kãtr ãsyĕtĕ* « quatre assiettes », Chalais, P[3] 1887).

Chez Mme V. de Mouillac et chez ma mère (1822), l'ẽ existe : 1° aux premières personnes des verbes *y ẽ* « j'ai », *ĭ sẽ* « je sais », *ĭ vẽ* « je vais » et à tous les futurs, -*rẽ* « -rai »; 2° aux deuxièmes personnes du pluriel des verbes *ẽ* ETIS, étendues analogiquement à tous les temps et à toutes les conjugaisons (*vẽ ẽãtẽ* « vous chantez, etc. »); 3° aux infinitifs en -*ẽtr* (-S'RE ou SC'RE) : *ẽtr* « être », *nẽtr* « naître », *rkŭnẽtr* « reconnaître »; dans le substantif *mẽtr* « maître », et les adjectifs *mẽgr* « maigre », *ẽgr* « aigre »; 4° à certaines atones où il a été maintenu par des formes toniques ou autrement : *ẽtĭ* « était », *plẽgũ* « plu », *nẽkũ* « né », *ãgrẽsã* « engraisser », *s ãgrẽsĭŋ* « s'engraissille[1] » (s'engraisse), *smãtẽrĭ* « cimetière », *lẽtŭj* « laitue », *gẽrũ* « garou », *lẽtrŭ* « glaiteron », *mẽkrẽdĭ* « mercredi », *fẽlã* « fêler »; 5° à la finale de certains noms qui n'ont pas pu être influencés par des formes atones, *trẽ* « trois », *fẽ* « faix », *fũrẽ* « forêt »,

---

[1] Le patois a donc deux mots pour rendre *engraisser* : *devenir gras* se dit *s ãgrèsa*; *se couvrir* ou *se tacher de graisse*, *s ãgrẽsĭŋã*, que par une substitution de suffixe, on a francisé en *s'engraissiller*.

274   LES MODIFICATIONS PHONÉTIQUES DU LANGAGE.

jinè « genêt », *cà l rè* « Chez-le-Roi », *vè* « vois ! » (particule interjective) ; 6° à la tonique de mots (verbes, adverbes, noms) terminés autrefois par un *è* ou deux consonnes, et qui n'ont pu être ou n'ont pas été influencés par des formes plurielles : *èg.* « eau », *frès* « fraîche », *pèl* « poêle », *cèn* « chêne », *trèn* « traîne » (poutre), *gèp* et *bèk* « guêpe », *kès* « caisse », *grès* « graisse », *i lès* « je laisse », *bèt* « bête », *nèv* « neige », — *vèr* « voir », *plèr* « plaire », *sàvèr* « savoir », *kèr* « quérir », *gèr* « guère », *èkèr* « encore », *fèr* « foire », *tèr* « terre », *cèr* « chaise », *pelèr*[1] « peillier » (chiffonnier) (*pel* + ATOR), *kàrdèr*[2] « cardeur », *pèr* « père », *mèr* « mère », *frèr* « frère », *ivèr* « hiver ».

L'*é* est constant dans le suffixe -*é* (*-*eu*, -ELLUM), le suffixe -*yér* (*-ERIA) et pour l'E du latin vulg. ($\bar{e}$ et $\bar{i}$ classiques) + s : *cápé*, CAPPELLUM ; *càtàyér*, *CASTANI-ERIA ; *vé*, VISCUM ; *pé*, PICEM ; *désádr*, DESCENDERE ; *mécàjà*, *MINUS-CAMBIARE ; *lésí*, LIXIVIUM, et dans les noms pluriels : *sé*, SICCOS ; *plé*, PLENOS ; *mé*, MAGIDES ; *étré*, STRICTOS ; *dé*, DIGITOS ; *té*, *TECTOS.

L'*é* de Cellefrouin, dans le suffixe -ELLUM, remonte à un *è* qui existait encore il n'y a certainement pas longtemps ; car, s'il se modifie à Saint-Claud, il se conserve encore intact dans les hameaux (*kùté* « couteau » L¹ 1819, *kuté* L² 184, *kùté* L³ 1878).

Le suffixe *-ERIA a déjà des *é* dans le haut de la vallée, et nous verrons qu'il est aussi en avance sur les autres *é* au dessous de Cellefrouin.

Le domaine de l'*é* continue à s'étendre tous les jours aux dépens de l'*è*. Or, parmi les séries qui possèdent encore cette dernière voyelle dans le parler de ma mère, il y en a une qui forme la transition ; c'est la sixième, la dernière que j'ai signalée.

Pour amener le changement de l'*è* en *é* dans ces mots, il n'est pas besoin d'une cause bien puissante. Un simple déplacement de l'accent oratoire suffit. L'*è* ne peut se rencontrer que sous cet accent et dans une prononciation pleine et énergique.

Voici des exemples, recueillis au courant de la conversation, qui mettent cette condition en lumière : *và ccà d l èg* (G¹) « va chercher de l'eau » ; *l èg krùpí ddè* (G¹) « l'eau croupit dedans » ; *le mòd ne sàgirà pà fèr* (G¹) « le monde ne *surent* pas faire » ; *n à pòdí lí fèr fèr rè* (G¹) « on

---

[1] Ce mot ne s'emploie que dans l'expression *sù kùm è pelèr* « saoul comme un peillier ». || [2] Ce mot ne se trouve plus que dans le conte de l'*Oie, le Chat et le Mouton*.

ne pouvait lui faire faire rien » ; *i pŏ pā ŭ krèr* (G¹) « je ne puis pas le croire » ; ... *pr krèr kŏkī* (G¹) « pour croire ceci ». Avec un ton doux et caressant, *ā tŭ fĕ bŭn fĕr* (G¹) « as-tu fait bonne foire ? ». Un jour, après avoir prononcé très nettement : ...*X, kĕ sō frèr ĕ ā bŏrdō* « ...X, que *son* frère est à Bordeaux », ma mère s'est reprise comme si elle s'était trompée et a dit *frèr*. Dans la réalité, pour ces mots, c'est l'*è* qui est la voyelle voulue ; l'*ĕ* est inconscient. Interrogée, ou si elle réfléchit, ma mère ne connaît que la forme avec *è*. Elle venait de demander de *l èg* ; pour la tenter, je lui dis : « que demandes-tu ? » ; elle répond : *dè l èg* L'expérience, plusieurs fois renouvelée, a toujours eu le même résultat.

Ce n'est pas tout. L'*è*, dans les finales en *-èr*, peut descendre jusqu'à *ĕ*. J'ai entendu dans un membre de phrase conclusif, où l'accent portait sur *gŏrmā* : *sŭ gormŭ dè frèrĕ* « ses gourmands de frères » ; dit avec attendrissement : *mā pŏr dfĕt mèr* « ma pauvre défunte mère ». De même, *fĕr* « fer », ...*sāvèr ā dĭr* «... savoir à dire » ; comme simple conclusion, *ĭ rākōtrĭ l pèr* (G¹) « je rencontrai le père ».

Vers 1835 (G³ et G⁴), tous les mots en *-èr* sont passés à *-ĕr* (*pĕr, mĕr, frĕr, fĕr, vĕr, gĕr*). L'*è* devient encore plus instable dans les autres mots de la sixième classe. Mais il se maintient dans toutes les autres, sauf pour l'imparfait *èti* devenu *ĕti* (*è, -rè*, etc. ; *ètr*, etc. ; *mègr, mègristè* « *maigrislain*, petit maigre » ; *pàpè* « grand-père », *màmè* « grand'mère »).

Vers 1846 (G⁵ et D.), l'*è*, transformé dans tous les autres mots (*èg, fùrè, kŭnètr, mègr*, etc.), ne vit plus que dans *pàpè, màmè* et dans les verbes. Là, même, il est atteint à la deuxième personne du pluriel. Instable chez mon ancien camarade Doche (*vè ēātè*, mais *ēātàvè*... *kĕ vè ēātĭsè* « que vous chantassiez »), il est complètement perdu chez moi. De plus, j'ai poussé plus loin le changement qui se faisait déjà chez ma mère, et j'ai multiplié les *è* : *pèr, mèr, frèr, èkèr, sāvèr, vòlèr*, et toutes les fois que l'*è* répondait à un simple E latin + R. Mais je conserve *vèr* « voir », *krèr* « croire ». Enfin, les deuxièmes personnes du pluriel sont également tombées chez moi jusqu'à *è* : *vè ēātè*.

En 1859 (G⁸), le progrès de l'évolution se manifeste dans *vĕr* « voir ». Mais les flexions verbales se sont maintenues comme chez M. Doche. L'*è* est instable à la deuxième personne du pluriel : *gètè vĕr* « regardez voir », *bèryè vŭ ?* « boiriez-vous ? », *vā sŭvnè vŭ ?* « vous en souvenez-vous ? », *v èn òryè pā tā mĭjā* « vous n'auriez pas tant mangé » ; il reste ferme à la première personne du singulier : *y è, -rè*, etc.

Mais vingt ans plus tard, vers 1878 (G⁹ et G¹⁰), l'*è* ne se rencontre plus que dans *pàpè, màmè*.

Le changement est aussi accompli chez les autres enfants, même dans les hameaux : *kt ĭvĕr* « cet hiver », *pĕr, smĭtyĕr, pĕs* « pêche » (Les Lélots, V. 1873) *vĕr* « verre » (Cellefr., C³ 1877), *ĕg, mĕr, pĕr, gĕp* (Le Temple, B² 1876), *pĕr, mĕr, ĭvĕr* (Chez-Périchon 1877), *smătĕrĭ* (Lélots, D² 1876).

L'évolution a été plus rapide dans le bas de la vallée.

L'*ĕ* ne se trouve que chez quelques vieillards : *ĭ m ă vĕ* « je m'en vais » (Valence, M. 1803), *vrĕ* « vrai » (Bois-Bernardent, Mᵐᵉ B.). Mais on rencontre déjà *gĕp* « guêpe », *pĕl* « poêle », *pĕr* « père », *ăvĕ-u* « avez-vous » (Mouton, D. 1807), et même *brĭĕr* « anse d'un pot », *rĭvyĕr* « rivière » (Romfort, J¹ 1813, Ventouse, C³ 1860), qui se disent encore à Cellefrouin, chez les plus jeunes enfants, avec un *ĭ*.

Au dessus, l'évolution poursuit lentement sa marche ascendante. Elle avait atteint Saint-Claud en 1878 (*ĕg* « eau », *pümĕ* « pommes », *săpĕ* « chapeau » (L³.) Chasseneuil en 1883 (B¹, *tŭ tçătĕ* « tu chantes »; B², *tu tçătĕ*).

En dehors des cas que nous venons d'étudier, l'É tonique latin (*ē, ĭ* et *e* non diphtongué) et les diphtongues *ai, ei* + dentale, sont descendus jusqu'à *ĕ* quand ils ont été suivis d'une syllabe plus intense, et quand ils se sont trouvés découverts à la finale, ou seulement suivis de L R : APICULAS, *abĕlĕ*; BUTICULAS, *bütĕlĕ*; SITULAS, *SIGLAS, *sĕlĕ*; AXILLAS, *ĕsĕlĕ*; *TELAS, *tĕlĕ*; CANDELAS, *cadĕlĕ*; PLENAS, *plĕnĕ*; CENTENAS, *sătĕnĕ*; SICCAS, *sĕcĕ*; FISSAS, *fĕsĕ*; NIGRAS, *nĕgrĕ*; PREHENSAS, PRESAS, *prĕzĕ*; SPISSAS, *ĕpĕsĕ*; FACTAS, *fĕtĕ*; STRICTAS, *ĕtrĕtĕ*; RIGIDAS, *rĕdĕ*; FRIGIDAS, *frĕdĕ*, etc., d'où les formes actuelles *cădĕlĕ, plĕnĕ, fĕtĕ,* etc. (G¹), et les singuliers *bütĕl, sĕl, plĕ, fĕt, frĕd,* etc. (Saint-Cl., *bütĕl, sĕl, plĕn,* etc.), l'imparfait du subjonctif *-ĕs* (*mărĭĕs* « mariât », *ărĭvĕs*¹ « arrivât »), dérivé de l'ancien parfait en *ĕ*, qui est encore vivant à Saint-Claud, mais qui a péri à Cellefrouin² ; ME, *mĕ*; TE, *tĕ*; SE, *sĕ*; QUID, *kĕ*; FENUM, *fĕ*; PLENUM, *plĕ*; LENEM, *lĕ* (fait à point pour être mangé, en parlant des fruits); *ALENUM, *ălĕ*; VENIT, *vĕ*; REM, *rĕ*; SEPTEM, *sĕ*; SITIM, *sĕ*; MITTIT, *mĕ*; FACTUM, *fĕ*; TECTUM, *tĕ*; STRICTUM, *ĕtrĕ*; DIGITUM, *dĕ*; FRIGIDUM, *frĕ*, — *LACTEM, *lĕ*; MAGIDEM, *mĕ*; *SOLICULUM, *sŭlĕl* (F²); SERUM, *sĕr*; et par analogie avec les autres singuliers, malgré l's étymologique : *PRESUM, *prĕ*; SPISSUM, *ĕpĕ*.

---

¹ Je n'ai recueilli que ces deux mots. Le premier est de Marie Béchade et de son frère, le second de M. Maître, de Chez-Vérinaud. ǁ ² J'ai entendu, de la bouche de Jean Béchade, *făcĕră* « fâchèrent », qu'il corrigea aussitôt en *făcĕră*, et *dĭsĕră* « dirent ».

L'ĕ de sĕj « scie », nĕj « noie » (Saint-Claud, sèj, nèj) paraît bien venir de *sĕjä, SECARE; *nĕjä, NECARE, affaiblis postérieurement en sèjä, nèjä. (Cf. syĕ, SEQUIT, Benest; siegre, *SEQUERE, coutume de Charroux.)

L'ĕ a été sauvé dans bènèt BENEDICTA, ĕg bènèt « eau bénite », vyĕḷ *vecla VETULA, ĕtrès *STRICTIAT, drès DIRECTIAT, parce qu'il n'a pas subi l'influence des formes atones.

Evolution dans la direction de l'æ.

L'ĕ a été, à une époque antérieure, la forme de l'E atone non suivi de s. Mais, aujourd'hui, celui-ci n'est plus représenté que par un ĕ : *MINUTIALIUM, mĕnüzĕḷ « collection de choses menues, particulièrement de petits linges »; PLICARE, plĕjä; NECARE, nĕja; LEVARE, lĕvä; *TERR-ATA, tĕräd « terreau »; *PERTUSARE, pĕrsä (G¹); ME, TE, SE, QUID, QUEM, atones, mĕ, tĕ, sĕ, kĕ.

Les toniques latines elles-mêmes, déjà réduites à ĕ, sont descendues jusqu'à ǣ dans les noms devant les terminaisons du pluriel : ăbǣḷ « abeille », pl. ăbǣḷę̃ (Les Forges, L¹); sǣb « cive », pl. sǣbę̃; fĕs « fesse », pl. fǣsę̃; ḷæ̃n « glane », pl. ḷǣnę̃; ḷĕv « glèbe », pl. ḷǣvę̃; nĕgr « noir », pl. nǣgrę̃, etc. (G¹).

Dans certains mots, l'ǣ s'est même fixé au singulier : ăbǣḷ, fǣm « femme », fǣbḷ « faible », ḷǣv. Nous avons aussi, comme toniques, les formes verbales régulièrement atones : ĭ lǣv « je lève », ĭ plǣj « je plie », rĕsǣvr « recevoir ».

Une action analogue, sinon un emprunt, nous a de même dotés de sŭlǣḷ, SOLICULUM; cǣlǣḷ, CALICULUM.

L'ǣ, ainsi fixé à la tonique du singulier, devait se maintenir. Il n'en était pas de même de celui qui, au pluriel, était suivi d'une terminaison intense. Celui-ci devait tomber et ne pouvait être qu'une étape transitoire où l'ĕ ne ferait que passer avant de périr (cf. Chez-Chadiat, B. un bĕḷ « une abeille », pl. dĕ lä bęḷę̃ et bḷę̃). C'est ce qui lui serait arrivé si, après une chute momentanée ou incomplète, il n'avait été remplacé par la voyelle du singulier.

Chute de l'ĕ à la tonique.

La chute de l'ĕ n'est définitive que dans le proclitique klĕ « ces », qui a subi le même sort dans toute la région occidentale (Angoumois, Saintonge, Poitou).

Dans les substantifs, dont la place varie, et qui sont ainsi soumis à des influences rythmiques diverses, la chute de l'ĕ ne s'observe à Cellefrouin que si le mot est en quelque sorte proclitique.

Ainsi, nous avons les doubles formes :

kŏ y ān ŏ kăt dŏzĕ̇né « il y en a quatre douzaines » (G¹).
ăcĕt kăt dŏzné d ñĕ « achète quatre douzaines d'œufs » (G¹).
fŏ mĕt kĕ vĕ ā bŭtĕ̇lé « faut mettre ce vin en bouteilles » (G⁴).
...kăt bŭtlĕ d vĕ « ...quatre bouteilles de vin » (G⁴).
ŭ n bĕvā pă̇ dyĕ bŭtlĕ păr jŭr « ils ne boivent pas dix bouteilles par jour » (G¹).
n ĭ ăvā ăgŭ dĕ lă̇ pŭmĕ d lĕr, dĕ lă̇ mōjĕ̇té.... « nous y avons eu des pommes de terre, des mongettes... » (G¹).

A cette demande : *k ā-tŭ fĕ dsĕr?* « qu'as-tu fait ce soir? », ma mère a répondu : *y ĕ ĕgŏsā d lă̇ mōjĕ̇té* « j'ai écossé des mongettes ». Mais : *...pr lă̇ mōjtĕ kĕ n ăvā sānā* « ...pour les mongettes que nous avons semées », *t ā trŭă klĕ mōjtĕ bŭnĕ tŭ d mĕm* « tu as trouvé ces mongettes bonnes tout de même ».

A la fin d'un membre de phrase dont le sens est suspensif : *ĭ jŭrĭ măz ŏrlĕ, k ĭ lă̇ părdrĭ* « je jouerais mes oreilles, que je les perdrais » (G¹).

Dans les finales exclamatives : *...lă̇ dvŏsyă dĕ să drŏlsĕ!* « les dévotions de ses drôlesses! » (G²), *drŏlsĕ!* « drôlesses! » (G⁸), *ñ sŏ tŭ ngrĕ!* « ils sont tout noirs! » (G¹).

J'ai entendu de même au Temple : *ă n sŏ pă̇ byĕn ĕpsĕ* (B¹) « elles ne sont pas bien épaisses », à Chavagnac : *lăz ăblĕ* (G.) « les abeilles ».

La chute de l'ĕ tonique est consciente à Chavagnac, à Saint-Claud, où la finale est plus intense. Mais elle est inconsciente à Cellefrouin. J'en ai fait l'expérience plusieurs fois avec ma mère, notamment en 1886 et en 1891. La première fois, étonné de la forme *mōjtĕ*, j'ai voulu, par mes interrogations, la lui faire répéter; elle m'a toujours répondu *mōjĕ̇té*. Dernièrement encore, je lui ai demandé le nom du légume que je lui montrais; après une phrase où elle avait employé *mōjtĕ*, elle m'a encore répondu : *kwĕ d lă̇ mōjĕ̇té*. Un jour, ma cousine, Fr. Neuville, venait de railler devant moi les gens de Chavagnac qui, suivant elle, disent *dĕ lă̇ mŭjtĕ*, et elle se mit à crier à ses filles : *drŏlsĕ!* Je n'ai trouvé que son oncle J. B., qui a conscience de la forme *vŭlĕ*, ovıcuLas, laquelle je n'ai entendue ailleurs qu'en dehors de Cellefrouin.

Avec les générations nouvelles, le triomphe de la forme du singulier est complet. Il ne pouvait en être autrement, non que la phonétique dût forcément céder à l'analogie[1] (elle ne l'a point fait à Saint-Claud), mais parce que celle-ci devait trouver un surcroît de puissance dans l'affaiblissement graduel de la flexion du pluriel dont la chute était imminente.

Chute de l'é posttonique.

A l'époque la plus ancienne que j'ai pu atteindre dans ma famille (F² 1808), nous avons cet *é* :

1° Dans les verbes, aux deuxièmes personnes du singulier : présent de l'indicatif et du subjonctif, *tü eãté* « tu chantes », *fő kĕ tü eãté* ; — imparfait, *tü eãtãvé, tü dĕvié* « tu devais », *föli kĕ t ãgisé* « fallait que tu allasses » ; — parfait, *tü ãgiré* ; — conditionnel, *tü eãtrié*.

2° Dans les noms et les pronoms : *dĕ lã bũnĕ jãbé* « des bonnes jambes », *klé pũmé* « ces pommes ».

3° Dans les deux diphtongues *ñé* et *ié* : *fñé* « feu », *pãnié* « panier ».

Tous ces *é* étaient encore bien vivants dans le parler de Mme V. de Mouillac. Un seul m'inspirait des doutes ; c'était celui de la deuxième personne du parfait, non qu'il manquât de netteté, mais parce qu'il m'est complètement étranger. Je proposai la forme qui m'est familière : *tü ẽgï*. Mais je m'attirai cette correction : *tü ẽgï! mĕ kö n ĕ pã ã mötyĕ dï, kökï! « tü ẽgï! mais ce n'est pas à moitié dit, ceci ! ».*

Ils commencent à s'ébranler chez ma mère, et souvent ils manquent au présent et à l'imparfait : *tü eãt* « tu chantes », *fő k tü ãj*, ...*k tü eãt* « il faut que tu ailles, ...que tu chantes », *tü ãnãv* « tu allais », *tü kösãv* « tu causais », *föli k tü fïs* « fallais que tu fisses ». Interrogée, elle ne dira pas autrement.

Aussi, les formes avec *é* m'ont-elles surprises et en ai-je noté un certain nombre, entre autres :

s t ãnãvĕ « si tu allais », *ãt tĕ rãvöyĕ kĕl fötögrãfï?* « où envoies-tu cette photographie », *fő k t ãjĕ vér* « faut que tu ailles voir », *kö fũdrï k tĕ ãgïsĕ* « il faudrait que tu allasses ».

Mais ce qui me surprit bien davantage, ce fut la deuxième personne du parfait. J'ai, à cet égard, des notes de 1879, de 1886, de 1887 et de 1890.

---

[1] Dans les verbes, l'analogie n'a eu aucune action. Les formes toniques *ĕsörĕl*, *EX-AURICULAT* « fatigue les oreilles ou coupe les oreilles », *ãsĕl*, ADCELAT « tient à l'abri, protège contre la pluie », n'ont point maintenu ou rappelé l'*ĕ* aux formes atones *ĕsörlã, ãslã* (inf.). Bien plus, *ĕsörĕl* a suivi l'infinitif à Saint-Claud : *tü m ĕsörl!*

Elles sont concordantes. Du reste, ce point est d'une observation facile. Je n'ai eu qu'à demander à ma mère de me raconter quelque trait relatif à mon enfance.

Voici les variantes que j'ai entendues dans un de ces récits :
tŭ t ăn năvĕ ă Rĭcmō, ĕ t ăgĭrĕ ă Lŭksĕ. tăk tŭ fĭrĕ ă Lŭksĕ t ăgĭrĕ..., tŭ t dĕpĕcĭr ă părtĭ.... tŭ n trŭïrĕ pă..., tā k tŭ fĭrĕ ăgŭlĕm, t ăctĭr tō căpĕ..., tŭ rătrïr ŏ ptĭ smĭnĕr. tŭ ĕkrĭvĭr ăprĕ..., tŭ nŭ ĕkrĭvĭ dĕ dmădă... « Tu t'en allais à Richemont, et tu allas à Luxé. *Tant que* (quand) tu fus à Luxé, tu allas..., tu te dépêchas à partir... Tu ne trouvas pas... Tant que tu fus [à] Angoulême, tu achetas ton chapeau... Tu rentras au Petit-Séminaire. Tu écrivis après... Tu nous écrivis de demander... »

Ainsi, nous avons cinq formes différentes : *ĭrĕ̆, ĭrĕ, ĭrĕ, ĭr, ĭ*. La dernière, la plus rare, m'était seule connue.

Les personnes en *ĭe* sont plus vivantes. Ma mère m'a traduit, sans hésiter : *tu sĕrĭĕ byĕn ĕmăbl, sĭ tŭ făsyĕ kŏkĭ* « tu serais bien aimable, si tu faisais ceci ». Autres exemples recueillis au cours de la conversation : *t ăvĭĕ* « tu avais », *k ĕ kŏ k t ăvĭĕ tā?* « qu'est-ce que tu avais tant? », *t ĕrĭĕ că X, t ĕrĭĕ că Y, tŭ n ŏryĕ rĕ* « tu irais chez X, tu irais chez Y, tu n'aurais rien », *tŭ pŭryĕ fĕr kŏ* « tu pourrais faire ça », *t ăvyĕ lĕsă* « tu avais laissé ».

Mais, devant une voyelle, *ĭe* semble toujours réduit à *ĭ* : *sĭ tŭ mĕ l ăvĭ ăgŭd dŭnăd...* « si tu me l'avais *eue* donnée », *sĭ tŭ ăvĭ ăgŭ dĭ kĕ kŏ tĕ fŏlĭ lă pĕl* « si tu avais dit qu'il te fallait la *peille* (torchon) », *sĭ tŭ t ĕtĭ ăgŭ mĕ ă lă tăbl* « si tu t'étais eu mis à la table ».

Dans les noms, *ĭe, ŭe*, ont la finale abrégée, mais toujours subsistante : *pănĭĕ, ănŭĕ*.

La flexion du pluriel paraît encore pleine de vie. Elle affecte non-seulement les noms qui y ont droit par l'étymologie, mais encore *lă mōdĕ* (monde, ici syn. de *personne*), les noms empruntés au français et terminés par une continue : *chĕfĕ* « chefs », *năfĕ* « nerfs », et des composés syntactiques considérés comme adjectifs : *ŭ sō ăpĕnĕ* « ils sont en peine ». Mais ce pluriel hésite déjà entre *ĕ* et *ĕ̆*, et il tombe quelquefois à la finale et devant les voyelles :

ĭ lăz ĕ kĭtădĕ kĭ « je les ai quittées ici », *dĕ lă sardĭnĕ frĕc* « des sardines fraîches », *...dyĕ lĭvr ā dŭ jŭr* « ...dix livres en deux jours ».

Ces conditions ne sont déjà plus nécessaires en 1832 (G²) : *klĕ pĕr sō byĕ mădŭrĕ* « ces poires sont bien mûres ».

En 1837 (G⁴), l'atone des verbes est tombée complètement : *tŭ căt, tŭ cătăv, tŭ ĕgĭ, tŭ srĭ, t ăvĭ*. Il ne reste que celles des noms : *prnĭĕ* « prunier », quelquefois même *pĭĕ* « pied », *bŭĕ* « bœufs », *grŏlĕ* « corbeaux », *klĕ făvĕ sō tŭtĕ gĕsadĕ* « ces fèves sont toutes *gaissées* (tallées) ».

Chez M. V. de Mouillac (1839), le mouvement s'est continué régulièrement. L'*e* est tombé dans *ĭe, ŭe* : *prŭnĭ, fŭ*. Mais il se maintient encore dans les flexions du pluriel : *klĕ pĕrĕ* ou *klĕ pĕr, sŏt ĕlĕ mădŭre*.

Chez moi (1846), l'*e* de flexion est encore plus réduit au moins quant à son emploi. Il est facultatif au milieu des groupes, mais il a disparu à la fin. Je dirai *klĕ pĕr* ou *klĕ pĕrĕ sŏ mădŭr* « ces poires sont mûres ». Il n'en reste plus rien chez ma sœur Marie-Louise (1850), *klĕ pĕr sŏt ĕl mădŭr ?* « ces poires sont-elles mûres ? ».

Les diphtongues *ĭe, ŭe*, paraissent moins réduites chez moi que chez M. de Mouillac. Il résulte d'une comparaison, faite en famille, de nos deux prononciations, que M. de M. fait entendre un *i* et un *u* bien nets, et que, moi, je les fais suivre d'un petit *e*. Je dois dire que ç'a été l'avis général, et que je n'en ai nullement conscience. Je n'en ai pas alors cherché plus long, pensant qu'il restait chez moi quelque chose de la diphtongue. Cependant une observation analogue faite sur ma prononciation de l'ancienne diphtongue *eu*, réduite à *ĕ* depuis longtemps, aurait dû me donner à réfléchir. Je prononcerais, d'après les mêmes témoins, *ĕăpĕy* comme *pănĭe, fŭe*. Je crois que la chute de l'atone est complète chez moi aussi, et que l'impression contraire qu'on éprouve vient de la façon dont je prononce les voyelles finales. Ainsi l'*ĭ* de *ē sĕr le y ătĭ* (p. 127) accuse une différence considérable entre l'acuité du début et celle de la fin, de 840 vibrations à 640 ; de même, l'*ŭ* (p. 126) a eu de 560 à 480 vibrations, l'*ŭ* (p. 127) de 720 à 640, l'*ŏ* (p. 130) de 768 à 680 (je donne le nombre répondant à la hauteur réelle du son.) Les voyelles moyennes qui se prolongent sont dans le même cas : cf. *ătŭ* (p. 107 et 126) dont l'*u* a duré 0,14 de seconde, autant que certaines longues, et qui a eu 560, 580, puis 560 vibrations. C'est ce changement d'acuité, se produisant au moment où la bouche se ferme, qui fait naître l'impression d'une diphtongue dont le second élément serait un *y* ou un *e*.

Les indigènes qui sont nés dans le bourg de Cellefrouin et qui ne l'ont pas quitté, témoignent d'une évolution à peu près identique.

M. Geneix (1835) rappelle J. Béchade. M. F. Doche (1847) est à peu près à la même étape que moi. Pour donner une idée de l'indécision qui règne dans le parler de ce dernier sur ce point, je transcris tous les noms pluriels que j'ai saisis au vol dans une conversation : *tŭmăt* « tomates », *pĕcĕ* « pêches », *grŏsĕ* « grosses », *jŏn* « jaune », *ăbr* « arbres », *prŭmĕ* « pommes », *mĭjăd* « mangées », *sĭtrŭl* « citrouilles », *prŭmĕ rĕglŏd* « prunes reine-Claude », *prŭn d ăjĕ* « prunes d'Agen », *brŏcĕ* « branches », *făłĕ* « feuilles », *vărmĕ* « vers », *sŏdr* « saules », *lă mĕmĕ lăg* « les mêmes langues ». *Klĕ pĕrĕ sŏt ĕl mădŭr ?*

Enfin, M. Grassin (1861) n'a conservé, comme ma sœur, l'*e* de flexion dans aucun cas.

Il y a donc plus de 30 ans que l'*e* atone a péri à Cellefrouin, au moins dans les sujets qui sont nés de parents indigènes et qui ont fréquenté l'école. Mais je dois dire qu'il en a été autrement chez les sujets illettrés, ou moins mêlés à la vie du bourg.

Cette différence est notable chez Marie Béchade (1834) et ses enfants. Marie garde encore les flexions verbales : *tü sĕrĭĕ* « tu serais », *tü εătăvĕ byĕ* « tu chantais bien », *t ẽgĭrĕ* « tu allas », *tü l ăvĭę pă tă krăvăt* « tu l'avais pas ta cravate ». Sa fille (1859) les a perdues (*tü εăt, εătăv, ăgĭ, srĭ, ăj*, etc.); ainsi que l'atone de *ie, üe* (*păni, fü*); mais elle conserve les flexions nominales : *tă vwęyę sŏt ęl ętă męεătę ?* « tes oueilles ont-elles été méchantes ? ». L'aînée de ses petites-filles (1878), sans doute sous l'influence de son père, fait revivre l'*e* de *ie, üe* : *păni, fü*; elle maintient même en partie les désinences du pluriel : *klę mŏεı* « ces mouches », *ăt sŏt ęlę ?* « où sont-elles ? » *ă sŏ bătüdĕ, trĭădĕ* « elles sont battues, triées »; mais *y ę tüεă mă wĕy* « j'ai touché mes oueilles ». La plus jeune (1880) a une tendance prononcée de faire tomber l'*ı* des diphtongues et l'*e* de flexion : *pęrĭ* à côté de *pănı, nŏtrĕ mŏjĕt* « nos mongettes ».

Les deux petites filles de Marie Béchade, élevées Chez-le-Royal et Chez-Casternaud, représentent l'état de l'évolution aux environs du bourg de Cellefrouin.

Aux Lélots, la flexion nominale, instable en 1873 (V²), est à peu près complètement tombée en 1880 (V²). Les enfants Debard sont en retard sur ce point comme sur la réduction de l'*l*. Le plus jeune (1876) dit : *nŏtę trĭyę n ăvă pă ętă jŏlĭv*, ou *nŏtę trĭy... jŏlĭvę* « nos treilles n'ont pas été jolies ».

Au dessus de Cellefrouin, l'évolution a été plus tardive encore. L'*e* de flexion était encore solide au Temple en 1876, à Chevagnac en 1880. Il est tombé à Lascoux entre 1878 (R.) et 1882 (L⁴,⁵, M₅). L'*e* de la diphtongue *ie* était déjà tombé en 1878 (R.).

A Chalais, la diphtongue *ie* s'est réduite entre 1867 (P²) et 1887 (P³) : *pănĭ, süll*, etc. Mais la flexion nominale n'a pas encore été ébranlée : *mŏztĕ* « mongettes » (Le *z* est enfantin).

A Saint-Claud, la famille Bourgeate nous fournit les dates suivantes : Les diphtongues *ie, ue* sont simplifiées en 1874 (B⁴). La flexion nominale, diminuée, mais encore de règle en 1867 (B²) et en 1869 (B³), tombe à la fin des phrases à partir de 1874 (B⁴ et B⁵) : *klę pęrę sŏ mădürę* (B², B³), « ces poires sont mûres », devient *klę pęrę sŏ mădur* (B⁴ et B⁵).

Chez-Ménier est à la même étape que Chalais : *păni̯, dwĕ bŭt̯l̯ĕ* (D. 1886). Ce doit être le point extrême qu'ait atteint l'évolution.

Le bourg de Saint-Claud se trouve en avant sur les hameaux comme il l'a été pour la réduction de l'*l*.

L'évolution gagne en ce moment le Pont-d'Agris (*i̯, e* de flexion ébranlé 1880), La Rochette (*i̯, e* de flexion très chancelant 1880), Parzac dont le chef-lieu était entamé en 1862 (*păni̯, dĕ lăχ öy*. L.) mais non les hameaux, Saint-Laurent lui-même, qui a perdu l'*e* de *i̯e* et de *u̯e* vers 1873, mais conserve encore pleine de vie la flexion nominale.

Au dessous de Cellefrouin, le triomphe de l'évolution est de plus en plus ancien à mesure que l'on descend vers la Charente. Nous le trouvons complet à Goutibert en 1883, à Puyrajoux en 1873, hésitant encore Chez-Périchou en 1876, aux Forges en 1877, aux Pradelières en 1874[1].

Mais déjà les atones étaient fort diminuées au Maschinet, alors qu'elles étaient encore solides à Cellefrouin : *nŏtĕ vĭy̆ ne̯ sŏ pă jŏlĭvĕ ñjā* « nos vignes ne sont pas jolies cette année », *dĕ lă trĭl* « des treilles », *păni̯* et *pani̯e̯, ănŭ* et *ănŭe̯* « aujourd'hui » (L. vers 1813). Cependant, la chute de l'atone était complète à Chassiecq (L²) et à Beaulieu (C²) avant 1865, à Ventouse vers 1860 (C³), à Goise avant 1848 (B²), à Romfort² avant 1847 (J²), à Saint-Gourson avant 1841, à Couture avant 1847, à Saint-Angeau avant 1844, à Valence³ un peu après 1804, à Mouton en 1808, à Moutonneau en 1807. Déjà, en 1827, il ne restait plus au Bois-Bernardent que l'*e* des flexions nominales dans l'intérieur des groupes ; en 1817, l'*e* des flexions verbales et des diphtongues était tombé à Saint-Angeau. Saint-Front, seul, du haut de son rocher à pic, a résisté plus longtemps : intact encore en 1845, il s'est rendu avant 1874.

Au delà de la ligne marquée par les localités que je viens de citer, les atones n'ont laissé, de mémoire d'homme, d'autre souvenir que l'*e* des proclitiques *klĕ* « ces », *nŏtĕ* « notres » (Nanteuil), *tŭtĕ* « toutes » (Bayers).

Ainsi l'évolution destructrice des *ĕ* atones se propage, comme les autres, de l'Ouest à l'Est, gagnant ainsi au domaine français, avant toutes les autres, les régions basses et les localités les plus exposées aux influences étrangères, et ne s'élevant que petit à petit sur le haut du plateau.

L'évolution normale de l'*e*, à Cellefrouin, a donc été : *ĕ, ĕ̯, ĕ*. Jusqu'à quelle époque pouvons-nous ainsi remonter ? Il serait difficile de le dire.

---

[1] L'*e* de flexion, entièrement tombé chez un enfant (1880), reste en partie chez deux autres (1881). ‖ [2] *păni̯* « panier » (J¹ 1812). ‖ [3] *păni̯, părĭ* « poirier », et aussi *lădi̯e̯* « landier », *pi̯e̯* « pied ».

La graphie e n'apprend rien sur le timbre de la voyelle. Pouvons-nous admettre que tous nos e actuels aient eu le même point de départ et soient passés par ẹ? Autre question bien obscure.

Mais nous verrons qu'à Cellefrouin l'ŏ latin est devenu ouvert, et l'on est en droit de se demander si l'é n'aurait pas eu le même sort? En tous cas, la marche de l'évolution paraît uniforme, et, si tous les e n'ont pas encore abouti au même résultat, il n'est pas nécessaire de chercher d'autre cause à leur variété de timbre qu'une différence chronologique dans le point de départ et une différence de viabilité dans le chemin parcouru.

Evolutions dans les directions de l'i et de l'a.

Deux autres évolutions sont possibles pour l'e : il peut se fermer ou s'ouvrir d'avantage, et, de la sorte, tendre vers *i* ou vers *a*.

Il s'est fermé dans les finales latines à Mouton : mé, té, sé; encore plus à Lichères : mĭ, tĭ, sĭ. A Cellefrouin, il ne s'est fermé qu'en hiatus : SEBUM, sĭ; TEGULAM, tĭbḷ, etc.

Le contact d'une r ou d'une l subséquente a obligé l'e à s'ouvrir et l'a transformé en a. Cette seule condition paraît suffire dans la région de l'Ouest pour er : tăr « terre » (Ruffec), et même à Valence, păr, PIRUM; à Champagne-Mouton pour el : cădăl « chandelle ». A Cellefrouin, il en faut une de plus, à savoir : que er soit appuyé, et que el soit atone. Nous avons donc : PERDERE, pḕrdr, mais PERDIT, pḕr; SERPENTEM, săŕpă, mais *SERPEM, sḕr ; ILLA EST, ăl ê; EST ILLA, ĕt ĕl.

Le changement de er en ar est nouveau. On n'en trouve aucune trace dans le *Cartulaire*, ni dans le *Censier*. L'exemple le plus ancien que j'ai relevé est du xvᵉ siècle : *La Tharne* « La Terne », 1470, 20 juillet (Aveu de Château-Renaud, *Arch. nat.*, P. 513, 2ᵉ vol.) Cette transformation, inconnue sur le haut du plateau, est une étape antérieure à celle de la région occidentale.

ÉVOLUTIONS DE L'O

Evolution dans la direction de l'ŏ.

L'ŏ est rare à Cellefrouin. Ma mère ne m'en a fourni que quelques exemples recueillis au cours de la conversation. Elle ne m'en aurait pas donné un seul si elle avait été interrogée directement. Ce sont : *sŏr* « sœur et sœurs », *mŏr* « morts », *gŏr*, usité dans cette seule comparaison *sălă kŭm de lă gŏr* « salé comme de la gore (goure ?) », *cŏz* « chose », *mŏcĕ* « mouches », *kŏ* « cou ». Mme V. de Mouillac prononçait aussi *kŏ* « cou », avec un *o* très ouvert et très long.

Cet *ŏ*, dans les trois premiers mots, peut tenir à l'*r* ; dans les deux suivants, à la diphtongue issue de *o*, qui existe encore au Temple ; dans le dernier, à la diphtongue *ou* (OL), dont la réduction paraît toute récente et qui est représentée à Saint-Claud par un *ŏ* parfaitement stable (L¹, L²).

Après la génération de ma mère, cet *ŏ* est complètement fermé, excepté dans quelques mots, où il doit être influencé par le français : *ŏr*, HORRIDUM, d'où le verbe *ŏrĭ*, *sŏr* « sœur », *mŏr* « mort », etc., mais aussi *mŏr* « morts », *kŏr* « corps » (G⁴).

Cet *ŏ* répond à la diphtongue *au*, soit latine, soit romane : AURATICUM, *ŏrăj* ; AURICULAM, *ŏrĕl* ; INRAUCARE, *ărŏcă*, d'où *rŏc* et *rŏcŭ* « enroué » ; *GAUTAM, jŏt* (G¹) ; RAUBAM, *rŏb* (G¹) ; GRACULA, *GRAULA, grŏla* (C. s. marge 5/3), *grŏl* ; g. PAUTA, *pŏt* ; g. RAUSTJAN, *rŏtĭ* ; AUGUSTUM, *AGUSTUM, *aust ŏ* ; CLAVUM, *klŏ* ; TABANUM, *tŏ* ; CALCEARE, *cŏsă* ; FALCARE, *fŏcă* ; g. WARINWALDA, *grĕnŏd*, etc. ; à la diphtongue *ou* (OL) : COLLUM, *kŏ* ; FILIOLUM, *fĭlŏ* ; SOLUM, *sŏ* « aire » ; SOLIDUM, *sŏ* ; POLLICEM, *pŏz* ; PULLI-CELLA, *pyŏsĕl* ; PULLICEM, *pyŏz* ; g, *HULIS, dim. *gŏsă* ; à o + s : MUSTUM, *mŏ* ; MUSCAM, *mŏc* ; g. BRUSTAT, *brŏt*, d'où *brŏ* « jeunes pousses » ; GROSSUM, *grŏ* ; OSSUM, *ŏ*, et dans les pluriels COLAPHOS, *COLPOS, *kŏ*, dim. *-OTTOS *ŏ* (*jănŏ* « Jeannots », etc.), *pŏ* « pots », *săbŏ* « sabots », *brŏ* « brocs », *sŏ* « sots », etc.

Cet *ŏ* est ferme, sauf dans cinq mots, où nous le voyons s'affaiblir en *ŏ*. Ce sont : *sŏr* (G¹) « sœur », *sŏr* (G³ et suiv.) ; *jŏt* « joue » (G¹), *jŏt* (G⁵) ; *gŏr* « goure » (G¹), *gŏr* (G⁵) ; *brŏd* « grossier », *pŭ brŏd* « pain noir » (G¹), était déjà réduit à *brŏd* dans le parler de M. V. de Mouillac. Nous avons de même à Romfort un *ŏ* (*rŏfŏr* « Romfort », J¹ 1813) changé en *ŏ* (*rŏfŏr*, J⁴ 1870).

L'*ŏ* (qui devient *ŏ* devant *r*) s'est produit à la tonique, quand celle-ci, soit au pluriel, soit en dérivation, a été suivie d'une syllabe plus intense, et quand elle s'est trouvée finale : Dim. *-ŏtĕ*, -OTTAS (*jănŏtĕ*) ; *sŏtĕ* « sottes » ; *brŏcĕ* « branches » ; *rŏdĕ*, ROTAS ; *fĭlŏlĕ*, FILIOLAS ; *sŏlĕ*, *SOLAS (SOLUM) (*lă sŏl dŏ prā* « le sol du pré ») ; *nŏrĕ*, *NORAS ; *fŏsĕ*, FOSSAS ; *grŏsĕ*, GROSSAS ; *lŏjĕ*, LAUBIAS ; *fŏrjĕ*, FABRICAS ; *mŏrtĕ*, MORTUAS, d'où les pluriels *-ŏtĕ*, *sŏtĕ*, *brŏcĕ*, etc. (G¹), et les singuliers *-ŏt*, sŏt, brŏc, rŏc¹, etc. (Saint-Claud -ŏt, sŏt, brŏc, etc.); — les dérivés kŏpä « couper », pŏtäd « potée », säbŏtä « faire du bruit avec ses sabots », krŏzä « creuser », ärŏcä, m. à m., *mettre en roche* « enterrer le cadavre d'un animal », brŏcä « tricoter », ärŏdäḷ « ornière », äfiḷŏlä « faire filleul », bŏrnä « ruche à miel »; — enfin, kŏ « coups », dim. -OTTUM -ŏ (jänŏ « Jeannot »), pŏ « pot », säbŏ « sabot », brŏ « broc », sŏ « sot », rŏ « roc », etc., et malgré l's du radical krŏ « creux ». L'ŏ de lŏjä, LOCARE; dĕmŏrä, DEMORARE, remonte, non à l'atone latine, qui aurait donné ŭ, mais à la tonique *ŏ : *lŏjĕ, LOCAT; dĕmŏrĕ, DEMORAT, laquelle vit encore à Saint-Claud lŏj, dĕmŏr : (Cf. ŭ äpŭy « il appuie » qui est tiré d'ADPODIARE.)

A quelle époque s'est faite cette réduction à la finale? Nous ne pouvons le savoir d'une manière certaine. Mais il y a des indices qui permettent de croire qu'elle n'est pas antérieure à la seconde moitié du XVIIᵉ siècle. En 1668, le village du *Masdinteau* est écrit, dans les registres, accidentellement *Madintheo* et *Mas d'Intot*. Cette graphie ne pouvait répondre qu'à un ō ouvert ou fermé, sans doute fermé. Or, comme elle était propre aux mots comme *pot*, *sabot*, etc., on peut croire que ceux-ci avaient un ō. S'il en était ainsi, un mot français en *-eau*, introduit à cette époque dans le patois aurait suivi l'évolution ŏ ⟹ ŏ, et serait aujourd'hui identique pour la voyelle aux mots en *-ot*. Or, cela paraît être arrivé pour *bedeau*, qui se prononce, en effet, bĕdŏ. Pour que la preuve fût complète, il faudrait prouver (ce que je ne puis pas) qu'il n'y a pas eu substitution de suffixe.

Evolution dans la direction de l'u.

Dans la commune de Cellefrouin même, au Temple, l'ŏ a pris un autre chemin. Dans les atones, il s'est fermé en ŭ : ŭ täpḷ « au Temple », ŭrĭ « aurait », ŭsĭ « aussi » (F²), ŭrĕḷ « oreille », fŭ « il faut » (T¹).

Le même changement s'est produit à Ventouse, sŭtä « sauter » (C¹, C²); au Cluseau (Sainte-Colombe), fŭcä « faucher ». L'u s'annonce accidentellement à la finale, à Beaulieu, kŭ « cou » (C²); à Ventouse, cvŭ « cheval » (C³), formes encore inconscientes, qui nous font prévoir que l'ŏ va continuer son évolution sans perdre sa quantité, uniquement en se fermant davantage.

---

¹ Dans les noms de lieux : mŭlĭ d lä rŏc « moulin de la Roche »; lä rŏc « La Rochefoucauld ».

Évolution dans la direction de l'œ.

Comme l'*ŏ* se transforme en *ŭ*, la position de la langue étant assez peu différente pour l'une et l'autre voyelle (fig. 34), ainsi l'*ŏ* atone se change naturellement en *ă* (cf. fig. 34 et 30). Dans les deux cas, les lèvres refusent de s'ouvrir.

Nous avons *ă*, non seulement à l'atone : *dărmĭ*, DORMIRE; *dărmrĕ̀*, *DORMIRE-HABEO; *mărĭ*, *MORIRE; *pĕ̀gĭ* (G¹), POTUI; mais encore à la tonique par la substitution des formes atones : *pă mŏyĕ kĭ dărm* (G¹) « pas moyen que je dorme ».

Évolution dans la direction de l'u.

Ce changement, qui est en voie de se faire aux Pins, et qui est déjà accompli à Agris, La Rochette, etc. (cf. *băr* « boire », chez les anciens, *băr*, chez les jeunes aux Pins), ne se trouve sûrement à Cellefrouin que dans *jăd̆ĭ*, *jŭd̆ĭ* (G¹), les deux formes co-existant.

Nous verrons plus loin que l'*ŏ* latin atone est représenté dans certains mots par *u* ; mais je crois qu'il a passé par l'intermédiaire *u*.

ÉVOLUTIONS DE L'a

Nous n'avons guère qu'à enregistrer des faits-accomplis et à recueillir les premiers indices d'une évolution qui se prépare.

Évolution dans la direction de l'ă.

L'analogie de l'*e* et de l'*o* ferait supposer un *ă* comme ancêtre de notre *ā*, le seul que nous rencontrions aujourd'hui, à Cellefrouin, avec sa variété réduite *ă* et *ằ* devant *r*. L'absence de traces de cet *ă* dans le parler actuel prouverait seulement que cette voyelle, ayant commencé son évolution plus tôt que les deux premières, a de même dépassé plus vite le point de départ. Rien de plus naturel. Cela est du reste insinué par le changement de l'*ā* en *è* qui se trouve sur le haut du plateau : *tʃântè*, CANTARE (Roumazières) ; *tʃăvèo*, CABALLUM (Montbron).

L'*ā* remonte aux diphtongues finales *au*, *ai* : CLAVEM, *CLAU, *klằ* ; GALEUM, *djau, jằ* ; ILLAC, *lai, lằ*, etc. ; à A + S : CASTELLUM, *cằtĕ* ; CATTOS *cằ* ; CANTATOS, *cằtằ* ; *EX-PAVOR-ACULOS, *ĕpŏrằl* ; RASUM, *rằ* ; NASUM, *nằ*, dans les expressions *ă plĕ nằ d tĕt* (G¹) « à plein nez de tête », *ă tŭ nằ d tĕt* (G³) « à tout nez de tête » ; PASSUM, *pằ* (adv.) ; à A + R + consonne :

PARTEM, păr; g. MAGINHART, mĕnăr « Ménard »; à un A simple dans quelques mots qui n'ont pas été influencés par des formes atones : -ABAM, -ăv (eătăv, etc.); PARA, păr « présente » (G¹); NASA, năz (G¹), lă năz dĕ bŭ « nase (naseau) du bœuf »; *MARA, măr, dans le nom de lieu lă eŏm dĕ la măr « la chaume de la Mare »; g. HAGA, l ăj « L'Age », (hameau de Saint-Claud); *CRAPPA, răp « grappe », grăpĭ « pris par l'onglée »; g. HALLA, ăl; g. HAPPA, ăp « happe », d'où ăpă « happer ».

L'ă est un affaiblissement de l'ā. Nous le trouvons dans les formes atones ou dans les finales qui n'ont pas été protégées par des consonnes (l'r et l'l exceptées) entre la chute du D et celle de l's : păyĕ « aucun », composé de pă « pas » et de ĕ « un »; eăĭl (G¹) « chez eux », composé de eă « chez », et de ĭl « eux » : prădĕ, PRATELLUM; *eătădĕ, eătădé, CANTATAS; *jŭrnădĕ, jŭrnădé (G¹), *DIURNATAS; suff.*-ădĕ ădé(G¹); *tĕnăḻĕ, tĕnăḻé (G¹), TENACULAS; *rĭeărdĕ, rĭeărdé (G¹), g. RIKHARD-AS, suff. -ăs, -ACEA (*eĕnăsĕ, eĕnăsé « touffes de petits chênes », ŭmăsé « touffes de petits ormeaux », etc.); d'où les singuliers : -ăd, tĕnăḻ, -ăs (cf. Saint-Claud, -ăd, tĕnăḻ, -ăs); suff. -ă, -ARE (eătă « chanter, chanté »; tĭbḻă « gâteau cuit dans une tible (tuile) »; eŏlă « gâteau cuit dans une feuille de chou »); -ă -ATTUM (fŭreă « pieu fourchu »; lŭbătĕ, tiré de lŭbăt, *LUPATTUM) ; ă, -ACUM (Lŭsă, eăvăyă, etc.); pră, PRATUM; ăl, ALIUM ; suff. -ăḻ, *-ALIUM, -ACULUM (mĕnŭzăḻ, *MINUTIALIUM, refait sur MINUTIALIA; trăvăl, TRABACULUM); éğăl « rosée »; nă « nez », pă « pas » (subst.), bră « bras », refaits sur le modèle de pră « pré », pl. pră.

L'analogie, toutefois, n'a pas encore si complètement triomphé que nous ne puissions la surprendre en train d'étendre le domaine de l'ă. La forme archaïque nă « nez », n'existe plus après Marie Neuville (G³). păr tă mă (G¹) « présente ta main », est devenu chez moi păr tă mă. Ce ne sont là que des cas isolés. Mais il y a toute une classe de mots pour lesquels l'unification du singulier et du pluriel n'est pas encore faite; ce sont ceux qui contiennent le suffixe -ACULA ou -ALIA. Régulièrement, nous devrions avoir, soit ăḻ (sing.), ăḻé (plur.), soit ăḻ, ăḻé. Mais il faut compter aussi sur l'analogie que peut exercer le suffixe -ăḻ, -ACULUM, pluriel -ăḻ. Aussi n'est-il pas étonnant de trouver, dans le parler de ma mère, des formes comme kwăḻĕ, *CODALIAS (tŭ t ĕ fĕ dĕ brăvĕ kwăḻĕ « tu t'es fait de jolies couailles »); pĕnăḻĕ, *PANNACULAS « haillons »; kŭvrăḻĕ « couvrailles, semences »; gŭnăḻĕ, dér. de GONNA. Un mot se présente avec les deux formes : mŭrăḻĕ et mŭrăḻé (G¹) « murailles ». Mais les générations nouvelles ne connaissent plus que la désinence -ăḻ, laquelle, du reste, s'était imposée chez ma mère à gŏrăḻ « goraille » tiré de gŏrĕ « petit porc », fĕrăl « ferraille », mărmăl « marmaille », măl « maille ».

Les évolutions de l'*a* les plus intéressantes sont celles qui le transforment soit en *é*, soit en *o*, soit en *œ*.

Evolution dans la direction de l'è.

Cellefrouin est placé entre deux domaines où l'*a* s'est changé en *è* : un petit domaine limousin, auquel appartient le haut du plateau, et le grand domaine français qui tend à nous englober.

Le domaine limousin de l'*a* ⟹ *è* est peu étendu. Comme il n'est pas dans mon sujet d'en entreprendre l'étude, il me suffira de dire qu'il comprend Saint-Maurice, Manot, Chabrac, Les Mias (Nieul), Roumazières, Genouillac, La Péruse, Chabanais, Cherves, Lésignac, Yvrac, Montembœuf, Massignac, Le Lindois, Bunzac, Montbron, Bussière-Badil, Feuillade, laissant en dehors Confolens, Brigueil, Chantrezac, Nieul, Suaux, Chasseneuil, La Rochefoucault, Bouex, Rougnac, Rochechouart, Nontron. Ce territoire n'est pas homogène. Mais dans la partie qui nous avoisine, c'est l'*ā*, soit libre, soit entravé, qui est devenu *è* : *tÿātè* « chanter », *tÿātèdŏ* « chantée », *nètrè* « naitre, taquin » ; mais *tÿātā* « chanté », *tÿātādă* « chantés », *nātrā* « natres ».

Le domaine que j'ai appelé français ne mérite qu'en partie ce nom. Il n'est pas non plus homogène. Aussi convient-il de lui tracer plusieurs limites.

La plus éloignée de nous est celle de l'A tonique non final devenant *e*. Elle serait difficile à déterminer, d'autant qu'il a pu y avoir des retours de l'*e* vers *a*, et que l'invasion du français a effacé bien des formes. Nous trouvons, jusque dans les Deux-Sèvres, *sabe*, SAPAM (Favre, Lalanne); *échalle*, SCALAM ; *ale*, ALAM (Favre). Je puis mentionner encore *lăn*, LANAM (Chaunay); *păl*, PALAM (Ruffec); *sèmăn*, SEPTIMANAM (Nanteuil), des noms comme *lă trāēād* « La Tranchade » (un pré), *lă kŏrăd* « la Courade » (une sablière), à Saint-Fort-sur-le-Né (près de Salles-d'Angle), et les autres mots cités pag. 217 et 248.

Une seconde limite est celle de -ACUM ⟹ *ĕ*. Elle est déterminée par les noms de lieux Montigné, au nord de Rouillac, Luxé (mauvaise orthographe pour Lucé), *Echoisy* (commune du Mansle), qui était, au moyen âge, *Eschausec*[1], Juillé, Aisecq, Pougné, Chassiecq. Les points extrêmes où *a* s'est conservé sont, à partir de Rouillac, Genac, Marcillac, Ambérac,

---

[1] *Cartulaire* du Chapitre (M. Lièvre, la Boixe, *Bul. arch. de la Char.*, 1880).

Moussac (commune de Salles), Poursac, Bioussac. Au sud-ouest, cette limite est loin d'atteindre celle de l'A final ⟶ e; mais, au nord, à Chassiecq, elle empiète sur cette dernière.

Puis vient la limite de l'A de -ATUM ⟶ devenu é ou ĕ[1]. Je ne la connais, au sud-ouest, que par des renseignements recueillis accidentellement ou de seconde main[2], mais que j'ai lieu de croire exacts.

Elle embrasse, en commençant à la latitude d'Angoulême, Touvre, Mornac jusqu'à la forêt de Bois-Blanc, Ruelle, La Simarde (Champniers), deux hameaux seulement de Brie (Les Chirons et Les Brébions), Anais, Tourriers et le hameau de Bouffanais, Aussac avec le hameau de Vadalle, Le Maine[3], Mansle, Fonclaireau, Fontenille, Lonnes, Chenon, Poursac, Aisecq, Bioussac, — abandonnant, dans le domaine de l'a, les hameaux de Brouterie, du Querroy, de Rouzac, appartenant à Mornac, le reste de la commune de Brie, y compris le chef-lieu et les Rassats, la commune de Jauldes tout entière, Coulgens, Ravaud (commune d'Aussac), Nanclars, Puyréaux[4], Mouton, Lichères, Moutonneau, Bayers, Couture, Saint-Sulpice, Saint-Gourson, Nanteuil, Benest.

Enfin, nous avons la limite de -ARE ⟶ é ou ĕ. Elle se sépare de la précédente à Puyréaux, qu'elle enveloppe, pour se confondre de nouveau avec elle à Bayers. A partir de ce point, elle incline vers le sud, embrassant Couture, Saint-Gourson et Nanteuil. Dans ce petit territoire, nous avons CANTARE, eâté, et CANTATUM, eâtŭ ou eâtŭŭ[4]. La forme eâtŭ nous donne la raison de cette différence. L'A de -ATUM s'est trouvé, jusque dans ces derniers temps, entravé par le t final[1].

---

[1] M. de Tourtoulon s'est trompé sur cette limite et sur la suivante. Il est bien excusable. Obligé de traverser très rapidement le pays, il a été forcé de s'en tenir au témoignage des habitants. Or, ceux-ci, dans la crainte de passer pour des limousins, dénaturent sciemment leur parler devant les étrangers. Plus d'une fois, ils ont essayé de me tromper moi-même. ∥ [2] Je les dois à M. Pinassaud, de Brie, à MM. les curés de Brie, Anais, Tourriers, Aussac, Puyréaux. ∥ [3] L'infinitif se sépare aussi du participe à Arfeuilles (au sud du canton de La Palisse, Allier), eâte « chanter », eâta « chanté ». ∥ [4] En dehors de la région que j'ai étudiée, la limite de la langue d'oïl passe, d'après M. de Tourtoulon, au sud du Verdon, entre Berson et Bourg; au nord de Libourne, entre Coutras et Monpont; à l'ouest de Saint-Aulaye, à l'est d'Aubeterre, qui appartiendrait, ainsi que Saint-Séverin, Pillac, Montignac-le-Coq, à un dialecte mixte, à l'est de Montmoreau, à l'ouest de La Valette, de Dignac, entre

Mais, je me hâte de le dire, les deux dernières limites que je viens de tracer ne sont vraies que pour les générations anciennes. L'évolution qui a saisi l'A final dans la région nord-ouest de notre territoire s'étend chaque jour, et elle a déjà fait sentir son influence assez loin.

Le point où, à ma connaissance, l'*e*, issu de -ARE, existait à côté de l'*a* du participe à l'époque la plus ancienne, c'est Nanteuil. Il en était ainsi au commencement du siècle ; et, déjà en 1818, l'*e* était réduit à *ĕ* : *rtŭrnĕ* « retourner », *dăsă* « dansé » (R.). Le changement a été aussi accompli à Bierge avant 1825 (V.), à Saint-Gourson avant 1842, à Couture avant 1847. Il s'est fait à Chassiecq entre 1835 (L¹) et 1865 (L²), à Bayers après 1830, vers 1867. A cette date, en effet, l'*ĕ* n'était pas encore entièrement sorti de l'*ă* : *y ĕ ĕtă lăbŭră* « je suis allé labourer » (jeune homme) ; il était complet vers 1880 (petits enfants que j'ai observés à leur insu). L'*ĕ* s'est introduit au participe, sous l'influence du français, à Nanteuil, au moins dans la génération de 1841 (B), à Saint-Gourson, dans celle de 1842, mais sans avoir complètement remplacé la forme locale : *dăsĕ* « dansé », mais *pră* « pré » (Nanteuil, B.) *ĕtă* et *ĕtĕ* « été » (Saint-Gourson). Depuis, l'*ă* du participe a-t-il abouti phonétiquement à *ĕ* dans toutes ces localités ? Je le suppose. Mais je ne le sais sûrement que pour une, Bayers, où ce changement s'est fait entre 1867 et 1880 : *kĕ lŭ vĕlĭ măhĕ..., il l ă măhĕ* « ce loup voulait manger..., il l'a mangé » (petits enfants observées en 1887).

Un fait intéressant à noter, c'est que l'évolution accomplie chez les jeunes réagit sur les personnes âgées. Tandis que M. Meunier (1828), absent de Bayers depuis longtemps, conserve fidèlement l'*a*, une femme plus âgée (1818), qui n'a pas quitté le pays, a suivi la mode nouvelle et souvent mélange les deux formes. En 1887, elle disait : *ĭ mă vĕ lăvĕ lă bŭhĕ* « je m'en vais laver la buée (lessive) ». Dix ans auparavant, elle disait (elle en convient) : *ĭ m ă vĕ lăvă lă bŭhăd*. Dans le bourg de Chassiecq, il n'y avait en 1886, m'a-t-on dit[1], à conserver l'infinitif en *a*, que trois personnes, dont la plus jeune était M. La Brunerie (1835). Là, comme à Bayers, il y a eu adoption par les anciens du parler des jeunes.

Dignac et Sers, à l'ouest de Bouex, etc. ; — au nord d'Availles, de Millac, de Moutère, du Dorat, de Saint-Benoît-du-Sault ; au sud d'Eguzon, d'Aigurande. Ajoutons qu'elle passe au nord de Boussac, de Domérat, de Morvicq, d'Ids, de Mayet-d'Ecole, probablement au sud d'Estivareilles.

[1] Je l'ai vérifié pour deux : l'*ă* est très net (L¹ et P.). La troisième ne s'est pas prêtée à mes recherches.

Le fait n'est pas douteux pour Mme veuve Epinoux (1812), que j'ai pu observer dans plusieurs entretiens différents. Elle mélange les infinitifs en *à* et ceux en *è* dans des proportions variables et sans règle certaine : *ă s mĕtĭ ă ĉătĕ* « elle se mit à chanter », et *fŏ ĉătă* « faut chanter », *fŏ bŭhă pr ănă s kŭĉĕ* « faut bouger pour aller se coucher », *fŏ ănĕ nŭ prŏmĕnă* « faut aller nous promener ». Je supposerais volontiers que le son est *ă* et que la moindre incertitude d'articulation fait dominer tantôt *à*, tantôt *è*. Mais voici une observation qui me paraît enlever à cette hypothèse toute probabilité. Mme Epinoux a le sentiment des deux formes, et elle ne l'aurait pas si elle était seulement sous l'empire d'une loi phonétique et non d'une volonté déterminée. Une fois, elle avait prononcé nettement *măreĕ* « marcher »; alors, elle sourit, répéta sa phrase en disant *mărea*. Je venais de la prier de ne pas me faire de *droguet* (étoffe de laine et de fil), c'est à dire pas de mélange. Elle se conformait à ma recommandation. Une autre fois, elle avait dit fort clairement : *lĕ hā nĕ pŭvă pă lăbŭră* « les gens ne peuvent pas labourer ». Je voulus la mettre à l'épreuve, et je la priai de répéter. Provoquée à la réflexion, elle devait répondre par la forme qui appartenait à l'élément réfléchi de son patois, ou par celle qui lui paraissait la plus élégante. Elle choisit la seconde : *lăbŭrĕ*.

En dehors du territoire que nous venons de décrire, nous trouvons des cas isolés du changement de l'*a* en *è*, qui nous font présager l'apparition prochaine de l'évolution.

J'ai deux cas d'un changement caractérisé : l'un au Grand-Madieu (G. 1834), l'autre à Puychétif, commune de Cellefrouin (R. 1850). Chez M. G., l'*à* est à peine altéré au participe. J'ai transcrit : *ĕtă* « été », *vŏyăjă* « voyagé », et aussi *lăbŭră* « labouré ». Mais, à l'infinitif, le mouvement est plus avancé. J'ai noté *prŏmĕnă* « promener », *lăbŭră* « labourer », et plusieurs fois *ănĕ* « aller », etc.; en somme, dans une courte conversation, j'ai recueilli un infinitif en -*ă*, cinq en *â*, quatre en *ă*. La réalité du cas de Puychétif pourrait être contestée par cette raison que M. R. habite aujourd'hui Cherves, où les *a* sont devenus *è*. Cependant ce serait à tort, semble-t-il, car on ne s'expliquerait pas que l'influence de Cherves ne se fasse sentir que dans un seul cas, à l'exclusion dans tous les autres où elle est également possible. Or, tandis que l'*a* se conserve à l'intérieur des groupes syntactiques : (*drŏlĕsĕ, ănĕ m ereă klĕ mŏjĕtĕ* « drôlesses (petites filles), allez me chercher ces mongettes »), les *a* de l'infinitif tendent clairement vers *è* à la finale : *fŏ nŭz ănnă* « faut nous en aller », *sŭpă* « souper », *părlă* « parler ».

Enfin la tendance générale qui entraîne l'*ă* de mon pays vers *è*, plus à Cellefrouin et à Ventouse qu'à St-Claud, a été reconnue par M. Gilliéron d'après ma prononciation et celle de mes cousins Jean Béchade et L. Darconnat. Les *a* de ces derniers sont un peu plus ouverts que les miens. M. Gilliéron le remarqua, et en tira sur le champ la conclusion que nous devions être à proximité d'un domaine où l'*a* passe à *è*, ce qui a lieu en effet.

Ce changement s'est déjà produit à Cellefrouin pour les finales atones -AS des noms et des verbes. Dans la charte, qui est presque entièrement en langue vulgaire (an. 1076-1101), la flexion nominale -AS conservait son *a*, et elle se distinguait de la flexion formée de la *voyelle d'appui* + s. Nous lisons, en effet, *las eminadas* (K* r. 8/25, 30, 32), *las bordarias* (ibid., l. 34), à côté de *altres*, ALTEROS (l. 29, 34, 9/2), *dels agreiratges* (l. 34). Rien, dans la charte, n'autorise à penser que les formes en -*as* aient été latinisées. Nous avons de même, dans d'autres chartes du *Recto* : *todas las cosdumpnas* (K* r. 7/28), *III denarios de oblias* (K. r. 6/28), *IIII^{or} sestairadas* (K. r. 9/32). Mais déjà nous rencontrons une forme en -*es* : *Bernardus de Landes* (K. r. 2/26, an. 1031-1048). Dans le *Verso*, je recueille *manso de las Fontaniles* (K. v. 1/4, antérieur à 1159-1162), *borderia auz Joffreenes* (K. v. 3/28, an. 1185-1198), *Johanne de Celetes* (K. v. 5/11, an. 1206-1226).

Dans le *Censier* (1274), les formes en -*as* sont rares, par exemple : *de campo de la Courradas* (s. t. 2/7), *de las Correyras* (ibid. l. 8), et certainement latinisées. Celles en -*es* sont nombreuses. Les voici : *prato de las Bordeles* (1/22), *de vallibus ou Gouteyrenes* (1/30), *molendenum de Lopges* (1/38, etc.), *borderia de las Cumbes* (2-24), *de campo de las Corrieres* (2/31), *P. de las Duranties* (4/2, etc.), *prope Villanes* « Villaines » (5/13), *de prato de las Pradelieres* (5/23), *de campo de las chaumes* (6/16), *de campo de las chaumes de las Pradelieres* (7/5), *de las pradeles de Pocheyras* (7/7), *de orto de laffontaneles* (7/22), *deu vinhaus de las Ages* (9/11). La *voyelle d'appui* + s est également représentée par -*es* : *de borderia ou Faures* (8/7).

Le changement de l'*a* en *è* devant s à la posttonique était donc sûrement accompli au xiiie siècle. L'était-il plus tôt, au xiie et même au xie ? Pour le décider, il faudrait pouvoir identifier *Landes, Fontaniles, Joffreenes*. Quant à *Celetes*, il ne prouve rien, car, à Celettes, l'évolution est aujourd'hui bien plus avancée qu'à Cellefrouin ; il pouvait en être de même au xiie siècle. J'en dirai autant de *Fontaniles*, si ce nom représente bien Fontenille. Pour les deux autres, je ne saurais leur assigner un lieu de provenance. Resterait donc la charte en langue vulgaire qui conserve toute son autorité. Il est vrai que les autres chartes, au moins celle du Chapitre, supposent une transformation générale déjà accomplie. Nous lisons en effet : *does reges*

« deux *reges* » (ch. du Chap. attribuée par M. Boucherie au x⁰ ou au xi⁰ siècle), *en las oblies de..., ut illi mos clams et mas coreles in pace persolvant et ses menaces* (Ursus de Juillac, 1182-1203). Mais rien ne prouve que l'évolution se soit produite à Cellefrouin en même temps que dans la plaine de l'Angoumois. Tout ce que nous avons vu jusqu'ici nous porte plutôt à croire le contraire. Il est vraisemblable, en effet, que l'évolution a monté progressivement sur la hauteur jusqu'à ce que (à peu de distance en amont de Cellefrouin) elle se soit heurtée à une barrière infranchissable.

Quelle était cette barrière? C'est peut-être ce que nous apprendra l'étude de la limite actuelle de -AS posttonique ⟹ *è*.

La flexion -AS posttonique se trouve : 1° dans les noms aux pluriels féminins; 2° dans les verbes aux secondes personnes du singulier du présent de l'indicatif de la 1ʳᵉ conjugaison, du présent du subjonctif de toutes les conjugaisons, de l'imparfait en -ABAS et en -IAS, d'où il est passé au conditionnel. Nous trouvons encore deux terminaisons sorties de -AS, l'une à l'imparfait du subjonctif et l'autre au parfait de l'indicatif; mais elles ne nous apprendraient rien, puisqu'elles dépendent de l'analogie.

Contentons-nous donc de faire porter notre examen sur les noms en -AS, les 2ᵉˢ personnes des présents de l'indicatif et du subjonctif, et les deux formes de l'imparfait de l'indicatif. Ces cinq terminaisons ont une limite unique entre la commune de Saint-Laurent et celle de Chantrezac, entre Negret et les Carmagnats, entre les derniers villages de Saint-Claud et la commune de Nieul. Nous avons d'un côté *è*, de l'autre, *ả*. A Nieul, la limite se divise : celle des verbes, moins le présent de l'indicatif, embrasse Lussac, Chasseneuil; celle des noms descend entre Lussac, Chasseneuil d'un côté, Suaux, Chez-Bonnaud (où l'*ả*, remplacé par *è*, est parfaitement reconnaissable) de l'autre; celle du présent de l'indicatif recule jusqu'à Roumazières, abandonnant Nieul et Suaux pour rejoindre la précédente à Chasseneuil. A Saint-Mary, nouvelle bifurcation : -IAS (*yả*) persiste jusqu'à La Rochette; mais -ABAS devient *ăvè* à Saint-Mary et *ăvả* aux Pins. Le présent du subjonctif suit l'indicatif, même pour la 1ʳᵉ conjugaison.

Ces limites, sauf celles des présents, s'expliquent d'elles-mêmes : *ias*, *ạbas* étaient devenus *yạs*, *avạs* quand les A posttoniques sont passés à *è*. La tendance de l'i à se consonnifier dans cette région, et l'action analogique des personnes du pluriel sur -ABAS sont les causes premières de la conservation de l'*a*. Il en est de même du subjonctif à Lussac et à Chasseneuil *ājả* « tu ailles » (*aniạs*).

Si le changement d'accent a eu une action si évidente dans ce cas, il est permis de penser qu'au delà de la limite AS ⟹ *ả*, cette finale avait partout reçu l'accent d'intensité comme elle le possède aujourd'hui : *prĭmas*, **prĭmą̄*, *prĭmą̄*. En deçà de cette limite, au contraire, le changement de AS en *é* était déjà accompli quand la finale a pris une intensité suffisante pour que la tonique précédente fût traitée comme une atone, d'où la série *prĭmas*, *prĭmé, *prĭmę̄*.

Quant à la seconde personne du présent de l'indicatif, la question se pose de savoir pourquoi elle a été traitée dans deux communes autrement que les noms féminins : *tŭ tĕātē* comparé à *pŭmā*. La première idée qui se présente est d'y chercher une influence analogique des secondes personnes en -ES. Ce doit être la bonne, car nous avons identité parfaite entre *tĕ tĕātĕy* et *tĕ dĕvĕy* « tu chantes, tu dois » (Suaux, B.), *tŭ cātĕ* et *vĕ cātĕ* (Nieul, M.). C'est, en effet, cette forme qui s'est propagée à Nieul et aux environs, à l'imparfait du subjonctif et au parfait, tandis que c'est *a* qui s'y est propagé à Saint-Mary.

C'est donc l'accent tout seul qui a constitué la barrière qui s'est opposée à la transformation de l'-AS posttonique en *é*.

Évolution dans la direction de l'o.

L'évolution de l'*a* vers l'*o* s'annonce déjà dans le parler de M. E. Cottineau (Beaulieu), mais d'une façon tout à fait accidentelle : *evâ* « cheval ». Ce changement s'est entièrement accompli à la tonique depuis le haut moyen âge, comme nous avons eu occasion de le dire, après la chute des finales latines T, M, et des finales romanes D, N : HABET *ŏ*, ILLAM *lŏ*, VADUM *gŏ*, PLANE *plŏ*, etc. (Voir page 220).

Nous ne nous arrêterons pas aux formes *nŏdā*, NATALEM; *nŏdā*, NATARE, qui ne sont pas propres à Cellefrouin; *ăvŏlā*, *ADVALLARE, qui est isolé, et qui pourrait être étranger.

Évolution dans la direction de l'ä (è).

Enfin nous avons le changement de l'A atone en *æ* ou *è*.

A la finale, la transformation est constante ; à l'intertonique, elle est de règle, et ne comporte que quelques exceptions ; à l'initiale, elle est restreinte à certains cas particuliers.

Nous avons :

A la finale : POMA, *pŭmé; BONA, *brŭnĕ; OVICULA, *wèlé, etc.

A l'intertonique : *CANTARE-HABET, *cātèro; *BATT-ATORIUM, *bătĕdŭr, etc., sauf les exceptions suivantes : *tŏbărĕ* « tombereau », *fŭmărĕ* « fumerolles », *sŏtărĕ* « petite sauterelle, — petite claie qui ferme un *goulet* (passage étroit fait dans une haie) et que l'on peut facilement sauter »; *tĕtărĕ* « enfant qui tète beaucoup »; *jĕgărĕ* « qui aime à *ginguer* (jouer), en parlant d'un enfant, d'un petit chien, d'un chat, etc. »; *căţănĭ* « châtaignier »; *fŏtănĭ*, réunion de sources situées près du moulin de Chavagnac; *trŭărĕ* « trouverai ». — Tous ces mots, sauf les trois derniers, sont des dérivés influencés par les simples *tŏbă*, *fŭnnă*, *sŏtă*, *jĕgă*, *căţăŋ*. FONTANA aurait de même pu agir sur *fŏtănĭ*; mais, comme il n'existe plus à Cellefrouin (nous ne connaissons que le primitif FONTEM *fŏ*) et qu'il a été sans action sur *fŏtĕnĕlĕ* (G¹) « sources voisines de Cellefrouin », il faut peut-être songer à l'influence des autres mots en *-ănĭ* (*căţănĭ*, *pănĭ*, etc.). L'*ă* de *trŭărĕ* ne remonte pas plus que l'*e* français de la forme si répandue de « trouverai », à l'A latin. Il est dû, ainsi que l'*ă* de *căbărўĕr*, CAMERARIA, à une voyelle nécessitée par le groupe *v'r*, *b'r* et transformée en *a* sous l'influence de l'*r* (cf. Gilliéron, *Mélanges-Renier*, p. 291).

A l'initiale, l'*e* ne se produit que sous l'influence d'une palatale : *c*, *j* ou *gr*, et non pas dans tous les cas. Nous l'avons entre *c*, *gr*, et *m*, *n* : CAMISIAM, *cĕmĭz*; CAMINUM, *cĕmĭ*; ILLAM-CANALEM, *l ăcĕnă*; *CAN-OLAM, *cĕnŏlĕ*; *GRAN-ARE, *grĕnă*; GRANARIUM, *grĕnĭ*; *GRAN-OTTARE, *grĕnŏtă* « tomber grain à grain »; g. WARINOVALDA, *grĕnŏd*; *grĕnĕ* « Grenet » (nom d'homme). Entre *c* et *t* : CAPITALE, *cĕtă*; ADCAPTARE, *ăcĕtă*. Entre *j* et *l* : GALLINAM, *jĕlĭn*; mais CALOREM, *căluŕ*. Entre *c* et *v* : CABALLUM, *cĕvă*; CAPILLUM, *cĕvăl*; *CAPICLAM, *cĕvĭl*; mais CAVARE, *căvă*; CAVANNUM, *căvă*; CAVANIACUM, *căvăŋă*. — Par leur *v*, *cĕvĕl* et *cĕvĭl* se dénoncent comme étrangers; *cĕvă* pourrait bien, au moins pour son *ĕ*, être dans le même cas. Il suivrait de là que l'*a* se serait conservé entre *c* et *v* dans les mots strictement indigènes.

La limite de ce triple phénomène a dû coïncider, il n'y a pas longtemps, avec celle de la flexion nominale -AS ⟶ *ĕ*, de la voyelle d'appui = *ĕ*, et s'arrêter en avant de Chantrezac, Nieul, Suaux, Chez-Bonnaud, où l'*a* est devenu *ŏ* à la finale, et s'est maintenu à l'intérieur des mots : OVICULAM, *ŏlŏ*; CAMISIAM, *tcămĭzŏ*; CABALLUM, *tcăvă*, etc. (Chaumes). Mais elle a fléchi un peu par suite d'un affaiblissement récent de l'*o* et de l'*ĕ* (voy. d'appui) en *ĕ* aux Carmagnats, à La Sarcellerie, dans le bourg de Nieul.

Cette limite, surtout au point de vue de l'*a* final ⟶ *ĕ*, a une grande importance. C'est celle qui, pour mon oreille et pour les indigènes, délimite le mieux les patois du Midi. Le maintien de l'*a* ou sa réduction à *o* concorde avec l'existence d'un accent d'intensité tellement fort, que nous sommes complètement déroutés, au point de ne plus comprendre les patois qui les possèdent. Au contraire, l'affaiblissement de l'*a* final en *ĕ* suppose toujours un accent d'intensité médiocre, une harmonie douce et calme qui constitue comme un lien de parenté entre les patois du Nord. C'est ainsi qu'à Lessac, à La Souterraine, j'ai été pris pour un *voisin*, tandis que ceux qui habitaient à quelques kilomètres de là, au dessous de la limite d'*a* ➨⟶ *e*, étaient considérés comme des *étrangers*.

Si l'on voulait déterminer une zone mixte entre les idiomes du Nord et ceux du Midi, il faudrait, dans la région limousine, lui donner pour limite d'un côté le maintien de l'A de ARE ou de ATUM, de l'autre, l'affaiblissement de *a* final et de la voyelle d'appui finale en *e*. Cette dernière limite engloberait Brie, Rivière, La Rochefoucauld, Chasseneuil, Saint-Claud, Saint-Laurent, Alloue, Lessac, Abzac, Oradour-Fanais, Gajoubert, et se confondrait ensuite à peu près avec la ligne tracée par M. de Tourtoulon, au sud de ce qu'il appelle le sous-dialecte marchois [1].

Le changement de l'*a* atone en *e* est ancien et doit être antérieur au *Cartulaire*. La transcription d'un *e* était assez difficile avec les seules ressources que fournit l'alphabet latin. Heureusement, deux lettres ont pu être choisies pour le représenter : l'*a* et l'*e*. Et, de plus, ce son avait deux sources, un *a* et une voyelle d'appui qui ne pouvait avoir la valeur d'un *a*, mais seulement celle d'un *e*. Les embarras des scribes et leurs confusions, nécessaires dans ce cas, sont nos meilleurs guides. Or, nous avons dans la seule charte écrite en langue vulgaire : *a*, pour l'A latin : *l autra meitat* (K* r. 8/25), *la terra* (l. 27), *faiza* (Ibid. 33) FACIAT, *los maisnaments* (l. 32); mais aussi pour la voyelle d'appui : *faira* (l. 23) FACERE, *deveira* (l. 34) DIVIDERE; — *e*, pour la voyelle d'appui : *antre* (l. 27) INTER, *altre* (l. 31) ALTER ; mais aussi pour A : *quovidera* (l. 33) *CONVITARE-HABET. Nous lisons de même : *Fontanilles* et *Parezac* (K. v. 1/4), *Faura* (C. 2/27) FABRUM, *chaina* « chêne » (C. marge, 5/5), *Odebertus Jutgaira* (C. 8/1 a. f.) et *P. Jutzayre* (C. 5/12) (quelle qu'ait été l'intention du scribe, soit de donner l'équivalent populaire du suffixe -ATOR, soit de transcrire une forme savante du suffixe -ARIUM), *lo bayla* BAJULUM (C. 9/46), et *le Beque* « le Bègue » (C. s¹ t. 4/1), *la Quintana* (C. 8/37), avec tous les autres féminins en *a* (*Fouressa, Guinharda, Meynarda, la Eymarota, la Bona-*

---

[1] A cette zone appartiendrait : en Poitou, Availles, Millac, Moutère, Luchapt, Asnières, Saint-Brabant; dans le Berry, Saint-Benoît-du-Sault et ses environs; dans la Marche, Le Dorat, Lussac-les-Eglises, Arnac, Saint-Sulpice-des-Feuilles, La Souterraine, Dun-le-Palleteau, Guéret, Bonat, Chatelus, Ladapeyre, Boussac; dans le Bourbonnais, Domérat, Montluçon, Commentry, Montvicq, Saint-Bonnet de Rochefort, Ganat, Mayet-d'École, etc.

villa, etc.), et *Alcaydis Quintane* (C. 3/38), *Granautz* (C. 3/4) et *Grenauz* (C. s¹ t. 8/1).

Les autres documents de la région présentent des graphies analogues. Charte de Nersac : *equesta chartra*..., *diema*..., *venda* « vente »..., *seilada* « scélée »..., *fraira* « frère », *redra* « rendre », *ondrabla* « honorable », *durablement*... — Charte de Bourg-Charente : *icesta presenta chartra*... *Charenta*..., *donea* « donnée », *Piera Faura* et *Johan Faura, et lautra ort*..., *li arbra* « arbre »..., *li trei ulma*..., *la cepe de l'ume*..., *la piera qui est mise*. — Charte de Vilhonneur : *fema* « femme »..., *Engolesma*..., *Jehan le Faura*..., *Peyra* « Pierre »..., *quaresma*. — Testament d'Ursus : *Chaduriea* « Chadurie », *al obra* « à l'œuvre » (fabrique), *albaterre* (gen.) « Aubeterre », *sia cassada* « soit cassée ». — Charte de 1107 : *Taillafer* « Taillefer » (*Archiv. nat.*, k. 1144). — Charte de 1159 : *Taillefer* (*Cart. de N.-D. des Châteliers*). — *Cartulaire* de N.-D. de la Garde : *La Garda* (1195), de la *furche* (1212), la *branda* (1278). — Charte de 1318 : *Boutaville* « Bouteville » (Chapitre d'Ang.). — Quittance du château de Jarnac : *autra part*. — Aveux du Château-Renaud, 1418 : *la roche suyrea, la terre forea* (*Arch. nat.*, p. 513. 8ᵉ vol.); 1465 : *Fontenilles*; 1470 : *Fontanilles* (*Arch. nat.*, p. 513. 2ᵉ vol.). — Voir aussi *Gœrlich*, p. 73.

On sait que cette graphie est celle des plus anciens textes français (Serments, Cantilène de Sainte Eulalie et le manuscrit *L* de Saint Alexis), auxquels se rattachent ainsi les nôtres.

ÉVOLUTIONS DE L'i

Evolution dans la direction de l'ĭ.

Un seul i continue son évolution et descend jusqu'à $\ddot{\imath}$, c'est celui de la diphtongue *ie*. Cet i (*pănĭ*) intact chez moi (1846), est déjà très sensiblement abrégé (*pănĭ*) chez Fr. Neuville (1859). Quand j'aurai ajouté que *rĭ*, RIVUM, s'est réduit à *rĭ*, entre la génération de ma mère et la mienne, j'aurai tout dit sur les transformations saisissables aujourd'hui de l'*i*.

L'*ĭ* s'est conservé à la finale quand il a été protégé par une voyelle ou une consonne tombées tardivement : A, *mărĭ* « Marie »; *mĭ*, MEAM, *MJAM; suffixe *-erĭ*, *-ERIA (*sălŏprĭ* « saloperie », *băḷrĭ* « baillement », etc.); suffixe *-ĭ*, *-IA de l'imparfait, *vŏlĭ* « voulait », *pŏdĭ* « pouvait », *săvĭ* « savait » (les autres verbes, sauf *devĕr* « devoir », qui a les deux formes chez ma mère, *ü devĭ fĕr kŏ*, et *ü devăv de l ărjă*, et une seule chez moi (*devăv*), ayant subi l'analogie de -ABAM); le suffixe *-rĭ* du conditionnel, *ĭ eătrĭ* « je chanterais », etc. ; — s dans les noms pluriels : *nĭ* « nids », *ămĭ* « amis », *cĕtĭ* « chétifs », *cĕmĭ* « chemins », *lŭ răzĭ* « rasis » (portion du toit placée au dessus et en avant des murs[1]), etc.

Deux monosyllabes, *lĭ* « lui » et *ĭ* « y », ont des *ĭ* longs, sans que je puisse en dire sûrement la raison.

L'*ĭ* s'est encore conservé à la tonique non finale dans des mots qui n'ont pas de pluriel ou qui ne s'emploient guère qu'au singulier : les infinitifs *dĭr* « dire », *rĭr* « rire », *ẽkrĭr* « écrire », *ăsĭr* « asseoir » ; les substantifs : *mĭj*, MICAM ; *vĭm*, VIMEN ; *bĭz*, g. BISA ; *gĭz*, g. WISA ; suffixe *-ĭz*, -ITIAM (*g̑ŏrmădĭz*, *fĕyătĭz*, etc.), et d'autres mots en *ĭz* : *cĕmĭz*, adj. *grĭz* « grise », *sĭtr*, SICERAM ; *grĭl*, CRATICULAM ; *ănĭl*, *AGN-ITTAM, qui doit appartenir à la langue des pauvres ; — enfin, dans *ĭl*, INSULAM, où l'*ĭ* a été conservé par s, et dans *ĭlĕ*, ILLI, influencé par les formes plurielles.

L'*ĭ* s'est régulièrement abrégé en *ĭ* à l'atone et à la tonique, quand celle-ci a été suivie soit dans la flexion, soit dans la dérivation, d'une syllabe plus intense et qu'elle a été finale de bonne heure : *vĭlăj*, *VILLATICUM ; *ĭvĕr*, HIBERNUM ; *mĭră*, *MIRARE ; *vĭkrŏz*, *VIAM-CORROSAM (cf. *MIAM, *mĭ*) ; **ĕpĭjĕ*, SPICAS ; **fĭlĕ*, FILIAS ; **vĭlĕ*, VILLAS ; **lĭmĕ*, LIMAS ; **mĕrĭmĕ*, MATRINAS ; **vĭŋĕ*, VINEAS ; **tĭŋĕ*, *TINEAS ; **răsĭnĕ*, *RADICINAS ; **lĭŋĕ*, LINEAS ; **cĕtĭvĕ*, CAPTIVAS ; suffixe *-ĭlĕ*, -ILIAS (**fŏdrĭlĕ*[2], *FONDERILLAS, dérivé de FONDUS) ; suffixe *-ĭdĕ*, -ITAS (**părtĭdĕ*) ; suffixe *-ĭtĕ*, -ITTAS (**petĭtĕ*) ; *-ĭlĕ*, -ILLAS (**bŭkĭlĕ* « petites chèvres », etc.), d'où les formes actuelles *ĕpĭjĕ*, *fĭlĕ*, *vĭlĕ*, *lĭmĕ*, *lĭyĕ*, *vĭŋĕ*, *tĭŋĕ*, *-ĭdĕ*, *-ĭtĕ*, *-ĭlĕ* (G¹) et les singuliers *ĕpĭj*, *fĭl*, *vĭl*, *lĭm*, *lĭŋ*, *vĭŋ*, etc. (Saint-Cl., *ĕpĭj*, *fĭl*, *vĭl*, etc.) ; *ĭkĭ*, *kĭ*, *ECCU-HIC ; *sĭ*, ECCE-HIC ; *dĕsĭ* « jusque », *DE-EX-ECCE-HIC ; *dĭ*, DIC ; *nĭ*, NIDUM ; *ămĭ*, AMICUM ; *petĭ*, PITTITTUM ; les parfaits en -*ĭ*, II et les imparfaits du subjonctif qui en sont formés (*ĭ eătĭ* « je chantai », *ĭ eătĭs* « je chantasse », etc.) ; *-ĭ*, -ITUM (*fĭnĭ*, etc.) ; *cĕmĭ*, CAMINUM ; *lĕdĭ*, LUMAEDIEM ; *-ĭ*, -IRE (*părtĭ*, *fĭnĭ*, *nĕgrĕzĭ*, *blăscĕzĭ*, etc.) ; *lĕsĭ*, LEXIVIUM, et même *cĕtĭ* « chétif » malgré la diphtongue, et *-ĕdĭ*, -ATICUM (*rĕgŭlĕdĭ*[3] de *rĕgŭlă*, RE-GUL-ARE ; *răfrŭmdĭ*[4], de *răfrŭmă* ; *pĭjdĭ*[5], de *pĭjă*, etc.) malgré l's étymologique sous l'influence analogique des autres singuliers.

---

[1] Une chose placée sur les rasis (sur le mur) est difficile à prendre ; — un nid découvert ne doit pas être annoncé sous les rasis, autrement les serpents iraient manger les œufs. || [2] Dépôt qui se forme au fond d'un vase et qui n'est ni la *lĭ* du vin, ni les *răc* de l'huile. || [3] Vomissement. || [4] Enclos. || [5] Débris faits en piquant.

Les *ĭ*, issus d'un ᴇ latin, sont aussi passés par *ĭ* : *tĭblĕ́*, ᴛᴇɢᴜʟᴀꜱ ; *nĭblĕ́*, ɴᴇʙᴜʟᴀꜱ ; *pĭrĕ́*, *ᴘᴇᴄᴛᴏʀᴀꜱ ; sing. *tĭbl̥*, *nĭbl̥*, *pĭr* (Saint-Cl., *tĭbl̥*, *nĭbl̥*, *pĭr*. Un mot a gardé l'*ĭ* : *ĭbl̥*, ᴇʙᴜʟᴜᴍ.

Evolution dans la direction de l'*œ* et de l'*u*.

L'ɪ atone latin est passé à *ĕ*, puis à *u*, au contact d'une labiale qui amène la fermeture des lèvres : ᴅɪᴠɪɴᴀʀᴇ, *dĕvĭnă* ; ᴘʀɪᴍᴀʀɪᴜᴍ, *prĕmĭ* et *prŭmĭ* ; ꜰɪɴɪʀᴇ, *fŭnĭ* ; ꜰɪᴍᴀʀɪᴜᴍ, *fŭmĭ*.

ÉVOLUTIONS DE L'**u**

Evolution dans la direction de l'*ü*.

Nous pouvons, dans certains cas, suivre la marche de l'*ŭ*, évoluant vers *ü*.

C'est d'abord à Romfort pour l'*ü* (Cellefrouin *ö*) issu de la diphtongue -*ou* du suffixe -ɪᴏʟᴜᴍ. M. Jaboin garde l'*ŭ* (*fĭl̥ŭ*, ꜰɪʟɪᴏʟᴜᴍ) ; sa fille l'a un peu détendu en le conservant long (*fĭl̥ū*) ; ses petites filles l'ont complètement abrégé (*fĭyŭ*). L'évolution était déjà accomplie à Valence dès 1804 : *fĭl̥ü* (M.), *fĭyü* (1872).

A Cellefrouin, c'est la terminaison -*ŭr* qui nous permet de constater l'affaiblissement graduel de l'*ŭ*. Chez ma mère, l'*ŭ* est constant s'il porte l'accent fort de la phrase : ...*k ĕ l ŏtŭr dĕ să mŏr* « ...qui est l'auteur de sa mort » ; *k wĕ ĕ jŏlĭ jăpŭr* « c'est un joli jappeur (aboyeur) » ; *ĭ l̥ŭr dĭsĭ* « je le leur dis » ; ...*dŭ evă d lă bĕlŭr d la sŭ* « ...deux chevaux de grosseur de la sienne » ; ...*jĕnĕ ăvŭr* « ...jeunes maintenant (ᴀᴅ ʜᴏʀᴀᴍ) » ; ...*dĕ bŭn ŭr* « ...de bonne heure ». Mais, quand le mot cesse d'être frappé par l'accent, il s'abrège : *y ĕ vĕ l ür ĕ l mŏmă*... « j'ai vu l'heure et le moment... » ; *ăvür... ăstür*, *ᴀᴅ-ᴇᴄᴄ-ɪꜱᴛᴀᴍ-ʜᴏʀᴀᴍ (formules de transition). Une même phrase nous fournit les deux *u* : *kw ètĭ ĕ fămă bevür !* ; *mă fvă kw ătĭ ĕ jŏlĭ bwür d vĕ bl̥ă* « c'était un fameux buveur ! ma foi, un joli buveur de vin blanc ».

J'ai recueilli quelques *ŭ* accidentels dus à une prononciation énergique : *ŭ l ĕkrăzĭ tŭt !* « il l'écrasa toute ! », *ăl ĕ b ĕkŏr bŭn !* « elle est bien encore bonne ! » (il s'agissait d'une limousine qu'on voulait mettre au rebut). Si ma mère avait été calme, elle aurait dit : *tüt*, *bün*.

Dès la génération de 1837 (G[4]), *ür* et *ü* me paraissent constants.

Un mot nous fournit dans la région toutes les étapes qui ont conduit l'*o* jusqu'à *ŭ*, c'est ᴴᴼᶜ. Nous avons successivement *ŏu*, *ŏ* et *yŏu* (c'est le résultat de l'*ŏ* diphtongué, avec l'addition d'un *y*) à Roumazières ; *yŏ* Chez-Bonnaud ; *ŏ* Chez-Civadier (Saint-Claud), *y ŏ saĕ b* « je le sais bien » ; *ŏ*, Chez-Chadiat, à Lussac, Chez-Baugis, *ĭ l ŏ dĭsĭ* « je le lui dit (B.), *ĭ v ŏ dĭ* « je vous le dis » (D.) ; *ŏ* et *ŭ* à Saint-Claud (bourg), *ŭ* à Cellefrouin, *zŭ ă tŭ dĭ ?* « l'as-tu dis ? » (G3) ; enfin *ŭ*, quand il devient atone, *ĭ zŭ vŏ* « je le veux » (Goutibert), *d ŭn l ŭ* « donne-le lui » (G4).

L'*u* est un son relativement nouveau dans le domaine gallo-roman, l'*u* latin y étant devenu *u*. Il sort, comme nous l'avons dit, d'un *o* fermé du latin vulgaire ou d'une *l* vocalisée. Dans nos anciens documents, sauf une fois ou deux, où il est rendu par *u* (l'*u* étymologique, *burco*, K. r. 3/22), il est représenté par un *o*, quelquefois *ou* : *la bracona* (C. 10/3) ; *borc* (C. 1/4), *bŭr* ; *forest* (K* r. 8/20), *fŭrĕ* ; *nogier* (C. 3/28), *nŭjĭ* ; *trestóz* (K* r. 8/22), *lŭ* ; *seniors* (K* r. 8/27), *sĕyŭr* ; *cōmunal* (K* r. 8/28), *kŭmŭnă* ; *tota* (K* r. 8/21), *tŭt* ; *poma* (C. 9/12), *pŭm* ; *la maiona* (C. 9/27), *la măyŭn* ; *lo ros* (C. s. t. 10/10), *lĕ rŭ* « le roux » ; *Lobersz* (K* r. 8/21), *lŭbĕr* ; *Mouto* (K. v. 2/26, 27), *mŭtŭ* « Mouton », etc. ; — *Boucart* (C. 2/21), *Boussart* (C. s. t. 10/18), cf. *Bucardus* (K. r. 6/8), *Bocardus* (K. r. 6/24).

L'*u* a donc dû être ouvert (*ŭ*) à l'origine. Aujourd'hui, il est fermé ou moyen.

L'*ŭ* s'est conservé quand il sort de *ŏu* (ŏL) : *sădŭ*, sᴀᴛᴜʟʟᴜᴍ ; *dŭs*, *ᴅᴜʟᴄᴇᴍ avec l'*a* du fém. ; *ŭc*, ᴜʟᴄᴀᴍ ; *ŭm*, ᴜʟᴍᴜᴍ ; *mŭr*, ᴍᴏʟᴇʀᴇ ; *kŭtr*, ᴄᴜʟᴛʀᴜᴍ ; *sĕbŭkl*, sᴇᴘᴜʟᴄʜʀᴜᴍ. Mais quand l'*ŭ* vient d'un simple *ó*, il a eu besoin, pour se maintenir, d'être protégé par un *ĕ*, une *s*, ou une ʀ suivie d'une autre consonne : *kŭ*, *ᴄᴏᴅᴀᴍ ; *nŭ*, ɴᴏᴅᴀᴛ ; *lŭ*, ʟᴜᴘᴏꜱ ; *jŭ*, *ᴊᴜɢᴏꜱ ; *mĕzŭ*, ᴍᴀɴꜱɪᴏɴᴇꜱ ; *dŭ*(*z*), ᴅᴜᴏꜱ ; *mŭ*(*z*), ᴍᴇᴏꜱ ; *tŭ*(*z*), ᴛᴜᴏꜱ ; *sŭ*(*z*), ꜱᴜᴏꜱ ; *lŭ*(*z*), ɪʟʟᴏꜱ ; *jnŭl*, ɢᴇɴᴜᴄᴜʟᴏꜱ ; *krŭt*, ᴄʀᴜꜱᴛᴀᴍ ; *pănçŭt*, ᴘᴇɴᴛᴇᴄᴏꜱᴛᴀᴍ ; *kŭtă*, *ᴄᴏꜱᴛᴀᴛᴜᴍ ; *sŭr*, ꜱᴜʀᴅᴜᴍ ; *kŭr*, ᴄᴜʀᴛᴜᴍ ; *bŭr*, ʙᴜʀɢᴜᴍ ; *fŭr*, ꜰᴜʀɴᴜᴍ ; *jŭr*, ᴅɪᴜʀɴᴜᴍ ; *tŭr*, ᴛᴏʀɴᴜᴍ ; *călŭr*, ᴄᴀʟᴏʀᴇꜱ ; *bătdŭr*, *ʙᴀᴛᴛᴀ-ᴛᴏʀɪᴏꜱ, etc.

Dans deux mots l'*ŭ* s'est conservé au singulier malgré la flexion du pluriel : *ŭl*, ᴏʟʟᴀ « charnier où l'on sale le cochon » (je ne connais guère de maison qui en ait deux) ; *sădŭl*, ꜱᴀᴛᴜʟʟᴀ, qui s'emploie le plus souvent au singulier. A Saint-Claud, on dit naturellement, au pluriel, *sădŭlĕ*.

L'*ŭ* existe à l'atone et à la tonique suivie d'une syllabe plus intense ou devenue finale de bonne heure : *sădŭlă*, ꜱᴀᴛᴜʟʟᴀʀᴇ ; *sŭlĕl*, *ꜱᴏʟɪᴄᴜʟᴜᴍ ; *kŭă*, ᴄᴜʙᴀʀᴇ ; *nŭă*, ɴᴏᴅᴀʀᴇ ; *kŭrăj*, *ᴄᴏʀᴀᴛɪᴄᴜᴍ ; *rŭzăd*, *ʀᴏꜱ-ᴀᴛᴀ ; *kŭeă*, ᴄᴏʟʟᴏᴄᴀʀᴇ ; *ăpŭyă*, ᴀᴅᴘᴏᴅɪᴀʀᴇ ; *sŭnă*, ꜱᴏɴᴀʀᴇ ; *tŭnă*, ᴛᴏɴᴀʀᴇ ; — *bŭlĕ, ʙᴜʟʟᴀꜱ ; *bŭcĕ* « lèvres », ʙᴜᴄᴄᴀꜱ ; *gŭlĕ* « bouches », ɢᴜʟᴀꜱ ; *pŭmĕ,

*POMAS; * bŭnè, BONAS; le suffixe augmentatif *-ŭnè, -ON + AS (*pèlŭnè « grandes poêles », *kălŭnè « grosses noix », de kălŭ); *sigŭyè, CICONIAS; *mŭrè « mûres », *MORAS; le suffixe *-ŭzè, -OSAS (*fărŭnŭzè « farineuses », *făyŭzè « fangeuses »); *kŭdè, CUBITOS, etc., d'où les formes actuelles bŭlé, bŭcé, gŭlé, pŭmé, bŭné, -ŭné, -ŭzé (G¹), et les singuliers bŭl, bŭc, gŭl, pŭm, bŭn, -ŭn, -ŭz (Saint-Claud, bŭl, bŭc, gŭt, pŭm, etc.); — prŭ, PROBE; jŭ, JUGUM; lŭ, LUPUM; lŭ, ILLUM; mèzŭ, MANSIONEM; sŭ, SUBTUS; jnul, GENUCULUM; le suffixe diminutif si riche en -ŭ, *-ONEM (gŭlădŭ « petite *goulée* », de gŭlăd, GUL-ATA; prădèlu « petit pré », de *PRATELLUM, etc.); le suffixe -ŭ, -OSUM, malgré l's étymologique sous l'influence des formes du singulier (fărŭnŭ, făyŭ).

Evolution dans la direction de l'œ.

L'*u* s'est changé en *è* dans quelques atones.

Le seul changement récent qu'il me soit possible de signaler, à Cellefrouin, est celui de *lŭz*, ILLOS (article ou pronom) qui devient *lez* quand il est très intimement lié au groupe en qualité d'intertonique et que le groupe lui-même est abrégé. Ce fait est d'un grand intérêt, car il nous donne une idée de la cause qui a fait tomber les intertoniques. Ainsi, le groupe *tŭ lŭz ā* « tous les ans », si *tŭ* est abrégé, devient *tŭ lez ā*. On dira de même *kw è lŭ ke lŭz ŏ fè* ou *kw è lŭ k lez ŏ fè* « c'est lui qui les a faits ». Ainsi, *nŭz* « nous », *vŭz* « vous », sont devenus *nez*, *vez*; SUCCUTERE, *sèkudr*; SUCCURRIRE, *sèkŭrŭ*.

Evolution dans la direction de l'u.

La transformation de l'*u* en *u* s'est produite à une époque que je ne puis préciser, mais qui ne doit pas être bien ancienne, et cela à l'atone, dans des mots qui avaient en latin soit des ŏ, soit des ŏ : *ŭjā*, HOC-ANNO; *kŭzin*, *COCINA; *kŭsŭ*, *COSS-ONEM; *dèfŭrā*, *dèfŭrā*, *DIS-FOR-ARE (FORUM); « ne pas reconnaître un objet acheté, le refuser »; *ăprŭeā*, *AD-PROPIARE; *kŭjā*, *coidiare, *COGITARE; *kŭlŭ*, COLLEGERE; *èsŭrŭ*, *EXAURIRE « essorer »; *kŭvrŭ*, COOPERIRE; *rŭeā*, *ROCCARE; *ăkrŭea*, *IN-KROK-ARE; *sŭfrŭ*, *SUFFRIRE; *bŭlŭ*, BULLIRE, d'où *dbŭlŭ* « enlever l'eau dans laquelle ont bouilli les châtaignes », et *dbŭl* ou *dbŭldŭ* « cette eau elle-même ».

L'*u* est passé aux formes toniques : *ĭ n ŭ dèfŭr pā* (G¹).

L'intermédiaire *u* entre l'o latin et l'*u* actuel est attesté par les formes *bŭlŭ*, *sŭfrŭ* et *ĭ sŭfr* « je souffre », *ŭvrŭ* et *ĭ ŭvr*, *fouger* FODICARE (Pays-Bas).

Cette transformation conditionnelle ne saurait être comparée à la transformation absolue qui a fait passer les *u* latins à *ü* dans les pays de Gaule, transformation que je ne crois pas antérieure à la palatalisation du c + a (pag. 186), ni postérieure à la vocalisation de l'*l* (cf. pullicellam, *puucela, *pyòsel* et ulmum, *vume*, *üm*). L'universalité de cette transformation fait croire à une disposition organique spéciale qui aura amené l'avancement de la longue en avant, c'est-à-dire une sorte de détente. Cette disposition existait-elle en germe dans les populations pré-latines de notre pays (gauloises ou autres), c'est ce que le développement du celtique est de nature à faire croire, puisque l'*u* ancien est passé dans les dialectes néo-celtiques à *i*. Le temps considérable qu'aurait mis cette prédisposition à se faire jour est une difficulté, mais non pas un obstacle insurmontable.

ÉVOLUTIONS DE L'u

Évolution dans la direction de l'ü.

Un seul mot, à ma connaissance, a changé un *ü* en *ü* entre la génération de ma mère et la mienne; c'est *kŭ*, culum, qui est devenu *kü*.

Ma mère conserve encore la faculté de faire longs des *u*, qu'à la réflexion elle ferait certainement brefs. Un jour, je l'ai entendue dire d'un ton impatient : *tŭ ătădră k ĭ sĭ rādŭd !* « tu attendras que je sois rendue »; une autre fois : *d ăbītŭd* « d'habitude ». D'ordinaire, elle dit : *rādŭd*, *d ăbītŭd*.

L'*ü* et l'*ŭ* sont aujourd'hui fixés.

L'*ü* est à la finale la dernière étape de la diphtongue *uo* (ŏ latin), et le représentant de l'*u* latin (*ū* classique) quand celui-ci a été protégé par un *e* ou par une s : *bü*, bovem; *nü*, novum; -*lŭ*, locum (*Bắlŭ*); *fü*, focum; *pü*, podium; *tü*, tuam; *sü*, suam; *sü*, sudat; *kŏdür*, conducere; *für*, fugere; le suffixe *-ür*, -ura, qui n'avait guère à redouter l'action du pluriel (*mădŭr* « mouture », *pŭrĭtŭr* « pourriture », *mŏrsür* « morsure », *deĭrŭr* « déchirure », *prezür* « présure », etc.); — *jü*, justum ; *nü*, nudos ; *krü*, crudos ; *mădür*, maturos; *fü*, fustem « fût ».

L'*ŭ* répond à un *u* latin (*ŭ* classique) atone, ou tonique quand celui-ci a été suivi d'une flexion féminine plurielle et quand il a été découvert à la finale : *dŭră*, durare ; *pŭdĭ*, *putire; — *kŭbĕ, cupas; *mŭlĕ, mulas; *ünĕ, unas; *mădŭrĕ, maturas; *dŭrĕ, duras; *ăgŭlĕ, acuculas, etc.; le suffixe *-*ŭdĕ*, utas; (*rādŭdĕ « rendues », *fădŭdĕ « fendues », *pŏrŭdĕ « peureuses », etc.), d'où les pluriels actuels *kŭbé*, *mŭlé*, *mădŭré*, *ăgŭlé*,

-*ŭdé* (G¹), etc., et les singuliers *kŭb*, *mŭl*, *mădŭr*, *ăgŭl*, -*ŭd* (Saint-Cl., *kŭb*, *mŭl*, *madŭr*, *ăgŭl*, -*ŭd*); *tŭ*, TU; *krŭ*, CRUDUM; *nŭ*, NUDUM; *brŭ*, g. BRUN; suffixe -*ŭ*, -UTUM (*rădŭ*, *fădŭ*, *pŏrŭ*, etc.).

Evolution dans la direction de l'œ.

Quelques mots nous montrent le changement de l'*u* en *œ* à l'atone : TU *tu̇*, *chacun un devenu *cắkĕn ĕ, *cắknē*; *nu* « nu », devenu *nǽ* dans *nǽ-piĕ* « nu-pied », *nǽ-tĕt* « nu-tête », *nǽ-jāb* « nu-jambe » (G¹); et *dur* « dur » dans le dérivé *dĕrăn̆ŭ* (G¹) « coriace » — *duragnou* (Poitou, Favre et Lalanne). La transformation de *nu* en *nǽ* n'est pas générale; G⁴ ne la connaît pas.

L'*ǽ* est une détente de l'*u*. Aussi ce changement n'a-t-il rien que de très naturel. Mais nous l'avons également dans *plǽm*, PLUMAM, et dans *pǽrn* (G¹), *PRUNA et *pĕrnĭc* (G¹) « prunier ».

ÉVOLUTION DE L'Œ

Je n'ai remarqué de changements dans le timbre de cette voyelle que pour trois mots. L'adjectif *bǽ* « beau », dans cette expression *ăvĕr bǽ* « avoir beau », qui est toujours long dans le parler de ma mère et le mien, subit, dans celui de Jean Béchade, l'action affaiblissante du rythme. Je l'ai entendu dire : *ŭ ǫ b bœ̆ y ǫ̆nă* « il a bien beau y aller ». De même, l'infinitif *bœ̆r* « boire » est quelquefois pour lui *bœ̆r*. L'article *dắz* « des » s'abrège dans les expressions *dĕz ĕ* (G¹) « des uns », *dĕz ŏtrĕ* (G¹) « des autres », où il est atone.

En dehors de ces trois cas, nos deux *œ* (*ǽ* et *æ̆*) paraissent fixes.

La voyelle *ǽ* sort naturellement de *eu* appuyé (*bǽtă*, BELLITATEM, *dǽrĭ*, *deuria, DEBERE -IA, etc.). Aussi l'avons-nous dans les deux proclitiques : *dǽ* (*del* ou *dels*) « du, des », *bǽ*- « beau- », BELLUM; dans *sǽ*, *seu, *sau, SAMBUCUM, qui n'est peut-être pas indigène, car on dit aussi *sǽr* (cf. *nĕvǽr*, *neveu*, au lieu de *nĕbu*); et dans *vǽ*, *veu, VIDUTUM, où il a été sans doute conservé par le féminin *vǽt*.

L'*ǽ* s'est encore maintenu quand il a été protégé par un *e* final ou par une s : *fǽl*, FOLIA; *nǽv*, NOVAM; *kǽs*, COXAM; *mǽl*, *meulla, MEDULLAM; *jǽn*, *jeunat, JEJUNAT; *ǽd*, *eudat, *audat, ADJUTAT; *bǽr*, *beure, BIBERE; *kǽr*, COQUERE; *kǽ*, COCTOS; *ǽl*, OCULOS; *pǽl*, PEDUCULOS.

Mais il s'est abrégé quand il a été découvert de bonne heure, ou seulement suivi de *l*, *r* : *bœ̆*, *beut, BIBIT; *mœ̆r* *MORIT; *kœ̆*, COCTUM; *œ̆l*, OCULUM;

päl, PEDUCULUM; bräl, BROGILUM; vrtäl, VERTOILUM; träl, TORCULUM; sărfël, CAEREFOLIUM; kär, CORIUM et COR.

L'ä s'est maintenu dans le dérivé kärăsŭ « mal de cœur » (aigreurs d'estomac causées en général par les châtaignes); ŭ träl « il treuille, met sous le treuille » d'où l'infinitif trëlă.

L'ä (ĕ) est encore, comme nous l'avons constaté, le terme où, dans des conditions diverses, ont abouti un grand nombre d'atones.

Il ne nous reste plus qu'à étudier la chute de cette voyelle.

Chute de l'è.

Nous avons déjà vu l'ĕ servir d'intermédiaire temporaire, avant leur chute, à l'è tonique et à l'é posttonique des flexions et des diphtongues; mais cet ĕ n'a été qu'une étape transitoire et rapidement franchie. Celui, au contraire, qui doit nous occuper a vécu assez longtemps comme tel pour acquérir son individualité.

La question de la chute de l'è est fort délicate. Outre la difficulté de saisir avec certitude les dernières traces d'une voyelle si frêle à ses derniers moments, nous avons encore le besoin de nous défendre contre nos habitudes de lecture et d'écriture. Notre orthographe nous fait illusion dans bien des cas.

J'ai choisi comme sujets d'une observation particulière et attentive ma mère (G[1]), Marie Béchade (G[3]), Jean Béchade (G[4]), et Mariette Raynaud (G[9]). Non seulement je les ai écoutés, mais encore j'ai tâché de savoir leur sentiment sur la présence ou la chute de la voyelle. Dans ce but, je leur ai demandé d'épeler les mots et de marquer dans une prononciation très lente toutes les syllabes. Ce moyen m'a parfaitement réussi avec ma mère et Marie qui, fort heureusement pour mes expériences, ne savent pas lire, et même avec Jean Béchade, mais seulement pour les mots complètement étrangers au français; pour les autres, l'orthographe française l'amenait à faire revivre induement dans son épellation des ĕ qui sont certainement tombés. Ce cas même ne m'a pas trouvé désarmé; bien plus, il m'a conduit à un nouveau procédé qui m'a servi à contrôler le premier. Lorsque je voulais savoir si, dans son appréciation, un ĕ était tombé, je lui proposais un autre mot en tout semblable, sauf qu'il n'avait jamais contenu cette voyelle, par exemple ăl ĕ ătĕrăd « elle est enterrée », et ăl ĕ ătrăd « elle est entrée ». Si les deux groupes étaient jugés identiques, j'en concluais à la chute complète de l'ĕ; si non, il fallait bien admettre que l'ĕ était encore au moins légèrement senti.

Par là, j'ai été amené à cette constatation qu'il n'y a pas accord parfait entre le sentiment du sujet observé et l'impression auditive de l'observateur. Dans certains cas, j'ai cru entendre dans la conversation des *e* qui ne se trouvent plus dans l'épellation; dans d'autres, l'*e* m'a paru complètement tombé dans le discours, et l'épellation le faisait revivre.

Ces faits ne sont point contradictoires. L'épellation fait connaître les formes conscientes. Or ces formes peuvent être modifiées par la rapidité du discours, à tel point que des voyelles soient inconsciemment changées ou même supprimées. Ce point n'offre aucune difficulté. Mais comment expliquer des *e* inconscients? D'abord il faut savoir que cet *e* n'apparaît que dans une prononciation énergique. Il semble donc qu'il soit, non une continuation de l'*e* ancien, mais un *e* nouveau produit par le mouvement des organes passant brusquement de l'action au repos. J'ai observé un jeune homme de Bagnères (Hautes-Pyrénées) qui prononce le *k* des terminaisons en *ak* avec une telle force, que la détente de l'organe donne naissance à un *e*, en sorte que l'on entend -*akĕ*, et cet *e* est chez le jeune Béarnais également inconscient.

A la finale, la chute de l'*e* est complète, même après un groupe de consonnes. Ma mère, épelle *ŏtr* « autre », *pŏrt* « porte », *tăbļ* « table ». Les formes recueillies dans les phrases prononcées avec vivacité, l *ôôtrĕ* « l'autre », *frĕrĕ* « frère », *rfĕrĕ* « refaire », *frĕcĕ* « fraîche », *fĕtĕ* « faite », s'expliquent par un *e* organique.

Je ne saurais dire la date de la chute de l'*e* final, mais elle ne doit pas être ancienne. La preuve, c'est qu'elle ne s'était pas encore produite aux Forges[1] en 1836 (L²), et qu'elle n'était pas complète au Temple en 1809 (F¹), à Chassiecq en 1812 (E.), à Nanteuil en 1818 (R.).

A l'intertonique, l'*e* était déjà tombé entre *l* et *f* au milieu du XVIᵉ siècle. Nous trouvons en effet, dans l'acte de 1547, en dehors de la formule initiale où la graphie traditionnelle est respectée, Cellefrouin écrit plusieurs fois *Selfroin*. On rencontre la même graphie (monasterii de *Selfroin*) dans un acte émané de la chancellerie de Bordeaux (1695). C'était évidemment la forme populaire du nom de « Cellefrouin ».

Le patois lui-même, du reste, suffirait à montrer que le phénomène remonte à une époque déjà ancienne. *Mettre bas* se dit pour la truie *ăgŏrnă*,

---

[1] Cette particularité est tellement remarquable, que M. Champagne, de Ventouse, me l'a citée comme un trait distinctif du parler des Forges.

comme pour la chèvre *ăcăbrĭlă*, pour la vache *ăvdĕlă*, pour la chienne *ăcĭnŏtă*, etc. La composition du mot est claire. Au préfixe *a* suivi du nom du petit animal qui est mis au jour, vient s'ajouter un suffixe verbal. *ăgŏrnă* est donc *a-gorĕ-na* « faire des gorets » (Suaux, *gŏrĕnă*, avec aphérèse de l'*a*), lequel est devenu régulièrement *agŏrĕna*. Or, l'origine du mot n'est plus sentie à Cellefrouin ni à Saint-Claud, à tel point que l'on peut dire à Chalais : *nŏt cĭn ŏ ăgŏrnă* « notre chienne a fait-des-gorets! » Pour qu'une pareille énormité puisse se trouver dans la bouche du paysan, qui est si scrupuleux sur la valeur propre des mots, il faut que personne, même parmi les vieillards, n'ait le moindre soupçon du lien qui rattacherait *ăgŏrnă* à *gŏrĕ*, c'est-à-dire de l'*ĕ*.

Dans le parler de ma mère, l'*ĕ* intertonique est toujours tombé entre *l* ou *r* et une autre consonne, *păltăd* « pelletée »; c'est le cas de *Selfroin* et de *ăgŏrnă*. Il est tombé de même dans tous les futurs : *ŭ partro* pour *ŭ părtĕro* « il partira », *tŭ t ăgrĕsĭnrā* « tu t'engraisseras », et, dans les autres mots, entre une consonne, sauf *y*, et *l* ou *r* (*s ĕblă* pour *s ĕbĕlă* « devenir veau » en parlant du temps, *jăvlă* « javeler », *ăvrĭmă* « envenimer »), et dans les verbes en -*etă* (*ĕpŭftă* « épousseter », *lŏktă* « loqueter »). Mais, quoiqu'ils puissent toujours tomber dans la conversation, ma mère a gardé le sentiment des autres *ĕ* intertoniques : *ălĕnă* pour *ăyĕlă* « agneler », *ăyĕlĭ* « première laine des agneaux », *ĕpĕlă* « épeiller, déchirer », *pătĕlĭnă* « fouler avec ses pattes », *mŏdĕlă* « modeler », *vĭtĕmă* « vite », *nĕtĕzĭ* « nettoyer », *tănĕrĭ* « tannerie », *mŭcĕnă* « mouche-nez », même « mouchoir de cou », — *mărmĕlăd* « marmelade », *ĕgrĕnă* « égrener », *nĕgrĕzĭ* « noircir », *ăgrĕbĭs* « écrevisse », *ătrĕmĕ* « taquin », *măkăblĕmă* « probablement ».

Dès la génération de Marie (1834), tous ces *ĕ* sont tombés, sauf après un groupe de consonnes (*ălnă*, *ăylĭ*, *ĕplă*, *pătlĭnă*, *mŏdlă*, *vĭtmă*, *tănrĭ*, *nĕtzĭ*, *mŭcna*, G[3], G[4], G[8]).

Pourtant, au sentiment de J. B., *ătĕrad* « enterrée » se distingue encore par un *ĕ* presque imperceptible de *ătrăd* « entrée »; mais toute distinction a disparu au pluriel : *ătrădĕ* « enterrées et entrées ».

Le groupe *grĕ* s'est maintenu (G[9]).

A l'initiale, l'*ĕ* s'est mieux conservé. Ma mère en a conscience dans presque tous les cas, même quand deux consonnes, qui s'appellent naturellement comme une muette et une liquide, sont en présence. Pourtant, dans ce cas, il y a quelquefois hésitation, surtout quand le mot est d'une certaine longueur. Par exemple, elle épelle *sĕrĭĕ* « cerisier », et *srĭĕz* « cerise », *mnŭzĭĕ* « menuisier ». Elle dit donc : *perŭ* « petite poire », *pĕlŭ* « petit chiffon », *terĭĕ* « terrier », *vĕrĕ* « venin », *dĕbŭlĭ* « enlever l'eau bouillie des châtaignes », *dĕbŭ* « debout », *dĕfŏr* « dehors », *rĕkŏlt* « récolte », rėgŭ « égouts », sĕkŭdr « secouer », sėlă « mélange de blés dans lequel entre du seigle », ėėvă « cheval », ėėtă « cheptel », ėėmĭ « chemin », — fėrăs « ferrasse », fėrŭr « ferrure », fėnă « faner », vėlă « veiller », jėlă « geler », tėtŭ « teton », tėnĭ « tenir », lėvă « lever », etc.

Dans la conversation, l'*e* de l'initiale devient le plus souvent intertonique. Aussi tombe-t-il dans le parler de ma mère quand il est entre deux voyelles différentes et qu'il ne suit pas un groupe de consonnes dont la seconde est une instantanée. Je cite les plus résistants : *fŏ vlă* « il faut veiller », *w ė jlă* « il est gelé », *fŏ lvă* « faut lever », *ŭn ŏtr jŭr* « un autre jour », prononcé lentement (dans la prononciation rapide, l'*r* de *ŏtr* serait tombée); *jămė kŏ n sĭ ā mtrŏ*, épelé : *jămė kŏ nė sĭ ā mėtrŏ* « jamais il ne s'y en mettra ». Mais l'*e* reste dans *portė*[1] *dŏ kŏ* « porte donc ça ».

Chez Marie Béchade et son frère, l'*e* est tombé entièrement entre une instantanée et *l, r* : *prŭ, plŭ, trĭe*, et aussi dans *vrė*. Pour J. B., il n'y a aucune différence entre *prŭ (pėrŭ)* et *prŭ* (PROBE), entre *prĭe* (pour *pėrĭe*) « poirier » et le français *prix*, entre *trĭe* « terrier » et *trĭ* « trie (grive). » L'*e* est également tombé dans les préfixes *dė, rė, sė* : *dbŭl, dbŭ, dfŏr, rkŏlt, rgŭ, skŭdr, slă*. En dehors de ces cas, l'*e* ne tombe que devant les longues : *ėvă, ėtă*; il se maintient devant des brèves : *ėėmĭ, tėtŭ*, etc., mais seulement dans l'épellation ou dans la prononciation lente. Dans le discours, il tombe quelquefois quand la syllabe suivante est brève (*ănă fnă* (G 4) « aller faner »); toujours, quand elle est longue (cf. *mŏ tėtŭ* « mon teton » et *lŭ tĭŭ* (G 4) « les tetons »), et quand le mot s'accroît en étendue (cf. *lă tėrăd* « le terreau » et *lă trădė* (G 4) « les terreaux »).

Chez Mariette Raynaud, l'*e* est tombé en outre dans *ėė (ėmĭ), fė (fnă)*; mais il se maintient dans *vė (vėyă), lė (lėvă)*.

Dans les monosyllabes *mė, tė, sė, nė, vė, lė, lė(χ), kė*, l'*e* est parfaitement senti. Il tombe dans le discours suivi : *kŏ vnăv ă dχ ė pă ŏχ ŏtrė* (G 1) « ça venait à des uns, pas aux autres », *ŭ s lă dŭnăv* (G 1) « il nous la donnait », *ŭ χ bătĭră* (G 1) « ils se battirent ». Dans ce dernier exemple, la chute de l'*e* est évidente, puisque l's a pu être influencée par le *b*.

Quand il y a deux *e* de suite, c'est ordinairement le premier qui tombe, à moins qu'il n'appartienne à la syllabe initiale. Quand il y en a trois, c'est le second qui disparaît : *s ă n lėχ ŏ pă* (G 1) « si elle ne les a pas »,

---

[1] Ce mot, qui conserve ici son *e*, le perd à la finale : *frŭm dŏ lă pŏrt* « ferme donc la porte », *apŏrt* « apporte », phrases épelées en même temps que celle ci-dessus.

dĕ l etĕnĭ (G¹, G⁴) « dans le chemin », fŏ l mĕnă « faut le mener » et fŏ l mĕzŭră (G¹, G⁴) « faut le mesurer », ătrĕmă pour ătĕrĕmă « enterrement », — nĕ vḷăvă (G¹) « nous veillions », — jŏ lĕ rtĕnĭ (G¹) « faut le retenir », nĕ l lĕvă (G⁴) « nous le levons ».

Les dispositions de l'âme peuvent modifier ces lois. Pour savoir s'il en était bien ainsi, j'ai prié mon cousin J. B., qui est très habile à improviser des dialogues, de mettre en scène une mère et sa fille dont le mari serait tombé ivre-mort sur le chemin. La mère devait crier à sa fille d'aller *le lever*, et la fille devait répondre qu'elle n'irait pas *le lever*. L'une et l'autre devaient insister et répéter plusieurs fois leur rôle. Or la mère disait : *vă lĕ lvă, mă pŏvr... ă! vă dō lĕ lvă...* « va le lever, ma pauvre.... ah ! va donc le lever. » — La fille répondait : *ĭ n vŏ pwĕ ănă l lĕvă... ĭ n vŏ pă l lĕvă...* « je ne veux point aller le lever.... je ne veux pas le lever.... » Cette différence se produisait à l'insu du narrateur et chaque fois que sur mon invitation il répétait le même dialogue. Il semble donc que la mère, ayant surtout l'idée de son *gendre*, et la fille celle de *relever*, l'une et l'autre mettaient en relief le mot correspondant à leur idée. De la sorte, la mère insistait sur le pronom (*lĕ*), la fille sur le verbe (*lĕvă*) ; l'une gardait le premier *ĕ*, l'autre le second. C'est sans doute pour quelque motif analogue que ma mère a dit devant moi : *ănă lĕ lvă*, et Marie ainsi que Mariette : *ănă l lĕvă*.

r ET l RÉSONNANTES

Par la chute de l'*ĕ*, les deux consonnes *r* et *l* sont en quelque sorte transformées en voyelles, puisqu'elles peuvent se trouver ainsi entre deux instantanées : *bŭgr dĕ sălă!* (G⁴) « bougre de salaud ! », *ŏt kĕl tăbḷ dĕ kĭ* « ôte cette table d'ici ».

La transformation n'existe pour *l* qu'à la finale.

Pour *r*, elle est générale et se rencontre même à la tonique : *prn* (G⁵) « prune ». Elle est déjà commencée sans doute depuis longtemps, puisque CIRCARE, *ĕtrĕă* (G¹) a pu devenir *ĕeă : vă lă ĕeă* (G¹) « va les chercher », formule par laquelle les bergères lancent leurs chiens sur les brebis qui s'écartent du troupeau ; *n ĕryă lă ĕeă* « nous irions les chercher ». Mais, dans le parler de ma mère, en dehors de l'intertonique, j'ai toujours senti l'*ĕ*, soit avant soit après l'*r* : *trĕpă* « trĕper (marcher sur le pied) », *frĕlăsă* « faire un bruit léger et sec, comme un bruit de feuilles mortes », *vĕrglă* « verglas », *vĕr* « vers », *pĕrn* « prune », *pĕrnĭe* « prunier ».

Dans ma prononciation, cet *ĕ* n'existe plus. Je dis *frlăsă, vrḷă, vr prn, prnĭ*.

NASALE õ

Parmi nos voyelles nasales, une seule a un domaine phonétique parfaitement défini, c'est õ. Aussi n'avons-nous presque rien à en dire.

Cette voyelle sort d'un o latin suivi d'une consonne nasale appuyée : *frõ*, FRONTEM; *põ*, PONTEM; *dõdă*, DOMITARE, etc.; ainsi que de o + D'L : *mõl*, MODULUM. Son domaine géographique dépasse les Chaumes (*rõdrĕ* « ronces »), mais il n'atteint pas Suaux (*rŭndrĕ* « ronces »), ni Roumazières (*lŭ frŭm* « le front »).

Un seul mot remontant à o + NASALE change de classe, c'est le proclitique ILLE-HOMO devenu *lẽ* (Saint-Claud), *nã* et *nã* (Cellefrouin).

NASALES ã ET ẽ

Les deux autres voyelles nasales, *ã* et *ẽ*, n'ont pas entre elles, du moins dans le parler de ma mère, des limites absolument fixes.

La confusion entre AN et EN est ancienne. Elle est marquée dans le *Cartulaire* et dans le *Censier* : antre (K* r. 8/27), INTER; *Pantagota* (C. s. en marge 5/7), PENTECOSTA; *las Durenties* (C. s. 5/33), et *las Duranties* (C. 4/2), qui tous les deux se rattachent à *Durant*.

D'où il est permis de conclure que AN et EN avaient, en dehors d'une influence spéciale, abouti à un résultat unique qui devait être *ãn*.

Nous n'avons qu'un seul exemple ancien de *ẽ*, c'est dans le nom de lieu *lẽ mãdĕtĕ* « le Masdinteau », qui est écrit *ingteu* (C. 6/15) et *igteu* (C. 6/13, 14). Le mot contenait une gutturale et appartenait à la classe de ceux qui, encore aujourd'hui, ont la nasale *ẽ*.

Voici quel est l'état de ces deux nasales dans le parler de ma mère :

Le latin AN et AM entravés non accompagnés d'un *y* vocalisé donnent *ã* : CANTARE, *cãtã*; CAMPUM, *çã*; g. BLANCA, *blãe*; EXTRANGULARE, *ẽtrãlã*; ANNUM, *ã*; *ANNATA, *ãnãd*; FAMEN, *fã*; EXAMEN, *ẽsã*; LAVAMEN, *levã*. — Il faut y joindre SPATULAM, *spalla*, *épãl* (cf. MODULUM, *mõl*).

Le roman *ain, *ein, *(o)in donnent *ẽ* : SANCTUM, *saint*, *sẽ*; PLANGERE, *plaindre*, *plẽdr*; TINGERE, *teindre*, *tẽdr*; PUGNUM, *poin*, *pwẽ*; LONGE, *loin*, *lwẽ*. Il en est de même de EN suivi d'une gutturale ou d'une palatale : LINGUAM, *lẽg*; CINGULA, *sẽl*; LINTEOLUM, *lẽsõ*; TENUI, *tengui*, *tẽgĭ*; *VENUI, *vengui*, *vẽgĭ*; *PRENUI, *prengui*, *prẽgĭ*; et dans les mots suivants :

SENTIO, *sẽ*; SENTIRE, *sẽtĩ*; *DE-INTUS, *dẽ*; *IN-DE-DE-INTUS, *lẽddẽ*[1]; SINE, *sẽ*; auxquels il faut ajouter le germanique SKELLA, *ẽčĕl*. Enfin IN (*ĩ*) et UN (*ñ*) entravés donnent aussi *ẽ* : NUTRIMEM, *nŭ̃rẽ*; GRUNDIRE, *grẽdĩ*; *IMPRUMUTARE, *ãprẽtă*; DEFUNCTUM, *dfẽ*; UNUM + consonne *ẽ*. On pourrait s'attendre à *FRISK-UMEN, *frẽeẽ*, à côté de LEVAMEN, *lĕvã*. C'est en effet ce que l'on trouve au-delà de la Charente. Mais à Cellefrouin, où MN était déjà simplifié, si non tombé, quand l'U s'est nasalisé, nous avons *frẽeñ*. ʻ

En dehors des cas où il donne nettement *ẽ*, le groupe EN entravé se résout en une voyelle nasale dont la valeur réelle n'est pas, pour moi, toujours certaine. Dans la plupart des cas, je ne la distingue pas de celle qui est sortie de AN : FINDERE, *fãdr*; VENDERE, *vãdr*; VENTUM, *vã*; TEMPUS, *tã*; TENERUM, *tãdr*; -MENTE, *-mã* (*bĕlmã*), etc. Mais quelquefois aussi elle se teint d'une nuance qui la rapproche légèrement de *ẽ*. J'ai fait cette remarque pour la première fois en 1886, à un moment où je cherchais l'origine de la particule à sens restrictif *mã*, *mẽ* ou *mẽ⁻* « du moins, moins, sans doute[2] », identique pour le sens[3] et peut-être bien pour l'étymologie à notre français *mon*. A force de me tenir à l'affût du mot qui faisait l'objet de mes préoccupations, j'en étais venu à distinguer dans le parler de ma mère, du moins dans un certain nombre de cas, les *ã* remontant à

---

[1] *lẽddẽ* signifie « là-dedans ». On l'emploie aussi pour désigner un endroit éloigné, mais compris dans l'horizon : *w ẽ lẽddẽ, lẽddẽ dẽ klĕ cã* « il est là-dedans, là-dedans dans ces champs ». ‖ [2] Ce mot n'est plus compris aujourd'hui. En voici quelques exemples : *lĕ mŭẽ fã byẽ tŭt ẽspẽs d bĕzũŋ; sõ frĕr lĭ fã fĕr tŭ s k ŭ võ; kõ yõ, mã, k ŭ n põ pã lĭ fĕr cõprãdr pĕr hŭrã ũn ãbr* « le muet fait bien toute espèce de besogne; son frère lui fait faire tout ce qu'il veut; ça y a, *moins*, qu'il ne peut pas lui faire comprendre pour curer un arbre ». — *hw ẽ b lĭ, mã, k õ fẽ kõ* « c'est bien lui, *moins*, qui a fait ça ». — Un jour qu'il était question de deux bouchers dont l'un, disait-on, vendait meilleur et aussi bon marché que l'autre, ma mère fit cette remarque à l'adresse du second : *ĭ vã pĭ eẽr, mã, ĭ krĕ* « il vend plus cher, *moins*, je crois ». Une autre fois, on disait que l'on peut prendre les truites à la main sur le sable pendant qu'elles dorment. Ma mère, qui en a pris ainsi, s'est empressée d'ajouter : *kõ fõ pã fĕr grã brũ, mẽ⁻, pr lã prãdr* « ça faut pas faire grand bruit, *moins*, pour les prendre ». A Beaulieu et à Ventouse, *mã* a été remplacé par *mwẽ* à une époque où le vrai sens du mot était encore senti. ‖ [3] Tous les exemples cités par M. Godefroy s'expliquent aussi par *moins*.

AN et ceux qui sortent de EN, et c'est ainsi que j'ai été amené à rattacher notre *mā* à MINUS[1]. Depuis, pendant mes vacances de 1890 et celles de 1891, j'ai noté avec soin tous les mots où cette différence m'a paru plus frappante, et parmi ceux-ci j'en trouve où EN a donné nettement *ĕ̃*. Ils ne sont pas nombreux. Les voici : *rĕ̃trĭs* « rentrât », *rĕ̃trä* « rentrer » (deux fois), *ătrĭ* « entra », *rå̃dŭ* « rendu », *vå̃dŭ* « vendu », *få̃dŭ* « fendu », *på̃dŭd* « pendule », *årĭ* « Henri », *jĕ̃dĭ* et *jå̃dĭ*, qui me paraît dérivé de GENA et qui désigne une maladie du cheval, *nĕ̃*, *nå̃* « on », *ĕ̃smāsä* « ensemencer », *ŭ n ĕ̃n ā på̃ d fĕ* « ils n'en ont pas de fait », *ne sĕ vā* « nous nous en allons », *rĕ̃jăv* « rangeait », qui m'a surpris, mais qui est pourtant régulier (g. RING-ARE). Enfin je dois citer à part *tĕ̃k* « tant que », qui sort de AN. Après la génération de ma mère, je n'hésite plus; l'*ā* est assuré. Pour ma mère elle-même, *ĕ̃*, bien que régulier, est le plus souvent remplacé par *ā* dans *rājä* « ranger ». Pour ma petite cousine, Mariette Raynaud, *sātĭ* s'est substitué à *sĕ̃tĭ*.

Les verbes *ănä* « aller » et *vĕnĭ* « venir », *tĕnĭ* « tenir », *prădr* « prendre », se sont influencés réciproquement. Nous devrions avoir au parfait *āgĭ*, *vĕgĭ*, *tĕgĭ*, *prĕgĭ*, au présent du subjonctif *āj*, *vĕj*, *tĕj*, *prĕj*. Mais, à côté de ces formes, j'ai noté : *ĕgĭ*, *ĕgĭs*, *ĕj*, *tăg* (G[1]).

Je dois dire que dans le reste de la région, les voyelles nasales n'ont point joui d'une stabilité parfaite. A Moutonneau, tandis que AN s'est maintenu à *ā*, EN est arrivé à *å̃* : *så̃l*, CINGULA ; *rå̃*, g. RING ; *tå̃*, TEMPUS. A Saint-Claud, AN est passé à *ĕ̃*, et la transformation paraît d'autant plus générale que les sujets que l'on observe sont plus âgés : *kĕ̃t*, QUANDO;

---

[1] Si *mon* remonte à MINUS, *moins*, peut-être par *moyn*, *mōy̆*, *mō*, il ne pourrait venir que de l'Est, et sa condition de mot atone justifierait le traitement spécial qu'il a subi. *Mon* existe encore avec ce sens en Champagne (Tarbé, *Recherches sur l'histoire du langage et des patois de la Champagne*), dans le Haut-Maine (C. R. de Montesson, *Vocabulaire du Haut-Maine*). Hécart (*Dictionnaire rouchi-français*), cite *émon* « n'est-ce pas » qui se prononce à Douai de telle sorte qu'on ne peut pas distinguer si l'on dit *éman* ou *émon*. Le même auteur signale aussi *men* qui a également le même sens que notre *mā* : *il n'en faut men qu'eune* « il n'en faut, moins, qu'une ». A Sains (Aisne) on dit *mō* (*ĕt vyĕdrä*, *ă mō* « tu viendras, n'est-ce pas ? (*moins*); à Lachaussée, canton de Vignolo (Meuse), *mu* (*mŭ dō*, « n'est-ce pas ? », quand ou ne tutoie pas. (*Rev. des P. g.-r.*, IV, 34).

frẽ, g. FRANK; *ěnãd*, *ANNATAM; *cẽ*, CAMPUM (L. L.); *grẽ*, GRANDEM; etc. — *jěb*, JAMBAM (Mouchedune); *cětẽ*, CANTELLUM; *plẽcã* « plancher » (Chalais, La Combe); — *ü cět*, CANTAT (Les Carmagnats); *ětrẽl*, STRANGULAT; *blẽcíd* « blanchie » (Chez-Mancier). Chez tous les sujets, cependant, j'ai relevé des formes avec *ã* : *tã k* « tant que » (L. L.); *ãnãd* (Chez-Chadiat); *plãtã*, PLANTARE; *plãcã*, *cãtã*, *ãglã*, *fyãbã*, etc. J'ai noté deux fois *ã* : *cãtẽ* « chanteau » (Les Carm.); *tü cãtě*, CANTAS; *ně cãtě* « nous chantons », et *cãtãvã* (Mouch.), CANTABAMUS. Il semblerait donc qu'il y ait un mouvement de retour de *ě* issu de AN vers le son primitif *ã*. Mais il y a aussi, sans doute, une large part à faire à l'influence française. A La Chevallerie, nous avons encore le changement de *ã* en *ě* : *cẽ*, CAMPUM; *prõtěstẽ* « protestant »; *měk pã* « manque pas »; *běb* « jambe »; *ětědüt* « entendu »; *ĭ vědrẽ* « ils viendront »; *ě pãsě* « en passant », etc.

Enfin il faut noter que Cellefrouin est sur la limite du territoire de EN entravé ➡ *ã*. En effet, dès Nieul, Suaux, Lussac, Chasseneuil, Saint-Mary, Agris, La Rochette, Sainte-Colombe, les deux nasales *ã* (AN) et *ě* (EN) sont distinctes. A Saint-Claud même, la confusion qui existe entre elles doit être de date récente, et EN ➡ *ě* paraît assuré.

Maintenant, la question se pose de savoir la raison des formes insolites que j'ai observées chez ma mère. Est-ce un cas de contamination dû à un long séjour à Saint-Claud, ou bien les derniers vestiges d'une évolution ? Je crois pouvoir écarter avec certitude la première hypothèse. L'influence du parler de Saint-Claud se serait fait sentir sur tous les *ã* quelle qu'en fût la provenance, et non pas seulement sur ceux qui remontent à EN. Il est vrai que j'ai noté un *ě* ⬅ AN (*tě*, TANTUM); mais cet *ě* unique est tout à fait négligeable; il s'explique par une faiblesse accidentelle de l'articulation. Le fait lui-même de l'isolement du cas de ma mère ne saurait être invoqué contre la seconde hypothèse. Si je n'ai pas remarqué chez d'autres personnes de son âge une semblable prononciation, cela tient, je n'en doute pas, à un défaut d'observation de ma part. Sans la circonstance que j'ai rapportée et qui m'a fait comparer toutes les nasales dans le parler de ma mère, et sans des mois entiers d'un examen incessant et purement passif, je n'aurais fait aucune distinction entre les différentes nasales *ã* (AN et EN).

C'est donc bien les dernières étapes d'une évolution que ma mère nous a conservées. Mais ici une nouvelle question est soulevée. Sommes-nous en présence de l'évolution générale, qui expire à Cellefrouin même, de *ě* vers *ã*, ou de l'évolution secondaire, encore vivante à Saint-Claud, d'un *ě* récent qui revient vers *ã*. La première hypothèse a pour elle la proximité du territoire de $\tilde{e}$ ←— ⓐ ᴇɴ. L'évolution n'atteint d'ordinaire que tardivement les extrémités de son domaine. Mais elle a contre elle ce fait capital que l'évolution paraît fixée, et que, sur aucun autre point, je n'en ai trouvé la moindre trace d'un envahissement progressif. La graphie du *Cartulaire* garderait donc toute sa valeur, et la confusion de ᴀɴ et de ᴇɴ aurait été un fait accompli dès le moyen âge. Resterait donc la dernière hypothèse : Cellefrouin aurait accompli plus vite l'évolution secondaire de Saint-Claud.

Quoi qu'il en soit, ce n'est pas à cette évolution secondaire que se rattachent les formes *lẽg* « langue », *sẽḷ* « sangle », *i sẽ* « je sens », *sẽ* « sans », *dedẽ* « dedans », qui se trouvent dans toute la vallée, y compris Mouton et Lichères, et même *vẽgĭ* « vint », *prẽgĭ*, qui ne dépassent pas Ventouse, sans doute parce qu'ils ont obéi à l'analogie de *ãgĭ*, ou à celle de *vã* ᴠᴇɴɪᴛ, *prã* ᴘʀᴇɴᴅɪᴛ. La raison qui me fait rattacher toutes ces formes directement au latin, c'est que dans le haut de la vallée nous rencontrons *sĩᵑglo*, ᴄɪɴɢᴜʟᴀ ; *dẽdĭm*, *ᴅᴇ-ᴅᴇɪɴᴛᴜs, qui marquent le point de départ même de l'évolution. Nous donnons la série complète :

	CINGULA	DE DEINTUS	TEMPUS
Roumazières	*sĩᵑglo*	*dẽdĭm*	*tẽ*
Cellefrouin (G³)	*sẽḷ*	*dedẽ*	*tã*
Nanteuil (R.) et le Pays-Bas	*sãḷ*	*dedã*	—

L'évolution a donc été retardée à Cellefrouin par le son palatal qui suivait la nasale et dont l'influence a été grande dans la vallée (cf. *triḷ* et *treille*, *tiɲ* et *teigne*). De la sorte, ᴇɴ + *palatale* n'avait pas encore abouti à *ẽ*, quand celui-ci a commencé son mouvement dans la direction de *ã*.

Enfin il reste une dernière question. Quelle est l'origine des 1ʳᵉˢ et 3ᵉˢ personnes plurielles, et du participe présent dans le patois de Cellefrouin ? Toutes ces formes sont en *ã* : *nẽ ɛãtã* et *ŭ ɛãtã*, *nẽ ɛãtãvã* et *ŭ ɛãtãvã*, *n ãvã* « nous avons » et *w ãvã*, *nẽ ɛãtĭrã* et *ŭ ɛãtĭrã*, *nẽ ɛãtrã* et *ŭ ɛãtrã*, *kẽ nẽ ɛãtã* et *k ŭ ɛãtã*, *kẽ nẽ ɛãtĭsã* et *k ŭ ɛãtĭsã* ; et l'on se demande si elles remontent à ᴀɴ ou à ᴇɴ ; et de plus, s'il y a partage, quel est celui qu'il convient de faire.

Le *Cartulaire* ne nous fournit que trois verbes à la 3ᵉ personne du pluriel : *vehén*, ᴠɪᴅᴇɴᴛ ; *avian* « avaient », *seran* « seront » (K* r. 8/34, 23, 28). En dehors de cette indication, comme il n'est n'est plus possible de distinguer à Cellefrouin ᴀɴ de ᴇɴ, nous n'avons d'autre moyen pour nous éclairer, que de recourir aux patois voisins qui en font la distinction. Leur réponse, quoique l'analogie ait pu agir différemment dans des lieux même rapprochés, devra cependant être considérée comme probable. A Suaux, l'imparfait de l'indicatif, le conditionnel et le présent du subjonctif remontent seuls directement aux formes latines en -AMUS : -ăvā, -ABAMUS; -yā, *-IAMUS; sĕryā, *ESSERE-IAMUS; ey̆ā, SIAMUS; ādjā, *AN-IAMUS « allions ». Le plus-que-parfait du subjonctif a suivi l'analogie du présent : āgĕ̄sā « allassions ». Le futur se comporte comme le présent d'HABERE qui a étendu à la première personne la forme de la troisième, ā, comme dans les verbes VADERE (vā) et FACERE (fā) : sĕrā « serons » et « seront ». Le parfait paraît avoir tiré sa 3ᵉ personne du pluriel du latin -RUNT par une voyelle d'appui -*IRENT; d'où, à Suaux, par la substitution de la consonne de la 2ᵉ personne à R, -ĕtĕ̄ (ăgĕtĕ̄ « eûmes » et « eurent »). Le présent de l'indicatif remonte à -EMUS, et le participe présent à -ENTEM : tcātĕ̄ comme dĕvĕ̄ « devons », tcātĕ̄m « chantant » comme ăyĕ̄m « ayant », bŭvĕ̄m « buvant ». A Nieul, le présent et l'imparfait du subjonctif sont en -ĕ̄. Il en est de même aux Pins. A Saint-Mary et à la Rochette, les formes en ĕ̄ ont encore gagné l'imparfait, le conditionnel et le futur, c'est-à-dire sauf vā, fā, ā, toute la conjugaison. Assez loin de là, à Lonnes, les 1ʳᵉˢ et les 3ᵉˢ personnes sont aussi en ĕ̄.

Cellefrouin se trouve ainsi en quelque sorte entouré par le domaine analogique de -EMUS, -ENTEM. Il est donc permis de croire qu'il en fait partie lui-même, et qu'il se trouve au moins dans la même condition que Suaux. De la sorte, non seulement la 2ᵉ personne du pluriel de notre conjugaison viendrait de la seconde conjugaison latine, mais encore d'une façon générale, sauf à l'imparfait, au futur et au conditionnel, la 1ʳᵉ et la 3ᵉ. On pourrait objecter que cette unification qui s'est produite dans la région où EN est resté distinct de AN, a eu pour elle le temps qui, peut-être, a manqué à Cellefrouin pour un semblable travail. Mais il est à croire que le partage des formes entre une conjugaison unique était déjà accompli dans toute la région quand la nasalisation s'est produite. L'accent était déjà passé sur la 3ᵉ personne au XIᵉ siècle (an. 1076-1101), comme le témoigne la graphie vehén (K* r. 8/34), VIDENT, et il y a lieu de croire que la nouvelle conjugaison était alors constituée. Quant au participe présent, comme la forme -ĕ̄ n'est pas constante, il reste douteux.

Dénasalisation

La dénasalisation ne s'est produite que dans quelques mots isolés à l'atone : ăfā « enfant », dans le sens de « fils », ădrĕ̄ « endroit » à côté de ādrĕ̄, ĕ̆tănă « entamer » à côté de ĕtānă, păngŭ̄t, *păngŭ̄t « Pentecôte ».

NOTE SUR QUELQUES ACCIDENTS PHONÉTIQUES

Je signale en terminant cette seconde partie, quelques changements accidentels qui ont leur intérêt.

1° *Aphérèse.* — L'infinitif *ăvĕr* perd souvent dans le parler de ma mère ses deux premières lettres. En voici quelques exemples : *tŭ pŭrî l ĕr kŭnŏgŭ* « tu pourrais l'avoir connu », *ĕ sŭrtŭ d n ĕr pă d plăs* « et surtout de n'avoir pas de place », *ŭ pŏ b zŭ dîr d ĕr vădŭ…* « il peut bien le dire d'avoir vendu… »

2° *Métathèse complète.* — *kŭrĕḻ* « cuillère » pour *kŭḻĕr*. J'ai entendu une fois ma mère dire accidentellement *kŭrĕḻ*. Mais cette forme est la seule employée par ma cousine Françoise Neuville, et par les filles Bertrand de La Chapelle (Saint-Claud).

3° *Métathèse incomplète.* — *ăḻĕnă* pour *ăŋĕlă* « agneler », *bĕk* pour *gĕp* « guêpe ». — Dans ces deux cas, il y a dissociation des mouvements, maintien à leur place des éléments palatal et laryngien, transposition de la marginale et de la dentale dans le premier cas, de la labiale et de la gutturale dans le second. La forme *ăḻĕnă* est employée par ma mère et Marie Béchade ; mais elle a été abandonnée par Mariette Raynaud. Quant à *bĕk*, qui ne se présente qu'accidentellement dans le parler de ma mère, il est, je crois, d'un usage commun en Limousin : *bèco* (Foucaud, *Fables*).

TROISIÈME PARTIE

MODIFICATIONS DU FONDS NOUVEAU DU PATOIS

Le fonds nouveau d'une langue se compose de ses créations analogiques et des mots étrangers dont elles s'enrichit. Ces deux éléments concourent à son rajeunissement d'une façon variable. L'importance du premier dépend de l'activité intellectuelle; celle du second, de causes historiques et sociales.

Dans les conditions actuelles, l'élément analogique est fort réduit à Cellefrouin, tandis que l'élément étranger prend une extension considérable. Un chapitre sera plus que suffisant pour le premier. Nous en accorderons au second trois, dans lesquels nous examinerons successivement : par quelle voie entre l'élément étranger, quelles facilités et quels obstacles il rencontre, quels changements il a dû subir pour se faire accepter, enfin quelles modifications il a imposées au patois lui-même.

CHAPITRE I

CRÉATIONS ANALOGIQUES

Nous n'avons pas à nous occuper ici du choix que la langue fait entre plusieurs radicaux d'un même mot pour ses combinaisons nouvelles, ni de l'extension donnée à certains suffixes au détriment de certains autres, ni des formations nouvelles faites à l'aide de suffixes anciens. Tous ces faits sont en dehors de notre sujet. En effet, que la langue, oubliant, par exemple, l'ancien radical *ăv* HAB-ERE, qui pourtant existe dans quelques personnes du présent de l'indicatif et à l'imparfait tout entier, ne reconnaisse plus comme exprimant l'idée d'*avoir* que le radical plus nouveau *ay* HABE-AM, du subjonctif, et s'en serve pour un nouvel imparfait *ăy-ăv* ; que les flexions de certains temps et de certaines conjugaisons s'étendent à tous les temps et à toutes les conjugaisons ; que des mots nouveaux naissent de nouvelles alliances de radicaux et de suffixes anciens ; il n'y a là qu'une simple utilisation de matériaux dont la constitution phonétique nous est connue.

Mais, à côté de ces combinaisons, il y en a d'autres qu'on peut appeler en un sens des créations, parce qu'elles forment des unités nouvelles douées d'une vie propre en dehors des groupes où elles ont pris naissance. Ce sont les suffixes développés et les suffixes nouveaux. Nous devons nous y arrêter un instant.

SUFFIXE DÉVELOPPÉ -*erí*.

Le suffixe -*ia* -εια uni au suffixe -*erium* a donné -*erí* : *kŏrmĕnĕrí* (G¹), « Cormènerie ». Cette formation, féconde en français, est restée presque improductive à Cellefrouin. Mais une combinaison qui a pris une vie singulièrement active, c'est celle de ce même suffixe -*ia* avec l'infinitif de la première conjugaison -ARE. De là est né le suffixe nouveau -*erí*, qui peut se souder à tous les infinitifs qui ne contiennent pas déjà un R pour en former des substantifs verbaux. Rien n'égale la facilité avec laquelle le paysan crée des mots de cette sorte. S'il veut dire avec une certaine élégance que son appétit ne va pas, que la soif le tourmente, il aura recours à cette combinaison : *kw ĕ kĕl mĭjrĭ kĕ n vă pă, mĕ pr lă bĕĕrĭ kŏ n vă k trŏ byĕ* « ça est cette *mangerie* qui ne va pas, mais pour la *boirie* ça ne va que trop bien ». Souvent, le besoin du moment fait ainsi naître des mots qu'il ne faut pas s'attendre à retrouver dans la suite. Ainsi je recherchais un jour la raison de je ne sais plus quel phénomène, et je prenais comme exemple le verbe *chanter*. Ma mère, à la fin, perdit patience et me demanda si je n'aurais pas bientôt fini avec ma *chanterie* : *n ŏră tŭ pă byĕtŏ fĭnĭ ăvĕk lă eătrĭ*. Une autre fois que je m'étais intéressé au verbe *răpyŏlă* « ravauder », ma mère me demanda : *l ă tŭ mĕ ăn ĕkrĭ kĕl răpyŏlrĭ* « l'as-tu mis en écrit cette *rapiôlerie* ». Mme de Mouillac n'était pas non plus embarrassée pour forger les mots. J'étudiais, tout en causant à table, le suffixe *-ĕrĭ*. Elle, pendant ce temps, découpait un gigot avec un couteau *mal aiguisé*. Comprenant l'objet qui me préoccupait, et voulant me fournir un nouvel exemple, elle dit avec esprit : *tĕnĕ, w ŭrĭ byĕ bĕzwĕ d ănă ă l ăgŭzrĭ!* « tenez, il aurait bien besoin d'aller à l'*aiguiserie !* »

La formation de ce suffixe est facile à comprendre. Dans le composé PORTAR-IA, par exemple, les deux éléments, comme les deux idées, sont restés distincts tant que le verbe est resté *portar*. Mais, du jour où l'infinitif a été réduit à *porta*, l'R s'est trouvée isolée. Alors, abandonnée par le verbe, elle a paru à l'esprit faire partie du suffixe, et lui est restée attachée.

SUFFIXES FORMÉS AVEC LE DIMINUTIF -*ŭ*.

Le suffixe -*ŭ*, -ONEM, s'ajoute soit à des radicaux, soit à d'autres diminutif. D'*ăjăs* « agace » on fait *ăjăsŭ*, de *mĭc* « miche » *mĭcŭ*, de *pŏc* « poche » *pŏcŭ*, de *ǵenĭļ* « guenille » *ǵenĭļŭ*, de *mĭn* (appellation amicale de la chatte) *mĭnŭ*, de *grĭɲ* « croûte de pain » *grĭɲŭ* « grignon », d'*ăgrbĭs* « écrevisse » *ăgrbĭsŭ*, comme anciennement, avant sans doute la fondation du monastère[1] (si le mot est local), de *mŏrg*[2], *MONICUM, *monigo, *mong « moine », on a fait *mŭrgŭ* (terme injurieux, non compris aujourd'hui, qu'on applique aux enfants. *kĕ mŭrgŭ d drŏl* « ce petit moine de drôle »). En combinaison avec d'autres diminutifs, nous avons *pŭl-ĭc-ŭ* « petite pouliche » de *pŭlĭc*, *PULL-ICCA; *vĭn-ŏc-ŭ*, petite *vĭnŏc* « petit vin »; *pĭn-ŏc-ŭ*, le petit de *lă pĭnŏc* « la petite Pinaud »; *fĭl-ŏc-ŭ*, petite *fĭlŏc* « fils qui se trouvent dans certains légumes un peu durs »; — *pyărŏtŭ*, petit de *pyărŏ* « petit Pierre »; *jănŏtŭ*, petit de *jănŏ* « petit Jean »; — *pĭn-ăs-ŭ*, le petit

---

[1] Ce qui me le fait croire, c'est la conservation du *g*, qui, à cette époque, se serait assourdi à la finale. || [2] Exemple à ajouter page 222.

de *lă pĭnăs* « la petite Pinaud »; *pĕl-ăs-ŭ*, petite *pĕlăs* « morceau de peau détachée d'un fruit »; *mŭj-ăs-ŭ* se dit petit garçon (*mŭjăs*, d'une petite fille); — *bŭk-ĭḷ-ŭ*, petit de la *bŭkĭḷ*, nom d'amitié de la chèvre; *ĕcărd-ĭḷ-ŭ*, petite *ĕcărdĭḷ* « écharde ». Il faut sans doute ajouter à cette série le diminutif -ĭŋ, -INEUM, que nous ne possédons qu'associé à un autre suffixe : *pĕt-ĭŋ-ŏ*, fém. -ŏt, « petit », *grăd-ĭŋ-ŏ*, fém. -ŏd, « un peu grand ». Il est vraisemblable aussi que l'on a eu un diminutif -*in* (cf. français *diablotin*) et un suffixe -*ĭs*, correspondant à -*ăs*. En tout cas, par une opération simple de l'esprit, les deux diminutifs ont été fondus en un seul, et l'on a eu les variantes -*ĭcŭ*, -*ŏcŭ*, -*ŏtŭ*, -*ăsŭ*, -*ĭḷŭ*, -*ĭŋŭ*, et, eût-on dû en emprunter la première partie à des radicaux, -*ĭnŭ*, -*ĭsŭ*. Tous ces suffixes nouveaux ont le même sens que le simple, sauf -*ăsŭ* qui a quelquefois une nuance péjorative. Les raisons qui, dans certains cas, font préférer les uns aux autres, relèvent de l'esthétique, et dépendent de la forme du radical. Supposons que nous voulions donner un diminutif aux deux noms Grenet et Chambre. Nous ne pourrions pas créer *grĕnŭ* ou *grĕnĕtŭ*, ni *cābrŭ* : l'oreille s'y refuse. On a fait *grĕnĭcŭ*, *cābrŏtŭ*. On a aussi, sans que la forme correspondant au premier diminutif existe : *pĕrĭcŭ* « petite poire », *bwĕrĭcŭ*, petite couronne en vannerie dont on se sert pour *bwĕra* « blanchir » les châtaignes, *gădĭcŭ* « lucarne » d'un radical qui se trouve dans *gădĭḷă* « guetter »; — *ălŏcŭ* « aile de roue de moulin », *cĭnŏtŭ* « petit chien de quelques mois », *mjŏtŭ*, petite *mĭj* « mie »; — *kwăsŭ* « petite queue », *cĭnăsŭ* « petit chien à peine né », *bŭrjăsŭ* « petit bourgeois » (terme de mépris), *vyĕḷăsŭ* « un peu *vieux* », en parlant d'un enfant; — *ŏzĭḷŭ* « petit oiseau », *mŏcĭḷŭ* « petite mouche », *brŏcĭḷŭ* « petite branche », *drăpĭḷŭ* « petit drapeau », *kărtĭḷŭ* « quartier de pomme ou de poire cuit au four », *răpĭḷŭ* « petite grappe (*răp*), particulièrement grappe laissée après la vendange », etc. (cette forme est d'une grande richesse); — *krŭpĭŋŭ* de *krŭpĕ* (F²) « croupion », *trŭtĭŋu*, petite *trŭt* « canal par lequel s'écoule la lessive de la *păn* (cuvier) dans la chaudière »; — *pĭnŭ* « petit pied (*pĭe*) ou le pied de la *cŏs* (bas) »; — *jănĭsŭ*, petit de *jănĕ* « Jeannet », *kătĭsŭ* « petite Catherine », *gătĭsŭ* « petite Agathe », *mărĭsŭ* « petite Marie », *grăpĭsŭ* « petit crapaud (*grăpă*) ».

SUFFIXES NOUVEAUX -*ŏpă* ET -*yŏlă*.

Ces deux terminaisons sont régulières dans deux verbes, *sălŏpă* « saloper, salir, gâter », et *pyŏlă* « piailler, c'est-à-dire faire *pyŏ*, *pyŏ*, *pyŏ*, comme les poussins », de là « demander importunément », sens unique de la variante *pyŏcă*. Dans le premier cas, nous avons une dérivation naturelle de *salope*; dans le second, l'imitation d'un cri suivie d'une forme verbale. De plus, par suite du sens des mots qui les contiennent, ces terminaisons ont l'une et l'autre quelque chose de péjoratif.

Or, *-ŏpă* a été utilisé pour rendre l'idée de « manier salopement ». Manier se disant *măyă*, manier salopement s'est dit *măyŏpă*. Cette création n'est pas propre à Cellefrouin. On dit en Poitou *manoper* (Favre).

Avec *-yŏlă* et une partie du radical de *răpyĕsă* « rapiécer », on a fait *răpyŏlă* « rapiécer maladroitement »; avec *răvĭvă* « raviver », *răvyŏlă* « essayer de raviver le feu ».

NOUVELLES DÉSINENCES FÉMININES.

La chute des consonnes finales des noms masculins a fait oublier le rapport qui existait dans l'ancienne langue entre les deux genres. Aujourd'hui la caractéristique du féminin *pĕtĭt* en regard de *pĕtĭ*, c'est le *t*; de *mĕnŭn* comparé à *mĕnŭ* « appellation amicale du cochon », c'est l'*n*. Aussi, quand il s'agit de créer un féminin à un masculin, et le cas est fréquent pour les noms d'hommes, faut-il s'attendre à voir soit le *t*, soit l'*n*, employés pour cette fonction. De *Després* (*dĕprĕ*), ma mère a fait *lă dĕprĕn* « la femme Després », de *Paradis*, *lă păradinĕ* « les femmes Paradis » (cf. à Puybarraud *vŭlŭr* « voleur », fém. *vŭlŭrnŏ*). Je l'ai entendue donner à *fŭtŭ* un féminin *fŭtŭt*; et Mariette Raynaud a fait, avec *ăyĕ* « agneau », le féminin *ăyĕt*, qu'elle a substitué à *ăyĭt*, seule forme, du moins à ma connaissance, qui ait été usitée jusque-là.

CHAPITRE II

VOIES ET MODES D'INSTRUCTION DE L'ÉLÉMENT ÉTRANGER

L'élément étranger nous assiège de toute part. Nous le trouvons dans la famille porté par les parents eux-mêmes, dans le village où se mêlent des parlers d'origine diverse ou propres à certaines classes d'individus. Mais tant que ces influences restent isolées, elles ne se font que peu sentir dans la langue indigène. Nous avons déjà relevé des formes dues à une mère étrangère (page 185), à un village voisin (page 186). Nous rencontrerons (chap. IV) un cas très curieux de l'influence d'une génération plus ancienne agissant directement sans passer par les intermédiaires sur d'autres plus jeunes. Enfin je peux me citer comme un exemple de l'infiltration d'un parler local dans celui d'une famille transportée hors de son pays (page 168). J'en ai d'autres : M. Bernier parle, lui aussi, le patois de sa mère qui était du Masdinteau, au moulin de Mouchedune où il est né, et, comme moi, il mêle dans sa conjugaison des formes qu'il a empruntées à son lieu de naissance. (Cf. les parfaits *părtĕrā, dĭsĕ, prĕgĕ*, formes de Mouchedune à côté de *sŏrtīrā* et au lieu de *dĭsĭ, prĕgĭ*, formes du Masdinteau.

Une petite fille de Nieul, élevée par sa grandmère originaire de Saint-Claud, a pris de celle-ci les groupes *pl, fl, bl*, inconnus à Nieul : *flə̆* « fléau », *flāb*; mais elle hésite entre *plācă* et *plăcă*.

Nous avons emprunté à la langue de l'Eglise *ăbrnōsyŏ!* (ABRENUNTIO), interjection de dégoût prise dans les cérémonies du baptême; à celle de la scolastique, *dĭstĕgŏ* (DISTINGUO), pour marquer une différence (*kŏ yŏ byē də̆ dĭstĕgŏ, vĕ!* (G¹) « il y a bien du *distinguo*, voyez! »); à celle de la médecine et du droit, un nombre assez considérable de mots que nous retrouverons à l'occasion.

Les influences les plus puissantes sont celles qui s'exercent de pays à pays. Or, comme les évolutions phonétiques nous viennent de l'Ouest, c'est aussi de la même région que remonte jusqu'à nous la grande masse de l'élément étranger qui nous envahit, et cela depuis une époque ancienne. Il y a, en effet, des mots et des formes que nous pouvons signaler au moment de leur passage dans certains lieux, et en quelque sorte suivre la piste. L'article féminin *las*, par exemple, existait à Criteuil, près de la Chaise, à l'autre extrémité de l'Angoumois, au xie siècle[1], à Salles de Villefagnan, au xve siècle[2]. Aujourd'hui il ne conserve plus de son ancien territoire sur la rive droite de la Charente que le seul village de Bayers.

Les trois mots *rĭvyĕr*, *trĭĭvă*, *ărĭvă*, se dénoncent comme étrangers par leur *v*; mais ils dominent sans partage jusqu'à Saint-Claud. Ce n'est que plus haut, Chez-Chadiat, à Negret, à Suaux, et seulement chez les vieillards, que l'on trouve les formes indigènes *trŭbă*, *ărĭba*. A La Péruse même, *rĭbyĕro* n'est conservé que comme nom d'un pré.

L'influence exercée par le Pays-Bas est si considérable, qu'aujourd'hui même où le français a attiré toute considération, on accepte de lui tout, même le patois. Ma mère sentant le besoin de remplacer *lă* « là » par une forme plus élégante, au lieu de prendre le français *lă*, lui a emprunté *lĕ* (*kĕl lĕ* « celle-là »). Quand nous avons substitué à Saint-Claud le français au patois (c'était au moment où j'allais à l'école, vers 1856), nous étions fort embarrassés, je m'en souviens, pour trouver un équivalent français à notre *brŏ* « broc », sorte de cruche dont nous nous servions pour puiser de l'eau à la fontaine : *brŏ* sentait trop son patois. On nous proposa *bŭĭ* « buie », que nous avons accepté et qui est resté depuis : il nous venait du Pays-Bas.

Malgré les moyens innombrables que possède le français pour s'implanter dans nos villages (l'école et les instituteurs, les voyageurs de commerce, les employés de l'administration, les familles étrangères, le service militaire), le Pays-Bas et le Nord restent les intermédiaires obligés entre le français et nous. Qu'un curé ou un professeur originaire de l'Est ou du Midi ne s'avise pas de vouloir nous donner des leçons de prononciation ; il perdrait non seulement sa peine, mais encore quelque chose de son crédit. Il y a eu à Saint-Claud un bon curé originaire d'Ussel (Corrèze), qui est resté dans la paroisse près de 40 ans. Lui prenait-il fantaisie d'en parler le patois, on se bouchait presque les oreilles, et l'on disait entre soi : *kĕ vŏ t ă kĭ ăvĕk sŭn ŏvărn̄ă*. « Que veut-il là avec son auvergnat. » Un professeur du Petit Séminaire de Richemond s'était donné la tâche de

---

[1] *Las Palenas*, nom de terres situées dans cette paroisse. Charte de 1098-1109, citée par Marvaud, *Hist. de Cognac*, p. 60. || [2] « Au chemin par où l'on voit de *las Salles* à Fontenilles (*Ibid.*, 24 janv., 1465). »

corriger nos fautes de français. Par malheur, il était des Pyrénées, et nous trouvions ses prétentions exorbitantes. Il avait beau se prévaloir de l'autorité de Littré, nous ne l'écoutions pas, persuadés qu'il ne comprenait pas Littré, puisqu'il nous contredisait, ou que Littré avait tort; et, de fait, c'est nous qui avions raison[1]. Cette aversion pour les formes venues des pays non français se marque encore par les bévues qu'elle nous a fait commettre. Une pomme qui nous vient du Limousin, la pomme rambour, n'a pu être acceptée à Cellefrouin sous son véritable nom. *Rambour* a été sans entendu *rābŭ*. Or, comme *bŭ* « bon », qui est pourtant bien régulier, se dit à Cellefrouin *bō*, *rambour* a été défiguré en *rābō*. Le nom de la petite ville que les habitants appellent *mōbĕrŭ*, conformément à l'usage ancien (*Monberoux*, sur un sceau de 1580, *Monberou* sur un sceau de 1391, MONTEM BARULPHI dans les actes latins), ne pouvait pour la même raison conserver sa finale indigène; les franciseurs en ont fait *Montbron* (*mōbrō*). C'est ainsi que l'on dit à Cellefrouin.

On peut se demander si ces dispositions sont récentes. A ne consulter que l'ensemble de nos mots étrangers, il semble que non. Il y en a un pourtant qui pourrait bien nous être venu pour le sens et le son du Limousin, c'est *brăv* « joli ». Il est vrai que *brăv* se prononçait ainsi au XVIe siècle en français (Chifflet, d'après Thurot) et qu'il signifiait dans Perrault « bien habillé ». Mais, comme il ne dépasse guère Cellefrouin et qu'il s'emploie surtout dans les phrases ironiques, il ne serait pas téméraire de penser que c'est de la région de l'Est qu'il est descendu jusqu'à nous.

La lecture aussi nous a fourni des mots étrangers. Il est le plus souvent difficile de les distinguer de ceux qui sont venus par voie orale; cependant il en est quelques-uns pour lesquels ce mode d'introduction paraît certain. Je citerai : *ălŏrs* « alors », si fréquent chez certaines personnes, dont l'*s* ne peut-être dû qu'à un défaut de lecture; *ŏdĭsyō*, dont le sens mal compris décèle un lecteur ignorant des débats de cours d'assises : *ŭ pŏrt sŭn ŏdĭsyō sŭr tŭ* (G²) « il porte son *audition* (avis, témoignage importun) sur tout » ne rappelle que de loin l' « audition des témoins ». Il y a au moins un mot dont la déformation est bien certainement le fait du lecteur. C'est *āgĕ* « engin », qui appartient au parler de ma mère. Surpris par l'apparition d'un *g* dur dans ce mot, j'ai eu l'idée que ma mère se faisait l'écho d'une lecture mauvaise. La vérification était facile, car j'avais sous la main son lecteur habituel. L'expérience a prouvé que je ne m'étais pas trompé.

---

[1] Il voulait nous faire aspirer les *h* dites aspirées, comme c'est l'usage dans les Pyrénées.

Telles sont les voies principales par lesquelles l'élément étranger est entré dans notre patois.

Resterait à fixer la date de ces invasions, nous le ferons à l'occasion. L'histoire de la phonétique nous en fournira le moyen. Ainsi, par exemple, *sĩn* « signe », *sĩnĩfyă* « signifier », *ăsĩnăsyñ* « assignation », *kãgrẽn* « gangrène », *sĕgrĕtèr* « secrétaire », et les mots où oi se prononcent *o* ou *wé* remontent à une époque ancienne, tandis que *sĩyă* SIGNER, et les mots qui renferment *wa*, oi, sont d'introduction récente.

Enfin nous avons à considérer la force de pénétration que possèdent les divers éléments étrangers en instance pour acquérir le droit de cité. Celle-ci varie suivant le sens, l'emploi et la constitution phonétique des mots et des formes. L'utilité d'un mot est la meilleure condition pour le faire accepter. Qu'une idée nouvelle frappe l'esprit, qu'un objet nouveau entre en usage, le mot qui les exprime s'impose par le fait même. Il rentrera sous une forme ou une autre, il pourra même être affreusement mutilé, mais il entrera. Par exemple, l'idée d'*instinct* n'existait pas à Cellefrouin; on n'aurait pas su dire « cet animal a eu l'*instinct* de faire ceci ». L'idée a été prise au vol, et le mot aussi et sous quelle forme, *ãtrĕsẽ!* — *ũ n ŏ pă ăgũ lãtrĕsẽ de s ĭ fũrã* (G¹) « il n'a pas eu l'INSTINCT de s'y fourrer » (il s'agit d'un rat poursuivi par un chat qui n'a pas eu l'instinct de se sauver dans un tiroir).

Le patois, pauvre d'idées abstraites, en accepte volontiers l'expression. Ainsi SCIE est entré avec son sens figuré, tandis que *sĕj* est resté pour désigner l'instrument. De là est né ce jeu de mots qu'on omet rarement de faire quand on a une scie qui ne coupe pas : *kwĕ byĕ ũn sĩ, kĕ n ĕ pă ũn sĕj.* « C'est bien une SCIE ce n'est pas une *sége* (scie). »

En dehors de l'utilité, ce sont les raisons d'esthétique qui prévalent. Les mots les plus usuels se gravent aisément dans la mémoire, en sorte que le paysan se trouve avoir deux vocabulaires à sa disposition, le sien, et, dans une certaine mesure, celui de ses voisins. Si les voisins lui sont inférieurs, il ne se servira de leur vocabulaire que pour se moquer d'eux ou quand il aura l'occasion de mettre en scène des personnes de basse condition. Ainsi, dans un conte que j'ai entendu à Benest, et dans lequel figuraient un métayer et son maître, trois langues étaient employées successivement : celle de la narratrice, le parler de Benest; celle du métayer, le limousin; celle du maître, le français. Mais, si les voisins appartiennent à un état social plus élevé, alors le paysan aura recours à

---

[1] Michon, *Statist. mon.*, p. 81. ‖ [2] *Ibid.*, p. 83.

leur vocabulaire quand il voudra bien parler. Les vacances dernières, je demandais à un enfant des Carmagnats comment se disait un *couteau*. Il me répondit par le mot en usage à Negret et à Saint-Claud (*kŭtĕ*). J'insistai. Cette fois, il me servit le mot français; et ce ne fut que sur de nouvelles instances qu'il se décida à me livrer son patois (*kŭtà*). Les faits de cette sorte sont nombreux. Si les occasions de voir les étrangers ou des personnes d'une condition plus élevée se multiplient, alors on s'habitue à ces mélanges baroques, comme ma mère en donne trop d'exemples; ce qui fait dire à sa nièce, qui est sa filleule : *mă mnĭ zŭ dĕvĭr tŭ* « ma *meni* le *dévire* tout ». Elle est trop sévère : ce que fait sa *meni*, elle le fait elle-même, quoique dans une moindre proportion, et tous les autres aussi.

Si l'admission d'un mot dépend de son utilité ou de son élégance supposée, la forme sous laquelle il est accepté résulte de sa constitution phonétique. S'il ne contient que des sons déjà usités dans le parler indigène et sans équivalents significatifs dans ce même parler, il passe sans aucun changement. Mais, s'il renferme des articulations difficiles, s'il se heurte à des sons analogues, à des terminaisons équivalentes, il faut s'attendre à le voir se simplifier, se teindre des nuances propres au parler qu'il envahit, accepter même, comme signe de naturalisation, les finales étrangères. L'obstacle vient donc de la phonétique indigène : les formes vivantes s'imposent, les formes mortes se laissent remplacer. *Animal*, venu trop tôt, a dû se changer en *ănĭmă*; *canal*, plus nouveau, s'est fait accepter comme tel. Nous avons donc là un moyen de juger de la vitalité des sons et un utile complément de la phonétique. Rien n'est curieux comme de voir dans un même village où se trouvent réunies des personnes de provenances diverses (à Saint-Claud, par exemple) l'accueil différent que chacune fait aux formes françaises, suivant le degré de vitalité de son propre parler. Il en est à qui le patoisement s'impose et pour qui café deviendra *kăfă*; parquet[1], *părkă*; bureau, *bŭrĕ*; qui de *tăbă*, *tăbătyĕr*, feront *tăbătĭĕ* « buraliste ». Pour d'autres, au contraire, ces mots, parfaitement réguliers dans le patois de tous, sont considérés comme barbares et deviennent l'occasion d'incessantes railleries.

Aussi un suffixe étranger ne peut-il se faire accepter que si le suffixe indigène correspondant a perdu toute vie propre. Il n'est donc pas étonnant que celui-là se propage même au détriment de celui-ci et se lie à des radicaux patois. Mais souvent, le suffixe étranger ne se maintient pas

---

[1] Suivant la prononciation du pays, *parquet* rime avec *café*.

longtemps dans cette position usurpée : il disparaît avec le composé hybride devant le mot rival que lui oppose le dialecte envahisseur. C'est ainsi que, dans le Pays-Bas, particulièrement à Saint-Amand de Nouère, le mot indigène *pezã*, PISELLUM, a été francisé en *pezõ*, qui a été remplacé par *pwè* POIS. Cette progression est marquée par le nombre et l'âge des personnes qui usent de ces trois dénominations : quelques vieillards seulement disent *pezã*; un plus grand nombre, *pezõ*; la grande majorité, *pwè*.

CHAPITRE III

CHANGEMENTS SUBIS PAR LES SONS ÉTRANGERS

D'après ce que nous venons de voir, il faut surtout entendre par sons étrangers les sons angoumoisins ou français.

Des premiers, nous n'avons rien à dire. L'aspiration du *j* ou du *e* mise à part, ils ne diffèrent pas de ceux qu'utilise le patois de Cellefrouin. Or cette aspiration ne devait pas exister quand les patois des bords de la Charente se propageaient comme tels. Aujourd'hui que nous demandons à l'Angoumois du français, elle constitue à nos yeux un défaut que nous avons garde d'imiter.

Nous n'avons donc à nous occuper que des sons français. Nous considèrerons d'abord les consonnes, puis les voyelles.

§ 1ᵉʳ. — Consonnes.

Le système consonnantique français ne diffère du nôtre que par le maintien d'*l* et *n* devant *i* ou *e* en hiatus, et d'*l* après une consonne.

Les mots français vraiment populaires ont donc pu à peu près tous se faire admettre sans avoir à subir dans leurs consonnes d'autres modifications que celle qui est imposée par la double loi de la mouillure. Ainsi :

1° MILIEU est devenu *mĭḷĕ̆*; BEAULIEU (place d'Angoulême), *bôḷĕ̆*; LIARD, *ḷăr*; LÉONARD, *ḷŏnăr*; LÉONTINE, *ḷŏtĭn*; — OPINION, *ŏpĭyŏ̄*; CONTINUER, *kŏ̄tŭ̆nă̆*. Cette transformation est sans exception.

2° PLAIT-IL ? (formule de politesse pour prier de répéter) devient *plĕt-ĭ*; PLAISIR, *plĕzĭ*; BLAGUE, *bḷăg*; RÉPUBLIQUE, *rĕpŭ̆bḷĭk*; FLAMME, *fḷăm*; RÉCLAME, *rĕkḷăm*; JONGLER, *jŏ̄gḷă*. Quoique le groupe *gḷ* se réduise à *ḷ*, dans les mots indigènes, aucun mot français n'est arrivé à temps pour suivre cette évolution (cf. JONGLE, *jŏ̄gḷ*, et *ŏ̄ḷ* « ongle »). Il est à remarquer que le changement de *ḷ* en *y* s'est produit d'abord dans le mot français *ŏ̄ pyĕzĭ* (Ventouse Cʹ, Moulin de Mouchedune Bʹ, Parzac Bʹ, La Bosse), et longtemps avant qu'il se soit annoncé dans les autres mots. Est-ce en raison de l'emprunt ou du fréquent usage du mot? Je ne saurais me prononcer avec certitude. Deux mots ont échappé à la loi du mouillement de l'*l* : GLACIAL, *glăsyăl*, et PLUSIEURS, *plŭzyăr* (G¹). C'est la preuve que l'évolution, comme nous l'avons déjà remarqué, est parvenue à son terme.

Le groupe *di* en hiatus est devenu *y* à Angoulême : *lăyé* « landiers ». Le patois de Cellefrouin n'a pas éprouvé ce changement dans les mots indigènes, mais il l'impose aux mots d'introduction récente : INDIENNE, *ĕyĕn*; TEINTURE D'IODE, *tĕtŭryŏt* (G¹). De même à Angoulême, *ĕyĕn*; à Ruffec, *myŏkr*, MÉDIOCRE (qualification d'une sorte de fil). Cette transformation de *di* en *y* est régulière au Canada comme à Angoulême : CANADIEN, *kănăyĕ* (Saint-Barthélemy, diocèse de Montréal).

L'hiatus entre deux voyelles persistantes a été comblé par un *y* : BAHUT, *băyŭ*; CAHUTE, *kăyŭt* (G¹).

Le français savant surtout contient des groupes d'une prononciation difficile, des finales indécises pour une oreille peu exercée, des successions insolites de consonnes. Il ne peut donc sans modifications entrer dans un parler populaire.

1° *Groupes.*

STI se change en *sy* : QUESTIONNER, *kĕsyŭnă*; INDIGESTION, *ĕdĭjĕsyō*; OBSTINÉ, *ŏstĭnă* (d'où le verbe *ŏstĭnă* « soutenir avec obstination »).

L'R est supprimée dans PROPRIÉTÉ, *pŏprĭĕtă*; INTERPRÉTER, *ĕtrĕpĕtă* (G¹).

L'L + *consonne* se change en *r* dans VALSE, *vărs*; VILEBREQUIN, *vĭrprĕkĕ*; SALSIFIS, *sărsĭfĭ* (G¹). La transformation est réelle, au moins dans le dernier mot, car ma mère l'a entendu pour la première fois à Saint-Claud, où il se dit sous la forme française. On peut ajouter *kărkŭl* et *ărmănă*, *tă sermă* « tant seulement ». L'L paraît s'être nasalisée dans CALEPIN, *calpin, *kănpĕ*; CALEÇON, *calson, *kănsō*.

L's + *consonne* peut se changer en *r* : MASSALOUX (nom d'homme apporté à Cellefrouin vers 1837), *mărsălŭ* (cf. MASSILIA, *Marseille*); ASPIC au sens figuré *ărpĭ*.

L's + 'consonne à l'initiale est précédée d'un *ĕ* : SCORPION, *ĕskrŏpyō*; SQUELETTE, *ĕskălĕt*.

Je signalerai encore GRÈS, *krĕ*; ÉDREDON, *ĕgrĕdō*; FANTASQUE, *fătăks*; FRANC-MAÇON, *flămăsō*; BLUTOIR, *brŭtwăr*; SUPPORTER, *sŭlpŏrtă*.

2° Finales.

A un moment donné l'L finale a été confondue avec R. Ainsi nous avons d'un côté NOEL, *nwĕr*; ÉRYSIPÈLE, *ézĭpèr*; et de l'autre DESSERT, *désyĕl*; RARE, *răl*; TARD a été certainement entendu *tăl*, puisque nous possédons le dérivé *tălĭnă* « tarder ». On a même ajouté une *r* à des noms qui n'y avaient pas droit : NEVEU, *nĕvăĕr*; angoumoisin *săŭ* « sureau », *săĕr*; PUS, *pŭr* (G¹).

Les sonores ont été entendues comme sourdes dans les finales *d* (DE) et *v* (IVE) : VÉLOCIPÈDE, *vĕlŏsĭpĕt*; TEINTURE D'IODE, *tĕtŭryŏt* (G¹); eau SÉDATIVE, *ĕg sĕlatĭf* (G¹, G³); société COOPÉRATIVE, *kŏpĕratĭf* (Saint-Claud, Brunaud). Ce changement ne peut être attribué à une difficulté d'articulation, car nous avons des mots en *ĕd* (*plĕd* « plaide »), *ŏd* (*mŏd*), *ĭv* (*vĭv*). Il n'est dû qu'à une erreur d'oreille. J'ai essayé de faire prononcer le mot *vélocipède* à ma mère, l'avertissant chaque fois qu'elle disait mal, mais sans lui indiquer le défaut dans lequel elle tombait et sans lui faire connaître l'objet précis de mon enquête. Or sur 14 fois qu'elle a répété le mot, elle l'a terminé 9 fois par un *t*, 5 fois par une *l*. Mais elle n'essayait de l'*l* que pour tâcher de me satisfaire. Jamais elle n'a trouvé le *d*.

3° Consonnes initiales ou médiales.

Une confusion peut se faire aisément entre L et R. Dans l'expérience précédente, ma mère a changé 5 fois l'L en *r*. Son doute portait donc sur cette articulation en même temps que sur la finale, les autres syllabes étant restées pour elle parfaitement nettes. Nous avons le changement d'L en *r* dans *sĕlĕbrăl*, CÉRÉBRAL; *kŏlĭdŏr*, CORRIDOR (le français régional est correct sur ce point). Mais *sălŏ* « sarreau », et *mŏlŭ* « morue », en saintongeais et en poitevin *salaud* (Favre, Lalanne) et *molue* (Favre), n'ont sans doute rien à voir avec le français.

Le changement de NUMÉRO en *lĭmărŏ* rappelle celui de LIBELLUM en *niveau* (*nĭvĕ*).

La confusion est possible entre *f*, *c* et l'*s*. Le FUNICULAIRE de Belleville, qui a tant fait parler de lui, est appelé *sĭnĭkŭlĕr* par ma mère, comme ÉPOUSSETER est devenu pour elle *ĕpŭſtă*; cf. CHIRURGIEN, *sŭrĭjyĕ* (forme commune).

Entre voyelles, une sourde peut être entendue sonore : CONSÉQUENTE « importante », *kŏsĕgăt* (G¹, Mouchedune B.), BROCANTER, *brŏkădă*, à moins qu'il y ait l'influence de *mărɕădă*.

Une métathèse qui rappelle celle des enfants : TAPIOCA, kăpyŏtă (G¹) ; MAGASIN, măzăgĕ.

Nous avons des cas d'un y remplacé par l : THÉIÈRE, tĕlĕr; BIAIS, blĕ (G¹); THIAC (nom d'homme), klăk (Courcôme). Ce ne sont que des personnes âgées qui m'ont fourni ces exemples. Ont-elles pris l'équivalent du y des jeunes, ou ont-elles été influencées par les mots en -lĕr, comme bĕrlĕr « anse », krĕmălĕr « crémaillère », etc.? Je n'ai pas le moyen de trancher la question.

A l'imitation de certains mots (tĭtr « titre », răfl « râfle » grŭ « grue »). r et l se sont glissées inducment dans : jĕsŭĭtr, JÉSUITE; dĕpĭstr, DÉPISTE; bŭrălĭstr, BURALISTE; ŏbărjĭstr, AUBERGISTE; jĭtr, GÎTE; lĭstr, LISTE; sŏfr, SAUF; ălkŏvr, ALCÔVE; — pŭprŏ, POUPON; kăvrŏ, CAVEAU (La Bosse); kărăfl, CARAFE; părăfl, PARAFE; jĭrăfl, GIRAFE; sĭgrŭ, CIGUË.

L'influence d'un mot voisin pour le son paraît certaine dans prĕskĕmă, PRESTEMENT et PRESQUE; vĕrmĭeĕl, VERMICELLE et MICHEL; mŏrsĕj, MORCENS et SINGE; sŏldăr, SOLDAT et SOUDARD; rĕvălăeĕr, REVALESCIÈRE et DE LANCHÈRE (nom d'homme); drĭkătmă, DIRECTEMENT et DÉLICATEMENT.

Il semble bien que bĭzmŭt, BISMUTH, ait été influencé par bĭză « baiser »; ătrĕsĕ, INSTINCT, par un mot comme ătr, ătră, avec métathèse de s, T; prĭkătwăr, PURGATOIRE, par prĭă « PRIER »; dĕsyĕl, DESSERT, par syĕl « ciel »; que pădŭd, PENDULE, ait été confondu avec pădŭd « pendue ».

Une confusion de la première syllabe du mot avec l'article nous a donné : sĭfĕr, LUCIFER entendu le sifer; ŏdănŏm, LAUDANUM entendu l'audanum.

§ 2. — Voyelles.

Les consonnes françaises sont à peu près les mêmes partout. Il n'en est pas ainsi des voyelles. Or, comme celles-ci nous viennent, non des bords de la Seine, mais de ceux de la Charente, je suis obligé, afin de pouvoir montrer les transformations qu'elles éprouvent à Cellefrouin, de faire connaître le caractère particulier qu'elles ont revêtu en Angoumois.

L'angoumoisin a le sentiment de deux variétés de voyelles : l'une longue, l'autre brève. C'est l'enseignement des grammaires dont il a été imbu dans sa jeunesse. La longue est une voyelle fermée (sauf ĕ) et longue : ā, ē, ī, ō, ū, ŭ, ǣ; la brève est une voyelle moyenne et ordinairement brève : ă, ĕ, ĭ, ŏ, ŭ, ŭ, ǣ.

L'*ē* indigène est l'*ę́*; c'est à peu près le seul que l'on trouve dans le peuple; l'éducation tend à lui substituer l'*ę̀*. Il y a donc de nombreuses hésitations sur ce point suivant les personnes et aussi suivant les mots. Les voyelles *ō* et *œ̄* ne sont point considérées comme les longues de *ŏ* ni de *œ̆*.

L'attribution de ces voyelles à chaque mot se fait en partie d'après le parler indigène, en partie d'après l'orthographe et une tradition orale qui se transmet dans les écoles.

La loi morphologique, qui règle les rapports du singulier et du pluriel, s'est imposée aux noms et aux verbes. On dit donc avec une voyelle brève et moyenne au singulier, avec une voyelle longue et fermée, sauf pour *ĕ* qui prend un *ę̀* (*ę́* dans le peuple), au pluriel : *sŏldă* « soldat », pl. *sōldā*; *vălĕ* « valet », pl. *vālę̀* (ou *vālę́*); *pĕtĭ* « petit », pl. *pētí*; *săbŏ* « sabot », pl. *sābō*; *pwĕtŭ* « pointu », pl. *pwētū*; *trŭ* « trou », pl. *trū*; *fœ̆* « feu », pl. *fœ̄*; — et dans les imparfaits de l'indicatif, *il ęātę̆* « il chantait », pl. *il ęātę̄*. Cette forme de l'imparfait, qui est tout à fait étrangère aux parlers locaux, me paraît la même dans toutes les classes de la société.

L'accent circonflexe est pour nous le signe de la longueur. On dira donc *pāt* « pâte », *tēt* « tête », *jīt* « gîte », *āpōtr* « apôtre », *flūt* « flûte », *jœ̄n* « jeûne », *krūt* « croûte ». Mais on dira : *kărŏt* « carotte », *bărĭk* « barrique », *tăļĕr* « tailleur », *mŏsyŏ* « motion ».

La graphie *au* est considérée comme l'équivalent de *ō* : *bōm* « baume », *sāpō*, *kūtō*, etc. Il n'y a que deux exceptions, *eau* et *étau*, qui tous les deux ont un *ŏ* (*ŏ*, *étŏ*).

On a bien aussi la tentation de voir un équivalent de l'*é* dans la graphie *ai* : *lę̄s* « laisse », *kę̄s* « caisse » ; mais les exceptions imposées par les patois sont fort nombreuses et détruisent la règle.

On prononce encore longues les voyelles finales qui sont suivies dans l'écriture de *s*, *x*, *z* ou *e* : *ābără* « embarras », *nę̄* « nez », *āglę̄* « anglais », *pălę̆* « palais », *ĕksę̆* « excès », etc. — *tū* « toux », *yœ̄* « yeux », *dēlĭsyœ̆*, *fūryœ̆*, etc.; — *aie* = *ę̄*, *rę̄* « raie » ; *ée* = *ę̄*, *ęātę̄*, *fę̄* ; *mī* « mie », *fīnī* « finie », etc.; *vēnū* « venue » ; *ū* « houe », etc.

Sont également longues les voyelles suivies dans la prononciation d'une *r* finale ou d'un *z* : *pār* « part », *rĭeăr* « Richard », *tār* « tare » ; — *fīnīr*, *plēzīr* ; — *dūr* « dur, dure », *lūr* « lourd », *klę̄r* « clair, clerc », *nōtę̄r* « notaire », *pę̄r* « perd, père », *kŏlę̄r* « colère », et *ŏr* « or, ors », *dŏr* « dore, dort », *œ̄r* « heure », *sōvœ̄r* « sauveur », etc.; — *băz* « base », *ę̄z* « aise », *fūrnę̄z* « fournaise », *ęmĭz*, *sŏtĭz*, *cŏz*, *sŭpŏz*, *ăbŭz*, *ămŭz*, *blŭz*, *dēlĭsyœ̄z*, etc.

Guidé par le patois, l'angoumoisin lit *dŭs* « douce » ; *pŭs* « pousse », pouce », *bŭc* « il bouche », *fŭ* « fou », *mŭ* « mou », *pŭs* « puce », *sŭdr* « cidre », *sŭdr* « Sudre » (nom d'homme). Mais, abandonné par lui, il ne peut lire que *bŭg* « un bouge », malgré la similitude d'origine (OL) avec *il bŭj* « il bouge ».

C'est à son éducation qu'il doit l'*ă* des mots en -*acle*, *ŏbstăkl*, *mŭrăkl*; en -*aille*, *mĕdăl*, *kănăl*; en -*atre*, *ŏpĭnyătr*; de certains mots en -*able* et -*abre*, *dyăbl*, *săbl*, *ăfăble*, *săbr*; en -*ace*, *asse*, *păs*, *grăs*; et de quelques autres à terminaisons diverses, *rĕklăm*, *kădăvr*, *vŏyăj*, *kădr*, *ătlăs* (seul de sa série); — l'*ĕ* de *sĕs* « cesse », *prĕs* « presse »; — l'*ĭ* de *grătĭs*, *vĭs* « vice, vis », *lĭs* « lis », et dans le peuple de *kălĭs* « calice »; — l'*ŏ* de *ăgrŏnŏm*, *ĕkŏnŏm*; — l'*ŭ* de *ăgĕlŭs*, *ŏmnĭbŭs*.

En dehors de ces cas, c'est-à-dire quand elle n'est pas marquée d'un accent circonflexe, qu'elle est finale, non suivie dans l'écriture de *s*, *x*, *z*, *e* ou qu'elle est accompagnée dans la prononciation d'une ou plusieurs consonnes autres que *r*, *z*, la voyelle tonique est moyenne et brève.

Voyelles finales : *cŏkŏlă*, *ĕmĕ* « aimer, aimé », *fĕ* « fait », *lĕ* « laid », *ĭsĭ* « ici », *mŏ* « mot », *nŭ* « nu », *ŭ* « où », *fădŭ*, *pĕ* « peu ».

Voyelles suivies de consonnes : -*be*, *glŏb*; — -*ble*, -*bre* dans le plus grand nombre des cas (tous les adjectifs excepté *ăfăbl*), *tăbl*, *ĕtăbl*, *ădmĭrăbl*, *kăpăbl*, etc.; *fĕbl* « faible », *rĭsĭbl*, *bĭbl*, *nŏbl*, *s ăfŭbl* « s'affuble », *trŭbl* « trouble », *lĭbr*, *sŏbr*; — -*c*, -*que*, *bărăk*, *ăvĕk*, *pĭk*; — -*cre*, *măsăkr*, *ŏkr*, *sŭkr*; — -*cte*, *dĭrĕkt*; — -*che*, *ăc* « hache », *bŏbĕc*, *bărbĭc*, *pŏc*, *sŭc* « souche », *bŭc* « bouche »; — -*de*, *kămărăd*, *rĕmĕd*, *ăvĭd*, *mŏd*, *ĕkyĕtŭd*; — -*dre*, *lădr*, *sĕdr*; — -*f*, *fe*, *pŏsĭtĭf*, *tŭf*, *tŭf*; — -*fle*, *nĕfl*, *jĭfl*, *sŭfl*; — -*fre*, *sŭfr*; — -*gue*, *blăg*, *prŏdĭg*, *fŭg*, *fŭg*; — -*gle*, *ĕgl* « aigle », *ăvăgl*; — -*gre*, *tĭgr*, *ŏgr*; — -*ge*, *vŏlăj*, *mănĕj*, *prŏdĭj*, *ŏrlŏj*, *grăbŭj*, *bŭj* « bouge », *mŏbĕj* « Maubeuge »; — -*l*, -*le*, -*lle*, *ănĭmăl*, *mŏrăl* « morale », *bĕl* « belle », *bĭl*, *băl*, *bŭl*, *bŭl*; — -*il*, *trăvăl*, *sŏlĕl*, *brĭl*, *fŭl*, *fœl* « feuilles », *œl* « œil »; — -*me*, -*mme*, *lăm*, *făm* « femme », *ĕm* « aime », *lĭm*, *ŏm* « homme », *fŭm*; — -*ne*, -*nne*, *ăn* « Anne », *jăn* « Jeanne », *sĕrĕn*, *sĕn* « saine, Seine », *kŏlŏn*, *ŭn* « une », *jăn* « jeune »; — -*gne*, *băn*, *cătĕn* « châtaigne », *vĭn*, *kŏlŏn*, *rĕpŭn*; — -*p*, -*pe*, *kăp*, *pĭp*, *myŏp*, *ŏkŭp*, *sŭp*; — -*ple*, *năpl*, *pĕpl*; — -*pre*, *prŏpr*; — -*rde*, *rĭcărd*, *pĕrd*, *kŏrd*; — -*che*, *ĕrc*; — -*rme*, *fĕrm*; — -*rte*, *kărt*, *vĕrt*, *pŏrt*, etc.; — -*sse*, -*ce*, *făs* « fasse, face », *drŏlĕs*, *prĕsĕs*, *ĕdĭfĭs*, *prŏprĭs*, *nŏs*; — -*ste*, *căst*, *pĕst*, *pĭst*, *pŏst*, *ĕjŭst*; — -*te*, -*ite*, *răt*, *ălŭmĕt*, *rĕtrĕt* « retraite », *fĕt* « faite », *pĕtĭt*, *sŏt*, *bŭt*, *brŭt*; — -*tre*, *bătr*, *mĕtr* « mettre, mètre », *mŭtr*; — -*ve*, *răv*, *kăv*, *grĕv* « grève », *grĭv*, *kŭv*, *kŭv*; — -*vre*, *lĕvr*, *lĭvr*, *ŭvr*, *œvr* « œuvre ».

Les voyelles toniques devenues atones dans la dérivation gardent en général le timbre qu'elles ont dans les primitifs : *tĕr* « terre », *tĕrŏ* « terreau », ătĕrĕ « enterrer ». Les exceptions, comme pâḷ « paille » et păḷăs « paillasse », sont des emprunts inconscients faits aux patois locaux.

L'é atone, qui répond au latin vulgaire es, subit la concurrence de l'ĕ qui lui est substitué par les personnes les plus instruites. On a donc à la fois dĕsādr et dĕsādr « descendre », ĕtwāl et ĕtwāl « étoile », etc.

La diphtongue -oi n'a actuellement, comme l'a, et à peu près dans les mêmes conditions, que deux prononciations : wă (fwă « foi », mwă « moi », bwă « boit », swăf « soif », pwăl « poil ») et wă (bwăt « boîte », fwă « foie », mwă « mois », pwăr « poire », pwăryĕ « poirier », flăbwăẓ, et aussi mwăn « moine »). Il y a une tendance à abréger wă à l'atone (pwăryĕ).

Enfin, grâce aux efforts persévérants des instituteurs, la nasale ẵ, encore rare dans les générations antérieures, devient commune chez les jeunes gens.

Tel est, esquissé un peu grossièrement et tel qu'il se présente à un lecteur angoumoisin, le système vocalique qui se met en concurrence avec celui de Cellefrouin.

Sur un point, il devait triompher aisément pour l'ẵ qui est d'une prononciation aisée, et qui a même quelque chose d'agréable (ma mère préfère ẵr à ŭr « heure »). Sur un autre, il ne pouvait qu'être battu, c'est pour la nasale ẵ, qui est si difficile à reproduire. Aussi tous les mots français qui la renferment subissent la substitution de ĕ à ẵ : PARFUM, păr̆fĕ; ALUN, ălĕ.

Le groupe -ER s'est heurté à deux lois phonétiques vivantes : l'une qui a transformé -er + consonne en ăr, l'autre qui affaiblit, à la finale, ĕr en ĕr. On a donc dit kăsărn, jĭbărn, dĕẓărtŭr, etc.; mais la loi à laquelle sont dues ces transformations a cessé de s'imposer ; on a pu recevoir pĕrl, ĕtĕrdĭ. Ma mère accepte volontiers les mots en -ĕr, on le conçoit (cf. p. 273) : sĕlĭbătĕr, mŏrtŭĕr, mĕr « mer », sĕvĕr « sévère ». Mais déjà chez elle nous voyons apparaître les formes si fréquentes chez moi : kŏtrĕr, CONTRAIRE; ĕvătĕr, INVENTAIRE; pŏtrĭnĕr, POITRINAIRE; ĕĕr, CHER et CHAIR, etc.

L'ă nous est antipathique. Aussi cherchons-nous à en restreindre l'emploi. Nous disons : kŏlă, COLAS; kănăḷ, CANAILLE; ăfăbl, AFFABLE; grăs, GRACE; ĕăḷ, CHALE. Néanmoins nous avons dyăbl, kădăbr, CADAVRE; kădr, vŏyăj.

La diptongue -OI, qui entre actuellement sous les deux formes wă et wă (mă fwă, MA FOI! vwăl, VOILE; mwă, MOIS, etc.) nous a fourni, au commencement de ce siècle et dans les siècles précédents, un grand nombre de mots qui se présentent sous les formes suivantes : *wĕ, krwĕ, mwĕ, bŭrjwĕ, pătwĕ, swĕ, kwĕf, mwĕn, pătrĭmwĕn, pwĕvr, twĕz, pwĕvrăd, krwĕzăd*; — *wĕ, bwĕt, ăvălwĕr, brălwĕr*; — *wĕ, pwĕl*, POIL ; *mă fwĕ,* MA FOI ; *mĭrwă,* MIROIR, qui nous fait remonter jusqu'au XVIe siècle ; — enfin, à l'atone *o, pŏtrăl, pŏtrĭn* ou *pŏtrĕn,* à côté du mot indigène *pĕtrĕn* « diaphragme », *pŏtyĕ*[1] « Poitiers » ; *vŏzĕ, vŏsĭ.* Cette dernière série nous reporte au temps assez éloigné ou l'*o* se prononçait encore dans la diphtongue.

A l'atone, les modifications ont été plus sensibles qu'à la tonique.

Nous avons les changements naturels de l'É + voyelle en *i* : AGRÉABLE, *ăgrĭăbl*; *krĕō* « crayon », *krĭō*. — d'É en *ĕ* : PRÉCAUTION, *prĕkŏsyŏ*; PÉNÉTRER, *pĕnĕtră*; PRÉFÉRER, *prĕfĕră*; BÉNÉDICTION, *bnĕdĭksyŭ*; DÉSIR, *dĕzĭr*; SÉMINAIRE, *smĭnĕr*; PRÉFET, *prŏfĕ*; MÉDAILLE, *mĕdăl̥*; INFERNAL, *ĕfrĕnal*; PERROQUET, *prŏkĕ*; *rĕkl̥ăm, prŏsdŭr* « procédure », etc.

Une transformation trop constante pour ne pas reposer sur une qualité réelle de la voyelle, c'est celle de *a* et de *ā* atones en *o, ŏ* : CHARLATAN, *šărlŏtă*; VALOIR, *vŏlwăr*; AUGMENTER, *ŏgmŏtă*; BAMBOU, *bŏbŭ*; ARTICHAUT, *ŏrtrĭčŏ* (cf. *ăvŏlă* « avaler ») ; LANVILLE, *Lŏvĭl*; BLANZAC, *Blŏzăk*; PRANZAC, *Prŏzăk*. Mais nous avons aussi DÉGRINGOLER, *dĕgrŏgŏlă*.

L'*u* de CURIEUX s'est ouvert comme celui de *nu pĭĕ devenu *nœ pĭ* : *kœryŭ.*

L'*ŭ* s'est changé en *ŭ* dans *sŭpsyŭnă*, SOUPÇONNER.

L'*e* + *n* s'est nasalisé dans *rĕglŏd*, REINE-CLAUDE (prune).

Il y a eu de nombreux changements d'initiales *ĕ* pour I, *dĕ* pour DI : *ĕpŏlĭt,* HIPPOLYTE; *ĕnŏsă,* INNOCENT ; *ĕmăjĭnă,* IMAGINER ; *dĕrĭjă,* DIRIGER ; *dĕfĭsĭl,* DIFFICILE ; — *ă* pour A : *ătăsyŭ,* ATTENTION ; pour É : *ăčăs,* ÉCHASSE ; — *ĕ* pour *ă* : *ĕdwĭ,* ENDUIT ; pour I : *ĕmĕdyătmă,* IMMÉDIATEMENT[2]; pour AU : *ĕtŏpsĭ,* AUTOPSIE ; — *ă* pour *ā* : *ăvăsyŭ,* INVENTION ; pour É : *ăskŭzĕ,* EXCUSEZ.

Nous avons *ĕ* pour I dans *krĕtĭkă,* CRITIQUER ; *krĕnŏlĭn,* CRINOLINE ; *i* pour

---

[1] Dans une chanson qui m'a été récitée à Ruffec par Mme Raphaël, Poitiers s'appelle *pŏtĕy, la hŏlĭ vĭl.* ‖ [2] Une erreur de lecture est probable.

è dans *jĭrŏm*, JÉRÔME; *jĭrŏmyŏm*, GÉRANIUM; *nĭmŭr*, NÉMOUR; *rĭgălă*, RÉGALER; pour u : *lĭmărŏ*, NUMÉRO; *rĭbā*, RUBAN; — inversement u pour i : *rudĕ*, RIDEAU.

Ces faits s'expliquent par le voisinage de sons qui sont ainsi confondus entre eux.

Il en est d'autres qui supposent l'action de mots semblables : *kŏprŏz*, COUPEROSE et *kŏpă* « couper »; *syĕrjā mājŏr*, SERGENT MAJOR, et probablement CIERGE et MANGER; *smĭnĕrĭst*, SÉMINARISTE et SÉMINAIRE; *rĕnōsyă*, RENONCER et RENONCIATION; *vŏlōtĕryă*, VOLONTARIAT et VOLONTAIRE; *ălŭmĭnă*, ILLUMINER et *ălŭmă*; *dĕsyĕl*, DESSERT, et *syĕl* « ciel ».

CHAPITRE IV

MODIFICATIONS IMPOSÉES AU PATOIS PAR L'ÉLÉMENT ÉTRANGER

L'introduction de l'élément étranger dans un patois peut avoir deux conséquences au point de vue qui nous occupe : elle peut interrompre brusquement le cours d'une évolution et faire pénétrer dans le langage influencé des formes qui rompent l'unité de son système phonétique.

C'est ce que nous allons avoir l'occasion de constater.

ÉVOLUTIONS CONTRARIÉES

Deux évolutions ont été contrariées à Saint-Claud par l'introduction d'éléments étrangers. Ce sont celles de *gl* et de *l*.

gl

Le groupe *gl* s'est réduit à *l* dans la famille Bourgeate entre la naissance de Marguerite (1859) et celle de Joséphine (1863). La première dit *glănă* « glaner », la seconde *lĕnă*[1]. Mais, à cette même époque, l'*l* se réduisait à *y*, et, chez Joséphine, elle n'est restée qu'à ce seul cas, à l'initiale. Or, la plus jeune sœur, Maria (1880), ayant complètement perdu l'*l*, comment prononcera-t-elle ce mot? Tout dépendra de qui elle l'aura appris. Si c'est de sa sœur Joséphine, elle continuera la transformation commencée et dira *yĕnă*. Si, au contraire, elle l'entend de ses sœurs aînées, elle ne pourra dire que *gyănă*. Ainsi l'évolution régulière de *gl* aura été brusquement interrompue, et la langue aura pris une autre voie. C'est, en effet, ce qui est arrivé, non seulement pour Maria, mais encore pour d'autres. Comme le laps de temps compris entre le commencement de la réduction de *gl* en *l* et l'apparition du *y* issu de *l* a été extrêmement court, et que les

---

[1] Les deux formes *glănă* et *glĕnă* existent.

enfants ont appris à parler auprès de leurs mères et de leurs sœurs aînées plutôt que de la génération qui les précédait immédiatement, le fait n'a rien qui doive surprendre[1].

Chez-Sudre, l'évolution de *gļ* n'a pas eu le temps de se faire; elle a été prévenue et par conséquent obstruée par celle de *ļ* : *ăgļā* (M¹ 1881), *ăgyā* (M² 1884).

ļ

L'évolution de *ļ* a été entravée dans le parler d'un enfant de Saint-Claud (C), chez qui elle a été remplacée par *l* après *k*. Ce fait n'est pas isolé. Je l'ai observé à Angoulême, où la forme indigène *kļ*, *mŭkļ* « moucle, moule » (1810), d'où *mŭky* (1851) a été remplacée par *kl* : *mŭkl* (1812), d'où *muk* (1839). De même à Seuilly (Vienne), les personnes de 50 à 70 ans disent *bļā*, les enfants *blā*. L'action du français est évidente dans tous ces cas.

FORMES ÉTRANGÈRES

Nous les diviserons en deux classes : 1° celles qui sont ou complètement nouvelles, ou analogues pour le sens et pour le son à des formes déjà existantes dans le patois; 2° celles qui se présentent en concurrence avec des formes indigènes identiques pour le sens et différentes pour le son.

Les formes étrangères de la première classe ne rencontrent, comme nous l'avons dit, aucun obstacle à leur admission.

C'est ainsi que sont entrées les désinences suivantes :

1° -AT, -AIL, -AILLE, -AINE, -EILLE identiques aux suffixes patois : *ăvŏkă*, *ŏrjă*, etc.; — *sŭpirăl*, *vitrăl*, *ĕvătăļ* (cf. *trăvăļ*), *viklŭăļ* (cf. *tripăļ*); — *ẅitĕn*, *nĕvĕn* (cf. *dŏzĕn*); — *ŏzĕļ* (autrefois *vinĕļ*), OSEILLE; *grŏsĕļ*, GROSEILLE (cf. *ŏrĕļ*, AURICULAM).

2° -EL, -ELLE, dont personne ne soupçonne la parenté avec notre -*â*, -*âl* qui a la même origine : *ăktŭĕl*, *kăsŭĕl*, *krĭmĭnĕl*, *kŏtĭnŭĕl*, CONTINUEL; *ŏtĕl*, *rĕĕl*, etc. On commence même à substituer *tĕl* à *tă*, *lĕkĕl* à *lĕkă* : *tă* paraît limousin.

---

[1] J'en trouve un autre exemple dans les notes que m'envoie de Saint-Angeau ma cousine, Mme Laroche (J⁴ de Romfort).

3° -OIR, -OIRE, qui ont pris la place laissée libre par l'ancien suffixe instrumental, -èdur, pétrifié dans deux ou trois mots : râzwâr, grŭjwâr, êkŭmwâr, brŭtwâr, bäywâr, BAIGNOIRE et bäyä « baigner », ärŭzwâr, ARROSOIR et ärŭzä « arroser », etc., à côté des formes brŭtwër, râzwër, etc.

La lutte n'existe que pour les formes de la seconde classe.

Celles qui sont aujourd'hui écartées victorieusement du patois peuvent se compter. Je n'en vois guère que deux : -ier, -ière et er, é de l'infinitif et du participe passé de la 1re conjugaison. L'assimilation de -ière au patois -yèr est facile (kâftyèr, kâruâsyèr, kämŭnyèr) : elle est déjà faite dans le français très populaire. Quant à -ier, je n'en ai pas noté d'exemples ; mais il n'a rien de choquant. Pour l'infinitif et le participe de la 1re conjugaison, ils caractérisent tellement le patois de Cellefrouin, que si celui-ci ouvrait sa porte aux formes françaises, il aurait autant de droit que ceux de l'Ouest à être classé dans le groupe des parlers du Nord. On peut prévoir toutefois qu'il finira par se relâcher. Le participe ĕ avance tous les jours : il est déjà à Couture et à Saint-Gourson, ne laissant qu'une vie précaire à la forme indigène a. Il a complètement triomphé à Nanteuil.

Les formes entre lesquelles la lutte est engagée à Cellefrouin sont : -AL et -â, -É et -ä, -ÉE et -ád, -OME -ONE -OGNE et -ŭm -ŭn -ŭy, -EAU et -ĕ, -AUD et -â, -EUX et -ŭ, -AIN et -â, IN et -ĭ, -ON et ŭ. Elle est déjà terminée entre le poitevin -â et a, le français -EUSE et ĕrĭ.

-AL (âl)

Les premiers mots introduits avec ce suffixe ont pris la forme patoise, comme änŭmâ, prĕsĭpâ, ŏpŭtâ, kŏfĕsyŭnâ, jŭrnâ. Mais -AL a commencé à se glisser par des noms désignant : des fonctions, jĕnĕral, âmĭrâl, kâpŏrâl ; des hommes, pâskâl ; des choses, krĭstâl, kânâl, rĭgâl ; et surtout par des adjectifs : bâkâl, brŭtâl, lŏyâl, lĭbĕrâl, rŏyâl, prŏsĕ bĕrbâl, VERBAL. Aujourd'hui êgâ cède devant la concurrence de égâl, et jŭrnâ devant celle de jŭrnâl ; kŏfĕsyŭnâl, trĭbŭnâl sont aussi admis (G¹). Le suffixe -AL était déjà acceptable vers 1840, époque à laquelle on traça un canal dans la vallée : la forme kânâ n'existe pas.

-É (ĕ)

En dehors de la conjugaison, -É est accepté sans difficulté pour les dérivés de -ATUM : ăbĕ, kŭrĕ, grĕ, mâlgrĕ, cŏjĕ, ăvwĕ, ĕvĕcĕ, kâjĕ « lait CAILLÉ ». Il ne fait que commencer à s'introduire dans les noms issus de -ATEM : mŏtyĕ à côté de mĕtä, ĕtĕ (le patois est bĕtä), rĕspŏsâbĭlĭtĕ (G¹).

-ÉE (*é*)

Ce suffixe est un de ceux qui sont en train de faire leur chemin. Au XVᵉ siècle, il n'était pas encore arrivé aux environs de Saint-Amand-de-Boixe et de Fontenille. Depuis, sauf pour quelques cas isolés (Voir p. 210), non seulement il a envahi tout le Pays-Bas, mais il règne à Nanteuil, et se fait adopter à Bayers, à Couture, où il n'est pas encore exclusif (*hŭrné* « journée », *ćāté* « chantée », à côte de *bŭhăd* « buée »). A Cellefrouin même, il réussit à s'introduire avec quelques mots. Ma mère l'accueille avec empressement : *ăl é kărḗ* « elle est *carrée* », *kt ānḗ* « cette *année* », *l ānḗ dǣ grāt ĭvèr* « l'*année* du grand hiver », *ŭn swārḗ* « une *soirée* », *ăl ètyā rwĭnḗ* « elles étaient *ruinées* », etc. A deux minutes de distance, je l'ai entendu dire : *lă căs ḗ kŭmāsḗ* et *lă căs ḗ kŭmāsăd* « la chasse est commencée ». Un mot, au moins, remonte au siècle dernier, c'est *krwèzḗ*, CROISÉE. Nous avons encore : *ĭdḗ*, *drăjḗ*, *ĕĭkŏrḗ*, *dārḗ*, *pŭrḗ*, *pŭpḗ*, *kōtrḗ*, *ărmḗ*, *ḗpḗ*, *gĭrōflḗ*, GIROFLÉE.

-OMME, OME, -ONNE, -OGNE (*ŏm, ŏn, ŏy*)

L'*ŭ* du patois correspondant à l'o français de ces terminaisons s'impose encore dans la plupart des cas.

Nous pouvons cependant accepter des mots comme *bŭrgŏy* et *sĭgŏy* (nom de lieu).

-EAU, -AUD, -AUDE (*ŏ, ŏd*)

Le premier de ces suffixes s'est trouvé en concurrence avec un suffixe très vivant, -*é*. Le second avait affaire avec un moins redoutable adversaire, affaibli qu'il était par un dualisme de forme peu avantageux dans la lutte, le masculin *ă* et le féminin *ŏd*. Le troisième ne se distingue pas de son concurrent indigène, qui n'a pu qu'en doubler la puissance et en favoriser l'extension.

Aussi la force de pénétration de ces trois suffixes les fait-elle placer dans cet ordre : -AUDE, -AUD, -EAU.

-AUDE est la forme unique aujourd'hui pour le féminin de tous les mots en *ŏ* : *ćăpŏ*, CHAPEAU (nom d'homme), *ćăpŏd*, etc.; il s'ajoute même à des noms d'hommes composés de plusieurs mots auxquels manque une forme féminine : *pĕdŭr* « Peau-dure », fém. *pĕdŭrŏd* ; *bătègăl*, Bat-égail (qui bat la rosée), fém. *bătègălŏd*.

-AUD s'est étendu à tous les adjectifs, sauf deux (*eā*, *eôd*, CALIDUM, CALIDAM; *pijá*, *pijŏd*, *PICALDUM, PICALDAM). Il est entré dans les adjectifs : *fyĕrŏ*, *-ôd*, fr. rég. FIÉRAUD « vaniteux »; *grĕnŏ*, *-ŏd* « nu comme une graine », *kĕ drôl ĕ tŭ grĕnŏ dĕ sō lĭĕ* (G¹) « ce drôle est tout GRENAUD dans son lit »; *grādĭyŏ*, *-ôd*, un peu grand « *ĭn drôlĕs grādĭyŏd*, *ă pŏdĭ b ăvĕr kătr ŏ sĕk ă* « une drôlesse GRANDIGNAUDE, elle pouvait bien avoir quatre ou cinq ans »; *lŭrdŏ*, *-ŏd*; *mŭsŏ*, *-ŏd*, poit. MOUSSAUD (Favre) « émoussé », *mă pyărd ĕ byĕ mŭsŏd* « ma piarde (bêche) est bien moussaude »; *mŭyŏ*, *-ŏd* dérivé de *mŭyŭ*, moignon, *dĕ k tă lă eăbră sō mŭyŏdĕ*, *ă n ă pă d kŏrnĕ*, — *kĕ bŭ ĕ mŭyŏ*, *ŭ n ŏ pă k ŭn kŏrn*, — *ăl ĕ mŭyŏd d'ĕ bră* « de ce temps les chèvres sont *mougnaudes*, elles n'ont pas de cornes, — ce bœuf est *mougnaud*, il n'a plus qu'une corne, — elle est *mougnaude* d'un bras », en Poitou, on dit *mougne* (Lalanne); *sŭlŏ*, *-ŏd*, fr. rég. SOULAUD, qui a l'habitude de se soûler.

Tous ces mots prouvent que le suffixe -*ŏ* nous est venu de la région de l'Ouest, et cela avant l'invasion du français. A l'origine, alors que le suffixe étranger cède d'ordinaire devant le suffixe indigène, on a dû être bien en peine pour traduire celui-ci. Equivalait-il à -*ă* ou à -*ĕ* ? Nous avons une preuve de cet embarras et de l'ancienne vitalité de -*ă* dans ce fait que le mot bas-angoumoisin *jôtrŏ* « oreillons », composé de JOTE et du suffixe -EREAU — cf. *Jotteriaux*, Deux-Sèvres (Lalanne), *Jotteriau* Haut-Maine (De Montesson), — qui devait être traduit par *jôtrĕ*, l'a été par *jôtră*, forme encore vivante à côté de *jôtrŏ*. Mais le suffixe -AUD devait être solidement établi quand les mots français sont arrivés, car pas un seul n'a reçu la forme correspondante -*ă*.

Il en a été autrement du suffixe -EAU. Celui-ci a été au moins une fois remplacé par la forme indigène dans *rŭdĕ*, RIDEAU.

Rien ne s'oppose désormais à l'introduction de la finale -*ŏ*. Aussi les mots la contenant nous viennent en grand nombre : *ĕrŏ*, poit. AIRAULT « jardin ou morceau de terre qui touche la maison » (Favre); *kŏrmŭzŏ*, fr. rég. CORMUSEAU « culbute »; *sărpŏ*, fr. rég. SERPEAU « hachoir »; *tŭlŏ*, poit. *toulot* (Lalanne) « manche de fléau »; *bădŏ*, *brsŏ*, *bŭrŏ*, *kăvŏ*, *drăpŏ*, *mwănŏ*, *pĕsŏ*, *pŏtŏ*, *tăblŏ*, *tŭyŏ*, etc.; — *ărtĭcŏ*, *dĕfŏ*, *eăfŏ* « échafaudage », *sŭbrĕsŏ*, etc. Même des radicaux patois l'adoptent : *pernŏ* (*pern*) « pruneau », *bŭyŏ* (à côté de *bŭdĕ*) « boyau » (G¹). Quelques noms d'hommes ont pu garder jusqu'ici la finale indigène; mais on les compte : *pĭnĕ* « Pinaud », *eăbă* « Chambaud ». En général, on les traduit en français, et bientôt ils ne subsisteront plus que dans les noms de lieux : *fō bără*, *fō gĕră*, *eă vĭdă*, *mĕn mŏră*, *eă eăpĕ*, *mĕn pĭnĕ*, *mĕn mĭcĕ*.

A Lichères et à Mouton, *sĭzŏ*, CISEAUX, s'est même substitué à *sĭzĕ*.

Enfin, BEDEAU, soit par évolution phonétique, soit par substitution de suffixe, est devenu *bĕdŏ*.

-EUX, -EUSE (*ă̆*, *ă̆z*)

Ce suffixe a pour équivalent à Cellefrouin et dans toute la région de l'Ouest *-u*, *uz*, qui s'est imposé à : CURIEUX, -SE, *kă̆ryŭ*, *-z*; CAPRICIEUX, *kăprĭsyŭ*; FURIEUX, *fă̆ryŭ*; VICIEUX, *vĭsyŭ*. Mais les mots en *-ă̆*, *-ă̆z* commencent à entrer sous leur forme française : *dĕlĭsyă̆*, *prĕsyă̆*, *fămă̆*, *vŏlŭmĭnă̆*, *ăfră̆*, *jĕnĕră̆*, *mŏstrŭă̆*, *-z* « très gros » (se dit bien des personnes). L'oreille, dans ces mots, ne supporterait pas le suffixe *-ŭ*. Bien plus, le son *ă̆* final a la bonne fortune de caractériser, dans l'esprit du paysan, un mot français, et il sert à franciser le verbe *kŏ fŏ* (il faut) en *să fă̆* (« ça faut » serait trop patois!). C'est donc une finale de gagnée.

Mais plus brillante encore a été la fortune du féminin *-ă̆z*. Celui-ci s'est complètement substitué au suffixe -ATRICEM *-ĕrĭ*, en sorte que tous nos masculins en *-ŭr* ont un féminin en *-ă̆z*. Ce rapport, explicable en français par suite de la confusion qui s'est faite entre -EUR, par la chute de l'*r*, avec -EUX, n'aurait jamais été possible à Cellefrouin. C'est le résultat d'une invasion linguistique qui nous vient, comme les autres, du Pays-Bas. La raison du changement se trouve dans le Poitou. C'est là que les formes françaises *-eux*, *-eur*, *-euse* se sont substituées aux formes locales *-u*, *-uz* (barbouilloux, barbouillour, -se « barbouilleur », barotteux, -se « celui ou celle qui transporte la vendange », adoubeux, -se, adoubou « celui ou celle qui raccommode les membres », etc., Lalanne).

Je dois à un nom de femme d'avoir pu retrouver l'histoire de l'entrée de ce suffixe français à une époque relativement ancienne de mon patois. Au moment où cette question me préoccupait, je me suis souvenu que, dans mon enfance, la femme d'un certain *kŏtŭr* (Compteur) s'appelait *lă kŏtĕrĭ*. C'était bien la forme que je cherchais. Je me mis alors à fouiller dans la mémoire de ma mère, et je découvris un certain nombre de féminins en *ĕrĭ* qui, aujourd'hui oubliés, avaient cours dans son enfance, mais qu'elle n'a peut-être jamais employés. En voici la liste complète : *kŏtĕrĭ* « compteuse », *lăvĕrĭ* « laveuse », *făzĕrĭ* « faiseuse », *gărdĕrĭ* « gardeuse », *fĕnĕrĭ* « faneuse », *mĕtĭvĕrĭ* « métiveuse, moissonneuse », *brĕjĕrĭ* « bergère », *fĭlĕrĭ* « fileuse », *kărtĕrĭ* « cardeuse ». Cette liste ne contient que des noms d'agents. Déjà plusieurs noms en *-ŭr* avaient leur féminin en *-ă̆z* : *băyă̆z* « baigneuse », *ĕnŭjlă̆z* « énougleuse, celle qui casse ou trie les noix pour faire de l'huile », *rămăsă̆z dĕ că̆tă̆ÿ̆* « ramasseuse de châtaignes », *pyărdă̆z*

« bêcheuse avec la *piarde* », *gĭdá͞ꭓ* « guideuse », *grĕnŏtá͞ꭓ* « semeuse, celle qui jette grain à grain », *cĕreá͞ꭓ dĕ pā* « chercheuse de pain ». Les adjectifs avaient tous le féminin en -*á͞ꭓ* : *mălá͞ꭓ*, *vŏlá͞ꭓ*, *trŏpá͞ꭓ*, etc. Ces mots suffisent pour nous donner une idée de la façon dont la substitution s'est opérée. Les mots qui marquaient surtout une qualité morale ont dû les premiers recevoir la désinence -*á͞ꭓ* ; puis l'ont prise à leur tour ceux qui désignaient des actions, des emplois transitoires qui étaient rares ou qui s'exerçaient principalement dans le Pays-Bas. Enfin, il n'est resté que des noms de profession, lesquels ont disparu avec les anciens usages. Il n'y a plus depuis longtemps de *filĕrĭ* ni de *kărtĕrĭ*. L'appauvrissement de la série et l'envahissement de -*á͞ꭓ*, favorisé par l'attrait de la nouveauté, ont amené la destruction complète de l'ancien suffixe, qui a fini par mourir avec une vieille femme, épouse d'un *kŏtŭr*.

On chercherait vainement le souvenir de -*ĕri* au dessous de Cellefrouin. A Saint-Claud, il a disparu dans la population ouvrière du bourg, mais il vit encore chez les cultivateurs et dans les hameaux.

POITEVIN -*ā*, FR. -AN, -ANT, -ENT (-*ā*)

La finale -*ā*, issue de -AN libre en latin, qui a dû prendre naissance dans la région de l'Ouest, s'est substituée à la forme indigène ancienne -*a* dans tous les cas, sauf dans deux : *plŏ*, PLANE, et *ŏt*, ALTANUM, qui est en concurrence avec *ŏtā*. Nous disons donc : *pā*, PANEM ; *mā*, MANUM, d'où *kŏ m ĕ d āmā* (Saint-Claud, *d ā mŏ*) ; Nanteuil, *ā lā mā*) « ça m'est *à la main*, il me semble », *dĕmā*, DE -MANE, pour d'anciens, *pŏ*, *mŏ*, *dĕmŏ* (Saint-Claud), ou de plus anciens, *pa*, *ma*, *dema*, etc.

La nasale française -AN, quelle qu'en soit l'origine, ne trouve naturellement aucun obstacle : *cărlŏtā*, *părīzā*, *vŏlkā*, *ĕgzījā*, *prĕzīdā*, etc.

-AIN, -EIN, -IN, -UN, -OIN, -IEN, IENNE (*ĕ̄*, *wĕ̄*, *yĕ̄*, *yën*).

La forme -*ā* de *pā* « pain » a déjà vieilli. On ne la trouve plus au delà de la Charente, et à Cellefrouin même elle est actuellement[1] en voie d'être remplacée par la forme française -*ĕ̄* : *pĕ̄*, *mĕ̄*, *dĕmĕ̄* ; *fā*, FAMEM, a subi le même sort : *fĕ̄*. Saint-Claud (bourg) et même le Masdieu ont déjà opéré l'échange directement entre *pŏ* et *pĕ̄*.

---

[1] Ma mère n'avait pas entendu dire *pĕ̄* avant de s'établir à Saint-Claud (1842).

Chez ma mère, la substitution n'est pas complète : *pā* et *pĕ* ont trouvé chacun un emploi différent. Le morceau de pain a pris le nom français : *dŭn mĕ dĕ pĕ* « donne moi du pain ». Mais la tourte de pain a conservé la forme ancienne : *pŏrt kĕ pā ŏ fŭr* « porte ce pain au four ».

Les autres mots en -*ĕ* (-*ain*, -*ien*, -*ein*, -*oin*, -*in* et, selon la prononciation régionale, -*un*) entrent sans aucune difficulté : HUMAIN, *ŭmĕ*; VILAIN, *vĭlĕ*; RÉPUBLICAIN, *rĕpŭbḷĭkĕ*; NAIN, *nĕ*; SACRISTAIN, *sākrĭstĕ*; GERMAIN, *jărmĕ*; CHRÉTIEN, *krĕtyĕ*; ANCIEN, *āsyĕ*; MUSICIEN, *mŭzĭsyĕ*; MOYEN, *mŏyĕ*; SAINFOIN, *sĕfwĕ*; MOINS, *mwĕ*; SEREIN, *sĕrĕ*; VIN, *vĕ*; MARTIN, *mărtĕ*; BLONDIN, *bḷōdĕ*; BOUDIN, *bŭdĕ*; DEVIN, *dĕvĕ*; VOISIN, *vŏzĕ*, et les diminutifs *bḷācōlĕ*, *mĕgrĭstĕ*, *sālōpĕ*, BRUN, *brĕ*[1]; PARFUM, *părfĕ*; COMMUN, *kŭmĕ* (cf. p. 234). Le patois actuel ne contient aucune trace d'un adjectif indigène sorti de -ANUM. Les formes françaises ont donc le champ libre. Les mots en -ENUM, -INUM, -UMEN qui sont réguliers (*plĕ*, PLENUM; *fĕ*, FOENUM; *lĕ*, LENEM; *ălĕ*, *ALENUM; *rĕ*, REM; *bĕ*, BENE; *cĭ*, CANEM; *lĭ*, LINUM; *cĕmĭ*, CAMINUM; *mătĭ*, *MATTINUM; *mŭlĭ*, MOLENDINUM; *pĭ*, PINUM; *pĕrĭ*, PATRINUM; *părcĕmĭ*, *PERGAMINUM; *lĭmŭzĭ*, LIMOVICINUM; *bŭsĭ* « morceau »; *rōdĭ* « rondin »; *sāgĭ*, sanguin « cornouiller »; *frĕcu*, FRESK-UMEN) sont trop peu nombreux pour former une barrière sérieuse. Déjà, on dit plus volontiers *ryĕ* (G¹³) que *rĕ*, *ĕ byĕ* que *ĕbĕ*, *ălĕ* que *ălĭ*, *frĕcĕ* que *frĕcu*. A Couture, on préfère même *cmĕ* à *cmĭ*. Mais, ce qui est caractéristique et qui prouve que les formes indigènes sont bien mortes, c'est que les gens de Cellefrouin raillent ceux de Saint-Claud parce que ceux-ci disent : *vĭ* « vin », *mĕdsĭ* « médecin », *vĕzĭ* « voisin » ! Pour ce fait, ce sont des « Limousins ».

La langue a gagné à ces emprunts de nombreux adjectifs et un suffixe diminutif.

Les féminins correspondent naturellement aux formes françaises (*ŭmĕn*, *vĭlĕn*, *rĕpŭbḷĭkĕn*, *āsyĕn*, *bḷōdĭn*, *brŭn*). Seuls, quelques mots en -*ain* ont le féminin en *ĭn* (*nĭn*, *sākrĭstĭn*, *jărmĭn*). Ces derniers sont entrés tardivement dans le parler quand -*in* avait la valeur de *ĕ*, et sous la seule forme du masculin, duquel, à l'imitation des mots nombreux qui font *ĕ ĭn*, on a tiré le féminin. Le mot *rĕpŭbḷĭkĕn* est entré directement.

La part que les dialectes de l'Ouest ont prise dans la propagation de ces formes se trahit par les mots poitevins que contient cette catégorie : *mĕgrĭstĕ*, *bālĕ* « couverture que les meuniers mettent sur les sacs de farine qu'ils rendent par les temps de pluie », *kălĕ* « sorte de huguenote oblongue à quatre pieds », *cālĕ* « éclairs de chaleur », *rŭlĕ* « sentier », *vrĕ* « venin », *prĕbĕ* « provin » (Favre et Lalanne).

---

[1] *ŭn ăbĭ brĕ* « un habit brun »; mais *kŏ fă brŭ* « il fait brun (nuit) ».

-ON (ō)

Cette finale, correspondant à un -ON libre en latin, a pour équivalent à Cellefrouin -ŭ. Elle n'a encore fait que peu de progrès dans la langue, quoiqu'elle paraisse définitivement établie à Jauldes, à Couture, à Nanteuil. Mais son étude n'en a que plus d'intérêt, car elle nous fait assister aux premières péripéties d'une invasion linguistique.

Le suffixe -ON se présenta d'abord avec la série si nombreuse des mots en -TION, -SION qui apportait avec elle tant d'idées nouvelles. Les mots furent accueillis, mais non le suffixe. La forme équivalente -ŭ était encore trop vivace; elle s'imposa. On fit donc : ăbĭsyŭ, dănăsyŭ, ĕtăsyŭ, kădĭsyŭ, kŏfĕsyŭ, kŭmŭsyŭ, kŏsŏlăsyŭ, ŏhlĭgăsyŭ, ŏkŭpăsyŭ.. prĕvĭzyŭ, prŏvĭzyŭ, ŏkăzyŭ, etc. Dans le même temps, ces mots pénétraient dans le haut de la vallée par une autre voie, et prenaient la terminaison ĭ : ĕrĭtăsĭ, dănăsĭ, etc. Tous les mots français en -syō et en -zyō entrent dans ce cadre. Mais, après ce premier échec, le suffixe -ON se présenta de nouveau, cette fois sur des positions inoccupées, ou moins bien défendues ; et, porté par le conte ou la chanson, les récits militaires, les relations commerciales, etc., il passa : sādrĭlō, nănō, NANON ; jănlō, JEANNETON ; vălō, gázō, drăgō, bătălō, ĕskădrō, klĕrō, CLAIRON; ĕspyō, krĕō, CRAYON; flăkō, vyŏlō, dŭblō « veau de deux ans » (poit.) bōbō, jăbō, bălō, gălō, mărō, kărlō, mŏhō, kănsō CALEÇON, pătălō, săbō SAVON, substitué à l'indigène *sabu, jărgō, lĭmō, pŭmō, rĭgŏdō, sălō; kărĭlō, pŏstĭlō, kōpăyō, măkĭyō, kăpō, frĭpō, pătrō, mĭtrō, pŏlĭsō, mĭyō. Le suffixe -ŭyŭ a pu s'imposer à ÉCHANTILLON, ĕsătĭlŭ. Après l'introduction de toute cette masse de mots, la finale -ON a non seulement cessé de sentir l'étranger, mais elle commence même à plaire et à se substituer aux terminaisons indigènes, en sorte que, à côté de bŭlŭ, cărbŭ, ĕprŭ, ăbădŭ, nous avons bŭlō, cărbō, ĕprō, ăbădō (G¹). Ce n'est pas tout. Le suffixe -syŭ lui-même est entamé, on peut dire : ĕfĕksyō, ŏdĭsyō, et même sŭpsyō (G¹), SOUPÇON. Enfin, ce qui est l'indice d'un triomphe définitif, ce suffixe a pu servir à former un mot nouveau à l'aide d'un radical patois : dmĭjăsyō (G¹) tiré de dèmĭjă « démanger ».

CONCLUSION

L'exploration philologique à laquelle nous venons de nous livrer dépasse en conséquences les limites étroites du cadre où elle est renfermée. Il en serait de même de toute recherche portant sur la langue vivante dans n'importe quel coin obscur de nos pays romans. Mais le village sur lequel nous avons concentré nos regards présente un intérêt particulier. Situé dans cette région moyenne qui sépare les plaines de la basse France du plateau central, sur les confins de deux races différentes de mœurs et de caractère, l'une s'orientant vers le Nord, l'autre appartenant sans conteste au Midi, il est bien placé pour nous révéler la direction des influences linguistiques propres aux deux régions qui se partagent la France et les péripéties de leur lutte séculaire.

A l'aurore de notre période linguistique, c'est le Midi qui domine sur les bords de la Charente, comme dans tout notre Ouest ; c'est l'époque où la transformation du w latin en g gagnait le Poitou lui-même, et où la chute de l'n finale en roman se propageait jusqu'à une limite difficile aujourd'hui à déterminer.

Ce n'est que plus tard, après la transformation de l'A tonique libre en e et la chute des instantanées médiales vers le xie siècle, que la partie inférieure de la vallée du Son entre dans la sphère d'influence du Nord, tandis que la partie supérieure reste fidèle à la tradition méridionale. Ce changement toutefois ne s'est pas fait d'un seul coup. Cellefrouin modifie son orientation plus tôt que Saint-Claud qui se rattache à la région limousine par trois traits importants, la chute de l's finale même devant les voyelles, la réduction de l'l finale en y et la conservation des voyelles longues toniques. Cellefrouin lui-même est en retard sur Ventouse par un traitement propre aux diphtongues finales au, ai qui le sépare de la région angoumoisine. Mais Saint-Claud se distingue de Nieul et surtout de Roumazières, Suaux et du pays limousin par e, j, l'$è$ et les flexions nominales du pluriel, qui lui sont communs avec l'Angoumois. Ainsi les domaines linguistiques s'échelonnent le long de cette rampe douce, la vallée du Son, qui fait communiquer comme deux mondes et deux civilisations.

Les transformations philologiques de cette époque ancienne présentent un caractère particulier : elles coïncident pour la plupart si exactement avec les limites des paroisses, qu'elles suffiraient presque toutes seules à déterminer les divers groupes qui s'étaient formés au sein de la population.

Mais bien différentes sont les modifications contemporaines, celles dont nous pouvons embrasser à la fois les premiers débuts et les derniers développements. Celles-ci ne suivent qu'une seule direction géographique et ne paraissent dépendre que des seules conditions physiques des lieux et des habitants. Nous avons vu les mouvements phonétiques partir d'un point déterminé, remonter graduellement la vallée sans que les divisions par communes soient pour rien dans leur marche, se propageant aux centres les plus actifs, débutant par les mots d'un usage le plus commun, s'annonçant à l'avance dans des lieux écartés, retardés ou accélérés par l'apport dans la population indigène d'éléments étrangers de provenances diverses, saisissant au berceau les enfants et respectant les vieillards, mais parfois entraînant les personnes mûres qui suivent par un choix volontaire et réfléchi, tantôt se précipitant avec impétuosité, tantôt s'avançant pas à pas, parfois même reculant en deçà des positions acquises pour recommencer de nouveau, jusqu'à ce qu'enfin ils se fixent, effaçant toutes les inégalités, comme s'ils n'avaient rencontré aucun obstacle et triomphé d'un seul coup.

On dirait une mer envahissante qui submerge ses bords. Dans sa marche victorieuse, le flot monte toujours, recouvrant d'abord les parties basses et ne laissant émerger que des îlots, seuls témoins des limites primitives. Au début, on peut jouir du spectacle de la lutte que se livrent les éléments, on peut suivre les efforts de la mer, sa marche en avant, ses reculs momentanés, ses infiltrations, préludes d'une conquête définitive. Mais on vient trop tard, quand la lutte a cessé et que la mer dort tranquille sur les obstacles submergés.

Si telles sont les transformations vivantes, et que tout autres nous apparaissent celles qui ont été accomplies dans une période ancienne, ce n'est pas assurément que celles-ci aient obéi à d'autres lois ; mais c'est que, depuis, elles ont été en partie recouvertes par des transformations nouvelles ou voilées par des emprunts postérieurs. Ainsi s'est faite à peu près l'unité de langage dans certains groupes de population, paroisse, baronnie, archiprêtré, et province même. Mais l'accord que l'on observe sur certains points entre les limites de la géographie administrative et celles de la phonétique n'a rien de constant, trahissant par là une origine tout artificielle.

L'apport de cet élément étranger, qui, dans certains cas, est le grand principe unificateur, mais qui n'est pas le seul, nous vient du même point et suit la même voie que les modifications phonétiques, pénétrant peu à peu, timidement d'abord par des mots isolés, puis envahissant des classes entières et effaçant jusqu'aux dernières traces de certaines évolutions locales. C'est ainsi que, depuis le haut moyen âge, la ligne de démarcation que l'on s'est plu à tracer entre les dialectes du Nord et ceux du Midi n'a cessé de s'infléchir vers l'Est et le Sud, et l'on peut prévoir que, s'il vit assez, le patois de Cellefrouin, supprimant sans relâche par un travail moitié volontaire, moitié instinctif, les traits limousins qu'il renferme, n'apparaîtra plus que comme un dialecte de pure langue d'oïl et entrera dans la classe du français du Sud-Ouest. Alors, si un Corlieu n'est pas là pour avertir que « le vieil langage angoumoisin a retenu beaucoup de termes... du limousin », le linguiste aura besoin d'être bien attentif pour n'être pas dupe de cette conspiration que trament, avec persévérance, contre sa bonne foi, des générations désireuses d'ennoblir leur langage.

C'est, pensera-t-on, affaire de race. Disons plutôt affaire de volonté : le pauvre subit l'influence du riche. Disons, si l'on veut, affaire de géologie, car la richesse vient du sol; affaire de pure administration aussi, car le pouvoir entraîne la considération. Les Limousins, rattachés au département de la Charente, ne veulent déjà plus être *Limousins*; ils sont *Charentais*. Ainsi un nouveau groupement se fait : une nouvelle *race* se prépare et une nouvelle *langue* aussi.

Telles se montrent les évolutions phonétiques : libres dans leur marche, mais parfois voilées dans leurs résultats par des emprunts étrangers.

Mais il nous est permis de pénétrer plus avant dans la science des transformations du langage, et de porter nos regards sur le principe même déterminant de ces évolutions.

Ce principe est dans l'enfant. Ou bien c'est une tendance absolue et héréditaire qui le porte à modifier dans un sens déterminé le jeu des organes de la parole; ou bien c'est une nécessité imposée par la loi rythmique qui gouverne les organismes vivants.

Pourrions-nous remonter à une cause unique? Peut-être. Réunissons tous les traits propres à caractériser une évolution dans ce qu'elle a de primordial, en faisant abstraction de ses conséquences sur les groupements secondaires qui en sont nés, et dont la réduction s'impose pour ainsi dire d'elle-même.

1° Le point de départ d'une évolution phonétique ne réside pas dans une cause accidentelle. Les transformations individuelles qui sont dues à des causes de cette nature restent isolées : ce sont des défauts de langue, et ceux qui en sont affligés ne font pas école; on les cite, on ne les imite pas.

2° La cause déterminante de l'évolution est d'ordre général; elle agit sur la masse de la population. C'est une sorte d'épidémie à laquelle personne n'échappe.

3° L'évolution est déjà préparée chez les parents; mais elle n'éclate que chez les enfants lorsque ceux-ci entrent en possession de la langue. C'est donc une conséquence de l'*hérédité*. En effet, des parents, quittant un village où l'évolution est sur le point de se faire jour et se transportant dans un autre où celle-ci est moins avancée, n'arrêtent pas par ce fait la marche encore latente de l'évolution dans leur famille. D'autre part, des parents, venus de villages plus archaïques, rendent, pour un temps plus ou moins long, leurs enfants réfractaires à l'évolution qui se produit dans le lieu de leur nouvelle résidence.

4° La cause générale qui provoque l'évolution n'appartient ni à l'ordre intellectuel, qui n'a qu'une influence tout à fait secondaire sur les transformations phonétiques, ni aux organes auditifs, dont l'insuffisance ne se fait sentir qu'après les premières étapes de l'évolution, mais uniquement au système phonateur.

5° Cette cause n'agit pas en même temps sur l'ensemble de l'organisme vocal, comme ferait une loi générale de *moindre effort*; mais elle exerce une action *élective* et, dans un groupe de générations, *transitoire* sur des points déterminés.

6° Considérée dans l'organe où elle se produit, l'évolution se manifeste par un défaut de coordination ou de précision dans les mouvements : prolongation ou anticipation du mouvement ou du repos, amoindrissement ou exagération de l'effort nécessaire. L'excès est rare; le défaut est la règle.

7° La correction du mouvement est toujours recherchée par le sujet parlant. Ici l'instrument trahit la volonté. L'évolution est *inconsciente*.

8° L'évolution se fait jour d'abord entre les articulations les plus voisines, celles qui l'appellent naturellement; puis elle se propage à tous les cas analogues : elle est *progressive pour le son*.

9° A ses débuts, l'évolution n'est pas invincible; elle traverse un *moment critique*, où elle peut être effacée momentanément par un effort accidentel, entravée par un exercice approprié et continu, ou même peu à peu détruite par des causes étrangères à la volonté.

10° L'évolution ne tarde pas à devenir *nécessitante*, et le son qu'elle affecte ne peut être emprunté d'un parler étranger sans en subir la loi.

11° L'évolution a une fin qui est marquée par ce fait, que le son sur lequel elle porte redevient prononçable et peut être emprunté.

12° La sphère d'action de l'évolution varie suivant les lieux. Circonscrite en d'étroites limites dans les pays de montagnes, elle occupe de vastes territoires dans les plaines. Dans les zones limitrophes, comme la nôtre, elle prend la forme d'une ceinture qui remonte peu à peu des parties basses vers les hauteurs : elle est *progressive pour le lieu* comme pour le son.

Or, tous ces caractères trouvent, semble-t-il, leur explication dans l'hypothèse d'une sorte d'anémie, d'un affaiblissement graduel et transitoire des centres nerveux qui aboutissent aux muscles, siège de l'évolution.

Une cause de cette nature, à supposer qu'elle dépende des conditions générales de climat, de salubrité, de vie, doit être commune aux habitants d'un même village, d'une même région, et se manifester chez tous à peu près en même temps, plus tôt toutefois sur les bords fiévreux des rivières que sur les plateaux, et, au sein d'un même village, plus tôt dans les familles venues de la plaine que dans celles qui sont indigènes ou descendues des hauteurs ; plus tôt même dans quelques sujets exceptionnellement délicats que dans l'ensemble de la population.

Un exercice constant neutralise chez les adultes les effets de cette anémie sur le langage ; mais ce correctif manque aux enfants. Ceux-ci, trompés par un organisme qui ne répond qu'imparfaitement aux impulsions de leur volonté, croient dire ce qu'ils ne disent pas, et ne font aucun effort supplémentaire pour atteindre à la pureté absolue de l'articulation. C'est alors que l'évolution phonétique prend naissance. Dans la suite, elle suivra toutes les phases de l'anémie ; elle progressera avec elle, et, suivant ses divers degrés, sera *vincible* ou *nécessitante* ; elle s'étendra aux mêmes régions et finira en même temps : sans doute, les sons transformés ne remonteront pas la pente descendue, mais ceux d'où ils sont nés pourront être empruntés à d'autres langues ou renaître d'anciennes combinaisons ; l'organisme aura reconquis sa vigueur primitive, et avec elle la puissance de les reproduire.

Quoi qu'il en soit de cette hypothèse dont la vérification physiologique ne saurait être entreprise ici[1], il n'en reste pas moins certain que c'est

---

[1] Sans entamer la question, je puis au moins indiquer dans quel sens j'en chercherais la preuve. Nous savons par la vivisection quels sont les

par un travail indépendant de notre volonté et dans son principe du moins entièrement soumis aux conditions de notre être physique que se transforment, dans une admirable unité, les sons du langage, le don le plus précieux qui ait été fait à l'homme par le Créateur.

---

nerfs qui concourent à la production de la parole, par exemple : la résection de l'un des nerfs pneumogastriques, pratiquée accidentellement chez l'homme, amène une modification dans le timbre de la voix (Béclard, *Traité élémentaire de Physiologie*, II, p. 507); les animaux auxquels ont coupé la branche externe du spinal n'émettent plus que des sons brefs (*Ibid.*, p. 511); si l'on arrache un nerf spinal à un jeune chat, une seule corde vocale se rapproche du centre de la glotte, et l'animal ne peut rendre qu'un son grave; si l'on arrache l'autre nerf spinal, la glotte ne se ferme plus, et le cri est remplacé par une expiration soufflante (*Ibid.*, p. 513); lorsqu'on coupe les nerfs hypoglosses sur un chien vivant, le mouvement de la langue est aboli (*Ibid.*, p. 514), etc. Or, si, au lieu de procéder par ablation des nerfs, on arrivait à en diminuer seulement l'activité, on devrait produire des modifications semblables à celles qui amènent les évolutions phonétiques. — Les homéopathes auraient-ils ce moyen ? Je trouve dans le *Traité élémentaire de matière médicale* du Dr Jousset, parmi les symptômes du *Lycopodium clavatum*, par exemple : « propulsion au dehors et retrait alternatifs de la langue; claquement involontaire de la langue, etc. ». D'autre part, les désordres dans les mouvements musculaires par lesquels se trahit l'évolution à son début, sont comparables à ceux qui accompagnent l'anémie nerveuse en général et semblent bien n'en différer que par une moindre intensité; les défauts de langue, comme le bégaiement, le grasseyement exagéré ou son contraire, le zézaiement, paraissent être de même nature que les évolutions phonétiques avec cette différence que, sous l'influence d'une cause accidentelle, l'anémie de certains nerfs phonateurs a atteint tout d'un coup un degré considérable; enfin, j'ai appris d'un médecin homéopathe que les exercices méthodiques, destinés à corriger ces vices de prononciation et à rendre aux muscles des organes vocaux leur vigueur naturelle, sont singulièrement favorisés par l'addition de médicaments dont le propre est d'agir sur les nerfs hypogastriques, la moelle épinière ou la digestion.

APPENDICE

EXTRAITS DU CARTULAIRE

Recto, F° 7, l. 23.

Incip̃ pręceptũ deseniach. froteri⁹ dedit innomine dñi lomas
ioh̃s guitb̃t dõ et scõ p&ro ap̃lo cella froino. ,panima sua;
25 Et postea Radulf⁹ deseniach et P&rus filius suus adfirmauerĩ
istũ donũ; & dederunt scõ p&ro totã medietatẽ deseniach
delagha. et donauerĩ totũ alodũ deseniach. et deromanach.
et totas las cosdũp̃nas detotũ alodũ. et delbosc de foler.
Et de alodũ istũ ext̃ mansũ qď froteri⁹ dedit ,panima sua.
30 accipiebant medietatẽ afeuo. descõ p&ro. et de ab̃b̃ et canoniẽ
et delbosc defoler. similiĩ; & p̃ea P&rus radulf⁹ dedit dõ
et scõ petro lomaisnament radulf⁹ delagha ⸵ & los uinals de
seniach; Post morte sua sifilios hacfilias ñhabebat de
          sac̃dos canonic⁹
muliere⸵ quę totũ sit scõ p&ro : Testes Bernarď. Stephan⁹
35 P&rus q̃ hoc scripsit. Regnante Philippo rege francorum
            maunegrez
            Giraudus

F° 8, l. 19.

PActum fecerunt Ademari⁹ ab̃b̃. et canonici scĩ p&ri
         lanb̃to
20 cũ iterio uicario delaterra delaforest etcũ petro et
             dep̃queran⁹
frĩb; suis. et Jordano delobersz et uxore sua. & Gauscelm⁹
     b̃nard⁹
et frĩb; suis. et Ademar⁹ et frĩb; suis. éob trestóz aquels
omnes qui elbois. auian afaira. e trestuch aquist ⸵
donauerunt scõ p&ro laĩra delaforest. elos maisnamenz

ROUSSELOT.

25 els sols. & ortos. et las eminadas en dominio; Et de alīa
.deforis
terra. la meitat en dominio scō p&ro. elautra meitat꞉
antretotz los seniors; Ediquels forsfaiz qui enla terra
cōmunal seran faiz꞉ la una meitat ascō p&ro et
ad suo p̄osito; Elaltra meitat꞉ als altres seniors et
30 als p̄bosz; Els maisnamenz. ehen las eminadas. non aurá
altre p̄bost. nialtre uiger. nisi scō p&ro. Detota laīra
fors losmaisnamenz elas eminadas. hic ē p̄bozs scī petri.
tot ofatza aportar elamaiso scō petro. Equouidera tot
los altres prebostz que o uehén deueira et chascus quen
35 port sa part. Dels agreiratges delas bordarias misdren

   Fᵒ 9.
1 li seniors .II. deñ. et que un⁹ fussa scō p&ro꞉ elautra als
prebozt aus altres seniors. Videntib; istis Ademarius
loforesters. Constanci⁹ bastoñ⁹. Gerald⁹ baston⁹
4 Et siquis ũ cont̃rius surgens... etc.
9 ..... Regnante Philippo rege. Ademari⁹ [1] ep̄s

---

[1] Adémar fut évêque d'Angoulême de 1076 à 1101.

TEXTE MODERNE (G¹)

Lü lŭ gĕrŭ.   LES LOUPS GAROUS

ŭ völā dĭr k kŏ ṷ ŏ pă dĕ lŭ gĕrŭ. pertā y ĕ sŭvā ātādŭ dĭr ā dfĕ mŭn ŏkl, lĕ frĕr dĕ mō pŏvr pĕr, k ŭ nĕn āví vœ̆ ĕ ŭn fĕ.

w āví pāsā lā veḷād ŏ tāpḷ, cā l vyœ̆ bĕrĭsĕ dfĕ. l tā n dŭr pā tā k ā s āmṹz. kw ătĭ b pā lwĕ d mĭnṵ̆ĕ kāt ŭ sōjĭ ā s ān nā. — « ă! mō pŏv gắrnŏ, n t ā vā pā, t ŏrĭĕ pŏr, » kĕ lĭ dĭsĭ kŭtĭḷā (sō vrĕ nŏ ĕtĭ bŭtĕ). — « sākrĕ mĭl nō d ĕ fŭtr! ĕ kŏ tĕ kĕ m fĕrā pŏr?... » ĕ ŭ s ĕn ĕgĭ.

tā k ŭ fĭ dĕ l cĕmĭ dœ̆ pwĕ, desŭ ĕ grā nŭjĕ, ŭ sĕtĭ kŏk cŏz kĕ lĭ sōtĭ sŭ lā dwœ̆z ĕpāḷĕ. — « ă! kw ĕ tĕ, jŏlĭ gắrsĭĭ, k ĕ kĭ; s tŭ rvĕ, gắr ā tĕ! »

lŏtr s ĕn ĕgĭ ā ryā.

ŭ kŏtŭṵĭ sō cĕmĭ jŭsk ŏ pwĕ d cā vrĭnā. ŭ pāsĭ desŭ ĕ nŭjĕ ĕkŏr; ĕ l ŏtr lĭ rsōtĭ.

— « ă! mō gắr! tĕ vĕhĭ pĕr lĕ dœ̆zyĕm kŏ. s tŭ ẕĭ rtŭ̆rnĕ, ĭ t prŏmĕ k tŭ ẕŭ păyrā. »

Ils veulent dire qu'il n'y a pas de loups garous. Pourtant j'ai souvent entendu dire à défunt mon oncle, le frère de mon pauvre père, qu'il en avait vu un une fois.

Il avait passé la veillée au Temple, chez le vieux Bérisset défunt. Le temps ne dure pas *tant* (pendant) qu'on s'amuse. C'était bien pas loin de minuit quand il songea à s'en aller. — « Ah! mon pauvre Garnaud, ne t'en va pas, tu aurais peur, » que lui dit *Coutillâ* « Coutillaud » (son vrai nom était Boutin). — « Sacré mille nom d'un foutre! est-ce toi qui me feras peur?... » Et il s'en alla.

Tant qu'il fut dans le chemin du puits, dessous un grand noyer, il sentit quelque chose qui lui sauta sur les deux épaules. — « Ah! c'est toi, joli garçon, qui es ici; si tu reviens, gare à toi! »

L'autre s'en alla en riant.

Il continua son chemin jusqu'au puits de Chez-Vérinand. Il passa sous un noyer encore; et l'autre lui ressauta.

— « Ah! mon gars! te voici pour le deuxième coup; si tu y retournes, je te promets que tu le paieras. »

tā k w ărĭvĭ ātr eḁ̆ vrĭnḁ̆
ĕ lă căpĕl, ă l ădrĕ d ĕ ptĭ
emĭ ke dĕsādăv dĕ̇ buĕ̇ : « ă l
kŏ srŏ b per kĭ k tŭ vĕdrā, mō
lĕbr ! ĕ ĭ t pĕsrĕ̇. s ĭ pŏ t
prādr dĕ̇ mă̇ tenā̱lĕ, tŭ n ĕ̇
sŏrtĭră pā̇, tă ! » ŭ s ăgrŭĭ,
kŭm s ŭ ăvĭ ăgŭ ăvĭ d fĕr
kŏk eŏχ.

l ōtr dĭsĭ : « le vĕsĭ kĭ ăgrŭā.
w ŏrŏ b pŏr kĕ̇ kŏ. »

mĕ ŭ̇ s tenăv sŭ̇ să gărdĕ : w
ăvĭ să duĕ̇ mā̇ d eă̇k kū̇tā d
săχ ĕpā̱lĕ, kŭm kŏ ; ĕ ŭ l āpŭu̯ĭ
per lā duĕ̇ pā̱tĕ de dvā.

— « ă ! mō pŏv gărnŏ,
lā̇ɛ me dō, lă grăs k ĭ te
dmād.

« — ă ! wă , tă ! ĭ t lā̇ɛrĕ̇.
ătā ĕ ptĭŋŏ. kŏ y ŏ ăvā, ă lā
căpĕl, d lā klă̇rtā ; tă ! vĕ-tŭ ?
ŭ n sō pă ĕ̇kĕr kū̇eā. ĭ vă
t ĭ pŏrtā, ĕ n vĕrā kŭm t
ĕ̇ jŏlĭ gărsŭ.

« — ă ! mō pŏv gărnŏ, per
l ămū̇r dĕ̇ bō dyă̇, lā̇ɛ mĕ.

« — nō, nō ! kw ĕ̇ ŭnŭ̇tĭl. »
ŭ vŭgĭ b jĭgŭŋă̇ ĕ̇
ptĭ ; mĕ ŭ s sĕtĭ mā̇ sā̇ră,
ĕ ŭ n băjĭ pŭ̇.

tā k ŭ fĭră ă̇ lă pŏrt :
« ălō, ăy pĭtă̇ d mĕ̇. fă m dō
sŏrtĭ sermā ŭ̇n gŭt de sā̇,
tŭ m rădră byĕ̇ sărvĭs.

« — ŏ n ĕ̇ pwĕ kĭ ă̇ dĭr. kŏ fŏ
k ĭ l vĕy. »

ŭ rĕtr e l pŏrt ă̇ lā cădĕl.
ăbernŏsyo ! kŭm kw ă̇tĭ vĭlĕ̇ !
ŭ n săvyā̇ pă̇ s k ŏ săblā̇v. ŭ l
jĭtĭ per tĕr. kŏ săblā̇v ă̇d ŭ̇n bĕ̇t.

Tant qu'il arriva entre Chez-Vérinand et La Chapelle, au droit d'un petit chemin qui descendait du bois : « Ah ! ce sera bien ici que tu viendras, mon lièvre ! et je te pincerai. Si je puis te prendre dans mes tenailles, tu n'en sortiras pas, tiens ! » Il s'accroupit, comme s'il avait eu envie de faire quelque chose.

L'autre dit : « Le voici ici accroupi. Il aura bien peur ce coup. »

Mais il se tenait sur ses gardes : il avait ses deux mains de chaque côté de ses épaules, comme ça ; et il l'empoigna par les deux pattes de devant.

— « Ah ! mon pauvre Garnaud, lâche-moi donc, la grâce que je te demande.

« — Ah ! oui, tiens ! je te lâcherai. Attends un peu. Ça y a là bas, à La Chapelle, de la clarté ; tiens, vois-tu ? Ils ne sont pas encore couchés. Je vais t'y porter, et nous verrons comme tu es joli garçon.

« — Ah ! mon pauvre Garnaud, pour l'amour du bon Dieu, lâche-moi.

« — Non, non ! c'est inutile. »
Il voulut bien *gigogner* (gigotter) un peu ; mais il se sentit *mais* (plus) serré, et il ne bougea plus.

Tant qu'ils furent à la porte : « Allons, aie pitié de moi. Fais-moi donc sortir seulement une goutte de sang, tu me rendras bien service.

« — Ce n'est point ici à dire. Ça faut que je te voie. »

Il rentre et le porte à la chandelle. *Abrenuntio* ! comme ça était vilain ! Ils ne savaient ce que ça semblait. Il le jeta par terre. Ça semblait à d'une bête.

*ŭ s dĕplĕjĭ tŭ sŭ. ĕ ŭ l kŭnĕgĭ,
ĕ ŭ dĭsĭ :*

« *ĭ m sǣ pă trōpă. kw ĕ b tĕ* ».

*kw ĕ byĕ sŭvā kĕ mō pŏvr
ōkl m w ò răkōtă. mĕ ă prĕzā
kŏ n părĕ pă k kŏ ăy dĕ lŭ
gĕrŭ. ĭ n sĕ pă pĕrkĕ.*

Il se déplia tout seul. Et il le connut, et il dit :

« Je me suis pas trompé, c'est bien toi ».

C'est bien souvent que mon pauvre oncle me l'a raconté. Mais à présent, ça ne se paraît pas que ça ait de loups garous. Je ne sais pas pourquoi.

Vu et lu;
En Sorbonne, le 23 août 1890,
Par le doyen de la Faculté des Lettres de Paris,

A. Himly.

Vu
et permis d'imprimer.

Pour le Vice-Recteur,
L'Inspecteur de l'Académie,

E. Couturier.

TABLE ANALYTIQUE

SYSTÈME GRAPHIQUE

INTRODUCTION

Pourquoi j'ai étudié mon patois et comment je l'ai étudié............ 1
Objet et division de ce travail............. 4

PREMIÈRE PARTIE

Analyse physiologique des sons de mon patois. — Leurs modifications inconscientes. — Mesure du travail qu'en exige la production.

Généralités et division........ ....·............. 7

CHAPITRE 1

MÉTHODE GRAPHIQUE APPLIQUÉE A LA PHONÉTIQUE

§ I. — **Appareils.**

Procédés généraux employés pour inscrire la parole 8
Appareil enregistreur................................. 8
Tambour à levier....................:............................. 9
Signal électrique.. 10
Palais artificiel....................... 10
Explorateur interne de la langue 11
Explorateur externe de la langue 11
Explorateur des lèvres................................. 12
Explorateur de la respiration................................ 13
Explorateur du larynx avec transmission électrique 14
Explorateur du nez... 14
Explorateur du larynx avec transmission aérienne...................... 15

Inscripteur de la parole 15
Spiromètre 18
Stéthoscope biauriculaire 19
Diapason accordé pour la voyelle *a* avec poids glissants 19

§ II. — Lecture des tracés :

Tracés simples 19
Tracés simultanés 20
Manière de disposer les appareils pour aider à reconnaître les mouvements synchroniques 20
Corrections à faire aux tracés 21
Inscriptions comparatives 22

CHAPITRE II

RÉGIONS D'ARTICULATIONS

Méthode employée 23

§ I. — Consonnes.

Consonnes simples 24
Consonnes groupées et consonnes mouillées 26
Consonnes de Cellefrouin comparées aux consonnes françaises 27

§ II. — Voyelles.

Voyelles neutres et voyelles antérieures 28
Voyelles postérieures 30
Voyelles nasales 31
Classification des voyelles 32
Voyelles de Cellefrouin comparées à celles du français 33

§ III. — Sons interjectifs.

Sons interjectifs étrangers au système phonétique employé dans le discours ... 35

CHAPITRE III

FONCTION DU LARYNX. — VARIATIONS DANS LA SONORITÉ DES VOYELLES NASALES ET DES CONSONNES

Distinction des sonores et des sourdes 37
Puissance auditive des bruits caractéristiques des diverses articulations 37
Puissance auditive des sonores et des sourdes isolées 39
Dissociation, au moyen de l'oreille, des sonores et des sourdes groupées 39
Assimilation des sonores et des sourdes groupées suivant les phonétistes 40
Méthode employée pour résoudre la question dans mon parler 41
Absence de variations dans la sonorité des voyelles buccales observées 42

Variations de sonorité :

I. *Voyelles nasales* 42

II. *Consonnes isolées* :
    Consonnes *medio-sourdes* (j, z, v) 43
    Consonnes finales... 44
    Consonnes intervocaliques.. 45

III. *Consonnes groupées* :
  1º Muettes et spirantes.
    Groupes uniquement formés de muettes et de spirantes :
      A l'initiale.. 46
      Entre deux voyelles 47
    Groupes formés de muettes ou de spirantes et de liquides ou de semi-voyelles :
      Groupes où entre une semi-voyelle 51
      Groupes commençant par une liquide 51
      Groupes formés d'une muette et d'une liquide 51
  2º Liquides et semi-voyelles :
    Liquides initiales ou finales.. 52
    Liquides ou semi-voyelles placées entre une voyelle et une sourde.... 55
    Liquides ou semi-voyelles placées entre une sourde et une voyelle ... 57
Comparaison avec le français d'un Bourguignon 60

CHAPITRE IV

SOUFFLE EMPLOYÉ POUR LA PAROLE. — MESURE DE L'EFFORT. — ACCENT D'INTENSITÉ

Méthode suivie 61
Tracés de l'Explorateur de la respiration............................... 61
Indications du spiromètre... 62
Tracé obtenu par une masse d'air connue et douée d'un mouvement connu... 62
Conclusion à tirer de là pour l'interprétation des tracés de la colonne d'air parlante.. 63
Conditions dans lesquelles les tracés peuvent être comparés entre eux...... 64

RÉGIME DU SOUFFLE DANS LA PAROLE :
  I. *Sons isolés* :
    1º Consonnes... 65
    2º Voyelles.. 68
  II. *Sons groupés*... 70
  Recherche de l'accent d'intensité.................................... 70

CHAPITRE V

DURÉE DES SONS. — ACCENT TEMPOREL

Méthode employée... 75

§ I. — **Durée des sons dans les mots isolés.**
  I. *Consonnes* :
    Ce qu'on entend par durée des consonnes........................... 80

DURÉE COMPARATIVE DES CONSONNES SUIVANT LEUR NATURE ET LEUR PLACE DANS LE MOT.
EFFET DU RYTHME TEMPOREL :

 1º Consonnes simples dans les monosyllabes, les dissyllabes, etc. 81
  Consonnes initiales. 83
  Consonnes finales 83
 2º Consonnes redoublées. Leur nature................................. 84
 3º Consonnes groupées... 86

II. *Voyelles.*

 Monosyllabes. Distinction des longues et des brèves...................... 87
 Groupes de deux syllabes. Influence du rythme. Accent temporel. Les brèves et les longues 89
 Groupes de trois syllabes. Effets de l'entrave........................... 90
 Groupes de quatre syllabes. Effets de l'entrave. Étude générale du rythme temporel... 91

ÉTUDE GÉNÉRALE SUR LA LONGUEUR ET LA BRIÈVETÉ DES VOYELLES :

 Atones comparées entre elles.. 94
 Atones comparées aux toniques.. 96
 Toniques comparées entre elles suivant la longueur du mot............... 97
 Atone brève suivie d'une tonique longue ou brève de nature.............. 98
 Atone longue suivie d'une tonique brève de nature...................... 98
 Influence des consonnes contiguës sur la durée des voyelles............. 99
 Comparaison de la durée des voyelles dans mon parler et dans quelques autres 100

III. *Diphtongues*. 100

IV. *Syllabes*. 101

§ II. — Durée des sons dans le discours.

 Observations préliminaires 101
 Textes 102
 Conclusions.. 108

CHAPITRE VI

HAUTEUR MUSICALE DES SONS. — ACCENT D'ACUITÉ

Hauteur musicale d'un son 109
Courbe d'un son simple 109
Nombre des vibrations correspondant à chaque note des diverses gammes..... 110
Courbes d'un son musical complexe.. 110
Note sur les reproductions héliographiques des tracés.................... 111

§ I. — Moyens employés pour déterminer la hauteur du son.

 Inscriptions de sons produits par des moyens mécaniques (diapason, lames d'harmonium)... 112
 Inscriptions des ondes sonores de voyelles chantées sur une note donnée 112
 Comparaison des vibrations des ondes sonores prises au sortir de la bouche avec celles du nez, de la langue, des lèvres, du larynx 115
 Conclusion à tirer de là pour la détermination de la hauteur relative du son... 119
 Note sur l'interprétation à donner aux chiffres marquant le nombre des vibrations... 120

§ II. — Mesure de la hauteur du son.

    Hauteur du son dans des combinaisons isolées (parler français d'un Bourguignon) 121
    I. *Voyelles isolées*... 122
    II. *Groupes de deux syllabes*... 122
    III. *Groupes de trois et de quatre syllabes*............................. 123
    IV. *Phrases et dialogues*... 124
    V. *Récit* 129
    Notation musicale du récit :
        1º D'après les inscriptions mécaniques........................ 133
        2º D'après deux musiciens.................................... 136
    Conclusion 140
        Différence de hauteur entre les consonnes sonores et les voyelles......... 141
        Variations dans la hauteur d'une même consonne ou d'une même voyelle.. 141
        Rythme musical. Accent d'acuité. Comparaison avec le rythme temporel.. 141

Note sur les sons disparaissants.

    Patois de Lachaussée (Meuse)... 143

DEUXIÈME PARTIE

Modifications historiques de l'ancien fonds du patois.

Objet et division.. 145

CHAPITRE I

PRÉLIMINAIRES

§ I. — Géographie et histoire.

    Le terrain, les habitants de la région................................. 147
    Divisions administratives... 148
    Commune de Cellefrouin.. 149
    Continuité de la population depuis l'époque romaine. Les noms de lieux..... 150
    Histoire de Cellefrouin.. 152
    La population : ses relations, ses mœurs, ses habitudes................. 154
    Introduction du français à Cellefrouin................................. 159

§ II. — Documents.

    I. *Documents oraux*.

        Critique des documents oraux...................................... 160
        Degré de généralisation dont sont susceptibles les documents oraux.......... 162
        Valeur des documents oraux pour établir la chronologie linguistique.......... 163

Sources des documents oraux recueillis 164
   1º Ma famille.. 164
   2º Indication sommaire des sources orales............................ 169

II. *Documents écrits.*

Valeur des documents écrits pour les études phonétiques de patois 173

LISTE DES DOCUMENTS ÉCRITS UTILISÉS :

   1º Documents relatifs à Cellefrouin...................................... 173
   2º Documents étrangers à Cellefrouin.................................... 175
   Abréviations employées dans les citations des sources....................... 176
   Note additionnelle sur les documents oraux recueillis pendant les vacances de 1891 et utilisés au cours de l'impression............................... 177

CHAPITRE II

CONSONNES

Division.. 181

§ I. — **Articulations conservées depuis l'époque latine.**

Liquides initiales et médiales $(l, m, n, r, m'n)$........................... 181
   r appuyée 182
   l, n finales en latin ou en roman....................................... 183
   r finale en roman... 184
   d final en latin.. 184
Instantanées et spirantes initiales et appuyées (sauf $c, g + a\ e\ i, g + l, h$ et v)... 184
Consonnes dans les mots formés ou introduits postérieurement à l'évolution régulière 185

§ II. — **Changements d'articulations.**

Gutturales et y.

Palatalisation successive du g et du k.................................. 185
Conclusion à en tirer pour qu et ca...................................... 187
Evolution de gy, ky, y.
   Evolutions modernes... 187
   Evolutions anciennes.. 188
Restes des évolutions anciennes dans le patois actuel........................ 190
Date des dernières étapes des évolutions d'après les données du *Cartulaire*, du *Censier* et le nom de *Saint-Chibart*... 191
Evolution avortée à Cellefrouin du j et du c dans le sens de h et de $\hat{c}$ 195

Les consonnes mouillées.

Mouillement actuel devant y.. 197
Mouillement ancien.. 198
Mouillement de l'l après les consonnes.................................... 198
Extension et raison du phénomène... 198
Cessation de l'évolution.. 199

Réduction de $g\underset{\cdot}{l}$ à $\underset{\cdot}{l}$.. 199
Evolution de l'$\underset{\cdot}{l}$. Marche progressive de l'évolution. Son point de départ physiologique et géographique 200

Le w.

Evolution actuelle... 203
Evolution ancienne.
Le v latin et l'u après d et en hiatus. L'u de *tegula*. Le b de *tabula*, *ebulum*, *nebula*... 204

Le w germanique... 204
Réduction de g^u en g.. 204
L'u latin des parfaits en -*ui*................................. 205

L'b germanique... 205

Sonores intervocaliques anciennes (v, b, d, $\tilde{u}$, g) 205

§ III. — Simplification des consonnes doubles.

Période contemporaine (eea, $kk\breve{o}$)........................ 207
Période ancienne 208

§ IV. — Changements de sonorité.

Changements contemporains :

Sourde intervocalique devenue sonore................................ 208
Assimilation de sonores et de sourdes contiguës..................... 209
sé sorti de *nèz* NOS.. 210

Changements produits depuis le moyen âge :

Initiale sourde devenue sonore et initiale sonore devenue sourde...... 214

Changements anciens :

Sourdes initiales devenues sonores................................. 214
Sourdes latines entre voyelles persistantes........................ 214
Sourdes latines entre voyelles dont l'une était caduque 215
Traitement des sourdes latines devenues sonores.................... 215
Les sourdes intervocaliques latines dans l'Ouest................... 216

§ V. — Chute de consonnes.

Explication générale du phénomène. Exemple emprunté à un patois du Lot .. 217

Chute de consonnes initiales..................................... 218

Chute du D intervocalique, du v et du B.......................... 218

Chute des instantanées suivies d'une consonne autre qu'une liquide 218

Chute des nasales à la finale et après les voyelles nasalisées............ 218

Chute des nasales après les voyelles nasalisées. Comparaison avec les patois voisins.. 219
Etat probable au XVIe siècle...................................... 219
Chute de la nasale finale après r................................ 219
Chute de la nasale après une voyelle dans les finales romanes 220
Conséquences phonétiques et date du phénomène..................... 220

Explication de l'amuïssement de la nasale. Exemple tiré des patois des vallées
d'Aoste et de Suse.. 220
Le même fait à Nanteuil pour -IN.. 221
Application au patois de Cellefrouin. Restes de l'évolution ancienne......... 221
Indices de la chute de la nasale après une voyelle dans la région de l'Ouest ... 222

Chute des instantanées finales.

Conservation de certaines instantanées finales dans l'Ouest................. 223
L'évolution à Cellefrouin d'après les textes du moyen âge.................. 223
Amuïssement du *t* final à Nanteuil....................................... 224
Ordre chronologique de la chute des instantanées........................ 224

Chute de l's devant une consonne et dans les finales préconsonnantiques.

Le χ primaire ou secondaire dans les syllabes prévocaliques.................. 225
Traces de l's caduque à Cellefrouin dans les textes du moyen âge et sur le haut
du plateau dans le patois actuel..................................... 225
Histoire de l'amuïssement de l's d'après la physiologie et des exemples
empruntés au Sud-Ouest, au Midi, au Centre, à la région alpine.......... 225
Application au patois de Cellefrouin : *äfr, är, kït*....................... 230
Date du phénomène d'après les textes du moyen âge..................... 232

Chute de l'R dans les finales -ARE, -IRE, -ARIUM.

Date du phénomène.. 233
Voies par lesquelles l'*r* s'est amuïe d'après des patois de Loir-et-Cher, de la
Seine-Inférieure, des vallées de Suse et d'Aoste....................... 233
Explication physiologique... 234
Application au patois de Cellefrouin.................................... 234

§ VI. — **Vocalisation des consonnes.**

Vocalisation de l'L.

Etape intermédiaire entre *l* et *u*....................................... 234
Conditions de la vocalisation de l'*l*.................................... 234
Apparition de la vocalisation de l'*l* dans les anciens textes de Cellefrouin..... 235
Ordre chronologique de la vocalisation de l'*l* d'après la phonétique......... 236
Preuve que la voyelle issue de l'*l* n'est pas un *u*........................ 236

Vocalisation de l'Y.

Vocalisation d'un *y* issu de *p* + *t*.................................... 236
De *t, d* + *r*.. 237
D'une palatale... 237

Vocalisation de B *et de* V... 238

§ VII. — **Formation de consonnes nouvelles.**

y et *v* organiques.. 239
Consonnes épenthétiques... 239
Leur absence entre *l* et *r*... 239

NOTES COMPLÉMENTAIRES

1º Consonne flexionnelle du parfait (*r*).................................... 240
2º Palatalisation du *g* et du *k*. Faits nouveaux. Marche de l'évolution....... 240
3º Evolution de *gy* et de *ky*. Faits nouveaux................................ 241
4º Sur CT devenant *ts*, et SANCT-EPARCHIUM *sẽ tsïbắr*........................ 241
5º Evolution du *j* et du *e*. Son recul. Limites géographiques................ 242
6º Evolution de l'*l*. Faits nouveaux. Détermination du point de départ géographique de l'évolution.. 244
7º Spirantes devenues instantanées (ɣ ⟶ *k*, *y* ⟶ *g*)...................... 247
8º *sẽ* = NOS, et *sẽ* = VOS.. 247
9º Restes du T intervocalique dans le Bas-Angoumois............................ 248
10º Qualité réelle (constatée par la méthode graphique) de la sourde intervocalique entendue comme sonore *e* dans *kắe'* à *pyẽbŏ*................ 248
11º Chute de l'*n* après les voyelles nasalisées. Différence de date........... 248
12º I + N à Nanteuil. Analyse par la méthode graphique......................... 249
13º Sur un *k* final contemporain (*nĭk* « nid », *nuk* « nœud », etc.)........ 249
14º L'S de ECCU-ISTI (*kĭt* à Cellefrouin) trouvée en Auvergne................. 249

CHAPITRE III

VOYELLES

Division... 250

§ I. — Diphtongues.

Formation des diphtongues.

Vocalisation d'une consonne... 250
Rapprochement de deux voyelles.. 250
Transposition de l'*i*.. 250
Diphtongaison. Explication physiologique du phénomène. Qualité de la diphtongue originaire. Exemples tirés de divers patois................... 251
Extension de la diphtongaison de l'È et de l'Ò à Cellefrouin.................. 253
Suffixe -ARIUM, probablement -ERIUM à Rome au VIᵉ siècle..................... 254
Date de la diphtongaison de l'È et de l'Ò à Cellefrouin....................... 254

Evolution des diphtongues.

Diphtongues récentes.. 255
Celles qui commencent par *i*, *u*, *u*, *o*................................. 255
Les diphtongues *ăĕ*, *oa*, *ĕă*, *ue*.. 256
Diphtongues anciennes. Lois générales de leur développement................... 258
AU, *AU (AB, AV, *A'U). Période ancienne...................................... 258
AE, *ai*, (A + Y), *ei* (E + Y), AO, *au* (AVE, AL), *ou* (OB, OVE, OL).
Etapes d'après les graphies anciennes et la comparaison des patois voisins.
Diphtongaison récente. Date de la réduction............................... 259

eu (EB, E'U, EL). Date de la réduction. Raison de la différence du développement à Cellefrouin et dans le haut de la vallée........................ 263
uo (ò), *uoi* (ò + *y*). Graphies anciennes. Développement divergent. Date de la réduction 264
Raison de la divergence dans le traitement de cette diphtongue ainsi que de *ai* et *au* entre la partie moyenne et la partie basse de la vallée............ 266
ie (Ė) et *iei* (Ė + *y*) 367
ieu (Ė + L) 267
iu et *ieu* (IV) 267
ea, eā 268
uu (UL) 268

§ II. — Évolution des voyelles simples.

Caractère des évolutions vocaliques.. 268
Lois générales de l'évolution des voyelles.
Lois organiques 268
Lois rythmiques et analogie.. 270
Évolutions particulières.
Voyelles tombées dès l'époque romane.. 272
i posttonique dans les mots d'origine savante 272
Raison de l'ordre suivi dans ce paragraphe... 273
Évolutions de l'e.
Evolution dans la direction de l'ẽ. Mots subissant actuellement l'évolution. Etapes différentes suivant l'ordre des générations et la situation des villages. Mots fixés à ẽ, à ĕ.. 273
Evolution dans la direction de l'œ.. 277
Chute de l'ĕ à la tonique. Conditions de la chute. Retour ou maintien de la voyelle... 277
Chute de l'*e* posttonique. Cas où il existait. Chute graduelle suivant les générations et les lieux. Direction géographique de l'évolution 279
Evolution normale de l'*e* à Cellefrouin... 283
Evolutions dans les directions de l'*i* et de l'*a*. Conditions requises. Date 284
Évolutions de l'o.
Evolution dans le sens de l'ŏ. Mots subissant l'évolution. Mots fixés à ō, à ŏ. Date de la réduction de l'ō à l'ŏ à la finale..................................... 284
Evolution dans la direction de l'*u*.. 286
Evolution dans la direction de l'œ 287
Evolution dans la direction de l'*u*.. 287
Évolutions de l'a.
Evolution dans la direction de l'ã. Probabilité d'un ancien ã̊. Mots fixés à ã̊, à ã. 287
Evolution dans la direction de l'*e*. Délimitation du domaine limousin et du domaine français de A ⟶ *e* 289
Accroissement progressif du domaine français. Préludes de l'évolution à Cellefrouin... 291
Changement de l'A posttonique + s en *e* d'après les textes du moyen âge à Cellefrouin 293

Limites actuelles du phénomène. Raison des divergences...............	294
Evolution dans la direction de l'*o*..	295
Evolution dans la direction de l'*œ* à la finale, à l'intertonique — raisons des exceptions —, à l'initiale. Limites géographiques du phénomène. Etat ancien d'après les textes...	295

Evolutions de l'i.

Evolution dans la direction de l'*ĭ*. Mots actuellement soumis à l'évolution. Mots fixés à *ĭ*, à *ĭ*..	298
Evolution dans la direction de l'*œ* et de l'*u*...........................	300

Evolutions de l'u.

Evolution dans la direction de l'*ŭ*. Mots soumis actuellement à l'évolution. Comparaison géographique. Origine commune d'un *ŭ*. Mots fixés à *ŭ*, à *ŭ*.	300
Evolution dans la direction de l'*œ*.....................................	302
Evolution dans la direction de l'*u*. Différence avec l'évolution de l'*ŭ* latin en gallo-roman..	302

Evolutions de l'u.

Evolution dans la direction de l'*ŭ*. Mots soumis actuellement à l'évolution. Mots fixés à *ŭ*, à *ŭ*...	303
Evolution dans la direction de l'*œ*.....................................	304

Evolution de l'œ.

Mots soumis actuellement à l'évolution. Sources de l'*œ́*, de l'*œ̀*.........	304
Chute de l'*ĕ*. Méthode suivie dans cette étude. Apparition d'un *ĕ* organique..	305
Chute de l'*ĕ* à la finale...	306
Chute de l'*ĕ* à l'intertonique d'après les textes et la phonétique. Extension graduelle du phénomène suivant l'ordre des générations...............	306
Conservation de l'*ĕ* dans les monosyllabes isolés........................	308
Chute de l'un des *ĕ*, quand plusieurs se suivent. Influence de l'idée.......	308

r et *l* *résonnantes.*

Cause et extension du phénomène.......................................	309

Nasale õ.

Source de cette nasale...	310

Nasales ã et ẽ.

Sources de ces nasales. Distinction dans le parler de G¹ des nasales issues de AN et de EN. La particule *mā* MINUS, et la particule française « mon »...	310
Distribution géographique des nasales issues de AN, EN. Evolutions secondaires	312
Hypothèse pour expliquer le cas de G¹.................................	313
Action d'une palatale subséquente sur la nasale..........................	314
Origine des flexions -*ã* dans les verbes.................................	314
Dénasalisation..	315

NOTE SUR QUELQUES ACCIDENTS PHONÉTIQUES.

Aphérèse. Métathèse complète. Métathèse incomplète....................	316

TROISIÈME PARTIE

Modifications du fonds nouveau du patois.

De quoi se compose le fonds nouveau. Son importance. Division............ 317

CHAPITRE I

CRÉATIONS ANALOGIQUES

Délimitation du sujet... 318
Suffixe développé -*erí*. Son importance. Sa formation 318
Suffixes formés avec le diminutif -*u*.................................... 319
Suffixes nouveaux -*ŏpä* et -*yŏlä*....................................... 320
Nouvelles désinences féminines.. 321

CHAPITRE II

VOIES ET MODES D'INTRODUCTION DE L'ÉLÉMENT ÉTRANGER

Voies d'introduction : famille, village, classes sociales, pays voisin..... 322
Invasion progressive des mots étrangers................................... 322
Influence spéciale du Pays-Bas.. 323
Voie d'introduction du français... 323
Influence de la lecture... 324
Moyens de dater l'entrée des mots étrangers............................... 325
Force de pénétration des éléments étrangers............................... 325
Obstacles que rencontre l'élément étranger................................ 326

CHAPITRE III

CHANGEMENTS SUBIS PAR LES SONS ÉTRANGERS

Admissibilité des sons angoumoisins....................................... 328

CHANGEMENTS SUBIS PAR LES SONS FRANÇAIS

§ I. — **Consonnes.**

Loi de la mouillure... 328
Groupe *di*... 329
Hiatus.. 329

Groupes divers (*sti*, cons. + *r*, *l* + cons., *s* + cons. à l'initiale, etc.)..... 329
Finales. Confusion de *l* et de *r*. Addition d'une *r*. Assourdissement d'une sonore finale 330
Consonnes initiales ou médiales. Confusion de *l* et *r*; *l* pour *n*; *f* pour *c*, *s*; sonore intervocalique pour une sourde. Métathèse. *l̦* pour *y*. Introduction d'une *r*.. 330
Influence d'un mot voisin pour le son. Confusion de l'initiale avec l'article.... 331

§ II. — **Voyelles.**

Voyelles françaises en Angoumois 331
Transformations complémentaires qu'elles subissent à Cellefrouin........... 334
La diphtongue OI.. 334
Voyelles atones... 335
Changements de voyelles initiales... 335
Confusion de voyelles voisines. Influence de mots voisins pour le son........ 335

CHAPITRE IV

MODIFICATIONS IMPOSÉES AU PATOIS PAR L'ÉLÉMENT ÉTRANGER

Effets sur le système phonétique.. 337

Evolutions contrariées.

ǫl à Saint-Claud, à Saint-Angeau....................................... 337
l̦ à Saint-Claud, à Angoulême, en Poitou............................... 338

Formes étrangères.

Formes sans rivales dans le patois (-*al*, -*ail*, -*aille*, -*aine*, -*eille*, -*el*, -*elle*, -*oir*, -*oire*) 338
Formes se heurtant à d'autres encore vivantes (suff. -*ier*, -*ière*, inf. -*er*, part. *é*) 339
Formes qui se sont introduites après une lutte plus ou moins longue avec les formes indigènes.
-*al*... 339
-*é* dans les noms.. 339
-*ée*. Etapes de l'invasion... 340
-*omme*, -*ome*, -*onne*, -*ogne* 340
-*eau*, -*aud*, -*aude*. Point de départ de l'invasion 340
-*eux*, -*euse*. Substitution complète du fém. *ǣʒ* à *ĕrĭ*............. 342
Poitevin *ā* substitué à *a* (-ANUM). Restes de la forme indigène. Franç. -*an*, -*ant*, -*ent*.. 343
-*ain*, -*een*, -*in*, -*un*, -*oin*, -*ien*, -*ienne*. Disparition presque complète des formes indigènes.. 343
-*on*. Péripéties de la lutte 345

CONCLUSION

Orientation ancienne de la langue dans la vallée du Son.................. 347
Orientation moderne et successive....................................... 347
Caractère des évolutions phonétiques anciennes 348
Caractère des évolutions phonétiques modernes 348
Apport de l'élément étranger... 348
Principe déterminant l'évolution phonétique. Traits qui le caractérisent. Sa nature complètement physique....................................... 349

APPENDICE

Extraits du Cartulaire de l'abbaye de Cellefrouin....................... 353
Texte moderne en patois de Cellefrouin................................. 355

CORRECTIONS

REMARQUE GÉNÉRALE. — Pour représenter la nasale $\tilde{e}$, j'ai souvent employé, surtout au début, $\bar{e}$, qui est plus simple : $\tilde{e}$ et $\bar{e}$ n'ont donc qu'une seule et même valeur.

Page 14. *Explorateur du larynx*. — Plus exactement : La masse forme l'une des deux bornes du circuit électrique ; elle est suspendue entre la seconde et une vis de réglage.

P. 51, l. 12, lisez : 6 fois dans une expérience spéciale.
— l. 15, ajoutez : dans le discours suivi.
P. 89, l. 12,   lisez *pã*   au lieu de *pã̈*.
P. 103, l. 15,   — *kũtẽ*   — *kũtẽ*.
P. 108, l. 10,   — *pĩtẽ*   — *pĩtẽ*.
P. 118, l. 7,   — *s ãpélãv*   — *s'ãpélãv*.
P. 127, l. 4,   — VIII   — VII.
— l. 15,   — *fã̈l*   — *fã̈l*.
P. 129, l. 10,   — *kũm*   — *kũm*.
P. 138 et 139,   — *sũ, pũ*   — *sũ, pũ*.
P. 143, l. 18,   — *tãke*   — *tãke*.
P. 150, l. 36,   — qui se lit   — qui se fit.
P. 151, l. 33,   — PRATELLUM   — PRADELLUM.
P. 153, l. 33,   — apostolorum   — apostolanem.
P. 154, dernière l. — *bũlõ*   — *bũlõ*.
P. 182, l. 25 et 27, — *drmĩrã*   — *drmĩrẽ*.
P. 183, l. 16,   — *sũmẽl*   — *sũmẽl*.
P. 185, l. 14, et p. 189 et 215, lisez PICALDUM réclamé par le féminin *pĩjõd*.
P. 188, l. 12,   lisez : et même є (*єĩt*... *au lieu de* et même (*єєĩt*...
P. 194, l. 16,   — puis que   — puisque.
P. 195, l. 26,   — *dẽjõ*   — *dẽjõ*.
P. 199, l. 19,   — à partir de La Sarcellerie (Nieul)... (Le bourg de Nieul conserve *pl, bl, fl*, cf. p. 322.)

P. 199, l. 29. Il n'y a pas là simple propagation d'un mouvement commencé, mais aggravation de la cause qui l'a produit.

P. 199, l. 30, lisez *ḷ* au lieu de *l*.

P. 201, l. 21. Il y a bien mélange. La différence de proportion, qui m'a fait croire à un retard, vient d'une différence d'affinité entre l'*l* avec les consonnes précédentes.

P. 207, l. 23 et 26, lisez : ...*à tü*... « ...as-tu... ».

P. 213, l. 7. Il y a plutôt substitution d'une forme réfléchie à une forme instinctive.

P. 214, l. 36. C'est à *DORSARE.

P. 214, l. 13,   lisez : *FOCARIUM.

P. 216, l. 38,   — Salles *au lieu de* Nanteuil.

P. 220, l. 22,   — brèves   —   ouvertes.

P. 231, l. 21. Ce *ki* pourrait bien venir de ECCU-ILLI, pour *kiy*. C'est à voir.

P. 231, l. 22,   lisez : *akïstä* « ce, cette ».

P. 238, l. 27.   — Le v est vocalisé ou tombé dans...

P. 240, l. 28,   — *kyǽ* « ces », *kyǽ, kyǽt*...

P. 244, l. 5,   — *ɛẽ* « chiens ».

P. 249, l. 18,   — *ẽ* au lieu de *ɛ̃*.

P. 259, l. 18,   — *SEXTARIATAS.

P. 260, l. 21,   — « chose ».

P. 264, l. 3,   — *uo* (ó), *uoi* (ó + *y*).

P. 265, l. 1,   — *püĕvö*.

P. 266, l. 7,   — « cuisse » *au lieu de* « caisse ».

P. 271, l. 6,   — *tàblĕ*   —   *tạblĕ*.

P. 272, l. 3,   — ...autre que *ḷ* et *r*, ou...

   — l. 35,   — CŒMETERIUM.

P. 308, l. 25, *ajoutez* : Je n'ose pas me citer moi-même pour un point où j'ai pu être si facilement influencé par le français. Mais il est aisé de se faire une idée exacte de ma prononciation par les tracés qui ont été relevés dans la 1ʳᵉ partie. Comparez : *desú* (p. 102), *dfsĩsĩl* (p. 104), *nè ttã* et *nè telã* (p. 104), *ptĩyŏ* et *petĩ* (p. 106), *s ăpèlăv* (p. 131), etc.

P. 315, l. 35. *Dénasalisation.* — Malgré ces exemples, le fait de la dénasalisation est plus que douteux à Cellefrouin : *ãfã* paraît étranger; *ădrĕ* peut avoir été influencé par *ă l ădrĕ* « à l'à-droit, au droit »; *ĕlănã* se prête à une explication analogue, p. 182; enfin *păngăt* n'est qu'à moitié populaire.

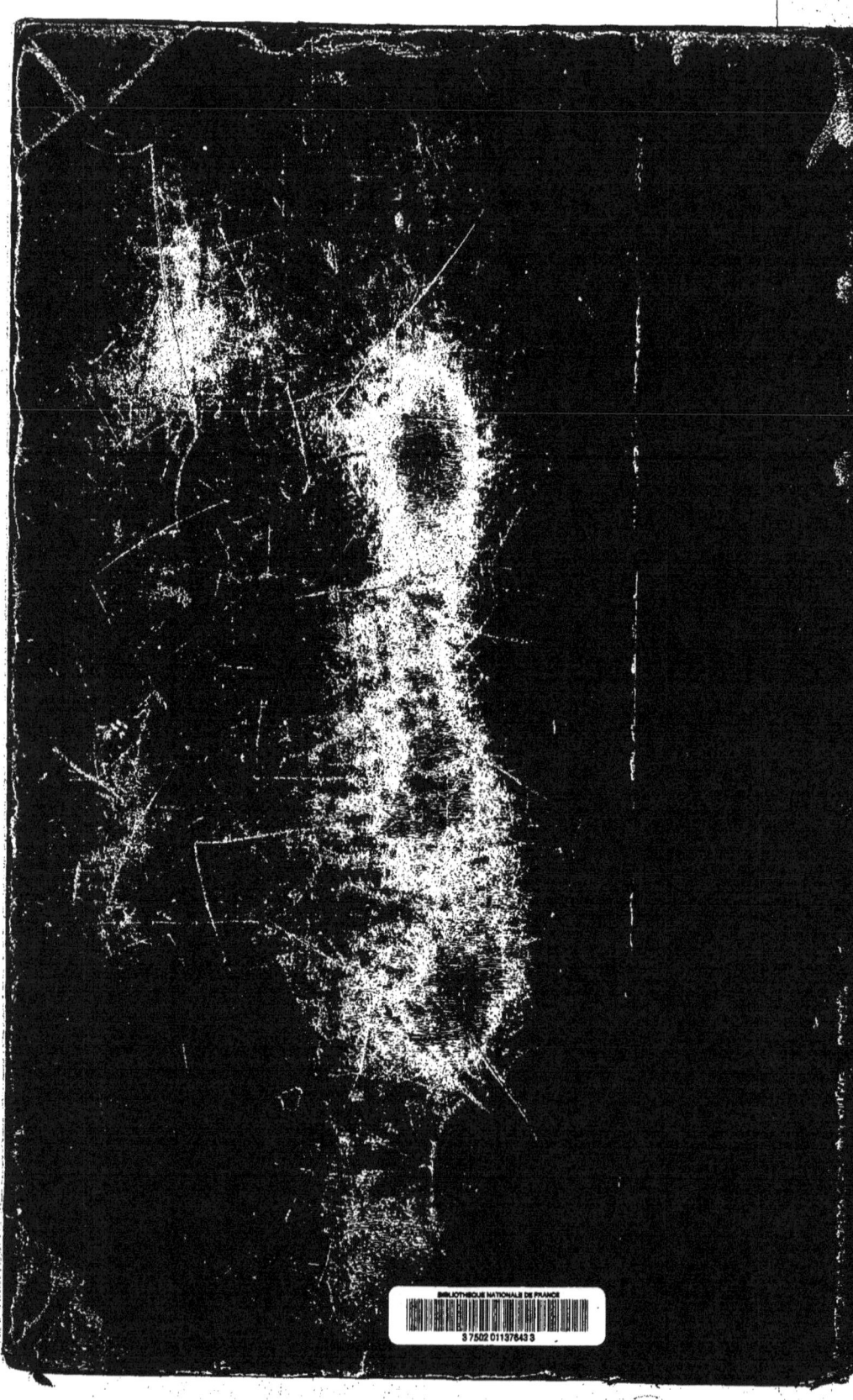

www.ingramcontent.com/pod-product-compliance
Lightning Source LLC
Chambersburg PA
CBHW050428170426
43201CB00008B/582